U0807782

普通高等教育应用创新系列教材·经管基础课程系列

税收筹划理论与实务

李克桥　谷彦芳　宋凤轩　编著

财政学国家级教学团队建设成果
财政学专业综合改革试点项目资助出版

科学出版社
北京

内 容 简 介

本书从理论上介绍了税收筹划的概念、特点、意义，税收筹划的基本原理、技术和基本方法，税收筹划风险及其防范的基本对策。从实务方面，在具体介绍我国的各税收种类及相关法规的基础上，针对不同税种的特点，介绍了每个税种的筹划操作方法。同时，基于理论与实践的需要，本书的编著，增加了国际税收筹划和税收筹划的操作案例。

本书不仅适合普通高校经济管理类师生，也适用于会计专硕、税务专硕等研究生学习，还适用于高职高专等多层次教学。同时，对企业管理者、管理咨询人员及纳税人，也是一本不错的参考书。

图书在版编目（CIP）数据

税收筹划理论与实务 / 李克桥，谷彦芳，宋凤轩编著. —北京：科学出版社，2016.8

普通高等教育应用创新系列教材 · 经管基础课程系列

ISBN 978-7-03-049931-8

Ⅰ. ①税… Ⅱ. ① 李… ②谷… ③宋… Ⅲ. ①税收筹划–高等学校–教材 Ⅳ. ①F810.423

中国版本图书馆 CIP 数据核字（2016）第 220299 号

责任编辑：方小丽 / 责任校对：郭瑞芝

责任印制：张 伟 / 封面设计：蓝正设计

科学出版社 出版

北京东黄城根北街 16 号

邮政编码：100717

http://www.sciencep.com

北京建宏印刷有限公司 印刷

科学出版社发行 各地新华书店经销

*

2016 年 8 月第 一 版 开本：787×1092 1/16

2022 年 8 月第六次印刷 印张：21 3/4

字数：516 000

定价：48.00 元

前　言

自中共十八届三中全会以来，我国全面推进依法治国方略。2013 年 10 月，中共十八届三中全会通过的《中共中央关于全面深化改革若干重大问题的决定》明确提出要“落实税收法定原则”，将税收法定原则首次写入党的重要纲领性文件。2014 年 6 月，中共中央政治局审议通过的《关于深化财税体制改革总体方案》将税制结构的调整与改革作为重要内容。2014 年 10 月，中共十八届四中全会审议通过了《中共中央关于全面推进依法治国若干重大问题的决定》，明确在立法过程中，要健全有立法权的人大主导立法工作的体制机制，发挥人大及其常委会在立法工作中的主导作用。2015 年 2 月，国家税务总局发出《关于全面推进依法治税的指导意见》，明确要不断提高税收制度建设质量，积极推动房地产税、环境保护税等相关税收立法。2015 年 3 月，十二届人大三次会议审议通过《关于修改〈立法法〉的决定》，标志着依法治税、落实税收法定原则得到了制度上的保证。

随着法治社会的推进，大市场、小政府的格局正在构建，政府的行为受到制约，纳税人依法纳税的意识不断加强。同时，市场经济的建立，不仅为纳税人的发展提供了广阔的空间，也使纳税人面临着日益激烈的市场竞争。在竞争过程中，降低包括税收成本在内的财务成本是提升纳税人竞争力的关键之一。为此，纳税人在依法纳税的同时，必须树立税收筹划的意识，掌握税收筹划的基本思路和基本技能。那么，什么是税收筹划呢？我们认为，税收筹划是指纳税人在投资、理财或经营过程中，通过事前精心策划和巧妙安排，充分利用税收法律的非限制性规定、可选择性条款，以及引导性优惠政策，在防范涉税风险的前提下，以节税为目的，实现综合利益最大化的一种理财活动。

真正意义上的税收筹划是纳税人不断走向成熟和理性的标志，税收筹划也是智者的文明行为。税收筹划是市场经济条件下经济利益主体即纳税人降低税收成本、提高经济效益的必然产物。虽然依法纳税是公民的光荣义务，但税收筹划也是纳税人的基本权利。所以，为了使经济管理类学生、企业界人士和纳税人在深入了解税法、不断提高纳税意识的基础上，树立税收筹划的意识，更好地进行税收筹划，并掌握税收筹划的基本技能，我们编写了本书。本书基本结构如下：第一章至第四章介绍了税收筹划的概念与特点、税收筹划的由来与发展，阐述了税收筹划的功能与意义、税收筹划的原则与分类，介绍了税收筹划的基本原理与技术、基本方法，详细说明了税收筹划风险及其防范；第五章至第十一章，详细介绍了我国各项税种的相关法律制度、税收筹划的基本思路和具体方法；第十二章介绍了国际税收的基本知识及其筹划的基本方法；第十三章介绍了税收筹划的成功与失败的案例及其分析方法。

本书由河北大学李克桥、谷彦芳、宋凤轩编著，具体写作分工如下：李克桥负责第一、四、九章，谷彦芳负责第二、五、十章，宋凤轩负责第三、六、十一章，孙伊凡负责第七、十二章，杨秀玲负责第八、十三章。在本书编写过程中，河北大学部分研究生参与了资料的收集整理及编写工作，其中包括：15 级财政学专业的王少鹏、刘晓阳、王越、任焕彬、戴天天、金鑫；14 级财政学专业的孙颖鹿、刘曼、冉希、董宏朝、申州；14 级会计学专业的王子君、杨娜、杨元乐、刘阳和李晓琪。全书由李克桥设计编写思路、拟定编写大纲并对全书进行总纂。

本书的编写，不仅凝结了作者的艰辛劳动，也汲取了很多社会同仁的优秀成果，同时，该书作为财政学国家级教学团队项目的建设成果之一，得到财政学专业综合改革试点项目的资助，在此一并表示感谢。

由于作者水平有限，书中难免有不足之处，恳请众位同仁批评指正。

编 者

2016 年 8 月

目　　录

第一章

税收筹划概论

【学习目标与要求】

本章主要介绍税收筹划的基本理论知识。通过学习本章，理解税收筹划的概念和特点；了解税收筹划的功能、意义，熟悉税收筹划的分类及其前景展望；掌握税收筹划的目的和原则。

第一节 税收筹划的概念与特点

一、税收筹划的概念与属性

（一）税收筹划的概念

税收筹划一词来源于英文的“tax planning”。“tax planning”可以译为中文的“税收计划”或“税收筹划”。如果所阐述的具体内容是税务机关对税收方案（或目标）的预测、设计和安排，则可译为“税收计划”；如果所阐述的内容是纳税人对纳税方案（或目标）的比较和选择，则可译为“税收筹划”。本书所述税收筹划特指后一种情形。在我国现阶段，企业是纳税人主体，税收筹划更多的是企业的需要。今后随着个人收入水平的提高以及个人所得税制的完善，个人也会有这种需求。

对究竟什么是税收筹划，人们有不同的看法。综合各种著述，具有代表性的观点主要有以下几种。

（1）税收筹划是“纳税人通过财务活动的安排，以充分利用税收法规所提供的包括减免税在内的一切优惠，从而享得最大的税收利益”①。

① 雅萨斯威 N G. 个人投资和税收筹划[EB/OL]. 三亿文库网站. http://3y.uu456.com/bp_1rvk19jcp67b8vd53zi9_1. html.

（2）“税收筹划是通过纳税人经营活动或个人事务活动的安排，实现缴纳最低的税收。”①

（3）“人们合理又合法地安排自己的经营活动，使之缴纳可能最低的税收。他们使用的方法可称为税收筹划。”“在纳税义务发生前，有系统地对企业经营或投资行为做出事先安排，以达到尽量少缴所得税，这个过程就是税收筹划。”②

（4）“税收筹划指的是在法律规定许可的范围内，通过对经营、投资、理财活动的事先筹划和安排，尽可能地取得‘节税’（tax savings）的税收利益。”③

仔细分析可以看出，人们对税收筹划概念有不同的认识。以上几种关于税收筹划的表述从不同的角度揭示了税收筹划的本质特征，即合法性、筹划性和目的性。但单个地进行分析，可以看到它们各有其侧重点，但都不够全面。有的没有说明税收筹划是在生产经营投资理财决策之前，还是之后进行；有的没有说明税收筹划所依据的是什么，是遵从税法，还是超越税法；有的没有说明税收筹划究竟是以减轻税负为最终目的，还是追求税后利润最大化，或是企业价值最大化。分歧归纳起来主要有以下几点。

第一，对税收筹划的依据理解不同。税收筹划的依据是遵从税法，还是超越税法；是必须符合税收政策导向，还是只要不违法就可行。

第二，对税收筹划的时点把握不同。税收筹划是只能在纳税义务发生前进行，还是在纳税义务发生前、发生中、发生后都能进行。

第三，对税收筹划的目标定位不同。税收筹划的目标是追求税负最轻，还是追求税后利润最大化，或是其他。

迄今为止，人们对税收筹划概念的认识和表述仍未有统一的观点。但是，税收筹划的概念如何界定，不只是一个文字性的表述问题，它关系到对税收筹划的内容、范围、目标、方法以及方案的设计与选择等一系列重大问题的认识，更关系到税收筹划的发展方向。通过归纳和总结前人的理论与观点，我们认为对税收筹划进行如下界定更为准确。

税收筹划是指纳税人在投资、理财或经营过程中，通过事前的精心策划和巧妙安排，充分利用税收法律的非限制性规定、可选择性条款及引导性优惠政策，在防范涉税风险的前提下，以节税为目的，实现综合利益最大化的一种理财活动。

这种表述强调了税收筹划的前提条件是必须符合国家法律及税收法规，是在法律法规的许可范围内进行，是纳税人在遵守国家法律及税收法规的前提下，在多种纳税方案中，做出选择税收利益最大化方案的决策，具有合法性；税收筹划的方向必须符合税收政策法规的导向，纳税人按照税法提供的各项条款规定，对自身生产经营行为进行选择和调整，其结果在客观上达成了国家税法所期望的目标，符合税法的立法意图；税收筹划具有事前筹划性，必须在生产经营和投资理财决策活动之前，即纳税义务发生前进行，税收筹划的目的是获得税收利益；税收筹划不仅要获得一般的节税利

---

① 荷兰国际财政文献局. 国际税收词汇［EB/OL］. 三亿文库网站. http：//3y.uu456.com/bp_1rvk19jcp67b8vd53zi9_1.html.

② 梅格斯 W B，梅格斯 R F. 会计学［EB/OL］. 三亿文库网站. http://3y.uu456.com/bp_1rvk19jcp67b8vd53zi9_1. html.

③ 唐腾翔，唐向. 税收筹划［M］. 北京：中国财政经济出版社，1994.

益，还要防范涉税风险，在风险最小的前提下，获得以节税为目标的综合利益最大化。

（二）税收筹划的属性

一般揭示事物概念的方法是从揭示事物的属性入手，概念的解释通常采用内涵式和外延式叙述方法。因此，只从字面上面表述其概念还不够，必须进一步明确该事物的属性。

如上所述，税收筹划的概念还没有一个较为权威的解释，因此明确税收筹划的基本属性显得尤为重要。

关于税收筹划的属性，主要有以下几种观点。

（1）税收筹划是指征税筹划。该观点认为，税收一般就是指国家税收，税收筹划当然就是站在国家立场进行税款征收的筹划，税收筹划与纳税筹划本身就是两个不同的概念，因此，“税收筹划应属于税收管理范畴”①。

（2）税收筹划包括征税筹划与纳税筹划。该观点认为，纳税筹划是站在纳税人角度的一种税收筹划，与征税筹划相对应。“征税筹划主要是指反偷税筹划和反避税筹划。”②

（3）税收筹划就是指纳税筹划，而纳税筹划的范围又有宽窄之分：其一，税收筹划仅指合理节税。该观点认为，税收筹划是指纳税人在财税工作中对税收负担的低位选择行为，即纳税人在法律许可的范围内，通过对经营、投资、理财等事项的精心策划和安排，以充分利用税法所提供的优惠政策及可选择条款，从而获得最大的节税利益的一种理财行为③。这里的税收筹划显然是指纳税筹划。其二，税收筹划包括非违法的避税筹划和合法的节税筹划及税负转嫁。该观点认为，税收筹划是指纳税人通过非违法的避税方法和合法的节税方法及税负转嫁方法达到尽可能减少纳税的行为④。

我们认为，要明确税收筹划的范畴，必须从以下两个方面入手。

首先，理解税收筹划的角度。尽管税收是国家为了实现其职能，按照法律规定的标准，强制地、无偿地分配社会产品或国民收入，以取得财政收入的一种形式。但是，“税收”绝不能就因此理解为“收税”活动，即税款的征收管理。因为，虽然税法的制定者是代表统治者利益的国家权力机关，征收者是代表国家利益的税务机关，但整个税收活动的过程表现的却是国家“征税”与纳税人“纳税”的过程，税收从本质上体现出的是国家与纳税人的特定的分配关系——经济利益分配关系。这就意味着税收包括征税和纳税两方面的含义，那么任何将税收这一概念同征税的概念进行并列的理解都是错误的。由此推论，把“税收筹划”等同于“征税筹划”，或把“税收筹划”与“纳税筹划”相对立，都是站不住脚的。

其次，明确税收筹划的立场。虽然税收包括征税和纳税两方面的含义，但并不意

---

① 周华洋．纳税筹划技巧与避税案例[M]．北京：中华工商联合出版社，2002．

② 贺志东．征税筹划[M]．北京：石油工业出版社，2002．

③ 蔡昌．税收筹划[M]．深圳：海天出版社，2003．

④ 张中秀．税务筹划教程[M]．北京：中国人民大学出版社，2009．

味着税收筹划也就包括征税筹划和纳税筹划两个方面的内涵。因为税法作为一种义务性法规，其规定的权利与义务是不对等的，这种不对等不仅表现在税法总体上，而且表现在各单行税法中；不仅表现在实体利益上的不对等，而且表现在法律程序上的不对等。这种征纳双方的不对等，决定了不管是税收的立法还是执法，代表国家权力的立法机关和征收机关始终处于"俯视"地位，而纳税人时时刻刻处于"仰视"地位。换句话说，税收征什么，对谁征，征多少，怎么征，都是国家说了算。因此，对于作为征收方的税务机关而言，根本不存在什么征税筹划，充其量是征收规划或征收计划，即针对不同的纳税人，采取不同的监控方式、征管模式、评价体系及反避税策略等。

通过以上两点我们看出，尽管税收筹划包括了征税筹划与纳税筹划两个方面，但就其实质而言，其属性应该定位于纳税筹划。

二、税收筹划的目的与注意事项

税收筹划的基本目的，就是在防范涉税风险的前提下获取以节税为目标的综合利益最大化。这里的节税包含两层意思：一是选择税负最低，二是滞延纳税时间。不管是哪一种，其结果都是税收成本的节约。

税收筹划作为企业理财的一个重要组成部分，应归属于企业财务管理的范畴。而财务管理的目标是实现企业的价值和股东财富的最大化。所以，税收筹划的目的不只是使企业税负最轻，其真正的目的是在纳税约束的市场环境下，使企业税后利润最大化或是企业价值最大化。鉴于此，在税收筹划实际业务操作中需要在以下几方面引起注意。

（一）筹划税种的系统性

纳税人在税收筹划时不能只考虑个别税种税负的高低，而应着眼于整体税负的轻重。例如，不能只注重所得税的高低而忽视流转税的轻重；不能只注重资源税的高低而忽视所得税的轻重；等等。

（二）筹划税负的综合性

纳税人在税收筹划时不能对节税原理进行片面理解，要对原理进行有效的组合。例如，人们一般认为：利用固定资产的加速折旧法会使纳税延期，从而无偿占有国家税款的货币时间价值。而事实并非全部如此，有时受到税率等因素的影响，如果延期纳税所得到的货币时间价值不足以抵消税负增长，其结果是税负不但不会降低，还有可能增加。

【例 1-1】某企业 5 年的收入总额均为 200 万元，除某项固定资产以外的扣除项目金额为 140 万元，该固定资产原值为 150 万元，使用期限为 5 年，无残值；那么根据企业所得税法及近期国家税务总局颁布的优惠政策规定，小微企业可以获得减按 20% 计税的税收优惠政策，20 万元以下可以再减半，于是，采用平均年限法与年数总和法计算的所得税总额分别如下。

【解析】

用平均年限法计算的所得税总额=[200–140–150/5]×20%×5=30（万元）。

采用年数总和法计算的所得税总额=[(200–140–150×5/15)×10%]+[(200–140–150×4/15)×10%]+[(200–140–150×3/15)×20%]+[(200–140–150×2/15)×25%]+[(200–140–150×1/15)×25%]=31.50（万元）。

从结果上看，加速折旧法不但没有节税，反而增加了税负 1.5 万元（31.50–30）。

（三）筹划费用的节约性

在税收筹划时，纳税人不能只盯着税收负担的费用支出，还要考虑企业为税收筹划而支出的费用。企业经常讲求开源节流、增收节支。费用的减少是另一种意义上的增收。例如，通过测算，税收筹划使企业全年节约税金支出 7 万元，而雇佣税收筹划人员的支出为 8.5 万元，得不偿失，这样的筹划就没有实际意义。

（四）筹划效果的全局性

纳税人进行税收筹划时，不仅要考虑筹划的费用与效益，更要考虑筹划的效果。如果筹划方案只是从某个税种上节约了纳税支出，却影响了企业的销售计划，进而导致销售利润难以实现，这样的筹划便毫无意义。

总之，在税收筹划时，要求纳税人不能就税论税，一叶障目，不见泰山。应站在较高的位置全面考虑问题，追求长远的、整体的经济利益。

三、税收筹划的特点

通过揭示税收筹划的含义，可以将税收筹划的特点归纳为以下几个方面。

（一）税收筹划的合法性

税收筹划的合法性是指税收筹划要符合国家的政策导向和税法立法精神，在遵守税收法律规定的条件下达到税负最轻。税收筹划的合法性是税收筹划区别于其他税务行为的一个最本质的特点。它具体表现在纳税人采用的各种税收筹划方法以及税收筹划实施的效果和采用的手段都应当符合税法的规定，应当符合税收政策调控的目标。即使有一些方法与税收政策调控的目标不一致，纳税人从自身利益出发所采取的行为也不应该违反税法的规定，不能与税法相抵触。

（二）税收筹划的超前性

税收筹划的超前性是指经营者或投资者在从事经营活动或投资活动之前，就把税收作为影响最终成果的一个重要因素来设计和安排。也就是说，纳税人对各项经营和投资等活动的安排事先要有一个符合税法的准确计划，而不是等到企业的各项经营活动已经完成，税务稽查部门进行稽查后让企业补交税款时，再想办法进行筹划。因此，纳税人应该把税收因素提前放在企业的各项经营决策活动中去考虑，根据将要发生的纳税事实估算出将要承担的纳税义务，从而进行事前筹划，尽量降低税负。

（三）税收筹划的目的性

税收筹划的目的就是减轻税收负担，同时降低纳税人的涉税风险，以追求纳税人综合利益最大化。

（四）税收筹划的专业性

税收筹划并不是某一家企业、某一人员凭借自己的主观意愿就可以实施的一项计划，而是一门集会计、税法、财务管理、企业管理及其他相关法律等各方面知识于一体的综合性学科，专业性很强。从事税收筹划业务的人员是具有专业技能的注册税务师、注册税收筹划师、注册会计师等，从事该业务的机构主要包括会计师事务所、律师事务所、税务师事务所等。

（五）税收筹划形式的多样性

由于各个国家的税法不同，会计制度也有一定差异。一定国情下产生的税收筹划行为就会区别于其他国家。从世界范围看，税收筹划呈多样性。同时，一个国家的税收政策在不同产业、地区间也存在差别，总体来说，一个国家的税收政策在地区之间的差别越大，税收筹划的形式就越多。

四、税收筹划与偷税、避税的区别

（一）税收筹划与偷税的区别

首先，从合法性来看，税收筹划是纳税人在符合国家法律及税收法规的前提下，按照税法规定和政策导向进行的事前筹划行为，是法律所允许的一种合法行为。偷税则是指纳税人采取伪造、变造、隐匿、擅自销毁账簿、记账凭证，在账簿上多列支出或者不列、少列收入，或者进行虚假的纳税申报等手段，不缴或少缴应纳税款的行为，是法律所不容许的非法行为，具有非法性。

其次，从行为发生的时间来看，税收筹划是在纳税义务发生之前所做的经营、投资、理财等活动的事先筹划与安排，具有事前筹划性特点。而偷税是在应税行为发生以后进行的，是对已确立的纳税义务予以隐瞒、造假，具有明显的欺诈性特征。如果产品实现了销售，纳税义务已经发生，这时再采取某种手段减少纳税则是偷税行为。

（二）税收筹划与避税的区别

两者的主要区别在于是否符合国家税法立法意图和政策导向以及政府的态度取向。税收筹划所做出的经营、投资、理财选择，是按照税法予以鼓励或扶持发展的政策导向来筹划的，它是符合国家立法意图的，因而也是各国政府所允许的，或鼓励的、宽容的。

避税是纳税人钻税法漏洞，通过人为安排以改变应税事实从而达到少缴或免缴税款的行为。虽然它没有违反法律，具有一定的合法性或者说非违法性，但是却有悖于政府的立法意图。它利用了政府的立法不足或缺陷，是政府所不愿意看到的。所以，对避税行为，各国政府都采取了反对和防止的政策和措施，并通过不断完善税法尽量减少税法漏洞，进行反避税。

这里应当说明的是，虽然在理论上避税与税收筹划有一定的区别。但在实践中，两者往往难以完全区分清楚。

第二节　税收筹划的由来与发展

税收筹划不是从来就有的，它的存在有着主观原因和客观原因。由于国内外存在税收制度和税收环境的差异，因此税收筹划的意识和运用在各国有很大的不同。在我国，探讨、研究税收筹划不仅对降低企业税收成本、提高企业效益和竞争力有重要的现实意义，而且对完善我国的税收制度有很高的参考价值。

税收筹划是随着市场经济运行的规范化、法制化及公民依法纳税意识的提高而出现的，并且随着市场经济体制不断完善，税收筹划将具有更加广阔的发展前景。

一、税收筹划的由来

税收筹划的由来可以追溯到20世纪30年代的英国。1935年，英国上议院议员汤姆林爵士针对“税务局诉讼温斯特大公”一案，对当事人依据法律达到少缴税款的目的做出法律上的认可。这是第一次对税收筹划做出法律上的认可。之后，西方许多国家在税收判例中引用此例及原则精神，发展出税收筹划的理论及实践。1996年中国福建国际税务协会唐腾翔先生在我国首次引进“税收筹划”一词，其文所言即为“税收计划”。短短几年，“税收筹划”或“税收计划”已开始应用于税务实践。由此看来，“税收筹划”并不是自古便有的，而是一定历史时期的特定产物，其产生具有主观和客观两方面的原因。

（一）税收筹划的主观原因

任何税收筹划行为，其产生的根本原因都是经济利益的驱动，即经济主体追求自身经济利益的最大化。我国对一部分国有企业、集体企业、个体经营者所做的调查表明，绝大多数企业有到经济特区、开发区及税收优惠地区从事生产经营活动的愿望和要求，其主要原因是税收负担轻、纳税额少。税收作为生产经营的支出项目则是越少越好。

（二）国内税收筹划的客观原因

（1）纳税人定义上的可变通性。任何一种税都要对其特定的纳税人给予法律的界定。这种界定理论上包括的对象和实际上包括的对象差别很大，这种差别的原因在于纳税人定义的可变通性，正是这种可变通性诱发纳税人的税收筹划行为。特定的纳税人要缴纳特定的税，如果某纳税人能够说明自己不属于该税的纳税人，并且理由合理充分，那么他自然就不用缴纳该税种。

（2）课税对象金额的可调整性。税额计算的关键取决于两个因素：一是课税对象金额；二是适用税率。纳税人在既定税率前提下，由课税对象金额派生的计税依据越少，税额就越小，纳税人税负就越轻，为此纳税人大多会想方设法调整课税对象金额使税基变小。

（3）税率上的差别性。税制中不同的税种有不同的税率，同一税种中不同税目也可能有不同的税率，这种广泛存在的差别性，为企业和个人进行税收筹划提供了良好的客观条件。

（4）全额累进临界点的突变性。全额累进税率和超额累进税率相比，累进税率变化幅度比较大，特别是在累进级距的临界点左右，税会发生"陡增"现象。这种突变性诱使纳税人采用各种手段使课税金额保持在临界点低税率一方。

（5）起征点的诱惑力。起征点是课税对象金额最低征税额，低于起征点可以免税，而超过时则全额征收，因此纳税人总想使自己的纳税所得额控制在起征点以下。

（6）各种减免税优惠政策的引导性。税收中一般都有例外的减免照顾，以便扶持特殊的纳税人。然而，正是这些规定诱使众多纳税人争相取得这种优惠，千方百计使自己也符合减免条件，如新产品可以享受税收减免，不是新产品也可以出具证明或使产品具有某种新产品特点来享受这种优惠。

（三）国际税收筹划的客观原因

第一，纳税人概念的不一致。关于人们的纳税义务，国际社会有三种基本原则：一是一个人作为一国居民必须在其居住国纳税；二是一个人如果是一国公民，就必须在该国纳税；三是一个人如果拥有来源于一国境内的所得或财产，在来源国就必须纳税。前两种情况我们称之为属人主义原则，后一种情况我们称之为属地主义原则。各国属地主义和属人主义上的差别，以及同是属地或属人主义，但在具体规定如公民与居民概念上存在差别，这些都为国际税收筹划带来了大量的机会。

第二，课税的程度和方式在各国间不同。绝大多数国家对个人和公司法人所得都要征收所得税，但对财产转让所得则不同，如有些国家就不征收财产转让税。同样是征收个人和企业所得税，有些国家税率较高，税负较重；有些国家税率较低，税负较轻；甚至有的国家或地区根本就不征税，从而给税收筹划创造了机会。

第三，税率上的差别。同样是征收所得税，各国规定的税率却大不一样，将利润从高税地区向低税地区转移是利用这种差别进行税收筹划的重要手段之一。

第四，税基上的差别。例如，所得税税基为应税所得，但在计算应税所得时，各国对各种扣除项目规定的差异可能很大。显然给予各种税收优惠会缩小税基，而取消各种优惠则会扩大税基，在税率一定的情况下，税基的大小决定着税负的高低。

第五，避免国际双重征税方法的差别。为了消除国际双重征税，各国使用的方法不同，较为普遍的是抵免法和豁免法，在使用后一种方法的情况下，可能会产生国际税收筹划的机会。

除此之外，各国使用反避税方法上的差别、税法有效实施上的差别，以及其他非税收方面法律上的差别都会给纳税人进行跨国税收筹划提供一定的条件，也是国际税收筹划产生的重要的客观原因。

二、税收筹划的发展现状

（一）国外税收筹划的开展和研究现状

作为维护纳税人自身权利的合法手段，税收筹划在西方国家经历了从被排斥、否定到认可、接受的过程，直到 20 世纪 30 年代后，税收筹划才得到西方国家法律界和政府当局的认同。下面是一些国家税收筹划的概况。

英国的税务咨询和税务代理业务统称为“税务专业”（tax profession）。在英国，人人可以从事税务咨询和代理。英国的税务专业人员出现在 1920 年，1930 年建立了特许税务公会（Chartered Institute of Taxation），这是税务专家的专业团体，它下面还有税务专业人员联盟。英国没有关于税务专家的专门法律，只在《税收管理法案》中提到税务顾问和税务会计，税务会计帮助纳税人制作纳税申报表，税务顾问对纳税人其他税务事务提建议。英国的税务专家一般来说主要有三类：一是特许税务顾问（chartered tax adviser），包括税务顾问、增值税顾问、预提税顾问、税收筹划师、公司税筹划师等；二是会计师，包括特许会计师（chartered accountants）、特许公认会计师（chartered certified accountants）等；三是律师（bmtisters）。

在美国，任何人都可以从事税务咨询和代理，不一定是税务专家。但在一般情况下，税务代理是由注册代理人（enrolled agent）、注册会计师（certified public accountant）和律师进行的。个人和个体经营者的纳税事务往往请注册代理人代理，大公司与财务有关的税务问题往往请会计师代理，大公司的税务诉讼则往往请律师代理。美国的税务注册代理人制度可以追溯到 1884 年，现行的税务注册代理人制度是以 1966 年《财政部通告 230 号》为依据制定的。由于美国税务注册代理人要经美国国内税务局考试或连续 5 年在税务机关工作，所以是唯一由政府认可的税务代理专家。

在加拿大，人人都可以从事税务咨询和代理，开办税务咨询公司。在加拿大从事税务专业的人员一般有特许会计师、注册会计师、公认管理会计师（certified management accountant）、税务律师，以及无专业资格而从事税务业务的人员等。

澳大利亚规定：不收费的税务咨询和代理人人可以进行；收费的税务咨询只有律师和

经过注册登记的税务代理人才可以进行；收费的税务代理必须登记后才能进行，包括律师也要登记。注册登记要求满足一定的学历、工作年限等条件。澳大利亚现行的税务代理人登记制度是在1963年确立的。关于税收筹划，1993年澳大利亚税务代理人制度改革委员会在其中期答辩中曾加以阐述，认为不应该要求税收筹划人作为税务代理人进行登记。

综上分析，西方国家的税收筹划现状具有如下特点。

（1）西方国家的税收筹划开展普遍。在企业尤其是大企业的财务决策活动中，通常税收筹划是先行的习惯性做法。我们可以看到，外国投资者在我国投资新办涉外企业之前，往往先将税法和相关税收规定作为重点考察内容进行研究。这可以说明国外公司对税收筹划的重视程度。

（2）西方国家的税收筹划专业性强。在西方国家，自20世纪50年代以来，税收筹划专业化趋势十分明显。许多企业、公司都聘用税务顾问、税务律师、审计师、会计师、国际金融顾问等高级专门人才从事税收筹划活动，以节约税金支出。同时，也有众多的会计师、律师和税务师事务所纷纷开辟和发展有关税收筹划的咨询和代理业务。例如，日本有85%以上的企业委托税务师事务所代办纳税事宜；美国约有50%的企业的纳税事宜是委托税务代理人代为办理的；澳大利亚约有70%以上的纳税人是通过税务代理人办理涉税事宜的。

（3）税收筹划的行业性特征日渐显露。近年来，税收筹划活动领域的行业化现象越来越明显。这里所谓的行业化是指税收筹划人员专门为某项特定经济活动在纳税方面出谋划策。在20世纪末期，美国出现了专为金融工程进行税收筹划的金融工程师。金融工程是指创新金融工具与金融手段的设计、开发与实施，以及创造性地解决金融问题。参与金融工程的人员称为金融工程师，其中税务人员必不可少，这是因为在美国金融领域，敌意接管、债券调换等纯粹由税收利益所驱动的交易大量存在，如果不注意税收问题，势必会造成巨大的损失。

（4）有专门的税务会计。许多国家的企业都设置了专门的税务会计，税务会计在企业税收筹划活动中发挥着显著作用。税务会计的职责如下：第一，根据税收法规对应税收入、可扣除项目、应税利润和应税财产进行确认和计量，计算和缴纳应交税金，编制纳税申报表来满足税务机关等利益主体对税务信息的要求；第二，根据税法和企业的发展计划对企业税金支出进行预测，对企业涉税活动进行合理筹划，发挥税务会计的融资作用，尽可能使企业税收负担降到最低。随着通货膨胀和高利率的出现，企业管理者普遍增强了货币的时间观念，税务会计研究的重心逐步转移到第二职能，由于成效显著，税务会计在西方得以迅速发展。

（5）重视税收筹划知识教育和培训。国外较重视对经济类人才的税收筹划知识教育和培训。例如，在美国的财会、管理等专业的学习中，怎样才能减少缴纳的税金即纳税筹划是一门必学的课程。

（二）我国税收筹划的状况

在市场机制相对较完善的西方国家，税收筹划是一种普遍的经济现象。不仅投资者和纳税人在决定投资、经营前，对各种方案进行比较选择，以寻求获取税后利润最大化的最佳纳税方案，而且正当合理的税收筹划也得到政府的认可甚至鼓励。在外国，会计师事务所和律师事务所基本上都开展此项业务，税收筹划已经成为企业尤其是跨国公司制定经营和发展战略的一个重要的组成部分。在我国，20 世纪 90 年代开始初见税收筹划的雏形。当前，国内也有许多企业，特别是大型国有、民营企业，跨国公司在我国的子公司、分公司，以及外商投资企业专门设立税务部，聘请专业人员进行税收筹划。但是，总体上讲，由于我国税收筹划开展较晚，还没受到广大纳税人和投资者的重视，发展较慢，原因有以下几点。

1. 企业态度“冷热不均”

税收筹划在国内尚未被普遍认知和接受，同时还存在一个特殊的现象，就是不同的企业对税收筹划的态度不一样，即外资企业和民营企业追捧，国有企业冷落。有调查显示，在重庆进行税收筹划的主要是民营企业，国有企业很少。而在深圳，选择税收筹划的纳税人中，有一半以上是外资企业，民营企业次之，国有企业所占比例还不到三成。在国外，税收筹划由来已久，因此，在我国，外资企业的税收筹划意识和手段要比内资企业强得多；对民营企业来讲，通过筹划获得的收益都是自己的，他们也愿意在税收筹划上进行尝试；而国有企业往往认为税多税少都是国家的，并且自己拥有足够的专业会计人员，不必借助税务代理机构进行筹划。

2. 税收征管水平不高

由于征管意识、技术和人员素质等多方面因素，我国税收征管与发达国家相比还有一定差距。尤其是个人所得税等税种，征管水平不高造成的税源或税基流失问题比较严重。并且，我国税收法规还不是很健全，存在税务行政处罚力度不足的现象，一些税务部门只注重税款的查补而轻于处罚，致使一部分人认为偷逃税即便被查处了也有利可图，根本用不着筹划。同时，少数税务机关以组织收入为中心，税务人员拥有过大的税收执法裁量权，这使征纳关系异化，导致部分税务执法人员与纳税人之间协调的余地很大，一方只求完成任务而不依法办税，另一方通过违法行为，以较低的成本实现税负的减轻，这在客观上阻碍了税收筹划在实际中的普遍运用。如果税收法律、法规得不到有效执行，企业的违法、违规行为得不到应有的处罚，则企业违法、违规行为的成本较低。当偷税的获益大于税收筹划的收益和偷税的风险时，纳税人显然不会再去劳神费力地进行税收筹划。企业管理者在权衡了成本与收益之后，可能倾向于不选择税收筹划。

3. 税务代理业发展不快

目前我国税务代理业仍处于初级阶段，专业水平较低，人员素质不高，缺乏应有的吸引力，不能满足广大纳税人的需求。我国目前只有不到 3 %的企业法人的纳税业务由税务代理机构办理，许多地方还未设立注册代理机构。税务代理的依据仅仅是《中华人民共和国税收征收管理法》（简称《税收征收管理法》）中的一条原则性规定，没有法定业务，纳税人对税收征管中的事宜既可以自行办理，也可以委托中介机构代为办理。不少税务代理机构的业务也只局限于为纳税人代理税务登记、纳税申报、税款缴纳等日常事务，尚未把税收筹划纳入税务代理的业务范围。我国税务代理人员结构也呈现出明显的不合理性。税务代理业发展相对滞后，特别是 2015 年取消了注册税务师资格，缺乏应有的吸引力，远远没有达到税收筹划市场化的要求。

4. 税收筹划专业性强

筹划人员必须熟悉国家的财务会计准则和会计制度，对税收政策、法规进行充分分析和掌握，才能找到实施税收筹划的合理空间。此外，税种的多样性、政策的动态性、企业的差别性和企业要求的特殊性，要求筹划人员不仅要精通税收法律法规、财务会计和企业管理方面的知识，而且还要具有较强的沟通能力、文字综合能力、营销能力等，在充分了解筹划对象基本情况的基础上运用专业知识和专业判断能力，为企业出具筹划方案或筹划建议。不借助专业机构（人员），一般人很难独立进行税收筹划。

5. 税法建设和宣传相对滞后

我国税法的立法层次不高，以全国人大授权国务院制定的暂行条例为主，每一年由税收征管部门下发大量文件对税法进行补充和调整。除了部分专业的税务杂志和税务机关官网上会定期发布有关文件外，纳税人难以从大众传媒中获知税法的全貌和调整情况，这不利于进行相应的税收筹划。当前，宣传税收筹划的机构局限于理论界和一些想开展税收筹划业务的中介机构。由于社会各界对税收筹划的理解不一，且宣传税收筹划的机构的权威性和影响力不足，所以人们对税收筹划的误解在所难免。

三、我国税收筹划的发展前景

税收筹划在我国是一项新兴的事业，有利于推进税收法制化和规范化，是形势发展的需要，也是企业生产经营正确决策中不可缺少的组成部分。随着经济全球化趋势的加强以及中我国社会主义经济体制的逐步建立和完善，在我国加入世界贸易组织（WTO）后，我国经济进一步与世界经济接轨，将有更多的企业走出国门进行投资经营、组建跨国公司、跨行业经营，以前所未有的广度和深度参与全球经济竞争，因此利用不同国家间税法上的差异和我国地域间、行业间税收政策的差别来进行税收筹划将大有市场，税收筹划将受到纳税人的青睐。具体理由如下。

第一，我国加入 WTO 后，企业竞争国际化的趋势使税收筹划意义更为重大。我国加入 WTO 后，中外企业将在一个更加开放、公平的环境下竞争，取胜的关键就在于能否降低企业的成本支出，增加盈利。国外企业的财务机制已经较为成熟稳健，可以通过各种税收筹划方法使企业整体税负水平降低，相当于提高盈利水平。在目前市场竞争日益激烈，企业通过“开源”，即提高营销手段来扩大市场份额已经相当困难的情况下，我国企业要想与国外企业竞争，就应该把策略重点放到“节流”，即企业内部财务成本的控制上。作为财务成本很大部分的税收支出，如何通过税收筹划予以控制，对企业来说变得相当关键。

第二，在民主法制不健全的环境下，纳税人的法律意识淡薄，往往会采用一些非法手段去减少自己的税负。由于法制不完善，其逃脱法律责任的可能性较大，所以不少人存在着侥幸心理。而在法制健全的环境下，这种通过违法行为降低税负的做法，其风险是非常大的，一旦被查出就得不偿失。因此，纳税人更愿意通过不违法或合法的税收筹划手段去实现自己减轻税负的目的。随着我国法制建设的不断完善，税务稽查力度加大，企业避税的空间会越来越小。而节税则是税法允许甚至鼓励的，所以企业要降低成本、提高自身竞争力，最好的方法就是税收筹划。

第三，税收筹划的直接动力就是纳税人对税收筹划的愿望。只有纳税人具备一定的法律常识，意识到税收筹划的重要作用，才能产生直接的税收筹划行动。随着人们纳税意识的不断提高，税收筹划必将引起人们的重视。

第三节 税收筹划的功能与意义

一、税收筹划的功能

税收筹划逐步被社会接受，这与其在经济生活中的重要作用是分不开的，其主要功能体现在以下几个方面。

（一）节税功能

节税功能主要体现在纳税人身上。税收筹划可以使纳税人节减税收，有利于纳税人的财务利益最大化。加拿大魁北克大学会计系教授雷内·霍特在《理解所得税》一书中主张：每个纳税人都应该进行税收筹划，以节减税收。税收筹划还可以防止纳税人陷入税法陷阱。税法漏洞的存在，给纳税人提供了避税的机会，而税法陷阱是指税法貌似存在优惠或漏洞，但实际税负更重，这也是政府反避税的措施之一。在现代社会，不少国家特别是一些发达国家的税法越来越复杂，而很多纳税人对税法知之甚少，甚至一无所知，这样就非常容易陷入税法陷阱，纳税人一旦陷进去，就要缴纳更多的税款。因此，税收筹划一方面可以减少纳税人缴纳的税款；另一方面可以避免多缴纳税款，对个人来说可以使个人财务利益最大化，对企业来说可以使企业所有者权益最大化。

（二）调控功能

税收是国家为了实现其职能，凭借政治权力，无偿取得财政收入的一种形式，是国家实现其宏观调控的重要手段。税收筹划者为了帮助纳税人节减更多的税收，会随时随地密切关注国家能减少纳税人税收的新政策，一旦国家有此类政策出台，税收筹划者就会从追求纳税人最大财务利益出发，马上采取相应行动，而这些行动正是国家政策所鼓励、所希望的。这样，在客观上，税收筹划起到了更快、更好贯彻国家政策的作用，有助于发挥调控的作用，实现国民经济健康、有序、稳步发展。

（三）资源配置功能

税收筹划能使纳税人财务利益最大化，包括使纳税人税后利润最大化。在市场经济条件下，利润的多少决定了资本的流动方向，资本总是流向利润最大的地区、行业、部门和企业，资本的流动还代表了人力和物力的流动，代表着资源的重新配置。因此，税收筹划顺应了国家经济调控政策，能使资源配置更加合理化。

（四）反馈完善功能

由于经济条件的制约和认知能力的局限，税收法律、法规有可能存在覆盖面上的空白区，时间衔接上的漏洞或某些操作上的模糊性，以及某些业务处理方法选择的多样性，这给了精明的纳税人有利时机，使其可利用税法法律、法规或政策上的不足、缺陷或漏洞，在一定时期内达到减轻税负的目的。但反过来说，税收筹划也为国家进一步完善税收法律、法规提供了修订依据和改进的可能性，在客观上起到了完善税法的作用。同时，税收筹划有助于强化税务机关的建设，纳税人开展税收筹划有助于税务机关树立依法治税的意识，税收筹划是法治社会中减轻纳税人负担的最佳选择。税务机关不能凭借经验或对法律条文的片面理解而武断地判定税收筹划就是税收流失，这种判定不仅会给税务机关带来不必要的法律诉讼，而且会影响企业的声誉，不利于税源的发展。对税收筹划中出现的新问题，应在坚持依法办税、依率计征的前提下，及时将情况逐级向上反馈，以寻求有法律依据的解决办法。

（五）权益保障功能

税收筹划的兴起和发展，是纳税人观念更新的产物，是适应市场经济的需要，是同国际接轨的体现。纳税人合法地节税，税收征管部门和税务人员不应干涉。对纳税人来说，在税款缴纳过程中，权利和义务是对等的，依法纳税是其应尽的义务，而通过合法途径进行税收筹划，以达到减轻税负的目的，维护自身的经济利益，则是其应当享有的权利。企业往往可能对税收政策理解不全面、不透彻，从而产生某些税收优惠政策未能享受或未能享受到位的问题，或者在确定企业类型、经营方式、核算方式时，未能实现税负节省的最佳方案等问题，通过税收筹划，企业在行使纳税义务的同时，可以利用合法手段保护自己应该享有的合法权益。

二、税收筹划的意义

（一）有利于提高企业财务管理水平

依法纳税是企业应尽的义务，税收的无偿性决定了企业税款的支付是资金的净流出，没有与之相配比的收入。税收成本是企业经营管理支出的主要组成部分，在收入、成本、费用等条件不变的情况下，企业的税款支出与税后净收入成反比。因此，在进行财务管理时，必须把税收成本纳入企业的经济目标进行管理。纳税人为了减少税收支出，会将眼光放在应纳税款上。但是，如果纳税人少交的税款是通过偷税、逃税、骗税、欠税等违法手段实现的，那么一方面纳税人要受到税收法律的制裁，另一方面，偷税、逃税、骗税、欠税等违法行为会影响企业的声誉，给企业正常的生产经营造成严重的负面影响。因此，有必要认真分析税收对企业理财活动的影响，寻求一种既能减少企业税收支出，又不违反税收法律法规的方法，这种方法就是税收筹划。目前有些企业存在偷税、逃税、骗税、欠税等违法犯罪行为，虽然有法制观念淡薄的原因，但关键是企业没有事先进行税收筹划，尤其是企业在筹资、投资和平时的经营活动中没有事先把税收支出考虑进去。等到企业的经济活动结束后，在不能实现预期的经济效益的情况下，为实现企业的经济目标，便采取有损国家利益的偷税、逃税、骗税、欠税等违法行为。由于企业的税收筹划是以税收政策法规为导向的，所以对企业的筹资、投资、经营管理、利润分配等财务活动中的纳税问题进行筹划，有利于企业更好地理财，有利于提高企业财务管理水平。

（二）有利于促进税务代理等中介机构的健康发展

在市场经济条件下，政府发挥宏观调控职能需要借助政府与市场之间的一个“媒介性”的中介组织。中介组织作为政府与企业之间的媒介进行沟通和协调，具有政府不可替代的作用，能为政府和企业提供双向服务，公正地维护政府和企业的合法权益，促进市场秩序稳定、有序发展，协助政府办理各种事务，发挥政府功能放大的效应，使政府的宏观管理措施在微观的企业层面得到贯彻。现在政府转变职能，就是要把政府原有的一部分职能交给社会中介组织去履行。充分发挥会计师、税务师以及咨询策划、纠纷仲裁等中介组织的作用，可以在政府与市场之间构建强有力的联结点，为政府转变职能、企业走向市场创造必要条件。税务代理、咨询机构是社会中介组织的重要组成部分，经过近二十年的发展，目前的税务代理机构已初具规模，由专业的税务代理人员代理纳税事宜，针对企业的实际情况进行合理、合法的税收筹划，既可解除纳税人因不熟悉税法而违反税法规定并被处罚的后顾之忧，又可使纳税人的税收负担降低，同时可以使企业把精力放在发展生产、提高经济效益上。所以，税务代理机构开展税收筹划，既是社会主义市场经济条件下纳税人的客观需要，也是税务代理自我发展、提高生存能力的客观需要。

（三）有利于提高国家宏观经济政策的运行效果

税收是国家实现其宏观经济政策的重要手段，然而，国家税收政策法规能否起到预期效果，主要取决于纳税人是否对这些政策法规做出行为反应，以及对这些政策措施的主动利用。如果政府制定了税收政策，而因为一些因素的影响，这些政策信息不能正常地传导到纳税人，或政策措施力度不足以改变纳税人的行为，纳税人并没有对其做出行为反应，那么国家预期的政策目标就难以实现。从这个意义上说，纳税主体是国家宏观调控的微观基础。因此，国家如果希望通过运用税收政策来实现其宏观经济政策目标，不仅要注意措施的力度应足以改变纳税人的行为，而且要保证政策信息能传输给纳税人，并影响纳税人的行为。企业进行税收筹划，正是对这些政策信息的主动接收，并加以运用，是纳税人按照国家宏观政策要求，对自身行为进行调整，其结果必然有助于国家宏观经济政策的实现。可见，税收筹划是纳税人实现其经济效益最大化的重要手段，也是国家政策意志转化为纳税人行为的具体形式，是国家宏观调控得以实现的载体之一。科学地进行税收筹划，可以协调企业微观经济决策和国家宏观经济政策，提高宏观政策的运行效果。

（四）有利于提高公民的纳税意识

纳税意识对纳税人的主观行为活动有着深刻的影响，“为什么要纳税”是许多纳税人时常提出和关心的一个问题。长期以来，计划经济在中国的经济中占主导地位，国家没有正确处理好与纳税人的关系，经济主体的法制观念不强。纳税人或不关心税收制度，对其中的具体规定不清楚；或凭人情关系，以言代法，纳税意识淡薄。他们大多不了解自己有哪些权利，更不了解何为税收筹划、如何进行税收筹划。不少纳税人不是将纳税作为自己的义务来履行，而是视其为一种额外负担，是政府对自身利益的剥夺，认为纳税是吃亏的事，迫不得已才纳税。因此，提高公民的纳税意识，成为当前国家税收征管工作中一个迫切需要解决的问题。增强纳税人的法制观念，培养和提高其纳税意识，需要征纳双方共同努力。政府应正确确立与纳税人之间的地位关系，尊重纳税人的合法权益，承认依法纳税是纳税人应尽的义务，依法进行税收筹划是纳税人应有的权利。作为纳税人应充分了解国家有关的税收法律法规，学会用合法的方式来维护自己的正当权益，税收筹划则能够促进纳税人自行完成这一过程。成功的税收筹划的前提是纳税人应熟悉和通晓税收政策法律、法规，并准确掌握合法与非法的界限，保持各种账目资料文件完整，把运用税法进行税收筹划作为一种自身发展的内在需要。随着纳税人主动地对税收政策法规和国家税收政策的学习和运用，纳税人的纳税意识也会得到提高，税收法制观念也会得到加强。

（五）有利于促进国家税收收入的持续增长

纳税人进行税收筹划，从近期来看，可能减少了国家的税收收入，但从长期来看，则有利于国家对税源的培植，反而有可能增加国家财政收入。首先，在目前国家政策性减税有限的情况下，纳税人通过对税款的缴纳进行筹划降低税负，减轻了企业的税收负担。这对企业的生存发展十分有利，尤其是对那些目前比较困难的企业，适当地减轻税收负担，就可以将资金用在企业最需要的地方，帮助企业渡过难关，有利于企业的长远发展。只有当企业发展了，经济情况好转了，国家的税收收入源泉才会充足，国家对税款进行征收才存在基础。其次，企业进行税收筹划在一定程度上受国家政策的指引和调节，有利于实现国家的产业政策。虽然近期可能减少国家税收，但就长远而言，却能够促进经济持续发展。此外，如果纳税人能通过正当的税收筹划途径减轻自身的税收负担，那么偷税、骗税、逃税、欠税的行为会大大减少，这有利于改善纳税环境，减少国家税务机关和企业之间的矛盾。

第四节　税收筹划的原则与分类

一、税收筹划的原则

税收筹划在于合法、合理地降低税收负担，实现财务利益最大化的目标。实现这一目标需要遵循一定的原则。税收筹划的原则既是税收筹划过程中应坚持的指导思想和行为准则，也是判断税收筹划成败的标准。

（一）合法性原则

税收是政府按照国家的税收法律规定，强制地、无偿地取得财政收入的一种方式。税收法律是国家以征税方式取得财政收入的法律规范，税法调整税收征纳双方的征纳关系，形成征纳双方各自的权利与义务，征纳双方都必须遵守。如果采取非法手段进行所谓的税收筹划，那么从本质上看它已不属于税收筹划的范围了。因此，纳税人在进行税收筹划时必须遵循不违背税收法律法规的原则。为了做到不违背税法，税收筹划者必须熟悉和精通税法，掌握国家税法和税收政策的导向，并密切关注税收政策及税法的调整变动，使税收筹划在法律规定的范围内进行。

（二）合理性原则

在税收筹划中，还要遵循筹划的合理性原则，注意税收筹划要符合包括税收政策在内的各项国家政策精神。那些违背税收立法精神的行为，如钻税法漏洞的行为等，不符合税收筹划的合理性原则。

在市场经济条件下，国家把税收作为宏观调控的一个重要手段。税收调控涉及的面非常广泛，从国家的宏观经济发展战略到国家的微观经济发展战略，从财政、经济领域到社会领域，各地区、各行各业的各种行为都可能有不同的税收待遇，这些行为只要符合国家法律精神，都是合理行为。反之，则是不合理行为。

税收优惠是国家政策的一个重要组成部分，符合国家政策的某些行为可以享受不同的税收优惠。纳税人通过符合和贯彻国家政策的行为而取得的税收优惠被称为“税收利益”（tax benefit）。税收利益是指通过节税少缴纳的税款，税收利益通常被认为是纳税人的正当受益。

（三）规范性原则

税收筹划还要遵循筹划的规范性原则。税收筹划不单单是税务方面的问题，还涉及许多其他方面的问题，包括财务、会计等各领域，涉及第一、二、三产业和各产业内的不同行业，以及东南西北各地区等方面的问题，税收筹划要遵循各领域、各行业、各地区约定俗成或明文规定的各种制度和标准。例如，在财务、会计筹划上要遵循会计准则、会计制度等，在行业筹划上要遵循各行业制定的规范制度，在地区筹划上要遵循地区规范，以规范的行为方式和方法来制定相应的节减税收的方式和方法。

（四）效率性原则

追求效率是一切经济活动的目标，税收筹划作为企业的经济筹划活动也必须遵循效率原则。税收筹划固然可以产生减轻税收负担的效果，但是在选择和运用较为有利的税收筹划策略时，常需要其他措施的配合。实施这些措施所增加的各项支出，就是税收筹划的成本。如何使税收筹划成本最小、节税净收益（税收筹划的税收利益减去税收筹划成本）最大，是进行税收筹划决策的重要依据。因此在税收筹划过程中要进行多种方案的节税效益比较。值得注意的是，在有些情况下，某种方案节税效益可能并不理想，但是从企业总体收益来看是可观的，这时选择这一方案仍然被视为是有效率的。由此可以看出，效率原则包含着算大账的含义。同时影响经济活动的因素很复杂，常常有些非主观所能决定的因素发生变动，这给税收筹划带来很多不可预测的问题。因此，税收筹划具有一定的风险性，其成功率并不是百分之百。为了提高成功率，在进行税收筹划时，应尽可能对经济运行中的变化及其变化趋势进行较为科学的预测，对影响税收筹划的相关因素进行必要的分析，以降低风险程度，提高税收筹划的效率。

（五）财务利益最大化原则

财务利益最大化原则是指税收筹划最主要的目的是使纳税人可支配的财务利益最大化，即税后财务利益最大化。

纳税人财务利益最大化除了要考虑节减税收外，还要考虑纳税人的综合经济利益最大化；不仅要考虑纳税人现在的财务利益，还要考虑纳税人未来的财务利益；不仅要考虑纳税人的短期利益，还要考虑纳税人的长期利益；不仅要考虑纳税人的所得增加，还要考虑纳税人的资本增值。

（六）可操作性原则

税收筹划必须坚持科学的态度、科学的方法，在全面准确理解税法及财会法规和有关经济法规的基础上，对纳税人的自身情况进行全面深入的调查研究，正确运用税法及财会法规和有关经济法规，制订、筛选税收筹划方案，采用科学的方法、步骤实施可行性税收筹划方案。

（七）全局性原则

从财务管理的角度来讲，税收筹划不仅仅是一种短期性的权宜之计，更是一种值得不断总结、提高的理财手段。这就要求税收筹划必须放在纳税人长期、整体经营中考虑，要以纳税人长远利益、整体利益为重，选择最佳方案。而最佳方案必须是能使纳税人获得最大长远效益的方案。

（八）时机性原则

税收筹划的成功概率取决于各种相关因素的综合作用，而种种因素都处于变化之中，许多税收优惠政策也具有很强的时效性。因此，企业只有讲求时效，抓住机会，选准税收筹划的切入点，才能不失先机，取得成功。同时，税收筹划作为事先性行为，必须具有前瞻性，对纳税人而言，应从其发展的角度制定并实施短、中、长期的税收筹划方案，根据具体方案，不断进行动态调整，充分把握时机，这样才有利于纳税人资金的积累和发展。

（九）协调性原则

税法的强制性和不完备性，决定了税务机关在企业税收筹划有效性中的关键作用。在实务中，只要是税法没有明确的行为，税务机关都有权根据自身的判断认定其是否为应纳税行为，因此税收筹划人员应与税务部门保持密切的联系和沟通，多做协调工作，在某些模糊或新生事物的处理上得到其认可，以增加税收筹划成功的概率，这一点在税收筹划过程中尤其重要。

二、税收筹划的分类

（一）按采用的技术方法分类

按采用的技术方法分类，税收筹划可分为技术型税收筹划和实用型税收筹划。

技术型税收筹划是指筹划人员通过采用财务分析技术，包括复杂的现代财务管理原理和技术，利用公式或模型制订的尽量减少纳税人在投资、经营或理财等活动中的税收支出的筹划方案。这类筹划需要筹划人员熟悉技术操作，而且使用的数据资料要丰富和可靠。

实用型税收筹划是指筹划人员采用简单、直观、实用的方法制订的尽量减少纳税人在投资、经营或理财等活动中的税收支出的筹划方案。实用型税收筹划人员多认为技术型税收筹划太过烦琐反而起不到作用。

（二）按采用的减轻纳税人税负的手段分类

按采用的减轻纳税人税负的手段分类，税收筹划可分为政策型税收筹划与漏洞型税收筹划。

政策型税收筹划是指在实践中遵循税法、符合税法精神的前提下所制订的尽量减少纳税人在投资、经营或理财等活动中的税收支出的筹划方案。政策型税收筹划实质上属于节税，因此也称节税型税收筹划。

漏洞型税收筹划是指利用税法规则的漏洞所制订的尽量减少纳税人在投资、经营或理财等活动中的税收支出的筹划方案。漏洞型税收筹划实际通过节税和避税两种手段来减轻纳税负担，因此也称避税型税收筹划。

（三）按税收筹划人员分类

按税收筹划人员是纳税人内部人员还是外部人员分类，税收筹划可以分为内部税收筹划与外部税收筹划。

内部税收筹划是指由企业内部会计人员及有关专业人员制订的尽量减少纳税人在投资、经营或理财等活动中的税收支出的筹划方案。例如，由企业总会计师或财务经理组织协调，结合企业全面工作，实施税务规划。

外部税收筹划是指由企业聘用注册税务师等外部专业人员，结合本单位的经营业务，制订的尽量减少纳税人在投资、经营或理财等活动中的税收支出的筹划方案。例如，委托会计师事务所或税务师事务所为企业做整体的纳税策划。

（四）按税收筹划目的分类

按税收筹划是否仅针对特别税务事件分类，税收筹划可分为一般税收筹划与特别税收筹划。

一般税收筹划是指在一般情况下制订的尽量减少纳税人在投资、经营或理财等活动中的税收支出的筹划方案。它是纳税人自己或纳税人委托代理人在日常经济活动中不间断实施省税的行为。

特别税收筹划是指仅针对特别税务事件制订的尽量减少纳税人在投资、经营或理财等活动中的税收支出的筹划方案。特别税务事件是指企业合并、企业收购、企业解散、个人财产捐赠、个人财产遗赠等。这类事件具有一次性、突发性的特点，并不是事前进行的安排，有些是事后才进行税收筹划操作。例如，英国遗产税的税收筹划有些不是由纳税人——死者生前事先进行的，而是在死者去世以后才根据遗产受益人要求进行并追溯退税的。

（五）按税收筹划地区分类

按税收筹划地区是否跨越国境分类，税收筹划可以分为国内税收筹划与国际税收筹划。

国内税收筹划是指在一国范围之内或对不从事跨国业务的纳税人制订的尽量减少纳税人在投资、经营或理财等活动中的税收支出的筹划方案。

国际税收筹划是指通过利用各国税法规定的差异和业务范围的广泛性，对跨国纳税人的跨国收入或所得制订的尽量减少纳税人在投资、经营或理财等活动中的税收支出的筹划方案。世界经济一体化和我国加入 WTO 为国际税收筹划提供了广阔的发展前景，各国之间税法规定的巨大差异，也使国际税收筹划拥有更大的发展空间。

（六）按税收筹划服务对象分类

按税收筹划服务对象是企业还是个人分类，税收筹划可以分为企业税收筹划与个人税收筹划。

企业税收筹划是把经济运行的主体——企业作为税收筹划的对象而制订的尽量减少其在投资、经营或理财等活动中的税收支出的筹划方案。企业税收筹划是税收筹划研究和实施的主要内容。它一般通过对企业组建、筹资、经营各方面的税务运作，达到最小税收负担的目的。

个人税收筹划是把自然人作为税收筹划的对象而制订的尽量减少其在投资、经营或理财等活动中的税收支出的筹划方案。该方法一般对个人的投资、经营、收入分配进行税务策划，最终使个人缴纳的税金最少。随着个人缴纳的税收占税收收入的比重不断增加，个人税收筹划显得越来越重要。

（七）按税收筹划的税种分类

税种按征税对象的不同可分为商品劳务税、所得税、财产税、资源税、行为目的税等几大类。与之相对应，以税收筹划涉及税种的不同类别为分类标准，税收筹划也可以分为商品劳务税税收筹划、所得税税收筹划、财产税税收筹划、资源税税收筹划、行为目的税税收筹划等。由于商品劳务税和所得税是我国目前税制结构中最主要的两大税类，因而它们也是目前纳税人税收筹划需求最大的两大税类。

（1）商品劳务税税收筹划。商品劳务税税收筹划主要是围绕纳税人身份、销售方式、货款结算方式、销售额、适用税率、税收优惠等纳税相关项目进行的税收筹划。虽然商品劳务税是企业缴纳最多的税，但由于其是可以转嫁的税，加之商品劳务税的税制弹性相对较小，因此税收筹划的空间相对于所得税来说也比较小。

（2）所得税税收筹划。所得税的税收筹划主要是围绕收入实现、经营方式、成本核算、费用列支、折旧方法、捐赠、筹资方式、投资方向、设备购置、机构设置、税收政策等涉税项目的税收筹划。所得税的税制弹性相对较大，其税收筹划的空间也相对较大，效果往往比较明显，所以目前这类税收筹划的需求较大。

（八）按税收筹划环节分类

企业在生产经营、投资理财的每个环节都存在决策问题，同时也伴随着税收筹划的发生。按税收筹划环节的不同，税收筹划可分为机构设置的税收筹划、投资决策的税收筹划、融资方式的税收筹划、经营策略的税收筹划、产销决策的税收筹划、成本费用核算的税收筹划、利润分配的税收筹划等。按生产经营、投资理财的不同环节进行的税收筹划一般也可称为环节税收筹划。由于不同环节的决策目标十分具体而又不尽相同，相应的税收政策及其相关政策的规定多且差别较大，这就给环节税收筹划留下较为广阔的空间和余地，只要筹划得当，都有机会获得一定的税收利益。因此环节税收筹划在企业税收筹划中受到高度重视，成为企业税收筹划的重点，这方面成功的案例也较多。

（九）按税收筹划期限长短分类

按税务筹划期限长短分类，税收筹划可分为短期税收筹划与长期税收筹划。短期税收筹划是指制订可以尽量少缴纳税收的纳税人短期（通常不超过 1 年）投资、经营或其他活动的税务计划，以尽量少纳税。许多针对特别税务事件的税收筹划多属于短期税收筹划。长期税收筹划是指制订可以尽量少缴纳税收的纳税人长期（通常为 1 年以上）投资、经营或其他活动的税务计划，达到合法省税。有些规模大的企业有专门的税务顾问常年处理涉税事宜，企业进行其各种经营活动听取税务顾问的建议。

➢综合练习题

一、名词解释

税收筹划；偷税；避税

二、简答题

（1）税收筹划的特点是什么？

（2）税收筹划的功能与意义体现在哪些方面？

（3）税收筹划的原则是什么？

三、综合分析题

（1）通过查阅相关资料分析税收筹划与偷税的性质与区别。

（2）某一纳税人（生产企业）年销售额为 90 万元，购进项目金额为 50 万元，选择一般纳税人的应纳税额=90×17% −50×17%=6.8（万元），选择小规模纳税人的应纳税额=90×6%=5.4（万元）。单从税负上看，该纳税人应选择小规模纳税人。那么，根据综合利益最大化的原则，请你分析一下，还应考虑哪些因素？

➢本章拓展

税法基本理论与基本知识

第二章

税收筹划基本原理与技术

【学习目标与要求】

本章主要介绍税收筹划的基本原理和税收筹划的基本技术。通过学习本章，熟悉筹划过程中应遵循税收筹划原理，运用合理的税收筹划技术进行筹划以达到节税的目的。

第一节　税收筹划的基本原理

税收筹划的原理有多种，其中最重要的原理是节税原理。节税原理又可细分为绝对节税原理、相对节税原理、组合节税原理、风险节税原理、模糊节税原理五个主要方面。

一、绝对节税原理

绝对节税是指直接或间接使纳税绝对总额减少，也就是说在多个可供选择的纳税方案中，选择缴纳税款额最少的方案。这种节税包括直接减少纳税人某项业务的纳税总额，或者直接减少其在一定时期内的纳税总额。在绝对节税原理理念下，具体采用的方法多种多样，如企业可以采用减少税基、适用较低税率的方式来减少纳税总额。

（一）绝对节税原理实质

绝对节税原理的实质是在多个可供选择的纳税方案中，选择缴纳税款最少的方案。

（二）绝对节税原理分类

绝对节税原理按照节税采用的手段分为直接节税原理和间接节税原理。

1. 直接节税原理

直接节税原理是指直接减少某一个纳税人的税收绝对额的节税。

假定某一个公司可供选择的节税方案有 i 个（i=1，2，3，…），这些方案涉及的节税技术不完全相同，但在一定时期取得的税前所得相同，那么这些方案在一定时期节减的税收也不相同，纳税人在一定时期的纳税总额也不相同，这些节税方案可以如下表示：

$$\sum T_1=\sum T-\sum \mathrm{Se}_1-\sum \mathrm{Sr}_1-\sum \mathrm{St}_1-\sum \mathrm{Sp}_1-\sum \mathrm{Sd}_1-\sum \mathrm{Sc}_1-\sum \mathrm{Sb}_1$$
$$\sum T_2=\sum T-\sum \mathrm{Se}_2-\sum \mathrm{Sr}_2-\sum \mathrm{St}_2-\sum \mathrm{Sp}_2-\sum \mathrm{Sd}_2-\sum \mathrm{Sc}_2-\sum \mathrm{Sb}_2$$
$$\sum T_3=\sum T-\sum \mathrm{Se}_3-\sum \mathrm{Sr}_3-\sum \mathrm{St}_3-\sum \mathrm{Sp}_3-\sum \mathrm{Sd}_3-\sum \mathrm{Sc}_3-\sum \mathrm{Sb}_3 \quad (2\text{-}1)$$
$$\cdots$$
$$\sum T_i=\sum T-\sum \mathrm{Se}_i-\sum \mathrm{Sr}_i-\sum \mathrm{St}_i-\sum \mathrm{Sp}_i-\sum \mathrm{Sd}_i-\sum \mathrm{Sc}_i-\sum \mathrm{Sb}_i$$

其中，$\sum T_i$ 表示纳税人采用方案 i 节税后其一定时期的纳税总额；$\sum T$ 表示纳税人不采用节税方案下其一定时期的纳税总额；$\sum \mathrm{Se}_i$ 表示纳税人采用方案 i 节税后其一定时期因免税而可能净节减的税收；$\sum \mathrm{Sr}_i$ 表示纳税人采用方案 i 节税后其一定时期因减税而可能净节减的税收；$\sum \mathrm{St}_i$ 表示纳税人采用方案 i 节税后其一定时期因税率差异而可能净节减的税收；$\sum \mathrm{Sp}_i$ 表示纳税人采用方案 i 节税后其一定时期因分劈而可能净节减的税收；$\sum \mathrm{Sd}_i$ 表示纳税人采用方案 i 节税后其一定时期因扣除而可能净节减的税收；$\sum \mathrm{Sc}_i$ 表示纳税人采用方案 i 节税后其一定时期因抵免而可能净节减的税收；$\sum \mathrm{Sb}_i$ 表示纳税人采用方案 i 节税后其一定时期因退税而可能净节减的税收。

说明：①式（2-1）中各项节税净节减税额有可能为负数，即为增加税额；②式（2-1）中各项节税技术有可能相互影响，即此项节税有可能使彼项增税。

【例 2-1】 假设 $\sum T$=300 万元，现有三个方案如下：方案 1 的 $\sum \mathrm{Se}_1$=30 万元，$\sum \mathrm{Sr}_1$=10 万元，$\sum \mathrm{St}_1$=−8 万元，$\sum \mathrm{Sp}_1$=0 万元，$\sum \mathrm{Sd}_1$=15 万元，$\sum \mathrm{Sc}_1$=5 万元，$\sum \mathrm{Sb}_1$=0 万元；方案 2 的 $\sum \mathrm{Se}_2$=3 万元，$\sum \mathrm{Sr}_2$=10 万元，$\sum \mathrm{St}_2$=−10 万元，$\sum \mathrm{Sp}_2$=0 万元，$\sum \mathrm{Sd}_2$=−5 万元，$\sum \mathrm{Sc}_2$=2 万元，$\sum \mathrm{Sb}_2$=0 万元；方案 3 的 $\sum \mathrm{Se}_3$=20 万元，$\sum \mathrm{Sr}_3$= 15 万元，$\sum \mathrm{St}_3$=10 万元，$\sum \mathrm{Sp}_3$=0 万元，$\sum \mathrm{Sd}_3$=−5 万元，$\sum \mathrm{Sc}_3$=10 万元，$\sum \mathrm{Sb}_3$=10 万元。这样，按照绝对节税原理对各方案进行如下比较。

【解析】

方案 1：一定时期纳税人的纳税总额为

$$\sum T_1=\sum T-\sum Se_1-\sum Sr_1-\sum St_1-\sum Sp_1-\sum Sd_1-\sum Sc_1-\sum Sb_1$$
$$=300-30-10-(-8)-0-15-5-0$$
$$=248(万元)$$

可以节减税收为$\sum S_1=\sum T-\sum T_1-300-248=52(万元)$。

方案 2：一定时期纳税人的纳税总额为

$$\sum T_2=\sum T-\sum Se_2-\sum Sr_2-\sum St_2-\sum Sp_2-\sum Sd_2-\sum Sc_2-\sum Sb_2$$
$$=300-3-10-(-10)-0-(-5)-2-0$$
$$=300(万元)$$

可以节减税收为$\sum S_2=\sum T-\sum T_2=300-300=0(万元)$。

方案 3：一定时期纳税人的纳税总额为

$$\sum T_3=\sum T-\sum Se_3-\sum Sr_3-\sum St_3-\sum Sp_3-\sum Sd_3-\sum Sc_3-\sum Sb_3$$
$$=300-20-15-10-0-(-5)-10-10$$
$$=240(万元)$$

可以节减税收为$\sum S_3=\sum T-\sum T_3=300-240=60(万元)$。

结论：对这些方案进行全面比较，选择最佳节税方案。我们看到，方案 2 是最不可取的，因为从一定时期来看，纳税人由免税、减税和抵免而节减的税收都被税率差异和扣除项目抵消掉了，结果节减的税收为零。方案 1 和方案 3 节减的税收尽管也有被抵消的部分，但这两个方案能节税，方案 1 可节减税收 52 万元，方案 3 可节减税收 60 万元。其中方案 3 缴纳的税收最少，节减的税收最多，因此是最佳节税方案。

【例 2-2】 某工业企业是一个年不含税销售额保持在 90 万元左右的生产型企业，公司年不含税外购货物为 70 万元左右（含税为 70×117%=81.9 万元），如果企业作为小规模纳税人的增值税率适用 3%，申请成为一般纳税人的增值税适用税率为 17%，企业可供选择的纳税方案如下。

【解析】

方案 1：假定为小规模纳税人，则

应纳增值税额=90×3%=2.7（万元）

方案 2：假定为一般纳税人，则

应纳增值税额=90×17%−70×17%=3.4（万元）

方案 1 小规模纳税人的低税率可以节税 90×（17%−3%）=12.6 万元，但不能抵扣进项税额要增税 70×17%=11.9 万元；方案 2 采用标准税率比方案 1 要增税 12.6 万元，虽然可以抵扣进项税额能节税 11.9 万元，但两者相抵后净增税 0.7 万元。两个方案比较下来，方案 1 可以比方案 2 多节减税收，即

$$T_1=T=2.7(万元)$$

$$T_2 = T - \mathrm{St}_2 - \mathrm{Sc}_2 = 2.7 + 12.6 - 11.9 = 3.4(\text{万元})$$
$$S = T_1 - T_2 = 2.7 - 3.4 = -0.7(\text{万元})$$

其中，设定方案二 T_2 为不节税方案，方案一 T_1 为节税方案。

方案 1 可以比方案 2 多节减税收 0.7 万元。因此，某些时候，选择一般纳税人，表面上可以增加进项税额的抵扣以减少纳税，但如果进项税额抵扣不足，可能会增加税负。

2. 间接节税原理

间接节税是指某一个纳税人的税收绝对额没有减少，但这个纳税人的税收客体所负担的税收绝对额减少，间接减少了另一个或一些纳税人税收绝对额的节税。这种节税方案的选择可以通过比较以下方案后决定。

$$\sum \mathrm{TS}_1 = T_1 + T_2 + T_3 + \cdots + T_{n-1}$$
$$\sum \mathrm{TS}_2 = T_1 + T_2 + T_3 + \cdots + T_{n-2}$$
$$\sum \mathrm{TS}_3 = T_1 + T_2 + T_3 + \cdots + T_{n-3}$$
$$\cdots$$
$$\sum \mathrm{TS}_i = T_1 + T_2 + T_3 + \cdots + T_{n-i}$$

其中，T_n 为税收客体第 n 次征税时所负担的税收绝对额（n=1，2，3，…）；$\sum \mathrm{TS}_i$ 为采用节税方案 i 后的税收绝对总额（i=1，2，3，…）。

【例 2-3】假设一个老人有财产 3 000 万元，他有一个儿子和一个孙子。他的儿子和孙子都已经很富有。所在国家的遗产税税率为 50%。假设这个老人的儿子继承了财产后，没有减少也没有增加财产值，然后遗赠给老人的孙子，孙子继承财产后也没有减少和增加财产值，在他去世后再遗赠给他的子女。

【解析】

方案 1：在不进行税收筹划的情况下，将财产多次赠与，这个老人的财产所负担的遗产税 $\sum T$ 为

$$\sum T = T_1 + T_2 + T_3 = (3\,000 + 1\,500 + 750) \times 50\% = 2\,625(\text{万元})$$

方案 2：如果其他情况如上，但考虑到其儿子已经很富有，这个老人采用了节税方案，把其财产遗赠给其孙子，那么这个老人的财产可以少纳一次税，其纳税绝对总额 $\sum \mathrm{Ts}$ 和间接节减的纳税绝对额 S 为

$$\sum \mathrm{Ts} = T_1 + T_2 = (3\,000 + 1\,500) \times 50\% = 2\,250(\text{万元})$$
$$S = \sum T - \sum \mathrm{Ts} = 2\,625 - 2\,250 = 375(\text{万元})$$

这个老人的财产可以间接节税 375 万元。

二、相对节税原理

相对节税是指一定时期内的纳税总额并没有减少，但考虑到货币的时间价值因素，推迟税款的缴纳，使各个纳税期的纳税额发生变化从而增加了收益，抵销了部分或全部的税收负担，从而相对节减税收的节税原理。对于企业而言，相当于获得了一笔无息贷款，从而使纳税总额相对减少，或者说是使纳税税款的价值减少。比如企业可以充分利用税收制度中规定的纳税期限，或者是采用加速折旧的方式减少税款价值。

货币的时间价值是指货币在周转使用中，由于时间因素而形成的增值，也称为资金时间价值。

相对节税是指由于纳税安排原因而增加收益，使纳税总额相对减少。由于其他原因而引起的收益增加，使纳税绝对总额减少的不属于相对节税范畴，不是相对节税。

我们假定某一个公司可供选择的节税方案有 i 个，这些方案在一定时期缴纳的税收相同，但在各个纳税年度缴纳的税收不完全相同，这些方案可以表示如下：

$$\sum T_1 = T_{1-1} + T_{1-2} + \cdots + T_{1-n}$$
$$\sum T_2 = T_{2-1} + T_{2-2} + \cdots + T_{2-n}$$
$$\sum T_3 = T_{3-1} + T_{3-2} + \cdots + T_{3-n}$$
$$\cdots$$
$$\sum T_i = T_{i-1} + T_{i-2} + \cdots + T_{i-n}$$

其中，$\sum T_i$=纳税人采用方案 i 后其一定时期的纳税总额（i=1，2，3，…）；T_{i-n}=采用方案 i 后纳税人各个纳税年度 n 要缴纳的税收（n=1，2，3，…）。

说明：①设 $\sum T_1=\sum T_2=\sum T_3=\cdots=\sum T_i=\sum T$（$\sum T$ 为纳税人不节税的情况下，其一定时期的纳税总额）。②前面纳税年度缴纳的税收小于不节税情况下同年度缴纳的税收，后面纳税年度缴纳的税收大于不节税情况下同年度缴纳的税收。

【例 2-4】 假设一个公司的年度目标投资收益率为 10%，在一定时期所取得的税前所得相同。如果税法允许这个公司某年的某笔费用可以选择三种方法扣除，即分期平均扣除、余额递减扣除、一次性扣除。其结果假定如下：方案 1 公司第 1、2、3 年都缴纳所得税 200 万元，即方案 1 的 $T_{1-1}=T_{1-2}=T_{1-3}=200$（万元）；方案 2 的 $T_{2-1}=100$ 万元，$T_{2-2}=100$ 万元，$T_{2-3}=400$ 万元；方案 3 的 $T_{3-1}=0$，$T_{3-2}=0$，$T_{3-3}=600$ 万元。纳税人采用不同的方案在一定时期内的纳税绝对总额是相同的。

【解析】

（1）三年的预期税收 $\sum T_i$ 如下：

方案 1 为

$$\sum T_1 = T_{1-1} + T_{1-2} + T_{1-3} = 200+200+200=600(\text{万元})$$

方案 2 为

$$\sum T_2 = T_{2-1} + T_{2-2} + T_{2-3} = 100+100+400=600(\text{万元})$$

方案 3 为

$$\sum T_3 = T_{3-1} + T_{3-2} + T_{3-3} = 0+0+600=600(\text{万元})$$

可以看到三个方案的税收绝对总额是相等的，但考虑货币时间价值，折算结果会有很大的差异。

（2）把预期税收按目标投资收益率折算成现值 P_i。

方案 1：$\sum T_1$ 预期税收现值为

$$P_1 = 200 + 200/1.10 + 200/(1.10)^2 = 547.11(\text{万元})$$

方案 2：$\sum T_2$ 预期税收现值为

$$P_2 = 100 + 100/1.10 + 400/(1.10)^2 = 521.49(\text{万元})$$

方案 3：$\sum T_3$ 预期税收现值为

$$P_3 = 0 + 0/600/(1.10)^2 = 495.87(\text{万元})$$

（3）节税方案的相对节税额 $\sum S_i$ 如下。

方案 2 相对节税额为

$$\sum S_2 = \sum T_1 - \sum T_2 = 547.11 - 521.49 = 25.62(\text{万元})$$

方案 3 相对节税额为

$$\sum S_3 = \sum T_1 - \sum T_3 = 547.11 - 495.87 = 51.24(\text{万元})$$

结论：从上面的计算我们可以看出，尽管三个方案中这个公司一定时期的纳税总额都是 600 万元，但由于货币时间价值，方案 2 和方案 3 如同取得一笔无息贷款，所以纳税人在本期有更多的资金用于投资，将来可以获得更大的投资收益，相对节减了税收，因此我们要选择方案 2 和方案 3。而在方案 2 和方案 3 的比较中，我们又应选择方案 3，因为它比方案 2 相对节减更多的税收。

三、组合节税原理

一般认为，税收筹划是指纳税人在遵守现行税收法规制度的前提下，当存在多种纳税方案可供选择时，纳税人以减轻税负为目的，在一定时期和一定环境条件下，通过多种节税技术组合使节税总额最大化、节税总风险最小化。其实，税收筹划作为企业财务管理的一个重要组成部分，其目的不只是使企业税负最轻，更是在纳税约束的市场环境下，使企业税后利润最大化或者企业价值最大化。

在组合节税原理下进行税收筹划需注意以下问题。

第一，筹划中要注意各税种的关系。纳税人在税收筹划时不能仅仅考虑个别税种税负的高低，而应着眼于整体税负的轻重。例如，不能只注重所得税的高低而忽视流转税的轻重，不能只注重资源税的高低而忽视所得税的轻重。

第二，筹划中要从总体考虑税负。纳税人在税收筹划时不能对节税原理进行片面理解，要对原理进行有效的组合。例如，一般人认为，利用固定资产的加速折旧法会使纳税延期，从而无偿占有国家税款的货币时间价值，而事实并非如此，第一章讲述税收筹划注意问题时，关于固定资产折旧的方法已经说明此问题。

第三，要从全局的角度考虑筹划。纳税人进行税收筹划时，不仅要考虑筹划的费用与效益，更要考虑筹划的效果。

【例 2-5】 某一小规模纳税人（生产企业）年销售额为 80 万元，购进项目金额为 40 万元，选择一般纳税人的应纳税额=80×17% −40×17%=6.8（万元），选择小规模纳税人的应纳税额=80×3%=2.4（万元）。

【解析】

单从税负上看，应选择小规模纳税人，但小规模纳税人只能开具普通发票，或由税务机关代开 3%的增值税专用发票，致使该产品的购方可抵扣的进项税额减少甚至消失，从而增大购货方的税负。如果购货方也考虑税负因素，购销交易则不容易达成。所以对销货方来说，产品卖不出去，节税再多，等于画饼充饥，意义不大。

四、风险节税原理

风险是指在特定时期和环境下，某一事件产生的实际结果与预期结果的偏差。风险越大，偏差程度越大，节税也可能越多。风险从性质上区分，又可分为确定性风险和不确定性风险。

税务风险是指企业的涉税行为未能正确有效遵守税法规定，从而导致企业未来利益的可能损失，具体表现为企业涉税行为影响纳税准确性的不确定因素，其结果是企业多缴了税或者少缴了税。

风险节税是指一定时期和一定环境下，把风险降低到最低水平从而获得的超过一般节税所减少的税额。风险节税主要考虑了节税的风险价值，一般情况下，风险越大，风险价值越大。也就是说，在进行税收筹划时，既要考虑货币的时间价值，又要考虑风险因素，从而客观地选择税收成本最低的方案，达到少缴或不缴税款的目的。风险节税原理可分为确定性风险节税原理和不确定性风险节税原理。

1. 确定性风险节税原理

确定性风险是指未来情况基本确定或不变情况下的风险，即有大量历史数据和以往经验，各种可能情况及其产生结果的概率事先可以掌握的情况下的风险。

确定性节税风险是指节税风险具有一定的确定性，如各国的税率差异、优惠政策差异。此外，各国的税制变化、经济周期、市场利率、通货膨胀、企业本身的发展和所得增幅等都有一定的确定性。这些确定性风险因素在节税时必须考虑进去，可以作为定量进行分析。

2. 不确定性风险节税原理

不确定性风险是指未来情况不确定情况下的风险，即不仅无历史数据和以往经验，各种情况发生及其产生结果的可能性也不清楚的情况下的风险。风险大部分因素是不确定性的，前面所谈的确定性风险只是相对而言的，所以现实节税中存在着许多不确定性因素，如国际节税中的汇率问题，由于汇率是波动的，存在不确定性，人们很难正确预测出汇率的变化，这样跨国节减的税收很可能由于汇率的变化而完全抵消，甚至增加税收。因此不确定风险因素在节税时也是必须慎重考虑的。

对于节税的不确定性因素，通常的做法是用主观概率来计算风险程度和风险价值，先通过主观概率把不确定性因素转化为确定性因素，然后就可以进行定量分析。主观概率是指在没有大量历史数据资料和实际经验的情况下，人们根据有限的资料和经验合理地估计随机事件发生的可能性大小。

由于不确定性节税方案与实际结果的偏差程度往往要大于确定性节税，因此为保证节税方案的可行性，必须考虑节税结果对期望值的偏离程度。

一般用标准离差来反映不确定性节税的风险程度：标准离差越大，风险程度越大。但是标准离差是一个绝对值，只能用于税收期望值相同的节税方案，对税负期望值不同的不确定性节税方案，则要用标准离差率来反映风险程度，节税方案的标准离差率越大，风险程度也越大。

五、模糊节税原理

从节税条件和目标是否具有内在确定性上，节税原理可以分为确定型节税原理和模糊型节税原理两大类。现实生活中存在着许多可能是也可能不是，或者既是又不是的现象。例如，税率降低的同时税基也扩大的税制改革对纳税人到底好还是不好？纳税人到底投资哪个行业好？纳税人到底投资哪个国家或地区好？纳税人到底能节减多少税？这类不确定的现象大多数可分为随机现象和模糊现象。

在一定条件下，随机现象是在事件发生之前不能确定，但在事件发生之后就能确定的现象。随机现象表现出来的是条件的外在不确定性，而事件本身具有内在的确定性。前文所讲述的节税原理都是建立在节税条件和目标具有内在确定性的基础之上的。然而，世界上大量的不确定现象是模糊现象，模糊性是事物一种内在的不确定性。例如，有时纳税人的节税目标、如何节税、节税风险等都会呈现模糊特征。而且当人们不可能对事件发生的全部因素和全部因素之间的关系进行全面分析，只能对少量因素和少量因素之间的关系进行分析时，本来明确的概念也会变成模糊概念。因此，1965年美国学者 L.A. 扎得提出了研究和处理模糊性现象的模糊数学方法，把精确数学判定事物“要么是要么不是”的精确判断逻辑，发展为用 0 到 1 之间的某个实数的模糊判断逻辑。1978 年他又把只讨论发生不发生、出现不出现的概率研究发展为讨论行不行、能不能的模糊的可能性研究。模糊理论承认模糊，承认中介状态，从中介状态中寻找非中介倾向性，意义非常重大，它使事物的模糊现象清晰化、数量化、合理化，这一新的思维逻辑很快被运用到天文、地理、物理、化学、生物、人文、社会等诸多领域，包括财务管理决策。模糊决策弥补了普通决策的不足，我们同样可以把它运用到节税决策上。这种节税目标、节税条件、如何节税、节税风险等不具有内在确定性，呈现模糊特征，需要用模糊决策来筹划节税的，称为模糊型节税。

第二节　税收筹划的基本技术

一、免税技术

（一）免税技术的概念

免税是指国家对特定地区、行业、企业、项目或情况（特定的纳税人或纳税人的特定应税项目，或由于纳税人的某些特殊情况）所给予纳税人完全免征税收的照顾或奖励措施。

免税技术是指在合法、合理的情况下，使纳税人成为免税人，或使纳税人从事免税活动，或使征税对象成为免征对象而免纳税收的税收筹划技术。免税包括对自然人免税、公司免税、机构免税等。

一般而言，由于税收具有强制性特点，税收是不可避免的，每个纳税人都要缴纳税收，但是由于税收优惠政策规定纳税人可以成为免征（纳）税收的纳税人——免税人。例如，个人所得税法规定个人转让居住五年以上住房者免征个人所得税，企业所得税法规定投资于港口、码头、机场等基础设施的企业，从获得第一笔收入的当月起，第一年至第三年免税。

免税一般可以分为法定免税、特定免税和临时免税三种。在这三类免税规定中，法定免税是主要方式，特定免税和临时免税是辅助方式，是对法定免税的补充。

（二）免税技术特点

1. 免税属于绝对免税

免税技术运用的是绝对节税原理，直接免除纳税人的税收绝对额，属于绝对节税型税收筹划技术。

2. 适用范围具有局限性

免税仅针对特定纳税人、征税对象及情况减免，如必须从事特定的行业、在特定的地区经营、需要满足特定的条件等，而这些不是每个纳税人都能或都愿意做到的。因此，免税技术往往不能普遍运用，适用范围具有一定的局限性。

3. 技术简单

免税技术不需要利用数理、统计、财务管理等知识进行税收筹划，无须复杂计算，甚至不用计算、不用比较，就能知道是否可以节约税收，技术非常简单，对筹划人员素质要求不高。

4. 具有一定的风险性

在能够运用免税技术的企业投资、经营或个人活动中，往往有一些被认为是投资收益率低或风险高的地区、行业、项目和行为，如投资高科技企业可以得到免税待遇，还可能得到超过社会平均水平的投资收益，并且可能具有高成长性，但风险也极高，非常可能因投资失误而投资失败，免税变得毫无意义。

（三）免税技术的筹划要点

1. 尽可能争取更多的免税待遇

在合法和合理的前提下，争取尽可能多的项目获得免税待遇。与缴纳税收相比，免征的税收就是节减的税收，免征的税收越多，节减的税收越多。例如，《中华人民共和国企业所得税法》（简称《企业所得税法》）规定从事符合条件的环境保护、节能节税项目的所得，符合条件的技术转让所得免征所得税。所以新企业在投资时可以考虑以上投资项目。

2. 尽量使免税期限最长

在合法和合理的前提下，尽量使免税期限最长。因为许多免税条款都有期限规定，免税期越长，节减的税收越多。

【例 2-6】 某个国家对一般企业按普通税率征收企业所得税，对甲经济开发区的企业制定从开始经营之日起免征三年所得税的规定，对乙经济开发区的企业制定从开始经营之日起免征五年所得税的规定。

【解析】

根据以上规定，如果其他条件基本相似或利弊基本相抵，在甲经济开发区和乙经济开发区两个地区选择投资经营地时，可以考虑选择优惠期长的乙经济开发区投资，从而可以获得更长时间的免税期待遇，从而在合法和合理的情况下节减更多的税收。

3. 尽量使免税额最大

在合法和合理的前提下，尽量使免税额最大。例如，假定企业在免税期可以通过成本结转方法、折旧计提方法的不同选择，尽量使应纳税所得额发生在免税期之内。

二、减税技术

（一）减税技术概述

减税实质上相当于财政补贴，各国有两类不同减税方法：一类是出于税收照顾目的的减税，如国家对遭受自然灾害地区的企业、残疾人企业的减税，这是国家对纳税人由于各种不可抗拒因素而产生的财物损失进行的财产补偿，属于一种税收照顾。另一类是出于税收奖励目的的减税，如产品出口企业、高科技企业、再循环生产企业、个人稿酬所得的减税，这类减税是一种税收奖励，是对纳税人贯彻国家政策的财务奖励。

减税技术是指在合法和合理的情况下，使纳税人减少应纳税收而直接节税的税收筹划技术。与缴纳全额税收相比，减征的税收幅度越大，节减的税收也就越多。

（二）减税技术的特点

1. 属于绝对减税

减税技术运用的是绝对节税原理，直接减少纳税人的税收绝对额，属于绝对节税型税收筹划技术。

2. 技术简便、对人员素质要求不高

减税技术无须利用数理、统计等知识，只要通过简单计算，就知道大致可以节约的税收税额，技术非常简单，对人员素质要求不高。

3. 适用范围较小

减税仍是指对特定纳税人、征税对象及情况的减免，而这些条件不是每个纳税人在大多数情况下都能满足的。例如，规定稿酬所得减征30%税款，所以仅适用于个人所得税项目中的稿酬所得。因此减税技术仍然是一种不能普遍运用、适用范围较小的税收筹划技术。

4. 具有一定的风险性

能够运用减税技术的企业投资、经营或个人活动，往往有一些被认为是投资收益率低和风险高的地区、行业、项目和行为，从事这类投资、经营或个人活动具有一定的风险性，如投资利用“三废”进行再循环生产的企业就有一定的风险性，其投资收益难以预测。

（三）减税技术筹划的要点

1. 尽量争取减税待遇并使减税额最大

在合法和合理的情况下，争取尽可能多的税种获得减税待遇，争取减征更多的税收。与缴纳税收相比，减征的税收就是节减的税收，获得减征待遇的税种越多，减征的税收幅度越大，节减的税收也越多。

2. 尽量使减税期限最长

在合法和合理的前提下，尽量使减税期限最长。减税期越长，节减的税收越多。与按正常税率缴纳税收相比，减征的税收就是节减的税收，而使减税期最长化能使节税最大化。

三、税率差异技术

（一）税率差异技术概述

税率差异技术是指在合法和合理的情况下，利用性质相同或相似的税种适用税率的差异而直接节减税收的税收筹划技术。与按高税率缴纳税收相比，按低税率少缴纳的税收就是节减的税收。

税率差异是普遍存在的情况，主要出于财政、经济政策的原因。例如，一个国家对不同企业组织形式规定不同的税率，公司的企业所得税适用税率为 25%，个人独资企业和合伙企业税率为五级超额累进税率；对不同产业或产品的纳税人规定的税率不同，一般企业的企业所得税税率为 25%，高新技术企业适用税率则为 15%。一个企业完全可以根据国家的有关法律和政策决定自己的组织形式、投资规模和投资方向等，利用税率差异少缴纳税收；同样的，一个自然人也可以选择其投资规模、投资方向等，利用税率差异少缴纳税收。合法和合理利用税率差异，可以节减税收。

（二）税率差异技术的特点

1. 属于绝对节税

税率差异技术运用的是绝对节税原理，可以直接减少纳税人的税收绝对额，属于绝对节税型税收筹划技术。

2. 技术较为复杂

采用税率差异技术节减税收不单受不同税率差异的影响，有时还受不同的计税基数差异的影响，计税基数的计算很复杂，计算出结果后还要按一定的方法进行比较，才能大致知道可以节减多少税收，所以税率差异技术较为复杂。例如，尽管我国企业所得税法规定基本税率为 25%，但是，由于采取对小微企业进行扶持政策，规定年应纳税所得额为 30 万元以下减按 20%，年应纳税所得额为 20 万元以下的在 20%的基础上，再减征 50%，实际负担率为 10%，也就是说，我国目前的企业所得税，实际上形成了 10%、20%和 25%三档全额累进税率。

3. 适用范围较大

税率差异是国家财政、经济政策造成的普遍存在的现象，几乎每个纳税人都有一定的挑选范围，因此税率差异技术是一种能普遍运用的、适用范围较大的税收筹划技术。

4. 具有相对稳定性

税率差异是客观存在的，而且一般情况下，在一定时期是相对稳定的，因此税率差异技术具有相对稳定性。

（三）税率差异技术的筹划要点

1. 尽量寻求税率最低化

在合法和合理的前提下，尽量寻求适用税率的最低化。在其他条件相同的情况下，按高低不同的税率缴纳的税额是不同的，它们之间的差异，就是节减的税收。寻求适用税率的最低化，可以达到节税的最大化。

2. 尽量寻求税率差异的稳定性和长期性

税率差异具有一定的确定性只是就一般而言，税率差异中还有相对更具稳定性的影响因素，如政局稳定的国家的税率差异就比政局动荡的国家的税率差异更具稳定性，政策制度稳健的国家的税率差异就比政策制度多变的国家的税率差异更具长期性。在合法合理的前提下，应尽量寻求税率差异的稳定性和长期性。与按高税率缴纳税收相比，按低税率缴纳的税收就是节减税收，而税率最低化能使节税最大化。

四、扣除技术

（一）扣除技术的概念

扣除原意是从原数额中减去一部分。税收中狭义的扣除是指从计税金额中减去一部分以求出应税金额。例如，根据《企业所得税法》规定，企业的应纳税所得额为收入总额减去免税收入，减去不征税收入，减去扣除项目、减弥补以前年度亏损后的余额。又如，个人所得税中的“工资、薪金所得”准予扣除一定的费用扣除标准。税收中广义的扣除包括从应纳税额中减去一部分，即“税额扣除”“税额抵扣”。例如，《企业所得税法》规定，纳税人来源于境外的所得，已在境外缴纳的所得税税款，准予在汇总纳税时，从其应纳税额中扣除。《中华人民共和国增值税暂行条例》（简称《增值税暂行条例》）规定，应纳税额为当期销项税额抵扣当期进项税额后的余额。

扣除技术是指在合法和合理的情况下，使扣除额增加而直接节税，或调整各个计税期的扣除额而相对节税的税收筹划技术。在同样多收入的情况下，各项扣除额、宽免额、冲抵额等越大，计税基数就会越小，应纳税额也越小，所节减的税款就越大。

（二）扣除技术特点

1. 可用于绝对节税和相对节税

扣除技术可以用于绝对节税，扣除使计税基数绝对额减少，从而使绝对纳税额减少；也可用于相对节税，通过合法和合理分配各个计税期的费用扣除和亏损冲抵，增加纳税人的现金流量，起到延期纳税作用，从而相对节税，在这一点上，与延期纳税技术原理有相似之处。

2. 技术较为复杂

各国税法中的各项扣除、宽免、冲抵规定是最为烦琐的，也是变化较多的。而要节减更多的税收需要精通最新的税法，计算出结果并加以比较，所以扣除技术较为复杂。例如，很多国家对亏损的结转冲抵规定有多种选择性条款，如有结转冲抵以后年度应纳税所得、结转以前年度所得等不同选择。

3. 适用范围较大

扣除适用于所有纳税人的规定，几乎每个纳税人都能采用此法节税，因此扣除技术是一种普遍的、适用范围较大的税收筹划技术。

4. 具有相对稳定性

扣除在规定时期内是相对稳定的，因此采用扣除技术进行税收筹划具有相对的稳定性。

（三）扣除技术筹划要点

1. 争取扣除项目最多

在合法和合理的情况下，尽量使更多的项目得到扣除，在其他条件相同的情况下，扣除的项目越多，计税基数就越小，计税基数越小，应纳税额就越小，因而节减的税收就越多。使扣除项目最多化，可以达到节税最大化。

2. 争取扣除金额最大

在合法和合理的情况下，尽量使各项扣除额最大化。在其他条件相同的情况下，扣除的金额越大，计税基数就越小，计税基数越小，应纳税额就越小，因而节减的税收就越多。使扣除金额最大化，可以达到节税最大化。

3. 争取扣除期限最早

在合法和合理的情况下，尽量使各允许扣除的项目在最早的计税期得到扣除。在其他条件相同的情况下，扣除越早，早期缴纳的税金就越少，早期的现金净流量就越大，可用于扩大流动资本和进行投资的资金也越多，将来的收益也越多，造成相对节减的税收就越多。所以扣除最早化，可以达到节税最大化。

五、抵免技术

（一）抵免技术概述

税收抵免是指从应纳税额中扣除税收抵免额。税收抵免的原意是纳税人在汇算清缴时可以用其借方已纳税额冲减其贷方应纳税额。采用源泉扣缴和自行申报两种税收征收方法的国家，在汇算清缴时都有税收抵免规定，以避免重复征税。纳税人的借方金额冲抵其贷方金额，借贷相抵后借方有余额的表示纳税人的已纳税额大于应纳税额，纳税人应得到退税；贷方有余额的表示纳税人的应纳税额大于已纳税额，还应补交应纳税额。

抵免技术是指在合法和合理的情况下，使税收抵免额增加而绝对节税的税收筹划技术。税收抵免额越大，冲抵应纳税额的数额就越大，应纳税额就越小，从而节减的税额就越大。

（二）抵免技术的特点

1. 属于绝对节税

抵免技术运用的是绝对节税原理，直接减少纳税人的税收绝对额，属于绝对节税型税收筹划技术。

2. 技术简单

尽管有些税收抵免与扣除有类似之处，但总体而言，各国规定的税收优惠性或基本扣除性抵免一般种类有限，计算也不会很复杂，因此抵免技术较为简单。

3. 适用范围较大

抵免普遍适用于所有纳税人，不是只适用于某些特定纳税人，因此抵免技术适用范围较大。

4. 具有相对稳定性

抵免在一定时期内相对稳定，风险较小，所以运用抵免技术进行税收筹划具有相对稳定性。

（三）抵免技术的筹划要点

1. 争取抵免项目最多

在合法和合理的情况下，尽量争取更多的抵免项目。在其他条件相同的情况下，抵免的项目越多，冲抵应纳税额的项目也越多；冲抵应纳税额的项目越多，应纳税额就越小，因而节减的税收就越多。所以使抵免项目最多化，可以达到节税最大化。

2. 争取抵免金额最大

在合法和合理的情况下，尽量使各抵免项目的抵免金额最大化。在其他条件相同的情况下，抵免的金额越大，冲抵应纳税额的金额也越大；冲抵应纳税额的金额越大，应纳税额就越小，因而节减的税收就越多。所以使抵免金额最大化，可以达到节税最大化。

六、分劈技术

（一）分劈技术的概念

分劈技术是指在合法和合理的情况下，使所得、财产在两个或更多个纳税人之间进行分劈而直接节税的税收筹划技术。

采用分劈技术节税与采用税率差异技术节税的区别在于：前者是使纳税人的计税基数合法和合理地减少从而节税；而后者则不是通过减少计税基数来节税；前者主要是利用国家的社会政策，而后者则主要是利用国家的财经政策。

（二）分劈技术特点

1. 属于绝对节税

分劈技术运用的是绝对节税原理，直接减少纳税人的税收绝对额，属于绝对节税型税收筹划技术。

2. 技术较为复杂

利用分劈技术使所得、财产在两个或更多个纳税人之间进行分劈而直接节税的税收筹划技术，采用分劈技术节减税收不但受到许多税收条件的限制，还受到许多非税条件如分劈参与人等复杂因素的影响，所以技术较为复杂。

例如，增值税一般纳税人和小规模纳税人应纳税额的计算方法不同，如果某企业采用小规模纳税人计算方法较合适，但是企业已经超过一般纳税人年应税销售额的标准，可以采用分劈技术使该企业在两个或更多纳税人之间分担应纳税额。

3. 适用范围狭窄

一些企业往往通过分立为多个小企业，强行分割所得来降低适用税率，因此被许多国家认为是一种避税行为。为了防止企业利用小企业税收待遇进行避税，一些国家针对企业的所得分割制定了反避税条款，所以分劈技术一般只适用于自然人的税收筹划。不过即使是自然人，能够适用的人和进行分劈的项目有限，条件也比较苛刻，因此分劈技术适用范围狭窄。

（三）分劈技术筹划要点

1. 分劈应尽量合理

使用分劈技术节税，除了要合法，特别要注意的是所得或财产分劈合理，要使分劈合法和合理。

2. 节税利益争取最大

在合法和合理的情况下，尽量寻求通过分劈技术使节减的税收最大化。

【例 2-7】 一对英国夫妇有 40 万英镑是丈夫名下的共同财产，他们有一个儿子，对于财产继承，现有两套方案：一是如果丈夫先去世，要把共同财产留给妻子，因为英国规定，丈夫给妻子的遗产可以享受免税，妻子去世后再将财产留给儿子，财产并没有发生被征两次税的情况。二是丈夫生前就把 40 万英镑的共同财产分劈为两部分，自己留下 23.1 万英镑财产，把 16.9 万英镑财产划拨妻子名下，在他去世时把他那部分财产留给儿子，妻子去世后再把她那部分财产留给儿子（在遗产税上每个人都享有 23.1 万英镑的免税额）。

【解析】

方案 1：因为尽管丈夫的财产遗赠给妻子时免税，但妻子去世时留给儿子的遗产超过 23.1 万英镑的部分要按 40%的税率向英国缴纳 6.76 万英镑的遗产税。英国的遗产税是实行夫妇分别申报纳税制度的，在遗产税上每个人都享有 23.1 万英镑的免税额，这里面有一个不是人人会发现的税收陷阱，就是每个人也只有 23.1 万英镑的免税额。

方案 2：丈夫生前就把共同财产分劈成两个都小于 23.1 万英镑的部分，由夫妇各自把自己部分的财产留给儿子，可以节减 6.76 万英镑的遗产税。

结论：方案 2 比方案 1 节减 6.76 万英镑的遗产税。

七、延期纳税技术

（一）延期纳税技术的概念

延期纳税是指延缓一定时期后再缴纳税收。狭义的延期纳税专门指纳税人按照国家有关延期纳税规定进行的延期纳税；广义的延期纳税还包括纳税人按照国家其他规定可以达到延期纳税目的的财务安排和纳税计划，如按照折旧政策、存货计价政策等规定来达到延期纳税的财务安排。

延期纳税技术是指在合法和合理的情况下，使纳税人延期缴纳税收而相对节税的税收筹划技术。纳税人延期缴纳本期税收并不能减少纳税人纳税绝对总额，但等于得到一笔无息贷款，可以增加纳税人本期的现金流量，使纳税人在本期有更多的资金扩大流动资本，用于资本投资；由于通货膨胀、货币贬值，今天的 1 元要比将来的 1 元更值钱；由于货币时间价值，今天多投入的资金可以产生收益，将来可以获得更多的税后收益，相对节减税收。

（二）延期纳税技术特点

1. 属于相对节税原理

延期纳税技术运用的是相对节税原理，一定时期的纳税绝对额并没有减少，是利用货币时间价值节减税收，属于相对节税型税收筹划技术。

2. 技术较为复杂

大多数延期纳税涉及财务制度各个方面的许多规定和其他一些技术，并涉及财务管理的许多方面，需要纳税人有一定的数学、统计和财务管理知识，各种延期纳税节税方案要通过较为复杂的财务计算才能比较、决策，技术较为复杂。

3. 适用范围广泛

延期纳税技术作为利用税法延期纳税规定、会计政策与方法的选择以及其他规定进行节税的税收筹划技术，几乎适用于所有纳税人，适用范围较广。

4. 具有相对确定性

延期纳税主要利用财务原理，而不是某些相对来说风险较大、容易变化的政策，因此延期纳税节税技术具有相对确定性。

（三）延期纳税技术筹划要点

1. 争取延期纳税项目最多

在合法和合理的情况下，尽量争取更多的项目延期纳税。在其他条件包括一定时期纳税总额相同的情况下，延期纳税的项目越多，本期缴纳的税收就越少，现金流量也越大，相对节减的税收就越多。使延期纳税项目最多，可以达到节税的最大化。

2. 争取延长期最长

在合法和合理的情况下，尽量争取纳税延长期最长化。在其他条件包括一定时期纳税总额相同的情况下，纳税延长期越长，由延期纳税增加的现金流量所产生的收益也将越多，因而相对节减的税收也越多。使纳税延长期最长化，可以达到节税的最大化。例如，税法规定购置的高新技术设备和环保产品设备，可以采用加速折旧法，在其他条件基本相似或利弊基本相抵的条件下，尽管总的折旧额基本相同，但选择加速折旧可以在投资初期缴纳最少的税收，而把税收推迟到以后期间，相当于延期纳税。

八、退税技术

（一）退税技术的概念

退税是税务机关按规定对纳税人已纳税款的退还。税务机关向纳税人退税的情况如下：税务机关误征或多征的税款，如税务机关不应征税或计算错误多征收的税款；纳税人所缴纳的税款，如纳税人源泉扣缴的预提税或分期预缴的税款超过纳税人应纳税额的款额；零税率商品的已纳国内流转税税款；符合国家退税奖励条件的已纳税款。

退税技术是指在合法和合理的情况下，使税务机关退还纳税人已纳税款而直接节税的税收筹划技术。在已缴纳税款的情况下，退税无疑是偿还了缴纳的税款，节减了税收，所退税额越大，节减的税收也越多。退税技术涉及的退税主要是让税务机关退还纳税人符合国家退税奖励条件的已纳税款。例如，我国对出口货物实行退税优惠政策，就是奖励性的退税。

（二）退税技术的特点

1. 绝对节税

退税技术运用的是绝对节税原理，直接减少纳税人的税收绝对额，所以属于绝对节税型税收筹划技术。

2. 技术简单

退税技术节减的税收一般通过简单的退税公式就能计算出来，还有一些国家同时给出简化了的算式，更简化了节减税收的计算，因此退税技术较为简单。

3. 适用范围较小

退税一般只适用于某些特定行为的纳税人，因此退税技术适用的范围较小。

4. 具有一定的风险性

一些国家用退税政策鼓励某种特定行为，如投资，往往是因为这种行为具有一定的风险性，这也使采用退税技术的税收筹划具有一定的风险性。

（三）退税技术的筹划要点

1. 尽量争取退税项目最多

在合法和合理的情况下，尽量争取更多的退税项目。在其他条件相同的情况下，退税的项目越多，退还的已纳税额就越多，因而节减的税收就越多，故使退税项目最多化，可以达到节税的最大化。

2. 尽量使退税额最大

在合法和合理的情况下，尽量使退税额最大化。在其他条件相同的情况下，退税额越大，退还的已纳税额就越大，因而节减的税收就越多。所以使退税额最大化，可以达到节税的最大化。

➤综合练习题

一、名词解释

风险节税原理；模糊型节税原理；退税技术；税率差异技术

二、简答题

（1）简述绝对节税原理与相对节税原理的联系及区别。

（2）税收筹划的技术有哪些？

（3）区分免税技术与减税技术、扣除技术与抵免技术的区别。

（4）扣除技术筹划要点及其原理。

三、综合分析题

（1）某内资企业 2016 年 12 月购置一项固定资产支出为 100 万元，如果不考虑残值和清理费用，试比较按直线法和年数总和法的节税力度（折旧从 2017 年 1 月开始计提。假设折旧期为 5 年，每年按复利 5%计算，税率为 25%）。

（2）某企业有一投资项目，有两种方案可选择：

单位：万元

时间	项目 A	金额	项目 B	金额
第一年年初	投资	1 200	投资	700
第二年年初	建成投产			500
第三年年初	投资收益	1 000	建成投产	
第四年年初		800	投资收益	500
第五年年初		600		600
第六年年初				700
第七年年初				800

假定项目 A 年折旧为 400 万元，项目 B 折旧为 300 万元，其他项目不计，试确定贷款利率在 10%的情况下，从投资利润率和投资回收期两个指标进行分析判断，做出投资项目的选择。

➢本章拓展

税收筹划的基本步骤

第三章

税收筹划的基本方法

【学习目标与要求】

本章主要介绍税收筹划的方法。通过学习本章，理解税基式税收筹划、税率式税收筹划、税额式税收筹划和税负转嫁式税收筹划的概念；掌握各种税收筹划方法的基本原理；熟悉各种税收筹划方法的运用。

现代企业税收筹划的方法尽管五花八门，但从其减轻税收负担、免除纳税义务所采取的手段来看，主要有以下四种方法：一是利用税基进行筹划；二是利用税率进行筹划；三是利用税额进行筹划；四是利用转嫁税负进行筹划。本章将分节介绍这四种税收筹划方法。

第一节　税基式税收筹划

税基式税收筹划主要是指纳税人通过缩小计税基数的方式来减轻纳税义务和规避税收负担的行为。税基是计税基数的简称，是计算应纳税额的直接依据，一般情况下与应纳税额成正比。因此，要降低税负，一个重要的思路就是降低税基。由于流转税的税基是销售额或营业额，降低税基难以操作，所以税收筹划降低税基的主要侧重点在所得税方面。

缩小计税基数一般都要借助财务会计手段，其主要表现为增加营业成本费用，降低应税所得，从而达到减少应纳所得税的目的。在实际操作中，纳税人主要通过选择不同的存货计价方法、折旧计算方法、筹资方式、资产租赁方法，以及合理费用分摊方法等进行税收筹划。

一、通过选择不同的存货计价方法进行税收筹划

（一）存货计价方法的类别

通常的存货计价方法有一次加权平均法、移动加权平均法、先进先出法、个别计价法。

1. 一次加权平均法

加权平均法是以数量为权数计算每种存货的实际平均单位单价，作为日常发货凭证的计价依据。全月一次加权平均法是指在月末计算一次平均单价，即以月初结存存货实际成本与本月收入存货实际成本之和除以月初结存存货数量与本月收入存货数量之和，求得存货平均单价。其计算公式为

存货平均单价=（月初结存存货实际成本+本月收入存货实际成本）
÷（月初结存存货数量+本月收入存货数量）

发出存货的实际成本=存货平均单价×发出存货数量

2. 移动加权平均法

移动加权平均法是指每收进一次存货就计算一次平均单价，作为日常发料统计的计价依据。其计算公式为

存货平均单价=（以前结余存货的实际成本+本批收入存货的实际成本）
÷（以前结余存货的数量+本批收入存货的数量）

发出存货的实际成本=存货平均单价×本批发出存货的数量

3. 先进先出法

先进先出法是以先购进的存货先发出为假定前提，每次发出存货的实际单价要按库存存货中最先购买的那批存货的实际单价计价。采用这种方法要求分清所购每批存货的数量和单价。发出存货时，除逐笔登记发出数量外，还要登记金额，并给出结存的数量和金额。

4. 个别计价法

个别计价法是指每次发出存货的实际成本按其购入时的实际成本分别计价的方法。个别计价法的成本计算准确，符合实际情况，但在存货收发频繁的情况下，其发出成本分辨的工作量较大，因此它只适用于存货品种比较单一的企业。

（二）不同计价方法对纳税的影响

存货不同的计价方法对税基不同的结果，对纳税产生不同的影响。

【例 3-1】 某钢铁厂预计 A 材料购入和生产领用情况如下：5 月 1 日购入 2 000

吨A材料，单价为150元/吨；5月12日购入2 000吨A材料，单价为160元/吨；5月18日领用3 000吨A材料。假设该厂可以采用的存货计价方法分别为加权平均法、先进先出法、个别计价法，在其他利润条件不变的情况下，对该厂结转存货成本的方法进行税收筹划。

【解析】

方案1：采用加权平均法结转存货成本，即

$$加权平均单价=(150×2\,000+160×2\,000)÷(2\,000+2\,000)=155(元)$$

$$结转成本=155×3\,000=465\,000(元)$$

方案2：采用先进先出法结转存货成本，即

$$结转成本=150×2\,000+160×1\,000=460\,000(元)$$

方案3：采用个别计价法结转存货成本，即

$$结转成本=150×2\,000+160×1\,000=460\,000(元)$$

结论：以上各种纳税方案中，加权平均法比先进先出法多结转存货成本5 000元，比个别计价法同样多结转存货成本5 000元。在这里，先进先出法与个别计价法没有明显的差异，所以采用加权平均法结转存货成本最多，税基最小，可以获得最大税收利益，是最佳纳税方案。

二、通过选择不同的折旧方法进行税收筹划

（一）影响固定资产计提折旧的因素

在企业实际工作中，固定资产折旧是按会计期间、依据固定资产的价值和折旧期限的不同分别计提折旧的。影响固定资产计提折旧的因素主要有以下三个。

1. 固定资产原始价值

固定资产折旧是对固定资产损耗的一种补偿，因此固定资产折旧应以原始价值为基数，也就是固定资产在整个使用期间的累计折旧和固定资产报废时的净残值应等于原始价值。我国在会计制度上规定：固定资产折旧以固定资产账面原价为计提基数。

2. 固定资产净残值

固定资产净残值是指固定资产使用期满后，残余的价值减除应支付的固定资产清理费用后的那部分价值。固定资产净残值属于固定资产的不转移价值，不应计入成本、费用中，在计算固定资产折旧时，采取预估的方法，从固定资产原值中扣除。

3. 固定资产折旧年限

固定资产折旧年限直接影响各期应计提的折旧额，从而影响企业的利润和当期应缴纳的企业所得税额。固定资产的损耗既有有形损耗，也有无形损耗，因此在确定固

定资产折旧年限时，不仅要考虑固定资产的物理使用年限，还必须考虑固定资产的经济使用年限。

（二）固定资产折旧的方法

固定资产折旧实际上是将固定资产的价值以特定费用的形式通过产品的价值或其他形式收回的一种手段。正确地计算和提取折旧，不但有利于正确计算产品成本，而且折旧金额的大小还会直接影响成本的大小，从而影响企业的利润水平，即所得税的税基，进而影响所缴纳的所得税税金。折旧的计提方法有多种，目前一般企业采用的主要有平均年限法、工作量法、双倍余额递减法、年数总和法等。

1. 平均年限法

平均年限法是将固定资产的可折旧价值平均分摊于其可折旧年限内的一种方法。这种折旧方法假设固定资产依使用年限均匀损耗，按使用年限平均计提折旧，所以固定资产在使用期间的各会计期间（年份或月份）计提的折旧额相等，折旧积累额呈直线上升的趋势，所以又称为直线法。计算公式如下：

年折旧额=（固定资产原值–预计净残值）÷预计使用年限

【例 3-2】 某企业有一项价值 50 万元的固定资产，折旧期为 5 年，预计净残值 5 000 元。有关折旧如何计算？

【解析】

年折旧额=（500 000 –5 000）÷5=99 000（元）

该固定资产月折旧额=39 000÷12=3 250（元）

2. 工作量法

工作量法是根据固定资产在使用期间完成的总的工作量平均计算折旧的一种方法。工作量法按预计总工作量平均计算折旧。其计算公式如下：

单位工作量的折旧额=（固定资产原价–预计净残值）÷预计总工作量

【例 3-3】某企业有一大型设备采用工作量法计算折旧，原始价值 500 000 元，预计可以使用 30 000 小时，预计报废时残值 10 000 元，预计清理费用 5 000 元，2016 年工作量为 6 000 小时，有关折旧如何计算？

【解析】

单位工作时间的折旧额=（500 000–10 000+5 000）÷30 000=16.5（元）

2016 年该设备应提取的折旧额=6 000×16.5=99 000（元）

3. 双倍余额递减法

双倍余额递减法也称加倍递减余额法，是加速折旧法的一种，是按直线法折旧率的两倍乘以固定资产在每个会计期间的期初账面净值计算折旧的方法。在计算折旧率时通常不考虑固定资产残值。由于固定资产账面净值会随固定资产的使用而逐渐减少，而年

折旧率各年又不变，因此各年折旧额会随着账面净值的下降而减少。其计算公式为

年折旧额=期初固定资产账面余额×双倍直线折旧率

双倍直线年折旧率=（1÷预计使用年限×100%）×2

在采用双倍余额递减法时，只要固定资产仍在使用，则其期初账面净值就会一直存在，不可能完全冲销。为此，应在固定资产折旧到期以前两年内，将固定资产净值扣除预计残值后的差额平均摊销，使最后一年的账面净值与预计残值相等。

【例 3-4】 仍以【例 3-3】数据为例，若采用双倍余额递减法计算，则折旧额如何计算？

【解析】

该设备的年折旧额=期初固定资产账面余额×折旧率

折旧率=（1÷预计使用年限×100%）×2=1÷5×100%×2=40%

各年折旧额见表 3-1。

表 3-1 按照双倍余额递减法计算的折旧情况表

年份	期初账面余额/元	折旧率/%	折旧额/元	累计折旧额/元	期末账面余额/元
2011	500 000	40.00	200 000	200 000	300 000
2012	300 000	40.00	120 000	320 000	180 000
2013	180 000	40.00	72 000	392 000	108 000
2014	108 000	—	51 500	443 500	56 500
2015	56 500	—	51 500	495 000	5 000

4. 年数总和法

年数总和法也称折旧年限积数法，是按各年不同的递减分数乘以折旧基数来计算各年折旧额的一种方法。采用这种方法要先计算各年的递减分数，其计算方法是以固定资产的使用年数逐年相加之和做分母，如以上面的固定资产折旧计算为例，其使用期限为 5 年，则分母为 15；再将年数按 5、4、3、2、1 顺序做分子，所得分数即为该年度的折旧率。其计算公式为

年折旧额=（固定资产原值–预计净残值）×年折旧率

年折旧率=尚可使用年限÷预计使用年限的逐年数字总和×100%

【例 3-5】 仍以【例 3-3】数据为例，若采用年数总和法，各年的折旧额如何计算？

【解析】

在采用年数总和法的条件下，各年折旧额如表 3-2 所示。

表 3-2 按照双倍余额递减法计算的折旧情况表

年份	（原值–残值）/元	变动折旧率/%	年折旧额/元	累计折旧额/元	期末账面余额/元
2010	495 000	—	500 000	—	—
2011	495 000	33.33	165 000	165 000	330 000
2012	495 000	26.67	132 000	297 000	198 000
2013	495 000	20.00	99 000	396 000	99 000

续表

年份	（原值–残值）/元	变动折旧率/%	年折旧额/元	累计折旧额/元	期末账面余额/元
2014	495 000	13.33	66 000	462 000	33 000
2015	495 000	6.67	33 000	495 000	5 000

（三）不同折旧方法对纳税的影响及利用

不同折旧方法在成本核算中会对企业当期盈利水平产生影响，使当期应缴纳的税收也不同。从表面上看，固定资产的原值是既定的，采用什么方法提取折旧，不论提取多长时间，其总的折旧是固定的，似乎不会影响到企业总的利润水平及应缴纳的税收。但是在没有其他减免税优惠且使用比例税率的条件下，运用加速折旧法却能比直线法在税收上得到更多的利益。这是因为：与直线法对比，采用加速折旧法确定应税所得时，由于在早期计入了数额较大的折旧费，早期的应税所得相应减少。从而使纳税人能在使用这些固定资产的早期缴纳较少的所得税款，而在后期才缴纳较多的税款。虽然在总盈利不变的情况下应纳税额相等，但纳税时间延迟无异于对纳税人提供了一种无息贷款，使纳税人能从中得到一定的财务利益。

【例 3-6】 根据【例 3-3】、【例 3-4】和【例 3-5】的数据，通过表 3-3 来说明加速折旧法给纳税带来的收益。

表 3-3 各种折旧方法计算的折旧情况对比（单位：元）

项目	折旧额				
	第一年	第二年	第三年	第四年	第五年
直线法	99 000	99 000	99 000	99 000	99 000
双倍余额递减法	200 000	120 000	72 000	51 500	51 500
和直线法相比形成的应税收益的减（增）	101 000	21 000	（27 000）	（47 500）	（47 500）
少纳或多纳所得税额（税率 25%）	25 250	5 250	（6 750）	（11 875）	（11 875）
年末缓交税款累计数	25 250	30 500	23 750	11 875	0
年数总和法	165 000	132 000	99 000	66 000	33 000
和直线法相比形成的应税收益的减（增）	66 000	33 000	0	（33 000）	（66 000）
少纳或多纳所得税额（税率 25%）	16 500	8 250	0	（8 250）	（16 500）
年末缓交税款累计数	16 500	24 750	24 750	16 500	0

【解析】

从表 3-3 比较中可以看到，虽然五年中采用三种折旧方法所提取的折旧总额都是 495 000 元，但每年提取的折旧金额却有比较大的差别，进而影响到各年实际缴纳的税款，虽然在五年内纳税的总金额是相同的，但是由于加速折旧法先提取折旧，前期实际缴纳的税额减少，这就等于是把税款的缴纳期限往后推迟了，等于获得了一笔无息贷款。

三、通过选择不同的筹资方式进行税收筹划

（一）筹资的税收筹划的含义

筹资的税收筹划是指利用一定的筹资技巧使企业筹资成本和费用最小，从而达到

获利水平最大和税负最小。筹资筹划主要包括筹资渠道筹划和还本付息筹划。一般来说，企业筹资渠道如下：①金融机构信贷资金；②企业间相互拆借；③企业自我积累；④企业内部集资；⑤发行债券或股票筹资；⑥租赁筹资。

这些方式无论采用哪一种还是几种并用，都能满足企业的资金需求。但从企业纳税角度考虑，这些不同的筹资方式所产生的税收影响却大不相同。因此利用好某些筹资方式，企业可以有效地进行税收筹划。

（二）不同的筹资方式对企业纳税产生的影响

企业应先比较其资金成本，包括资金占用费（借款利息、债券利息、股息等）和资金筹集费用（股票发行费和上市费、债券注册费等）。因为不同的筹资渠道，资金成本各不相同，取得的难易程度也不同，所以企业必须综合考虑包括税收在内的各方面因素，才能比较出哪种筹资方式更有利于企业利益。

企业通过自我积累方式筹资，其资金来源主要是税后利润，且资金投入以后，其所有者和使用者是同一主体，因而其所得税税基难以分摊或抵消。

企业负债经营，按照我国相关税法规定，纳税人向金融机构借款的利息支出，可以在税前扣除，向非金融机构借款的利息支出，按不高于金融机构同类、同期贷款利率计算的部分准予税前扣除。因此，这种筹资方式使所得税税基缩小，税负减轻。在某些特殊的条件下，负债经营支付的利息，不仅降低所得税税基，甚至税法允许企业在税前归还一部分贷款或以税还贷。

一般来说，企业在负债经营中，通过发行企业债券、内部集资、企业间相互拆借、金融机构贷款等方式来达到其降低税负的目的，其承受的所得税税负是依次减轻的。发行企业债券，必须符合国家法律、法规的规定，按照一定的程序依法进行，其利率一般比内部集资、企业间相互拆借、金融机构贷款都要高一些。一旦国家批准发行企业债券，其利息可以全部计入“财务费用”，以抵减利润，达到降低税负的目的。但是，目前发行企业债券在我国控制得比较严格，其发行主体仅限于股份有限公司、国有独资公司和两个以上的国有企业或两个以上的国有投资主体设立的有限责任公司。其他任何公司、企业或个人都不能向社会发行企业债券。由此可知，发行债券虽然“节税”效果最好，但有一定的局限性。向金融机构贷款而承担的所得税税负相对内部集资、企业间拆借等其他借款方式来说要重一些，但企业仍然可以通过与金融机构特殊的业务关系实现一定规模的减轻纳税义务的目的。但在现实经济活动中，根据我国相关税法规定，纳税人在生产、经营期间，向非金融机构借款的利息支出，高于金融机构同类、同期贷款利息的部分，不准从收入总额中扣除。也就是说，这部分利息，在计算应纳税所得额时，要作为会计利润的加项，计入应税所得。这样，内部集资、企业间相互拆借、金融机构贷款三种筹资方式，从降低税负的角度看，其税负就扯平了。因此，在这几种筹资方式中，哪种筹资方式较容易、筹资费用较少，就应该采用哪种方式。

必须指出，企业通过发行股票筹资，虽然也要对股东支付股息，但股息的支付处于税后利润的分配环节，因此并不影响所得税税基。

从纳税角度来看，这些筹资渠道产生的纳税效果有很大的差异，对某些筹资渠道的利用可有效地帮助企业减轻税负，获得税收上的好处。通常情况下，企业自我积累筹资所承担的税收负担要重于向金融机构贷款所承受的税收负担，企业之间互相拆借筹资所承担的税收负担要重于企业内部集资所承担的税收负担。站在节税的角度，企业内部集资与企业之间拆借方式效果最好（尤其企业间税率有差别），金融机构贷款次之，自我积累效果最差。其原因在于内部集资与企业之间的拆借涉及的部门和机构较多，容易使纳税利润规模分散而降低，出现“削山头”现象。

筹资活动不可避免地要涉及还本付息的问题。利用利息摊入成本的不同方法和资金往来双方的关系及所处经济活动地位的不同往往是实现合理节税的关键所在。金融机构贷款其核算利息的方法和利率比较稳定、幅度变化比较小，实行节税的选择余地不大。而企业与经济组织的资金拆借在利息计算和资金回收期限方面均有较大弹性和回旋余地，从而为节税提供了有利条件。其主要方法是提高利息支付，减少企业利润，抵消所得税额，同时，再用某种形式将获得的高额利息返还给企业或以更方便的形式为企业提供担保、服务等，从而达到节税的目的。

（三）筹资税收筹划案例

【例 3-7】 某电磁炉厂资金紧缺，拖欠货款严重，原料物资不能及时购买，产量上不去，危及该厂前途。为此，总经理制定一系列措施，力争从企业内部挖掘潜力，要增加产品产量，试制新产品进行批量生产，所需存货物资、设备和劳力等耗资约 595 万元。财务人员根据目前情况及新的年度发展计划提出了以下三种筹资方式。

（1）银行贷款集资。相关情况如下：假定上一年年底贷款利率为 9.2%，筹资费率估计 1%，以后贷款利率可能会提高，本企业所得税率为 25%。

（2）股票集资。相关情况如下：电磁炉虽然近年产量萎缩，但质量享有盛誉，发行股票有良好基础。可先经有关部门及银行批准，合法成立欢乐电磁炉股份有限公司，在新的一年里正式发行，可以先发行普通股，每股 1 万元，共 595 股，筹资费率约 4%，普通股的股利是不固定的，通常逐年增加，但按目前规定股息加红利最高不超过 15%，现假定发行当年股利率为 12%。每年根据企业经营情况确定，企业既可向其他企业，也可向内部职工发行。通过发行股票筹集的资金可视同企业自有资金。股票持有者参与企业经营管理，其利益同企业经济状况紧密联系。这样可以调动企业各方面的积极性和能动性，实现税收筹划与激励政策的结合。

（3）联合经营集资。这种观点认为，企业产品产量上不去的重要原因是被长期以来形成的“小而全”的传统局面束缚了。建议以本厂为主体，与有一定生产设备基础的若干个企业联合经营，可采取由主体厂提供原存货物资，成员厂加工成电磁炉零配件，再卖给主体厂，主体厂组装最终产品，并负责产品对外销售，这样主体厂试制成功的新产品可利用成员厂的场地、劳力、设备和资源等进行批量生产，从而形成欢乐牌电磁炉专业化生产能力，可保证产量、产值和税利的稳步增长。

【解析】

以上三种方式都有其资金成本，首先采取比较资金成本率的方法。

计算方法如下：

资金成本率=资金占用费÷（筹集资金总额−筹集费）×100%　　（3-1）

式（3-1）要求每年所要花费的代价占筹资总额扣除筹资费后的百分比。在其他条件不变的情况下，资金成本率越高，表示所付出的代价越大，假如企业筹资时，考虑了筹资费率，式（3-1）可变为

资金成本率=资金占用费÷［筹集资金总额×（1−筹集费率）］×100%

方案 1：银行贷款。

资金成本率=595 000×9.2%÷［595 000×（1−1%）］×100%=9.29%，这说明企业支付的贷款利息占银行贷款金额扣除筹资费后的 9.29%。

方案 2：股票集资。

资金成本率（发行当年）=595 000×12%÷［595 000×（1−4%）］×100%=12.5%。

按股利率 15%计算时资金成本率为

595 000×15%÷［595 000×（1−4%）］×100%=15.63%

这表明在新的一年中股息红利占筹资金额外负担扣除筹资费用后的 15.63%，相对于银行贷款筹集资金来说，其资金成本较高。

方案 3：联合经营集资。

此时，资金成本率有两种情况：当成立一个联营实体时，资金成本率就是联合企业获得利润占联合企业出资总额之比例，比例越高，联合企业获得的利润越多，资金成本率越高，表示为

资金成本率=联合企业获得利润÷联合企业出资总额×100%

当企业一个项目合资生产时，资金成本率就是联合企业获得利润占实现利润总额的百分比，即

资金成本率=联合企业获得利润总额÷实现利润总额×100%

显然，联合经营集资都会导致资金成本率增大，在三种选择中为最差选择。但是，若情况反过来，自己作为别人联营伙伴时，自己将有利。

四、通过选择不同的租赁方法进行税收筹划

（一）租赁的含义

租赁是指出租人根据与承租人签订的租赁契约，以收取一定的租金为条件，将租赁资产在规定期限内交给承租人使用，其所有权仍属于出租人的一种经济行为。租赁从承租人筹资的角度来看，大致可以分为两大类，即融资租赁和经营租赁。

1. 融资租赁

融资租赁也称金融租赁或资本租赁，是指当企业需要筹措生产设备资金时，租赁公司按其要求购入所需生产设备并租赁给该企业，从而将“融资”与“融物”结合起来的一种租赁方式。融资租赁是出现最早、应用最广的筹资方式，采用这种租赁形式，企业可获得租赁公司的设备使用权，实际上也就获得了企业购置设备所需的资金，所以这是一种将资金筹措和设备租赁结合在一起的筹资方法。第二次世界大战后，西方一些主要国家融资租赁业务迅速发展，成为企业筹措资金的一种重要方法。由于这一筹资方法具有特殊的优点，很快就在世界各地流行起来，并成为一种国际化的筹资手段。我国 20 世纪 80 年代初期，成立了一批租赁公司，开展融资租赁业务，设备融资租赁已成为我国企业筹措国内外资金的一种有效方法。融资租赁具有以下特点。

（1）由出租人（租赁公司）通过融资提供资金，购进承租人所需的生产设备并租赁给承租人使用，而且该生产设备往往是由承租人直接从设备制造商或销售商那里选定的。

（2）合同期限较长，一般设备为 3 ~ 5 年，大型设备达 10 年以上。租赁合同期包括不可解约的固定期限及合同中规定的续租或展期等。

（3）承租人按合同规定，分期向出租人（租赁公司）缴纳租金，并承担合同期内设备的维修、保养和保险义务。

（4）租赁期满时，根据租赁合同条款规定处理设备。一般有以下三种处理方法：一是到期后将设备退还给租赁公司；二是另订合同，继续租赁；三是承租人留购，即以很少的“名义价格”（租赁期满后租赁设备残值的市场售价）或“协商价格”把设备买下来。

融资租赁的形式一般有以下几种。

（1）购买式租赁。由租赁公司通过国内外贷款或合股等办法，在国内外资金市场上筹集资金，然后向国内外供应商直接购买承租人所需的设备，租赁给承租人使用。

（2）转租赁。这种租赁形式的特点是承租人所租设备是租赁公司从国内外的其他租赁公司或设备制造厂家租来的。

（3）回租。承租企业可将原来已买进的设备出售给租赁公司，再从租赁公司租回使用。

（4）杠杆租赁。由一家或几家租赁公司联合，以少量的资金融通大量资金（一般是以设备和租金作抵押，向银行贷款 60% ~ 80%），购买大型的、高昂的设备给承租企业的一种融资性复杂、手续烦琐的租赁形式。

2. 经营租赁

经营租赁也称服务性租赁或管理租赁，是指租赁公司购入企业临时需要的设备（大中型通用设备、加工机械、运输车辆等），将其提供给多个承租企业使用的租赁方式。利用经营租赁可以解决企业短期的、临时性的资产需求问题。经营租赁有以下特征。

（1）经营租赁是一种服务。它适用于更新快或短期使用的设备的租赁。

（2）与资产经济寿命相比，经营租赁的租期较短，因而承租可以避免购入的风险。

（3）在合理的限制条件内可以中途解约。

（4）经营租赁的租金一般比融资租赁高，但其维修、保养等费用由出租人负担。

（二）租赁税收筹划案例

在企业集团内部的子公司之间通过租赁活动进行税收筹划，可以非常顺利地实现经营者的愿望。

【例 3-8】 假设 2016 年 6 月 20 日某企业集团对内部经营状况进行分析，发现子公司 A 企业 2016 年产销两旺，预计 2016 年实现销售收入 80 000 万元，比上年增长 45%，利润 8 000 万元，比上年增长 50%；而子公司 B 企业却遇到了非常情况，预计 2016 年实现销售收入 12 000 万元，比上年下降 25%，发生亏损 350 万元，比上年下降 35%。该企业集团的 A、B 两个子公司的所得税税率都是 25%。

考虑到集团的整体利益，鉴于 A 企业的部分产品与 B 企业属于同一类型。2016 年 6 月 21 日，集团财务处建议将 A 企业的生产线采用融资性售后回租方式租赁给 B 企业，租赁费为 60 万元。该生产线价值 2 000 万元，该设备每年生产产品的利润为 500 万元，该建议得到集团董事会批准，并于 6 月 30 日实施。

【解析】

按照 2016 年“营改增”后的政策规定，融资性售后回租业务比照金融业，依据 6% 的税率缴纳增值税。

该条生产线的租金应缴纳增值税税额=60/（1+6%）×6%=3.4（万元）。

该条生产线的租金应缴纳城建税及教育费附加=3.4×（7%+3%）=0.34（万元）。

将该生产线出租给同一集团的 B 企业，于是 B 企业每年租金收入 60 万元（租金水平与出租给独立第三方的水平一致，符合独立核算原则）。但是将 A 企业的应税利润 500 万元转移到亏损企业中去，抵消了 B 企业每年的亏损 350 万元，而从企业的经营状况来看，A 企业与 B 企业在调整之后，跟往年相比变化的波动也不大，在不知情的条件下，是很难发现这个问题的。

该生产线生产的产品应缴纳企业所得税税额=350×25%=87.5（万元）。

通过税收筹划后，集团公司获得筹划收益=87.5−3.4−0.34=83.76（万元）。

当出租人和承租人属于关联企业时，若一方盈利较高，而另一方盈利较少或亏损时，盈利较少或亏损方可以利用租赁形式把某些不重要的设备租赁给盈利方，收取较高的租赁费或租赁期满后由盈利方以高价购入的方式使利润流向亏损方，从而获得税收上的好处。尤其是在关联双方适用税率有差别的情况下，使利润流向税率较低的一方，可能筹划节税效果更显著。

需要说明的是，利用租赁来减轻税负主要是指经营租赁，承租方租入设备后对资产及未来应付的租金无须做账务处理，仅在租入设备登记簿上予以登记，因而这种经济资源并没有反映在承租方的资产负债表中，但承租方为取得使用权支付的一定的租金都以租赁费用反映在每期的利润表中，所以采用经营租赁的方法既达到了减轻税负的目的，又可以筹集到表外资金，以满足投资或扩大生产能力的需要。对融资性租赁，由于其会计处理要求确认租赁资产和租赁负债，它是一种表内筹资方式，会给承租人带来不利的影响。例如，由于企业债务金额上升，已获利息倍数、净利润率、资产收益率、股本收益率等指标就会下降，资产负债率就会上升。因此，承租人一般不欢迎租赁合同被划分为融资租赁。怎样才能避免租赁合同被视为融资租赁合同呢？

我国《企业会计准则第 21 号——租赁》规定，企业在对租赁进行分类时，应当全面考虑租赁期届满时租赁资产所有权是否转移给承租人、承租人是否有购买租赁资产的选择权。租赁期占租赁资产尚可使用年限的比例等因素。同时依据实质重于形式原则，考察与租赁资产所有权有关的风险和报酬是否转移，来具体区分融资租赁与经营租赁。一般在租赁合同中不要涉及资产所有权的转移和廉价购买权问题，或将租赁期设定为比租赁资产有效经济年限的 75%稍短一些即可，这样可以避免被认定为融资租赁。

五、通过选择不同的费用分摊方法进行税收筹划

利用费用分摊法来影响企业纳税水平，涉及两方面的问题：一是如何实现费用支付最小化，二是如何实现费用摊入成本最大化。

企业通常有多项费用开支项目，每个项目都有其规定的开支使用标准，如劳务费用标准、管理费定额、损耗标准、各种补贴标准等。如何在企业正常生产经营活动过程中，选择最小的费用支付额，即实现生产经营效益与费用支付的最佳组合，是运用费用分摊法的基础。以劳务费用开支为例，任何企业生产经营中都有一个劳务使用最佳状态点。

【例 3-9】 某一企业劳动人员的组合状况是一个管理人员配备三个技术人员，并由 50 个劳动者一道组成一个生产单位，各种人员之比为 1∶3∶50。一个管理者和一个技术人员及一个工人的工资之比为 1∶1.2∶0.6，即管理人员工资为 100 元，技术人员工资为 120 元，工人为 60 元。此种组合为劳务费用的最佳组合，即劳务费用开支最小。如果劳务人员不是这样组合，而是 10 个管理人员，1 个技术人员，100 个劳动工人，那么这时劳务费用增大了，而生产效益却没有明显提高，从而出现了费用的无效支付。可见，如何实现费用开支的最小化是一个比较关键的财务问题。

我国企业会计制度规定，费用应当按照权责发生制原则在确认有关收入的期间予以确认。费用摊销时的确认，一般有三种方法：一是直接作为当期费用确认。这种确认方法又称为不规则摊销法，是在企业中有些费用不能提供明确的未来利益，而且分期分摊也没有实际意义的情况下，根据企业经营需要进行的费用摊销，这时，企业发生的某些费用可直接作为当期费用予以确认，如广告费，因为广告往往不能肯定地预计其效益所涉及的期间，因而就直接列为当期的费用。二是按其与营业收入的关系加以确认。凡是与本期收入有直接联系的耗费，就是该期的费用。例如，销售成本就属于随同本期销售收入而直接作为该期的费用。三是按一定的方法计算摊销额予以确认。

固定资产的折旧费用和无形资产摊销都属于这类情况。这些费用的摊销方法一般在税法或财务会计制度中都予以明确。例如，无形资产的摊销，一般不低于十年或按合同、协议中规定的期限采用直线法摊销。上述三种不同的费用确认方法，使企业在计算成本时可以选择有利的方法来避税。因为不同的费用分摊方式会扩大或缩小企业成本，从而影响企业利润水平。例如，某些节能节水项目的投资企业，按税法规定，可以从取得第一笔经营收入的第一个月开始，享受第一至第三年免税，第四至第六年减半征税的优惠。这样，这些企业就可以在开业之初，采取采用少摊成本费用的办法，将应摊入费用往以后年度推迟，其他各项费用也尽量往后挤，使免税期利润相应增加，从而充分享受利润免税优惠。这种费用摊销调节成本和利润的方法固然可以使企业得到税收筹划的利益，但是必须在符合税法和财务制度的有关规定的前提下采用，否则，税务机关将会对企业的利润予以调整，按调整后利润计算纳税年度的应纳税所得额。

第二节　税率式税收筹划

税率式税收筹划是指纳税人采用一定的合法途径，使其所拥有的课税对象直接适用于较低的税率计税，以达到减轻税收负担的目的。引起这种税收筹划行为的外部原因主要在于税收的地区、行业差异，以及对从事特定应税行为的企业实行不同税收待遇的结果。

许多国家为了鼓励国内外投资者经营各种经济业务和从事各种经营活动，设立了经济特区和经济开发区，并对经济特区和经济开发区实行税收优惠政策，如降低税率、减少纳税环节等。但是，西部大开发战略的税收优惠政策，所产生的影响并非仅限于那些位于这一区域的纳税人，因为低税区的税收优惠政策的实施在客观上造成了国内区域之间的税收差距，这就为国内纳税人利用这种差距进行税收筹划和利润转移创造了条件。

低税率筹划法除运用区域间税率差别外，有时还运用行业间的税收差别。前者主要表现在所得税方面，后者主要表现在流转税方面。

一、选择低税率地区的税收筹划

由于我国地域广阔，国家对不同地区规定不同的税率，在税收筹划中，运用最为广泛的是针对不同地区的税收优惠政策进行筹划。这种区域性的税收优惠差异，给投资提供了更多的投资选择和利用的机会，纳税人在投资和纳税时，必须对此进行慎重选择并充分运用税收政策。为了更好地做好税收筹划，我们先了解有关税收政策。

（一）特定地区的税收优惠

目前我国特定地区的税收优惠政策主要包括以下几部分。

1. 西部大开发战略的税收优惠

近年来，国家为了落实西部大开发战略，鼓励中西部地区尤其是西部地区经济的发展，相继出台了一系列税收优惠政策，根据最新的《西部地区鼓励类产业目录(2014)》（国家发展和改革委员会第15号令），主要税收优惠政策如下。

（1）15%的优惠税率。《西部地区鼓励类产业目录（2014）》中规定的产业项目为主营业务，且其主营业务收入占企业收入总额70%以上的企业，自2011年1月1日至2020年12月31日，减按15%的税率征收企业所得税。

（2）所得税率“两免三减半”。已经按照《国家税务总局关于落实西部大开发有关税收政策具体实施意见的通知》（国税发〔2002〕47号）第二条第二款规定，取得税务机关审核批准的，2010年12月31日前新办的交通、电力、水利、邮政、广播电视企业其享受的企业所得税“两免三减半”优惠可以继续享受到期满为止。

（3）免征关税。对西部地区内资鼓励类产业、外商投资鼓励类产业及优势产业的项目在投资总额内进口的自用设备可以免征关税。

2. 民族自治地方的税收优惠

民族自治地方的自治机关对本民族自治地方的企业应缴纳的企业所得税中属于地方分享的部分，可以决定减征或者免征。对民族自治地方的企业减免企业所得税，仅限于减免企业所得税中属于地方分享的部分，不得减免属于中央分享的部分。对民族自治地方内国家限制和禁止行业的企业，不得减征或免征企业所得税。

3. 保税区方面的税收优惠

保税区主要分布于上海（外高桥）、深圳（福田、沙头角）、广州、大连、青岛、张家港、福州、宁波、汕头、厦门、海口、天津等城市。

保税区的税收优惠政策主要如下：①在保税区内从事加工出口的生产性企业，企业所得税给予一定的优惠比例。②保税区内的企业进口自用的建筑存货、生产和管理设备以及所需的维修零配件、生产用燃料，免征进口关税和进口环节增值税。③保税区内企业生产加工的产品出口，免征出口关税。④对建设保税区基础设施所需的进口机器、设备和其他基建物资，免征进口关税和进口环节增值税。⑤转口货物按保税货物处理，复出口后免税。⑥对保税区内企业进口专为生产出口产品所需要的原存货、零部件、元器件、包装物料予以保税。⑦免税进入保税区的货物运往境内非保税区时，按税法的规定征收进口关税和进口环节增值税。

（二）利用地区低税率税收筹划的方法

1. 在低税率地区设立分支机构或子公司

在国家税法规定的低税率地区内设立经营机构，把低税率地区外的收入、利润通过转让定价、财产租赁及其他形式转移到该经营机构，从而降低整体税负。在低税率地区设立的经营机构或子公司，其公司的董事会及其他重大决策机构和财务部门均在其低税率区内的经营机构办公，但其实际的生产和交易场所却均在低税率地区以外进行。

【例 3-10】 广东某市与广西毗邻，在进行投资设厂时，考虑到广西享受西部开发战略税收优惠政策，假设该公司的产品成本费用为 800 万元，销售价格为 1 000 万元，不考虑其他因素，试比较在广东本地与广西设立子公司的节税效果。

【解析】

广东某公司如果在本地设立子公司，按照 25%的税率缴纳企业所得税，如果在邻近的广西设立子公司，可以享受减按 15%的税率缴纳企业所得税。如果在广东子公司进行出售，需要缴纳 50 万元的企业所得税（200×25%=50 万元），如果在广西设立子公司进行出售，则只需缴纳 30 万元的企业所得税（200×15%=30 万元）。二者相比可以节减税收支出 20 万元。

税法规定，对关联企业的交易必须按正常的市场价格进行，未按非关联企业的交易价格结算的，税务机关有权进行调整，但市场经济下的价格是经常变动的，因而通过在低税率地区设立公司节约税收仍有一定的筹划空间。

2. 在低税率地区设立信托机构

按照现行有关政策规定，信托是指信托人把资产或权利转移给受托人（受托人既可以是公司，也可以是个人、信托人本人，也可以是信托人指定的第三人），这样受托人就成为财产的实际支配者，以受托人的名义管理和使用受托财产，以利于受益人。通过在低税率地区设立信托公司，可以将在内地的设备、厂房、有价证券都挂在信托公司的名下，经营的收入和利润自然属于信托公司，从而就可以节约税收成本。

二、选择低税率行业的税收筹划

低税率筹划法除运用区域间税率差别外，有时还运用行业间的税收差别。前者主要表现在所得税方面，后者主要表现在流转税方面。当流转税税目划分不明确，而一些企业的生产经营活动及其产品又介于两个部门或行业之间，在这种情况下，若两个部门或行业增值税、消费税等税种的税率存在差别时，纳税人将选择低税率进行计税，从而达到降低税负的目的。

第三节 税额式税收筹划

税额式税收筹划是指纳税人通过直接减少应纳税额的方法来减少自身的税收负担。主要利用减免税优惠来达到减少税收的目的。

在税基式税收筹划和税率式税收筹划方式中，减少纳税主要是通过缩小税基或是降低适用税率的方法而实现的，其税收筹划的操作往往要经过较为复杂的计算才能实现。而在税额式筹划方式中，主要利用税法规定的减税、免税优惠达到减少应纳税额的目的，一般不需要经过太复杂的计算。税额式税收筹划与税收优惠中的全部免征或减半免征的联系更为密切，运用税额式税收筹划技术，必须充分了解有关的税收减免政策规定。

一、有关税额式税收优惠政策规定

由于我国是发展中的国家，地域广阔，各地区之间的发展不平衡，国家为了吸引更多外资，促进高新技术产业迅速发展，鼓励和支持关系到国计民生的急需行业、产品的发展等，国家制定了一系列减税、免税、再投资退税等形式的税收优惠政策。下面重点列举直接降低税额的税收优惠政策。

（一）免征额

免征额是指在征税对象全部数额中免予征税的数额。它是按照一定标准，从征税对象全部数额中预先扣除的数额。免征额部分不征税，只对超过免征额的部分征税。例如，对个人所得税的扣除采用了规定生活必需费用额的形式，征税时扣除生活必需费用，税法规定：对我国公民取得的工资、薪金所得每月扣除 3 500 元，就超过 3 500 元收入部分征税。

（二）起征点

起征点也称征税起点，是根据征税对象的数量，规定一个标准，当征税对象达到或高于这个标准时，就其全部数额征税，未达到这个标准的不征税，这个标准就被称为起征点。例如，我国现行增值税起征点的幅度规定如下：①销售货物或应税劳务的起征点为月销售额为 5 000~20 000 元。②按次纳税的起征点为每次（日）销售额为 300~500 元。具体数额由各省、直辖市、自治区人民政府在此幅度内确定。

（三）减税、免税政策规定

减税、免税政策规定是国家对某些纳税人或课税对象给予鼓励或照顾的一种特殊措施。其立法宗旨：把税法的统一性和必要的灵活性结合起来解决征税过程中的各种特殊问题，更好地贯彻国家税收政策。减税、免税是税收优惠中所采用的最普遍形式，也是在税额式税收筹划中使用最多的一种优惠政策。例如，增值税中对农业生产者销售的自产农业产品、避孕药品和用具、古旧图书等免税，“营改增”中对残疾人员个人提供的劳务、医院和其他医疗机构提供的医疗服务等免税，都是减税、免税政策的具体体现。

二、税额式税收筹划的方法

税额式税收筹划常见的筹划的方法有如下几种：设立新企业或机构、企业分立等。

（一）设立新企业或机构

有些税收优惠条件是企业一设立就可享受的税收优惠政策，但大部分需要纳税人采取一定方法，创造条件去适应法律的规定，才能达到减轻纳税的目的。其中设立新的机构是一种比较常用的方式。

【例 3-11】 一家大型机械制造企业年销售额为 5 000 万元左右，销售大型机械并负责运输，企业内设有规模比较大的运输队，运输成本一般占总销售收入的 8%。试问，如何通过分设新机构达到节税的目的？

【解析】

如果不分别核算，该企业在缴纳增值税时，均要按照 17%缴纳增值税。即便是分别核算，如果选择一般纳税人，运输队的资产为大型运输车辆，其销项税额的计算也要按照 11%的税率计算，而可抵扣的进项税额只能是所购汽油和部分修理费、过路费、过桥费等，由于不能充分抵扣，税负仍然较高。如果这家企业把运输队独立出去，专门设立一个运输公司，实行独立核算。这家运输公司设立后，按照现有运营能力，年营业额为 400 万元左右，没有超过法定 500 万元必须选择一般纳税人的标准，该运输企业可以选择按照小规模纳税人缴纳增值税，征收率为 3%，相比较一般纳税人税负要轻得多。同时，运输独立后，机械制造企业使用运输公司的车辆，可以索取由税务机关代开的增值税专用发票，按运费金额的 3%抵扣进项税额，从而，使整合后的企业大大节省了税收的支出。

（二）企业分立

企业分立是指依照法律规定，将一个企业分成两个或两个以上新企业的法律行为。其分立有两种形式：一是解散原企业成立新企业，二是由原有企业分出一部分成立新的企业，原企业仍然存续。利用企业的分立，是进行税收筹划的又一条重要途径。

第四节 税负转嫁式税收筹划

一、税负转嫁的含义

转嫁式税收筹划又称税负转嫁。税负转嫁在国家税收理论和实践中占有很重要的地位，而且与逃税、避税相比更为复杂。转嫁是纳税人通过提高商品价格或压低商品供应价格等方法，把税负转移给他人的过程。税负最终落在负税人身上的过程称为税负归宿，税负转嫁与税负归宿是一个问题的两个说法。因此，在税负转嫁条件下，纳税人和真正的负税人是可以分离的，纳税人只是法律意义上的纳税主体，负税人是经济意义上的承担主体。

典型的税负转嫁或狭义的税负转嫁是指商品流通过程中，纳税人通过提高商品销售价格或压低商品购进价格的方法，将税负转嫁给商品购买者或商品供应者。这里应明确以下几点：第一，税负转嫁问题和商品价格是直接联系的，和价格无关的问题是不能纳入税负转嫁范畴的。第二，税负转嫁是一个客观过程，没有税收价值的转移过程不能算转嫁。第三，税负转嫁应理解为纳税人的主动行为，和纳税人主动行为无关的价格再分配性质的价值转移不能算税负转嫁。明确以上几点，一方面有利于明确转嫁概念外延；另一方面有利于将税负转嫁与逃税、避税进行区别比较。

税负转嫁作为纳税人客观节税的基本途径，转嫁式税收筹划的特征如下：①纯经济行为；②以价格为主要手段；③不影响财政收入；④促进企业改善管理，改进技术。

转嫁式税收筹划意味着税负的实际承担者不是直接纳税人，而是背后的隐匿者或潜在的替代者。税款的直接纳税人转嫁税负给他人，自己并不承担任何纳税义务，而仅仅是充当税务部门与实际纳税人之间的中介桥梁。由于税负转嫁没有伤害国家利益，也不违法，因此转嫁式筹划受到普遍青睐。利用转嫁式筹划减轻纳税人税收负担目前正成为十分普遍的经济现象。

二、税负转嫁的影响因素

一般认为，物价自由波动是税负转嫁的基本前提条件，商品供求弹性、市场结构、成本变动和课税制度等则是税负转嫁的制约和影响因素。

（一）商品供求弹性与税负转嫁

市场经济中，税收负担能否转嫁和如何转嫁在很大程度上取决于市场上的供求状况。商品价格变化，商品需求量和供给量都会发生变化，而变动量的大小取决于双方力量的牵制，即双方弹性的大小。如果需求缺乏弹性，则需求量对价格的变化不敏感，此时企业可以较多地转嫁税负；如果需求富有弹性，则需求量对价格的变化敏感，此时企业转嫁税负的可能性较小。供给方面，如果供给缺乏弹性，则供给量对价格的变化不敏感（现实中较少见），此时企业转嫁税负的可能性较小；如果供给富有弹性，则供给量对价格的变化敏感，企业可以较多地转嫁税负。当然，实际中税负最终能转嫁多少，不是由供给者或需求者单方面决定的，而是由市场的供求弹性决定的。

1. 需求弹性与税负转嫁

需求弹性是指商品或生产要素的需求量对市场价格变动的反应的敏感程度。一般用需求弹性系数表示，其公式为

需求弹性系数=需求变动百分比/价格变动百分比

一般来讲，需求弹性系数越大，需求量对市场价格变动的反应越敏感。依据需求弹性的差异，税负转嫁可以分为三种情形进行考察。

（1）需求完全无弹性，即需求弹性系数等于 0。需求完全无弹性，说明当某种商品或生产要素因政府课税而导致企业加价出售时，购买者对价格的变动毫无反应，其

购买量不会因为价格的提高而受到影响。在这种情况下，企业完全可以通过提高商品或生产要素的价格的方式将税负向前顺次转嫁给其他需求者直至终极的消费者。

（2）需求缺乏弹性，即需求弹性系数大于0小于1。如果购买者或消费者对提供商品或生产要素的企业进行税款加价的行为反应较弱，即其购买量下降的幅度低于价格提高的幅度，便表明相关商品或生产要素的需求缺乏弹性，此时价格提高的阻力较小，企业便可以比较容易地将所纳税款通过前转的方式实现转嫁。

（3）需求富有弹性，即需求弹性系数大于1。当企业把所纳的税款附加于商品或生产要素价格之上而诱发购买者强烈反应时，就意味着这些商品或生产要素的需求有较大的弹性。此时，购买者的欲望将会被抑制，从而导致有关部门商品或生产要素购买量的下降幅度超过价格上涨的幅度，甚至完全停止购买行为，当然购买者也可能选择某替代品来满足需求。当出现这种情形时，表明企业的定价已超过极限，其结果是，企业提价得到的边际效益抵补不了销量减少的边际损失，致使企业不得不调低价格或阻止价格提高。一旦出现这种情形，企业所纳的税款便无法进行顺向转嫁，而只能谋求逆转给前面的供应者负担。倘若后转不得实现，企业在作为直接的纳税者的同时，又不得不成为终极的负税者。

2. 供给弹性与税负转嫁

供给弹性揭示出商品或生产要素的供给量对市场价格变动反应的敏感程度。一般用供给弹性系数来表示，即

供给弹性系数=供给量变动百分比/价格变动百分比

根据供给弹性对企业组织税负转嫁的影响，亦可区分三种情况进行考察。

（1）供给完全无弹性，即供给弹性系数等于0。供给完全无弹性，说明当某种商品或生产要素因政府征税而价格不能提高时，生产供应企业对价格的相对下降没有任何反应，其生产量不会因价格下降而减少。在这种情况下，企业只能将所纳的税款谋求向后转嫁，甚至无法进行转嫁。

（2）供给缺乏弹性，即供给弹性系数大于0小于1。供给弹性系数小，表明当某种商品或生产要素因政府征税而价格得不到相应提高时，生产供应企业往往会因生产条件、转产困难等因素的限制而未能或无法对价格的相对下降做出较为强烈的反应，其实际生产供应量调减的幅度不会很大，通常低于价格相对下降的幅度。由于此时生产供应量基本还是维持原有水平，故价格难有较大幅度的升降，所以企业无法将所纳税款以前转的方式转移出去，更主要的便是考虑能否实现逆转，以及通过怎样的途径进行。

（3）供给富有弹性，即供给弹性系数大于1。供给富有弹性，意味着当某种商品或生产要素因政府课税而价格不能相应提高时，生产供应者将会对价格的相对下降做出强烈反应，使其生产供应量的下降幅度大于价格相对下降幅度。这种情形，一方面表明价格有些偏低，影响市场供应量，使供应量减少，从而隐藏着价格涨扬的趋势；另一方面，有效生产供应量不断减少，渐已出现供不应求，进而直接推动价格趋涨。基于这种考虑，企业便可以将所纳税款的大部分甚至全部以商品加价的方式实现前转，

使税负落于购买者身上。

3. 供求弹性与税负转嫁

供给弹性与需求弹性的比值即为供求弹性。由于供求间的制衡统一关系，决定了企业税负转嫁及其实现方式不能片面地依从其中某一方面，而必须根据供给弹性和需求弹性的力量对比及转换趋势予以相机决策。一般而言，当供给弹性大于需求弹性，即供求弹性系数大于 1 时，企业应优先考虑税负前转的可能性；反之，如果供求弹性系数小于 1，则进行税负后转或无法转嫁的可能性比较大。如果供给弹性系数等于需求弹性系数，则税款趋于买卖双方均分负担。综合分析，可以得出这样的结论：税负转嫁是商品经济发展的客观存在。以此为基点，直接纳税的企业通常会把能够转嫁出去的税收仅仅作为虚拟的成本（或称为额外的成本），而把不可转嫁的税收视为真正的成本。因此，西方人把纳税人和负税人一致的税种称为直接税种，把纳税人和负税人不一致的税种称为间接税种。

（二）市场结构与税负转嫁

由于市场结构不同，税负转嫁情况也不同。市场结构一般有完全竞争市场、垄断竞争市场、寡头市场和完全垄断市场四种。

1. 完全竞争市场结构下的税负转嫁

在完全竞争市场结构下，任何单个厂商都无力控制价格，因而不能把市场价格提高若干而把税负向前转嫁给消费者，只有通过该工业体系才能在短期内部分地利用提价的办法转嫁给消费者。但在长期供应成本不变的情况下，各个厂商在整个工业体系下形成一股力量，则税负可能可以完全转嫁给消费者。

2. 垄断竞争市场结构下的税负转嫁

商品的差异性是垄断竞争市场的特征。在垄断竞争市场结构下，单个厂商虽很多，但各个厂家可利用其产品差异性对价格做出适当的调整，借以把税负部分地向前转嫁给消费者。

3. 寡头市场结构下的税负转嫁

寡头是指少数几家企业供应市场某种商品的大部分，各家都占市场供应量的一定比重。它们的产品是一致的，或稍有差别。寡头垄断的价格波动不像一般竞争企业那样大，他们总是互相勾结，达成某种协议或默契，对价格升降采取一致行动。同时，消费者对商品需求弹性小，因此寡头较易将税负转嫁给消费者。

4. 完全垄断市场结构下的税负转嫁

垄断市场是指某种商品只有一个卖主的市场结构，并且没有替代品。垄断厂商完全控制了市场价格和销售量。如果垄断产品为绝对必需品，极端的情况是需求无弹性，则垄断者可以随意提价，不会影响销售量，税负就可以全部向前转嫁给消费者。

如果需求有弹性，则垄断厂商不能把税额全部向前转嫁给消费者，而只能考虑部分前转、部分后转。因为如果全部前转，可能引起价格太高，需求量减少，达不到最大利润。但不管怎样，在完全垄断市场结构下，垄断厂商可以随时改变价格，把税负向前转嫁给消费者。

（三）课税制度与税负转嫁

课税制度中税种的设置及各个要素的设计差异，如课税范围的宽窄、税率的形式和高低、课税方法等都对税负转嫁有一定的影响。.

1. 税种性质

商品交易行为是税负转嫁的必要条件，一般来说，只有对商品交易行为或活动课征的间接税才能转嫁，而与商品交易行为无关或对人课征的直接税则不能转嫁或很难转嫁。例如，增值税、消费税和关税等一般被认为是间接税，税负可由最初纳税人转嫁给消费者，这类税的税负还可以向后转嫁给生产要素提供者来承担。一般认为个人所得税、公司所得税、财产税等是直接税，税负不能或很难转嫁。

2. 税基宽窄

一般情况下，税基越宽，越容易实现税负转嫁，反之，税负转嫁的可能性便会趋小。原因在于，税基宽窄直接决定着购买者需求选择替代效应的大小，进而影响市场供求弹性的程度及转嫁态势，导致税负转嫁或易或难的变化。如果对所有商品课税，购买者需求选择替代效应较小，税负转嫁就较容易，反之如果只对部分商品课税，且课税商品具有替代效应，税负就不易转嫁。

3. 课税对象

对生产资料课税，税负辗转次数多，容易转嫁，且转嫁速度快。对生活资料课税，税负辗转次数少，较难转嫁，且转嫁速度慢。

4. 课税依据

税收计算的方法大致可以分为从价计征和从量计征两种。从价计征，税额随商品或生产要素价格的高低而彼此不同，商品或生产要素昂贵，加价税额必然亦大，反之，价格越低廉，加价税额亦微小。因此，在从价计征的方法下，通过商品加价转嫁税负难以被察觉，转嫁较容易。但从量计征则完全不同，在此方法下，每个单位商品的税额很明显，纳税人很容易察觉到是一种额外的负担，因而必然想方设法提高商品价格把税负转嫁给消费者，但或轻或重的税负同样易直接被购买者察觉。因此，如果需求方面有弹性，税收负担便无法转嫁。

（四）企业决策者市场价值判断行为观念与税负转嫁

企业决策者市场价值判断行为观念对税负转嫁也有重要的影响。同一市场供求弹性的商品，往往会因企业决策者不同的行为偏好或价值的判断而产生差异的税负转嫁效果。因为在许多情况下，企业决策者个人偏好是一回事，市场作用则是另一回事。

市场需求弹性大的商品，企业未必就不愿生产经营，相反，对那些需求弹性小的商品，企业也未必会进行投资。供给弹性变动亦有同样的情况。例如，当课征某种新的货物税时，往往会造成课税商品价格上涨，否则生产经营企业便会因无利可图，或者缩减生产供应量，或者转移生产方向，选择替代产品，一旦课税商品回升至某种程度时，在利润的驱动下，企业必然会增加该项产品的有效供应量，最后上升的价格随着供应量的增加又渐趋税收附加时的水平。而倘若企业不随价格的变动做出相应的投资决策，或企业决策者更偏好于其他商品的生产经营，那么，上述变化就不可能实现。

三、税负转嫁税收筹划的方法

（一）资本劳动力鉴别筹划法

这是一种根据资本和劳动力的转嫁情况分别确定税负转嫁的方法。资本和劳动力状况在很大程度上决定着企业产品生产经营中的成本高低，而且资本和劳动力不管怎样结合都对未来的一些经济活动产生影响，一般来说，资本和劳动力的投入会使产业部门形成两大类别，即资本密集型行业和劳动密集型行业。

资本密集型行业是指资本投入较多、对资本依赖较强的行业。在这一行业内，有两个与税负转嫁发生不同关系的部分，一部分是资本投入后固定或难以移动的，这部分资本投入产生的产品的供给弹性不很大，税负转嫁较为困难，另一部分是资本投入后可以流动且阻滞少的产品生产，这部分产品生产的供给弹性通常较大，较易于实现税负转嫁。同时资本密集型行业具体投向和地区差异也会产生很大的经济影响。

劳动密集型行业是指以劳动力投入为主，资本投入甚少的行业，在这一行业内，劳动力费用是生产产品的主要成本，如刺绣、服装加工、采集等。从税负转嫁角度来看，劳动密集型产品也有两个基本类别，一类是劳动力难以转移或转移阻滞过多的产品生产，这种产品的供给弹性不会很大，因而税负转嫁的可能性较小，如北方农民冬季取暖用于排烟的烟筒，这些生产中的劳动力费用很难转移。这些行业在我国多是享受减免税优惠政策。另一类是劳动力容易转移且阻滞甚少的产品生产，这类产品生产虽然也需要投入大量劳动力，但其供给弹性很大，税负容易转嫁，如刺绣生产，这种产品需要的劳动力是很多的，且供给弹性很大。价格越高，生产人越多，产品的收藏价值和欣赏价值也就越高，对生产经营者来说，这种产品承受的税负会十分容易地转移给消费者和购买者。

总之，转嫁式筹划是企业税收筹划的一种方法，运用得成功，可以使企业获益不少，但运用得不好，则会使企业得不偿失，造成实际收益的损失。因而在运用转嫁式筹划的时候，企业应慎重对待。

企业在日常经营管理活动中，另一个思路转换点是价值创新。企业只有不断地进行价值创新，以一种新姿态出现在市场上，才能在科学技术高速发展的今天在经济社会中占有一席之地。通过高科技提高产品附加值并加大价值创新力度，企业的经济收益会长期稳定甚至快步上升。因此企业在日常经济生活中，遇到税负增加的情况，不一定非要采取将税负转嫁给他人的方法，因为这可能不利于企业的长期发展。

（二）市场调节筹划法

市场调节筹划法是根据市场变化进行的商品课税转嫁。由于商品的市场价格受供求规律的支配，这在国际市场上表现得特别明显。需求的变动影响供给，供给的变动反作用于需求，商品的价格随着供给和需求的变动上下波动。税负能否转嫁，主要看纳税者怎样利用市场供求变化，以及怎样引导这种变化。运用市场调节筹划法主要从以下方面观察和实施。

（1）在某些条件既定的条件下，课税商品对消费者来说属于非必需品时，该种商品生产者和经营者就不要强制进行税负转嫁的尝试。

（2）如果课税产品供不应求，需求量与供给量相差悬殊，且该课税产品价格被抬得过高，生产厂家在努力扩大生产的同时，应尽最大可能把承担的税收连同各种费用一道转嫁给购买者，进行彻底的税负转嫁。当然，在商品经济中，税负转嫁并非不光彩，它是加速供求关系平衡、促进市场繁荣的一种手段。

（3）当商品的供给一定时，如果需求增加或不变，生产经营者可以将其承担的税负加到商品价格上，转嫁给商品的购买者或消费者。这种状况多是一种商品生产相对处于数量、质量稳态过程中，这种局面在重大应用技术发明和扩大生产之前是一种普遍的现象，因而在这种情况下实行税负转嫁也是较为普遍的。

（4）当需求一定时，如果供给不变或减少，税负就可以通过价格上涨方式转嫁给购买者或消费者，做到这一点的关键在于供给是否充分掌握需求处于稳态时的程度，以及可否预期其维持的时间，多数情况下其需求处于一种稳态当中，这种商品的生产者和经营者在供给上稍做减少调整，他们的税负就可转嫁给购买者。

例如，我国南方一些竹木产区生产竹木地板，这种地板的特点是清凉、透气、加工制造简单。但是与革制地板、化纤地毯等比较，不够美观、漂亮。经营者将竹木地板的定价确定为每平方米 8 元。由于竹木地板只适用于南方潮湿地区，北方多数地区无法使用（竹木地板易裂，怕干燥），市场需求不大，结果竹木地板生产只能简单维持。由于这在当时已被认为是很高的价格标准，所以有关税负只能由厂家和经营者负担。1987 年日本人发现了这种竹木地板，经他们分析测定，这种竹木地板具有很高的医学价值，对维持人们体内微量元素的平衡有重大帮助作用。因此日本及东南亚国家纷纷订货，原来每平方米 8 元的竹木地板一下变成每平方米 8 美元，外贸部门又在 8

美元上加了 3 美元，变为 11 美元，这样竹木地板的生产经营厂家利润大增，税负全都实现转嫁。

（三）成本转嫁法

成本转嫁法是根据产品成本状况掌握和进行税负转嫁的方法。成本是生产经营者为从事正常生产经营活动而做的各种预先支付和投入费用的总和，一般有三种形态，即固定成本、递增成本和递减成本。

1. 固定成本与税负转嫁

固定成本不随产量的提高而增加单位成本，因此在市场要求无变化条件下，该产品承担的税款都有可能转移给购买者或消费者，即税款可以加入价格，实行前转。但是应该注意到，成本固定且市场需求缺乏弹性的商品，它的市场容量总是一定的，扩大或缩小的情况并不多见，因此生产经营规模只能限定在一定范围之内。

2. 递增成本与税负转嫁

这部分商品中税负的转嫁程度要小于纳税人实际纳税额，因为这种商品的单位成本随产量增加而增加，课税后商品价格提高，为维持销路，只好减产以求降低产品成本，这样税款就不能全部转嫁出去，至多只能转移出去一部分。例如，由于近年来房地产业失控，许多三线城市盲目建设导致商品房供过于求，随着实体经济的萎缩，某些“靠开采资源吃饭”的城市“人去楼空”，出现了很多“鬼城”，这些城市的房产面临闲置，在这种情况下，无论房地产开发商是转让还是出租，本应由购买者或者承租方承担的流转税费，不得不转由出售者或出租方自身承担。此时，房地产开发商若不想办法控制成本递增这一趋势，税负转嫁是难以实现的。

3. 递减成本与税负转嫁

单位产品成本在一定情况下随数量增多和规模扩大而减少，单位产品所承受的税负分摊额也就减少，因此税负全部（或部分）转移出去的可能性大大提高。但是也出现了一个不容忽视的问题，即随着产品生产数量和规模的扩大，客观上要求降低产品价格的呼声也就增大了，生产经营者为保证自己的竞争优势，也会适当调低其出厂价格和销售价格。通常价格降低的程度不会大于税负分摊到每个产品上的下降程度，即生产经营者在产品价格调低后，仍会把有关税收转移给自己商品的购买者，甚至还可以获得多于税额的价格利益。

（四）税基宽窄筹划法

税基宽窄筹划法是指根据课税范围的大小、宽窄实行不同税收转嫁的方法。通常在课税范围较广的情况下，正面、直接的税负转移就要容易些，称为积极的税负转嫁，而在课税范围较窄时，直接进行税负转移便会遇到强有力的阻碍，纳税人不得不寻找间接转嫁方法，称为消极的税负转嫁。

从事积极的税负转嫁的具体情况是，所征税种遍及某一大类商品而不是某一种商品，如对生产经营汽车、烟酒、农作物等货物征的课税。这些对大类商品普遍适用的税种实际上忽略了不同产品的生产经营状况，忽略了不同产品承受税负和转嫁税负的能力，因而为生产经营者转嫁税负创造了条件。在市场价格充分显示供求需要变化的条件下，生产经营者根据市场信号进行产品品种调整，就完全可以实现有效税负转嫁。

从事消极税负转嫁的情况与从事积极税负转嫁的情况就大大不同了，在仅对某一种类商品中某一商品开征特定税种时，直接意义上的税负转嫁就难以实现，因为这时的税负承担者很具体，无法进行合法偷换，如茶和咖啡同属饮料，如果课税于茶而免税于咖啡，那么当茶价上涨时，饮茶者改饮咖啡，茶的消费减少，这时茶商若想把税款加在茶价上去进行转嫁就很困难。唯一选择就是进行消极抵制办法，即改变生产经营方向，从事茶叶替代品——咖啡的生产和经营。

➢综合练习题

一、名词解释

税基式税收筹划；税率式税收筹划；税额式税收筹划；转嫁式税收筹划；成本转嫁法

二、简答题

（1）税收筹划方法主要有哪些？

（2）存货计价方法主要有哪几种？

（3）简述税率式筹划的具体应用。

（4）简述税负转嫁的含义。

（5）简述税负转嫁的影响因素。

（6）税负转嫁税收筹划的基本思路有哪些？

三、综合分析题

某公民个人预计在 2016 年为一私营企业提供劳务所得为 36 万元，试比较是按工资、薪金还是按劳务报酬更节约个人所得税支出。

税率表如下：

工资、薪金所得适用税率表

级数	全月应纳税所得额	税率/%	速算扣除数/元
1	不超过 1 500 元的部分	3	0
2	1 500~4 500 元的部分	10	105
3	4 500~9 000 元的部分	20	555
4	9 000~35 000 元的部分	25	1 005

劳务报酬所得适用税率表

级数	每次应纳税所得额	税率/%	速算扣除数/元
1	不超过 20 000 元的部分	20	0
2	20 000~50 000 元的部分	30	2 000
3	超过 50 000 元的部分	40	7 000

请问：本题采用的是哪种税收筹划方式？采用的是什么节税原理？运用的是什么筹划技术？

➤本章拓展

税收负担及税负转嫁

第四章

税收筹划风险及其防范

【学习目标与要求】

本章主要介绍税收筹划风险及其防范对策。通过学习本章，理解税收筹划风险的概念；了解税收筹划风险的类型，熟悉税收筹划风险的主要影响因素；掌握税收筹划风险防范的基本对策和税收筹划的内部控制。

第一节　税收筹划风险的概念和类型

一、税收筹划风险的相关概念

税收筹划作为财务管理的重要组成部分，其风险管理自然属于财务风险管理的重要内容，因此，要明确税收筹划风险及其防范对策，先要明确财务风险、财务风险管理管理、涉税风险、税收筹划风险等相关概念。

（一）财务风险与财务风险管理的概念

1. 财务风险

财务风险是指经营主体在各项财务活动过程中，由于各种难以预料或无法控制的因素作用，企业的实际收益与预计收益发生背离，从而蒙受经济损失的可能性。财务风险作为经济活动未来实际结果与预期目标出现的差异，贯穿于生产经营的整个过程中，体现在筹资风险、投资风险、资金回收风险和收益分配风险四个方面，其主要特征表现如下。

（1）客观性，即风险处处存在，时时存在。也就是说，财务风险不以人的意志为转移，人们无法回避它，也无法消除它，只能通过各种技术手段来应对风险，进而避免风险。

（2）全面性，即财务风险存在于企业财务管理工作的各个环节，在资金筹集、资金运用、资金积累、资金分配等财务活动中均会产生财务风险。

（3）不确定性，即财务风险在一定条件下、一定时期内有可能发生，也有可能不发生。

（4）收益与损失共存性，即风险与收益成正比，风险越大收益越高，风险越低收益也就越低。

2. 财务风险管理

财务风险管理是指经营主体对其理财过程中存在的各种风险进行识别、度量和分析评价，并适时采取及时有效的方法进行防范和控制，以经济合理可行的方法进行处理，以保障理财活动安全正常开展，保证其经济利益免受损失的管理过程。基于财务风险管理的目标是降低财务风险、减少风险损失，财务风险管理应包括风险识别、风险度量和风险控制等环节，其中核心是风险的度量问题。

（1）风险识别。风险识别是指在风险事故发生之前，对风险所做的定性判断。现实社会中的风险并不都是显露在外的，未加识别或错误识别的风险通常不仅是难以优化管理的风险，而且还会造成意料之外的损失，所以在这一阶段，风险识别的手段，相关信息的收集、辨别，风险的汇总、分类，风险走势的监测都是必要的。风险识别是风险管理程序的基础。

（2）风险度量。风险度量是指在风险识别的基础上，运用各种方法，对风险的大小进行计量的过程。在不同的时间、不同的发生地点，风险及发生损失的程度是有差别的。相应的，在是否要管理、如何管理等方面，准确地度量风险程度与差别就成为提高风险管理效率、质量的关键性因素。

（3）风险控制。在完成以上步骤之后就要对是否实施风险控制、如何实施进行决策。风险控制的方法分为两类，即制度控制和技术控制。制度控制基本上属于管理的范畴，包括与风险事件相关的组织机构设置、人员配备、制度设计，无一不与风险控制有着千丝万缕的联系，都是风险控制的制度体现。技术控制的方法主要有分散法、转移法、回避法。

（二）涉税风险的概念

企业的涉税风险是指企业涉税事项的不确定性而导致企业经济利益的损失。其含义可从两方面理解：一是少缴税的风险，即纳税人没有正确遵守税收法律法规，导致少缴税或交错税而造成的税收罚款、滞纳金等损失；二是多缴税的风险，即纳税人没有充分享受相关税收优惠政策或运用合理的税收筹划方案，导致多缴税造成经济损失。

（三）税收筹划风险的概念

税收筹划风险属于涉税风险的范畴，税收筹划风险就是纳税人在所有税收筹划及其实施等活动中所面临的税务责任的一种不确定性。例如，企业被税务机关检查，承担过多的税务责任，或是引发补税、罚款、甚至被追究刑事责任等，而未达到税收筹划的最初目的的可能性。

对企业的生产、经营来讲，追求盈利是永恒的主题，但是企业的盈利必须控制在可以接受的风险范围以内，如果盈利有很高的风险，那么企业就会有失败的隐患。税收筹划风险具有税收上的不确定性。不确定性是企业税收筹划风险产生的基础，离开不确定性，风险就不会出现，企业税收筹划风险更无从谈起。在生产、经营过程中企业面临着各种各样的决策，每一项决策都是经过成本–效益的权衡后的结果，纳税义务就是每项决策在税法上的体现。不同的决策引起不同的税收负担，即使相同的决策也会由于纳税人的主观原因和外部环境的客观原因不同而税负各异。

需要说明的是，企业税收筹划时少纳税和延迟纳税有风险，多纳税和提前纳税同样有风险。少纳税和延迟纳税意味着未能按时按量纳税，会受到税务机关征收滞纳金和处以罚款的惩罚，导致经济利益流出，降低企业价值。同理，多纳税和提前纳税会更直接地导致经济利益和时间价值流出，减少企业价值，使企业利益遭受损失。

二、税收筹划风险的分类

（一）按照税收筹划风险的性质分类

按照税收筹划风险的性质可以分为税款负担风险、税收违法风险和信誉与政策损失风险。

1. 税款负担风险

纳税人纳税所引发的直接后果就是可支配的收入大大减少。纳税人如果不重视节税筹划，可能会因为过多过重的税收负担而陷入经营危机，甚至破产。尤其需要注意的是，税款负担具有“滚雪球”的风险效应，如果纳税人不及时处理前期的税款负担，那么前期税款负担将会带入本期，最终税收负担越来越沉重，进而形成欠税的包袱。从实际经济工作的情况来看，一些企业就是因为欠税而破产、倒闭。税款负担风险的产生是由税收本质特征所决定的，即税收是由国家无偿征收的。需要指出的是，税款负担风险并不单单指纳税人缴纳的税款，纳税人为计算缴纳税款所发生的人员费用、交通费用、代理费用等纳税成本也应当归入税款负担风险之中。

2. 税收违法风险

生产经营过程中，有一部分纳税人以化解和减除税款负担风险为目的，违反税收法律法规的规定偷税逃税。其实，这种违法手段不仅不能化解税款负担风险，反而会生产新的违法风险。纳税人偷税除了必须补交所偷逃的税款之外，还会被税务机关处以所偷税款 50%以上 5 倍以下的罚款，并按日加收 0.5‰的滞纳金。如果情节较为严重，纳税人还将被处以刑罚。因此，这种纳税风险更严重，更容易导致公司倒闭、破产。需要强调的是，在现代社会，税收法律越来越复杂，纳税人甚至是税务人员、财税专家对税收法律与政策的理解都难免发生差错。纳税人一旦对税收法律与政策理解出现偏差，在计算与缴纳税款方面就很容易违反税收法律与政策的规定，在实质上构成税收违法。因此，在现代社会，税收违法的风险也在不断增大。

3. 信誉与政策损失风险

从严格意义上讲，信誉与政策损失风险是由纳税人违法所引发的风险，也应当归入税收违法风险。但考虑到这种风险是无形的，对纳税人的影响不是直接的，我们将其独立为一种风险。纳税人违法并被有关机关处罚，在经济上必然产生直接损失。同时，纳税人还会有信誉、商誉或名誉损失，即其他有关经济主体会因为纳税人的偷税等违法行为而对该纳税人的信用产生怀疑，不愿与其合作；或者纳税人因违反税收法律法规而丧失享受某些税收优惠的资格。例如，在我国，纳税人不履行某些增值税纳税义务或者违反某些增值税规定，将不得申请认定为增值税一般纳税人，不得使用增值税专用发票等。在很多时候，这种无形损失比有形处罚更为严重。

（二）按照风险对纳税人的影响程度进行分类

按照风险对纳税人的影响程度可以把税收筹划风险分为一般性税收筹划风险、严重性税收筹划风险和致命性税收筹划风险。

1. 一般性税收筹划风险

一般性税收筹划风险是指那些税收筹划失败导致的损失可以由纳税人现有财产或目前收入补偿，不会给纳税人带来严重财务负担的税收筹划风险。

2. 严重性税收筹划风险

严重性税收筹划风险是指那些税收筹划失败导致的损失不足以引起纳税人破产，但会导致纳税人信誉下降或者经济困难，必须借款才能维持经营的筹划风险。严重性税收筹划风险将给纳税人的财务带来困难或危机。

3. 致命性税收筹划风险

致命性税收筹划风险是指那些税收筹划失败导致的损失巨大，引起纳税人破产的涉及信誉、法律和经济的税收筹划风险。

（三）按照从纳税人与外界的关系分类

按照纳税人与外界的关系分类，可以把税收筹划风险分为外部税收筹划风险和内部税收筹划风险。

1. 外部税收筹划风险

外部税收筹划风险体现在税收筹划过程时要面对税收立法、税务执法和交易对象的风险等。

2. 内部税收筹划风险

内部税收筹划风险表现为纳税人税收观念薄弱、涉税专业知识缺乏、涉税事务复杂等。

（四）按照风险产生的阶段分类

从风险产生的阶段划分，税收筹划风险区分为事前税收筹划风险、事中税收筹划风险和事后税收筹划风险。

1. 事前税收筹划风险

事前税收筹划风险主要是指没有实施有效的计划、安排，导致纳税人不必要的损失。因为决定纳税人交什么税、交多少税的不是纳税人本身的财务，而是纳税人经营的业务。所以纳税人在确定经营方式、销售模式和销售合同条款时，要求相关部门必须先与财务部门沟通，确定在财务和税务上没有问题时，再去执行。

2. 事中税收筹划风险

事中税收筹划风险是指纳税义务过程中产生的纳税人税收筹划风险，如缺失相应的内部控制，增加纳税人的无谓支出，如发票管理混乱，导致进项税额过期而无法抵扣。

3. 事后税收筹划风险

事后税收筹划风险是指纳税义务产生后面临的税收筹划风险，如纳税人在纳税义务发生后，不是据实缴纳税款，而是通过隐匿、变造、擅自销毁涉税资料，甚至拒不申报缴纳税款的现象，其中有些属于逃税行为，有些甚至是抗税行为，已经严重违反了税收法律法规，会受到法律的严厉制裁。

第二节　税收筹划风险的主要因素

如本章第一节所述，纳税人进行税收筹划，会发生来自不同渠道的风险，只有明了这些风险，做到“知己知彼，百战不殆”，才能提出更好的风险防范策略。一般而言，税收筹划风险的主要因素由以下几个方面构成。

一、税收筹划源于税收制度的风险

税收制度包括税收法律法规和部门规章，以及地方性税收法规几个层次，除了下位法不能抵触上位法的要求，对纳税人来说，法律效果是一样的，即触犯了就会受到其制裁。而不同的税收制度由于制定的层级、权威、界定是否明确立等问题，都会给纳税人在税收筹划时带来不同的风险。

（一）税法体现的是以国家为主体的分配关系

税收法律关系说到底是征纳双方的利益分配关系，因此保护税收法律关系实质上就是保护国家正常的经济秩序，保障国家财政收入，维护纳税人的合法权益。尽管税收法律关系的保护对权利主体双方表面上是平等的，但由于制定初衷更多的是保护国家的税收利益，纳税人的权利只体现在不违反税法的前提下更多地维护自身的基本权利，换句话说，这些权利并不是税法给予的权力，是纳税人在纳税时享有的基本“人权”或“民权”，如纳税人与纳税有关的知情权、保密权、多缴税款申请退还权、申请复议和提起诉讼权等。对权利享有者保护，就是对义务承担者的制约。征纳双方从税收法律制度制定之初就是不对等的，根本就谈不上平等问题。

（二）以成文法为主体的事实带来的风险

我国是以成文法为主体的国家，而成文法的特点之一是对法律责任的判定基于执法者对法律、法规表述的理解。由于税收法律、法规、部门规章内容及定义不确切，条文规定空间太大、合法与非法界限不明，极易形成税收陷阱。例如，依据《税收征收管理法》第四十五条规定，国家税务总局在 2005 年出台的《纳税担保试行办法》第十五条将房屋以外的与地面连接不可移动的标的物定义为“地上定着物”。而《中华人民共和国土地增值税暂行条例》第二条规定却将其定义为“附着物”。由于缺乏税法立法的系统性、规范性和统一性，立法过程中存在多元化和多级化现象，由于缺乏对各主体之间税收立法权划分的法律条款规范，各主体之间各行其是，税收法规内容之间前后矛盾、相互冲突，税收征纳双方无所适从，甚至出现税法执行上的困难与偏差。

（三）税收法律体系不完善带来的风险

目前，由全国人大直接立法的税收法律很少，在近 20 部税收法律法规中，只有《中华人民共和国个人所得税法》等四部税法属于法律的范畴，其余都是由国务院颁布实施的税收法规，尽管这些法规经过了全国人大的授权，但立法层次低，法条内容时有疏漏，不严谨、难操作，修补更易就成了家常便饭，这使我国的税收法律缺乏权威性和严肃性，在给税务部门依法执法、依法征税带来了一定困难的同时，更为纳税人进行税收筹划带来困惑。

（四）税法本身的缺陷带来的风险

税收法律、法规本身在立法阶段不够严密，导致在执行过程中产生些争议，而补充规定尚未出台，或出台不及时，也有可能即使出台了，补充规定自身仍有漏洞，这就会使企业产生涉税风险。由此决定了纳税人在进行税收筹划时，即便运用同一税收法条，也会承担很大风险。例如，在“国税函〔2008〕875 号文件”没有出台之前，涉及“买一赠一”促销方式时，关于增值税中“将自己生产的货物无偿赠送他人要视同销售”，不同的地区理解执行有所不同，同一个集团公司在甲、乙两个地区分别会遇到不同的税收待遇。在“国税函〔2008〕875 号文件”出台之后，河北省国家税务局于 2009 年发出了“冀国税函〔2009〕247 号文件”进行了呼应，而某些省份并没有给予明确解释，仍然维持原来的执法标准。

（五）未经充分调研即出台的税收法律法规带来的风险

我国部分税收法规在出台前，未经详细调查研究，更未进行全面统筹，因此往往引起税法规定与纳税人实际情况相背离，纳税人无所适从；有些税收法规与更高级次的法规发生冲突，基于某种方面的考虑，往往不能及时纠正；税收法规变化过快，加之信息传输渠道不畅通，难以让纳税人及时准确掌握。

（六）税收法律与其他法律法规之间不协调

在税收立法中，不仅存在税收法律体系内部程序法与实体法、各个实体法之间不协调甚至冲突的问题，也存在于税收法律法规或规章与其他相关法律不协调的现象。例如，我国早在 2008 年 8 月 29 日十一届全国人大常委会第四次会议关于《中华人民共和国刑法》第七次修正案中就已经用“逃避缴纳税款罪”取代了“偷税罪”[①]，而根据 2013 年 6 月 29 日第十二届全国人大常委会第三次会议《全国人民代表大会常务委员会关于修改〈中华人民共和国文物保护法〉等十二部法律的决定》第二次修正案中仍然沿用了“偷税”的概念[②]。由于税收执法与司法难以对接，税收征纳双方出现争议需要“对簿公堂”时，司法难以做出公正决断。

二、税收筹划源于执法的风险

税收筹划是指利用税法给予纳税人在合法的前提下节减纳税成本的权利，说到底是对税法给予权利的理解力问题，但是由于我国税法同时给予了税收执法者更多的税法解释权和税收裁量权，加之执法者自身素质不一，平添了很多人为因素，这些风险会使纳税人在税收筹划时防不胜防。

---

① 中国人大网. http://www.npc.gov.cn/huiyi/lfzt/xfq/2008-08/29/content_1447399.htm.

② 中国人大网. http://www.npc.gov.cn/wxzl/gongbao/2013-10/22/content_1810992.htm.

（一）税法执法体制不完善带来的风险

税法执法体制主要涉及税收职权在内外两方面的分配、运行、监控等。在内部业务流程的设计和征管资源的配置方面存在的问题如下：征、管、查等核心环节与基础环节不协调，形成漏征漏管；征管偏软，手段欠缺，管理能力有限，电子化取证困难，对跨国、跨境涉税问题以及常见的会计失真、账外经营等缺乏有效的监控措施。在外部机构的设置及其职能的划分方面存在的问题如下：涉税机构重叠，部门之间协作、配合意识不强，该管的不管或无力管，不该管的乱管，越权现象和短期“逐利”行为时有发生，税法执行标准、程度有异。由于执法体制自身存在的问题，某些纳税人会利用这些问题大做文章，本着“撑死胆大的、饿死胆小的”的宗旨，冒险一搏，将税收筹划变相搞成“钻税法的空子”和“高明的偷税游戏”，这无疑加大了税收筹划的风险。

（二）税收执法仍然存在 “人治”现象带来的风险

在税收执法过程中，个别税务人员不能全面理解依法治税的真正内涵，“人情税”现象依然存在。有些税务执法人员为了完成税收任务，置税法规定于不顾，进行选择性执法，甚至滥用税收解释权，断章取义，曲解税法。例如，某些税务机关在征收个人所得税至滥用“偶然所得”和“其他所得”规定条款，将自己认为需要征税的对象纳入相应条款进行解释和执法。税收裁量权和税收解释权的滥用，使纳税人的合法诉求得不到保证。

【例 4-1】 2014 年 12 月 16 日，一起新疆瑞成房地产开发有限公司（简称瑞成房产公司）起诉新疆维吾尔自治区地方税务局稽查局（简称新疆地税稽查局）的诉讼案件引起了广泛关注，该案件最终以新疆地税稽查局缴纳 50 元的诉讼费而终结[①]。

该诉讼案件涉及多个事项，其中之一就是瑞成房产公司对其诉讼事项中第 2 项存有异议，营业税中第 2 项指出：税务局认定 2010 年以低于市场价格销售给某投资发展有限公司离退休职工住宅，应按同期市场价格进行调整补缴营业税，调整金额 2 494 258.77 元，少缴营业税 124 712.94 元。诉状称，其在经营过程中对企业的商品价格进行调整是企业自主经营的权利，税务局以价格明显偏低为由对瑞成房产公司进行处罚没有依据。

法院审理认为：税务局在无价格认定行政职权的情况下，以瑞成房产公司在 2010 年以低于市场价格销售给某投资发展有限公司离退休职工住宅为由，直接以同期市场价格对瑞成房产公司进行调整补缴营业税，调整金额 2 494 258.77 元，并据此认定瑞成房产公司少缴营业税 124 712.94 元，属于越权行政。因此，税务机关认定瑞成房产公司以低于市场价格销售的事实不清，主要证据不足。综上，瑞成房产公司要求撤销税务局做出的《新疆维吾尔自治区地方税务局税务行政处罚决定书》（新地税稽罚〔2012〕12）号税务行政处罚决定的诉讼请求成立，应予支持。

---

① 新浪博客网站. 刘永天律师的博客. http://blog. sina. com. cn/s/blog_73b42833012 vnw. html.

【解析】

《税收征收管理法》第三十五条第6项规定“纳税人申报的计税依据明显偏低，又无正当理由的，税务机关有权核定其应纳税额”。本案中，瑞成房产公司应其上级主管部门要求，为解决企业老职工住房困难、化解信访突出问题，经上级主管部门批准，瑞成房产公司董事会研究决定给老职工售房价格让利20%的证据确凿，事实清楚。上述法律规定，虽规定纳税人申报计税依据明显偏低，又无正当理由的，税务机关有权核定其应纳税额，但法律法规对“计税依据明显偏低”没有具体标准，对“无正当理由”亦没有明确界定。况且，某投资发展有限公司前身为供销社运输公司，作为改制的国有企业，离退休职工收入低，住房条件长期得不到改善，在某投资有限公司退休职工多次到新疆维吾尔自治区人民政府和自治区供销社上访，要求改善住房条件的情况下，瑞成房产公司降低企业收入以低于同期销售价格20%向某投资发展有限公司离退休职工优惠售房并无不当，此举应视为瑞成房产公司解决老国企退休职工住房困难、防止群体事件发生、化解社会矛盾的善意之举。税务局简单地将此认定为“明显低于市场价格，无正当理由的”，并以此为由对瑞成房产公司处以124 712.94元营业税罚款显然是错误的。

这一案例表明，如果不是瑞成公司用于维护自身合法权益，税务机关滥用税法解释权，就会给纳税人带来巨大风险，造成严重损失。

（三）税收执法人员素质不适应信息时代要求带来的风险

尽管多年来各级各地税务机关不断加大税务执法人员的业务培训力度，也取得了不错的业绩，但不可否认的现实是，随着时间推移，20世纪80年招收的“合同税干”“转业兵税干”已经趋近“老龄化”状态，年龄和基础等客观原因导致部分人员在执法过程中不能适应经济形势的发展，更不适应严格依法治税的要求标准，特别是部分执法人员不能适应现代税收征管的全面计算机化、电子信息化、控制网络化、指挥遥控化和检查追踪化等高科技操作手段的需要。

（四）税务机关与纳税人之间信息严重不对称带来的风险

现实中，有很大一部分具有适用性、比照性的政策处于非公开的状态，也就是说企业根本不知道它们的存在，这种信息不对称除了会影响到法律的公正性之外，还要求纳税人遵从并不可能知道的法律及政策规定，本身也有悖“法律面前人人平等”的基本原则。税务机关对政策法规的宣传力度不够，一般仅限于有效范围的解释，而非采用广而告之的方式，使广大纳税人广为接受。针对新出台的政策法规，就其立法意图及提请纳税人关注的重点缺乏必要的说明，因此很容易误导纳税人，使其跌入税收陷阱。好在，现在政府已经开始采用政府公告的方式积极开展法律普及工作，在新法规出台前后，政府通过网站、电台、电视台、报纸等各种媒体进行深入宣传，国家税务总局网站也对经过修改的条文逐条做出解释，其明智之举令所有纳税人耳目一新。

（五）税务机关内部“税收任务”带来的风险

尽管2014年新修订的《中华人民共和国预算法》第五十五条明文规定，各级政府不得向预算收入征收部门和单位下达征收指标，这里的征收部门自然包括税务部门。但是，在实际工作中，很多地方的税务部门，为了保证财政预算的顺利实施，保证财政收入及时足额到位，都会形成一些公开不公开的“税收任务”。各地税务机关仍然经常面临税收任务的压力。税务机关为了完成税收任务，又给企业下达任务。有些税务人员为了完成税收任务，发现企业多缴税并不向企业指出，有些税务机关稽查也常常是围绕收入任务转。有时“任务”代替了政策，这很容易导致执法过度，从而使纳税人依法进行的税收筹划得不到法律保护。

三、税收筹划源自纳税人自身的风险

受传统观念的影响，纳税人总认为只要和税务机关搞好关系，“吃喝请送”到了位，将税务机关的税收任务完成了，其他纳税行为合法与否无所谓，不重视税收筹划，更不重视自身涉税风险的防范，以至于出现严重违法行为、受到惩罚时才后悔不已。总之，税收筹划时源自纳税人自身的各种风险主要体现在以下几个方面。

（一）纳税人法制观念淡薄

纳税人自身依法纳税意识不强，平时不注重税收筹划，更不注意涉税风险防范，在节减纳税支出方面，不是合法利用税收政策，而是存在侥幸心理，铤而走险，进行偷税、骗税、抗税。这其中，会计人员扮演了重要的角色。例如，在一些税务机关公布的涉税违法案件中，大部分都是涉及虚开和接受虚开增值税专用发票、假发票、骗取出口退税、做假账等情况，几乎全部是因造假而违法。

（二）纳税人对税务机关存在惧怕心理

纳税人受传统观念影响，惧怕税务机关，依法维护自身合法权益意识不强，在涉税事宜上盲目服从税务机关，发现问题不敢提出异议，在某种程度上纵容了税务违法行为。另外，在执行具体法律法规时，纳税人没有完全树立与征税机关处于平等地位的观念，因此往往以税务官员个人的意见作为确定税务责任的界限。即使意见相左，也往往采取息事宁人、得过且过的方式，放弃正确的权利主张。尽管国家已经通过立法方式赋予纳税人主张合法权益的权利，但纳税人自身观念陈旧和法律意识较弱，不去积极主张自身合法权益，不能据理力争，导致合法权益受损。

（三）纳税人从事涉税人员业务素质不高

纳税人涉税业务素质不高，主要表现在以下几个方面。

第一，纳税人中的领导者对税收筹划业务、会计业务不了解，不尊重税收筹划人员和会计人员，指手画脚，甚至错把“行规”当“法规”，外行指导内行，造成风险。

第二，纳税人单位内部进行税收筹划时，对税收政策理解不透，对税收信息了解不够，对税收优惠政策尤其是新出台的税收优惠政策理解不到位，不清楚税法与会计的差异。有些涉税人员自己没有主见，易受同行从业人士的影响和误导，有些人不懂装懂，指导同行错误操作。

第三，纳税人和税务机关双方信息不对称，税务机关掌握政策，而纳税人掌握实际情况，尤其是特殊经济事项，如果纳税人对税法和会计都很精通，则纳税人就占据优势，但是很多纳税人中的涉税工作人员对这些业务并不熟练，导致纳税人处于非常被动的地位。

【例 4-2】 假设外贸企业某月出口收入 1 000 万元，对应的增值税专用发票注明税额为 136 万元，内销收入不含税 500 万元，销项税额为 85 万元，对应的增值税专用发票注明税额为 51 万元。合计进项税 187 万元，全部认证相符。征税率 17%，退税率 13%，该月增值税应纳税额=该月增值税应退税额=136–17%×13%=104（万元）。本月认证相符的税额为 187 万元，将其中出口对应的进项税 136 万元，填报到增值税“附表二”的 26 行、27 行中，计入待抵扣进项税额，该进项税额就不参与内销应纳税额的计算。本期可抵扣的进项税额为 187–136=51（万元）。结果是一共 187 万元的进项税额，抵扣 51 万元，退税 104 万元①。

在这里，增值税纳税申报表填报错误的情况有以下两种。

第一种：误将内销业务作为出口业务处理，在“附表二”中 26 行、27 行填报 187 万元的税额，相当于放弃了 187 万元的抵扣，该月抵扣增值税为 0，应纳增值税=85–0=85（万元）。当月不会因为少抵扣而增加应退税额，企业仍然只能根据增值税专用发票注明的 136 万元计算，退税为 104 万元。结果是 18 万元的进项税，抵扣 0 元，退税 104 万元。

第二种：误将出口业务作为内销业务处理，在“附表二”的 26 行、27 行填报 0，该月抵扣增值税为 187 万元，应纳增值税=85–187=–102（万元）。虽然出口的进项税在增值税申报表中也进行了抵扣，但申报退税时按照发票注明税款计算应退税额仍然为 104 万元。根据上述情况，当期增值税申报表与退税系统没有严密的勾稽关系，因此两边的申报均可通过。结果是 187 万元的进项税，抵扣 187 万元，退税 104 万元。

【解析】

外贸企业出口退税适用于“免退税”办法，与生产企业“免抵退”相比，少了“抵”的功能，即出口货物劳务对应的进项税，不能用来“抵扣”内销增值税，只能用来退税。如果进项税既用来退税，又抵扣内销增值税，则属于重复使用进项税，会导致涉税风险；如果内销进项税放弃抵扣，却不能退税，属于损失涉税利益。

---

① 翟纯垲. 内外销业务易混淆，科目细化可避风险[N].中国税务报，2016-04-15.

1. 外贸企业出口退税的特征

1）增值税出口退税的计算方式

外贸企业出口退税方式与生产企业的不同，外贸企业由于本身没有生产能力，只能购买货物或委托加工后收回再销售，因此其出口货物劳务与其进项税是可以做到一一对应的，外贸企业出口退的是进货凭证上（本部分均以增值税专用发票为例）注明的增值税额，而且该增值税专用发票与出口报关单是一一对应的。这里的“一一对应”不是指一张发票对应一张报关单，而是指一个完整的“采购—出口”业务中，报关单（一张或几张）与增值税专用发票（一张或几张）是对应的。

2）增值税纳税申报表中关于出口退税的填报特征

以上特点也体现在申报表填报上。外贸企业在增值税申报表上，将出口与内销对应的进项税严格分开，此功能通过增值税“附表二”实现。外贸企业申报表填报的另外一个重要的特点是，增值税申报表与出口退税系统在当期申报时，没有紧密的勾稽关系。纳税人填报增值税申报表与填报退税系统的时间可能是不一致的，申报表填报出口的进项税，但不一定当期申报出口退税。因此，即使当期勾稽关联度不高也没关系。但是，当期不勾稽并不意味着以后不勾稽，有各种方式来核查这种关系，纳税人千万不要抱侥幸心理。

一般来讲，退税系统的退税审核不受申报表的影响，主要根据报关单以及增值税专用发票等进行退税。但也有特殊情况，如外贸企业在报出口退税时，报关单中的产品既有退税产品，又有视同内销产品，此时可能就需要将视同内销的产品在申报表中的情况同时报送，这里不再详述。

2. 应对及防范措施

1）应对措施

【例 4-2】第一种情况中，如果企业误将内销业务作为出口业务处理，则浪费了 51 万元的进项税抵扣。根据《国家税务总局关于发布〈出口货物劳务增值税和消费税管理办法〉的公告》（国家税务总局公告 2012 年第 24 号）规定，外贸企业发生原记入出口库存账的出口货物转内销或视同内销货物征税的，以及已申报退税的出口货物发生退运并转内销的，外贸企业应于发生内销或视同内销货物的当月向主管税务机关申请开具出口货物转内销证明。外贸企业应在取得出口货物转内销证明的下一个增值税纳税申报期内申报纳税时，以此作为进项税额的抵扣凭证使用。因此，外贸企业发生【例 4-2】第一种情况时，可以根据法规规定，向税务机关申请开具出口货物转内销证明，税务机关批准开具的，外贸企业将该证明作为进项税额的抵扣凭证使用。

在【例 4-2】第二种情况中，误将出口业务作为内销业务处理，出口对应的进项税 136 万元，既用于退税（104 万元），又用于抵扣，导致当期应纳增值税额 34 万元变成了留抵 102 万元，违反了增值税及征管法相关规定，应尽快通过重新申报等方式补缴税款及滞纳金等。有的纳税人在以后期间将出口的进项税填到待抵扣项目，或者是进项税转出，认为总体并未少缴纳增值税。这种理解是不正确的，具有较高的税务风险。

2）防范措施

第一，完善内部控制管理制度。例如，建立类似于企业资源计划（enterprise resource planning，ERP）、企业管理解决方案（systems applications and products in data processing，SAP）这样的企业管理系统，将其嵌入系统内部全程监控。

第二，在财务上加强管理。根据《财政部、国家税务总局关于出口货物劳务增值税和消费税政策的通知》（财税〔2012〕39号）对外贸企业核算要求规定，外贸企业应单独设账核算出口货物的购进金额和进项税额，对购进货物不能确定是用于出口的，先记入出口库存账，用于其他用途时，应从出口库存账转出。所以，只单独核算出口货物的购进金额和进项税额，是远远不能满足核算要求的。对外贸企业的内外销业务，建议在"应缴税费——应交增值税"科目下增设"出口"和"内销"两个三级明细科目。将出口对应的进项税、进项税转出、出口退税等科目全部纳入"出口"明细科目下，这样，一般情况下，出口对应的进项税额=征退税率差的进项税转出+出口退税，因此"应缴税费——应交增值税——出口"期末科目余额应为0，否则，账务处理错误或是将内外销混淆。将出口之外的所有增值税相关科目，均计入"内销"明细下（注：包括出口视同内销的业务），该科目的期末余额应为0，或者是借方余额，借方余额即增值税申报表中的期末留抵税额，账务处理的优点是简洁明晰，方便核对，对外贸企业内外销混淆具有很好的防范及监督作用。

（四）纳税人发票管理不当带来的风险

发票作为纳税人真实业务往来的重要依据，越来越受到税务机关的重视，税务机关在对纳税人进行检查时，往往坚持"三查"原则，即"查账必查票、查案不查票、查税必查票"，因此发票的合法开具，是真实业务发生的证明，发票的取得，是合法税前扣除。减少缴纳企业所得税的依据是增值税"环环征环环扣"背景下抵扣进项税额的凭据，因此纳税人在税收筹划时，必须重视发票的管理。但是，某些纳税人不注重各种发票的管理，这给涉税业务带来很大风险。例如，有的企业采购部门的业务员，为了满足企业报账发票必须是"增值税专用发票"的内部规定，购货时明知对方无法取得增值税专用发票，明知是其他企业代开发票还要接受，因此埋下隐患。因为"明知故收"属于恶意取得非税务机关代开的增值税专用发票，况且即使是善意取得非税务机关代开的增值税专用发票抵扣税款，按照有关规定也要补税、罚款。

（五）纳税人不注意自查工作带来的风险

一些纳税人不重视税法与会计制度的差异，平时只按照会计制度或会计准则进行账务处理，也不注意定期涉税自查，使一些账务处理出现违反税法情形而不自知。例如，销售时间及开具发票的时间对纳税义务发生时间的确认，外购存货用于职工福利、赠送等事项的税务处理问题，采购的渠道及履约方式对纳税环节的影响，存在返利销售是否冲减进项税额，基建贷款利息是否挤入当期财务费用等问题，还有享受高新技术企业所得税优惠政策等，都需要纳税人提供相应的举证资料。如果纳税人不注意自身涉税检查，保全上述资料的完整性和真实性，在税收筹划和其他涉税业务发生时，就会存在很大风险。

（六）纳税人观念问题带来的风险

谈到税收筹划要搞好税际关系，很多纳税人往往会有这样一种错觉：和税务人员搞好私人关系，远远胜于面对面就政策进行开诚布公的讨论。因此，现实中不少纳税人不注重税收筹划，不注意多向税务人员了解税收政策，总是在遇到税务检查问题时就想到送礼、托关系。其实企业的花费不应只用到这些地方。例如，可以聘一位既懂会计又懂税法的内行做主管，人工成本虽有所增加，但能有效防范税收筹划和其他涉税事项处理失误带来的风险。当然，纳税人如果涉税业务不多，业务不复杂，也可以不设专职税务人员，当发生涉税业务时，可以委托中介机构进行纳税咨询和税收筹划。

第三节　税收筹划风险的基本防范对策

纳税人为了防范税收筹划风险，防止由于税收筹划失当而被认定为避税行为甚至是偷税行为，受到税务机关的反避税调查或偷税处理，就必须建立起一套完整的防范体系，应对在税收筹划和其他涉税实务产生的问题。由于税收筹划风险属于纳税人涉税风险的一部分，因此在强化税收筹划风险防范的对策方面，2009 年国家税务总局颁布的《大企业涉税风险管理指引（试行）》具有一定的借鉴意义。

一、明确防范税收筹划风险的基本要求

防范税收筹划风险的基本要求如下。

（一）税收筹划不能突破“以合理的商业目的为主”的财务策划目标

在阐述税收筹划的概念时，已经非常明确地指出，税收筹划虽然基本目标是节减税收支出，但是，要在防范涉税风险的前提下进行操作，否则就会遭到税务机关的反避税调查。因为早在 2015 年 2 月，国家税务总局就发布了《一般反避税管理办法》，明确规定下列行为属于避税行为：①以获取税收利益为唯一目的或者主要目的；②以形式符合税法规定，但与其经济实质不符的方式获取税收利益。

（二）税收筹划事项的会计处理要符合会计制度

目前，我国税务机关的税收征收方式有两种，即查账征收和核定征收。当纳税人

通过查账征收缴纳税款时，账务处理是否规范、账册是否健全、制度是否符合会计法律制度等至关重要，税收筹划事项的会计处理如果不符合相关会计制度或准则及相关法律法规，税务机关会以“收入或成本不能准确核算”等理由，依据有关税收法律法规，采用核定征收方式来否认纳税人做出的税收筹划安排，甚至进行反避税调查。

（三）税收筹划不能与国家税法相抵触

税收征收管理法明确规定了纳税人不进行纳税申报属于偷税情形之一，因此纳税人在进行税收筹划时，即便按照国家规定享有免税的权力，一分钱的税款都不缴纳，也要进行申报，这在税法上叫做“零申报”。另外，税法还规定了延期纳税申报和违款延期缴纳的规定，如果纳税人没有相关理由而迟延申报或拖延缴纳税款，也会受到违法处理，轻者缴纳滞纳金和罚款，重者可能会触犯刑法，以涉税罪被追究刑事责任。

（四）纳税人进行经营决策要充分考虑税收因素

随着经济的发展，社会分工越来越细，面对日益繁多的经营模式和经营方式，如网络营销、电子商务等，国家会不断地出台新的税收政策，税法会越来越复杂，纳税人在经营活动过程中，如果不充分考虑税收因素的影响，有时可能发生亏本经营。以建筑业“营改增”为例，税制改革之前，营业税属于价内税，当设计服务收费标准时，只要在价格上考虑 3 百分点的因素就可以，但是，税制改革之后，税负直接增长到了 11%，如果换算成价内税，基本净增 6 百分点，如果可抵扣的进项税额不充分，企业税负无疑将大幅提高，此时，纳税人选择什么身份、采用什么样的经营方式进行税收筹划显得格外重要。

（五）涉税资料必须完整保存

在税收筹划时，税务登记、账簿凭证管理、税务档案管理及税务资料的准备和报备等涉税事项是否符合税法规定，也是重要目标之一。因为税务机关在对纳税人是否有关联企业交易、能否适用特别纳税调整等方面，通过税务登记信息和相关的涉税资料，为纳税人的涉税事项进行定性提供了重要依据。

【例 4-3】“营改增”改变了企业整个会计核算体系，带来了开票系统、报税系统、认证抵扣、税款缴纳等操作方面的一系列新变化，稍有不慎便会产生税收风险。企业应高度重视税收风险管理和控制，重点关注发票使用不当、优惠条件不明、纳税义务发生时间不清等问题，以最大限度地规避或减少税收风险[①]。

【解析】

（1）重视发票使用不当产生的税收风险。

“营改增”对企业的改变和影响，涉及企业管理层、生产、销售、财务和后勤等多个部门，表现在企业纳税身份、税控装备、计税方式和纳税申报程序等方面。如果

---

① 程辉.“营改增”期间，企业应重点防控四类涉税风险[N]. 中国税务报，2016-05-06.

要选择一个载体来说明这种变化，最直观的无疑是增值税专用发票。这张小小的增值税专用发票，却是最容易使“营改增”企业产生税收风险的地方。企业在增值税专用发票的使用上最容易忽略以下五个方面的问题：一是开具增值税专用发票时填写要素不全，如遗漏纳税人开户银行和账号、税务登记证号等内容，导致开票方抄报税和受票方认证困难。二是增值税专用发票要分开价款和税款，多年的普通发票惯性操作可能让发票开具人员不适应。三是不按规定索取合规的扣税凭证。四是由于对增值税法规了解不够，对能够取得合规扣税凭证的情形却没有取得，丧失了抵扣机会；取得了合规凭证，未能在规定时间内到主管税务机关认证，造成不能抵扣。五是将不得抵扣进项税的业务，在取得了增值税专用发票后，仍比照可以抵扣事项多抵扣了进项税额。

（2）重视防范虚开发票引起的税收风险。

增值税专用发票使用上的最大错误当属虚开发票。虚开增值税专用发票，不仅是发票管理办法和增值税专用发票使用规定严厉禁止的行为，还可能构成犯罪。目前，在刑事立法上，针对虚开增值税专用发票定罪量刑都较为严厉，有统计显示，企业负责人涉税犯罪，70%以上涉及虚开增值税专用发票。防范虚开增值税专用发票，要从“受票”和“开票”两个方面管控，做到不接收、不介绍、不开具。纳税人要提高对增值税专用发票重要性的认识，一方面，完善内控机制，加强对增值税专用发票的严格管理，杜绝虚开发票情况的发生；另一方面，在取得增值税发票时，要增强防范意识，严格审查发票的真伪、货物来源、发票来源的合法性、销货方的纳税人资格等，对存在疑点的发票可暂缓付款或暂缓申报抵扣进项税额，待查证落实后再做处理。

（3）重视分不清享受优惠条件导致的税收风险。

为平稳推进“营改增”试点，减轻试点企业税收负担，“营改增”试点方案规定了多个免征增值税项目和即征即退增值税项目。“营改增”税收优惠很多，当事企业必须弄清楚增值税优惠的前提条件。例如，部分“营改增”企业习惯于沿用以往的核算方法，在会计处理上没有将减税项目的各项服务收入准确划分并分别核算结果，错失免税、减税的大好机会。

在享用税收优惠方面，“营改增”企业需要防范以下五个方面的税收风险：第一，判断是否符合税收优惠的情形和范畴。一些企业为符合税收优惠规定的情形，不从改变生产经营安排入手，而是简单采取一些账务处理技巧，存在很大的政策风险。第二，若符合税收优惠规定情形，是否按照主管税务机关的规定和业务流程履行必要的程序和备案手续。例如，试点纳税人提供技术转让、技术开发和与之相关的技术咨询、技术服务免征增值税一项，相关税收文件对技术转让、技术开发和技术咨询的概念、范围、优惠审批程序做了详细规定，企业必须按规定做好充分的资料准备。第三，能否对应税项目和免税项目进行准确核算，能否准确划分应税和免税项目共用购进货物、劳务包含的进项税额。第四，增值税的变化将直接影响企业所得税的核算，对享受增值税优惠的企业，必须按照企业所得税法有关规定进行正确的税务处理。第五，处理好免税项目与增值税专用发票之间的关系：一是纳税人提供应税服务享受免征增值税优惠的，不得开具增值税专用发票，二是纳税人用于免征增值税项目的购进货物、接受应税服务的进项税额，不得抵扣。

（4）重视分不清纳税义务发生时间带来的税收风险。

从税法上看，纳税义务发生后，经营者的行为就被纳入税收征管的视线，就要按照纳税申报期限、方式处理。“营改增”企业应认识到纳税义务发生时间的重要性，一要合规，否则面临滞纳金甚至罚款的风险；二要合理规划，通过合同条款推迟纳税义务发生时间，获得资金的时间价值，尤其是金融、房地产行业，资金额度往往巨大，推迟纳税义务发生时间，无异于获得一笔无息贷款。

总之，“营改增”企业面临诸多税收风险挑战，需要认真研究增值税制度，提前谋划、全盘考虑，充分做好应对税收风险的准备，实现“营改增”的平稳过渡。

二、建立健全税收筹划风险防控制度

纳税人应根据税收筹划的基本目标，结合自身经营情况特点和财务管理制度，建立相应的税收筹划风险防控机制与制度。这些机制与制度主要如下：①税收筹划风险防控的组织机构、岗位和职责；②税收筹划风险识别和评估的机制和方法；③税收筹划风险防控和应对的机制和措施；④税收筹划信息管理体系和沟通机制；⑤税收筹划风险防控的监督和改进机制。

三、构建税收筹划风险防控机构

纳税人可以结合自身生产经营特点和内部税收筹划及相关涉税风险管理的要求设立税务管理机构和岗位，明确岗位的职责和权限。

纳税人的涉税风险防控机构主要履行以下职责：①制定和完善本单位涉税风险防控制度和其他涉税规章制度；②参与本单位全面战略规划和重大经营决策的税务影响分析，提供涉税风险管理建议；③组织实施涉税风险的识别、评估，监测日常涉税风险并采取应对措施；④指导和监督有关职能部门、各业务单位及全资、控股企业开展涉税风险管理工作；⑤建立涉税风险管理的信息和沟通机制；⑥组织税务培训，并向本单位其他部门提供税务咨询；⑦承担或协助相关职能部门开展纳税申报、税款缴纳、账簿凭证和其他涉税资料的准备和保管工作；⑧其他涉税风险管理职责。

四、强化税收筹划风险识别和评估

纳税人应全面、系统、持续地收集内部和外部相关信息，结合实际情况，通过风险识别、风险分析、风险评价等步骤，查找自身经营活动及其业务流程中的涉税风险，分析和描述风险发生的可能性和条件，评价风险对纳税人实现涉税风险防控目标的影响程度，从而确定风险管理的优先顺序和策略。

（一）税收筹划及其他涉税风险识别

纳税人在从事税收筹划和其他涉税事项业务时，应结合自身涉税风险管理机制和实际经营情况，重点识别下列涉税风险因素。

（1）纳税人内部涉税风险因素：①本单位的经营理念和发展战略；②税收筹划以及对待涉税风险的态度；③组织架构、经营模式或业务流程；④涉税风险防控机制的设计和执行；⑤涉税风险防控部门设置和人员配备；⑥部门之间的权责划分和相互制衡机制；⑦涉税风险防控部门人员的业务素质和职业道德；⑧财务状况和经营成果；⑨对管理层的业绩考核指标；⑩本单位信息的基础管理状况；⑪信息沟通情况；⑫监督机制的有效性；⑬其他内部风险因素。

（2）纳税人外部涉税风险因素：①经济形势和产业政策；②市场竞争和融资环境；③适用的法律法规和监管要求；④税收法规或地方性法规的完整性和适用性；⑤上级或股东的越权或违规行为；⑥行业惯例；⑦灾害性因素；⑧其他外部风险因素。

（二）强化税收筹划及其他涉税风险的评估与检测

1. 将识别的风险具体化

搜集查找到来自纳税人内外部的税务风险后，应将风险具体化，具体而言，对组织结构复杂的纳税人，可根据需要在分支机构设立税务部门或者税务管理岗位；对集团型公司，可在地区性总部、产品事业部或下属企业内部分别设立税务部门或者税务管理岗位。对组织结构复杂的企业和集团型企业，其经营业务多样，经营活动复杂，管理流程较长，不容易发现下属单位的个别风险，具体化风险识别可以使本单位更好地识别实际经营存在的税务风险。

2. 涉税风险的检测与评估

通过事前检测和评估，可以有效将问题解决在纳税清算、税务稽查或检查之前，避免补税、缴纳滞纳金、罚款等涉税风险。

涉税风险防控部门应定期对企业涉税风险管理机制的有效性进行评估审核，不断改进和优化涉税风险管理制度和流程。

3. 建立风险识别动态数据库

纳税人应建立系统、有效、动态的税务风险识别体系，时刻注意识别和评估原有风险的变化情况以及新产生的税务风险。该体系的实施可以帮助纳税人的决策者进行税务风险的比较与汇总，从而为以后的税务风险识别建立经验数据库。通过数据库建设，达到以下目的：①利用计算机系统和网络技术，对具有重复性、规律性的涉税事项进行自动控制；②将税务申报纳入计算机系统管理，利用有关报表软件提高税务申报的准确性；③建立年度税务日历，自动提醒相关责任人完成涉税业务，并跟踪和监控工作完成情况；④建立税务文档管理数据库，采用合理的流程和可靠的技术对涉税信息资料安全存储；⑤利用信息管理系统，提高法律法规的收集、处理及传递的效率和效果，动态监控法律法规的执行；⑥纳税人的涉税风险管理信息系统数据的记录、收集、处理、传递和保存应符合税法和涉税风险控制的要求。

五、明确税收筹划及相关风险控制流程

（1）纳税人应根据涉税风险评估的结果，考虑风险管理的成本和效益，在整体管理控制体系内，制定涉税风险应对策略，建立有效的内部控制机制（有关税收筹划的内部控制相关内容，将编为一节单独讲述），合理设计税务管理的流程及控制方法，全面控制涉税风险。

（2）纳税人应根据风险产生的原因和条件从组织机构、职权分配、业务流程、信息沟通和检查监督等多方面建立涉税风险控制点，根据风险的不同特征采取相应的人工控制机制或自动化控制机制，根据风险发生的规律和重大程度建立预防性控制和发现性控制机制。

（3）纳税人应针对重大涉税风险所涉及的管理职责和业务流程，制定覆盖各个环节的全流程控制措施；对其他风险所涉及的业务流程，合理设置关键控制环节，采取相应的控制措施。

（4）纳税人因内部组织架构、经营模式或外部环境发生重大变化，以及受行业惯例和监管的约束而产生的重大涉税风险，可以及时向税务机关报告，以寻求税务机关的辅导和帮助。

（5）纳税人涉税风险防控部门应参与企业战略规划和重大经营决策的制定，并跟踪和监控相关涉税风险，内容如下：本单位战略规划包括全局性组织结构规划、产品和市场战略规划、竞争和发展战略规划等；本单位重大经营决策包括重大对外投资、重大并购或重组、经营模式的改变及重要合同或协议的签订；等等。

六、强化税收筹划风险的监管

（一）跟踪和监控相关涉税风险

涉税风险防控部门应参与企业重要经营活动，并跟踪和监控相关涉税风险：①参与关联交易价格的制定，并跟踪定价原则的执行情况；②参与跨国经营业务的策略制定和执行，以保证符合税法规定。

（二）管理日常经营活动中的涉税风险

涉税风险防控部门应协同相关职能部门，管理日常经营活动中的涉税风险：①参与制定或审核本单位日常经营业务中涉税事项的政策和规范；②制定各项涉税会计事务的处理流程，明确各自的职责和权限，保证对税务事项的会计处理符合相关法律法

规；③完善纳税申报表编制、复核和审批，以及税款缴纳的程序，明确相关的职责和权限，保证纳税申报和税款缴纳符合税法规定；④按照税法规定，真实、完整、准确地准备和保存有关涉税业务资料，并按相关规定进行报备；⑤对发生频率较高的涉税风险建立监控机制，评估其累计影响，并采取相应的应对措施。

第四节　税收筹划的内部控制

税收筹划作为企业财务管理的重要组成部分虽然显得越来越重要，然而受诸多因素的影响，筹划风险却时刻存在。为了降低税收筹划的风险，就需要加强税收筹划的内部控制。

一、税收筹划内部控制的内涵

一般认为，内部控制是指单位为了保护资产安全、完整，提高会计信息质量，确保有关法律法规和规章制度及单位经营管理方针的贯彻执行，避免和降低各种风险，提高经营管理效率，实现单位经营管理目标而指定和实施的一系列控制方法、措施和程序。它具有以下显著特征：①内部控制是在系统论理论指导下，把一个单位作为一个整体，并把构成整体的各个组成部分看做一个个子系统。②内部控制的主体只能是单位内部人员。③内部控制以单位内部的经济管理活动为客体。④内部控制的手段和方法多种多样。⑤内部控制从本质上讲属于单位的内部管理制度。

尽管关于税收筹划的概念至今尚无权威定义，但至少包括以下内容已基本达成共识，即税收筹划是纳税人在合法合理（至少是不违法）的情况下，充分利用现有税收法律、法规和规章的引导性政策及非限制性规定，事先周密地预测和分析所实施的节约纳税支出的经济活动，它具有以下明显的特征：①税收筹划是在合法合理的条件下做出的决策；②税收筹划是一种事前控制；③税收筹划着眼于单位整体的管理决策；④税收筹划的目的是追求单位最终效益的最大化；⑤税收筹划实质上属于单位财务管理的范畴。

由此可见，税收筹划的内部控制是指纳税人为了提高税收筹划的质量，确保在合法合理的情况下贯彻执行本单位的既定方针，降低税收筹划的风险，实现单位整体效益最大化目标而制定和实施的一系列控制方法、措施和程序。它应包括以下几方面的含义：①税收筹划的内部控制是单位内部控制的一个重要组成部分；②该内部控制的主体是本单位内部的财务部、税务部或法律部等部门；③该内部控制的客体是本单位税收筹划方案的制订和实施；④该内部控制本质上属于单位内部的财务管理制度。

二、加强税收筹划内部控制的必要性

（一）税收固有的特征所决定的

税收从产生的那天起，就是为统治阶级利益服务的，而作为义务性法规的税法是统治阶级意志的体现。毋庸置疑，征税者与纳税人从来就是不对等的。这种不对等的根源在于国家无偿占有纳税人的财产或收益，使财产的所有权或支配权发生单向转移。因此，纳税人若想节减纳税支出，从国家既得利益中获得收益，势必与国家利益发生冲突，存在很大的风险。

（二）在税收筹划中一些不可避免的风险所决定的

税收筹划作为一种经济行为，在错综复杂而又不断变化、发展的国际国内的政治、经济和社会环境中，风险无时不在，而税收筹划要节税的价值越大，风险也就越大。税收筹划中所固有的风险有各国税制的变化、经济周期的波动、市场利率的涨浮、通货膨胀的加剧、国际汇率的变化、纳税人自身效益变动的幅度等。

（三）税收筹划人员自身的素质所决定的

税收筹划是一种"高智商的游戏"，这要求税收筹划人员不仅要有丰富的专业知识，还要有较高的职业道德。在专业知识方面，不仅要熟知税法知识，还要熟悉相关国际国内的其他法律知识、会计知识、财务管理知识，甚至还要懂一两门外语；在职业道德方面，不仅要做到独立、客观、公正，还要兼顾国家与客户的利益，任何只为自身收费、不顾周边利益的行为都是不道德的。

（四）单位管理层的偏好动机

税收筹划的节税效益与节税风险是并存的，节税越多，风险也就越大。而不同单位的领导人对节税风险的态度是不同的：稳健型领导持"风险厌恶"观念，一般希望以最小的风险获得最大的节税效益；开拓型领导持"赌徒心理"观念，情愿冒更大的风险去获得最大的节税效益。

（五）税收征收管理的立法和执法环境

从立法角度看，税法的层次不高，目前主要是全国人大授权国务院制定的暂行条例，每年税务部门都要下发大量的补充规定进行调整，这一方面容易造成征纳双方对某一问题产生争议，另一方面，征管人员存在着征管意识、征管技术、道德素养甚至政治思想等方面的问题，征管水平较低，这使纳税人在合法节税与非法偷税之间无所适从。

（六）受筹划成本和效益的限制

在税收筹划时，所聘请的是税务师事务所的专业人员，费用较低，筹划人员经验较为丰富，能制订出较为满意的筹划方案，但是它只能解决纳税人税收筹划的总体目标，不能及时处理企业纳税方面随时出现的问题；而长期聘用内部人员进行税收筹划可以随时对筹划方案进行修正和调整，但筹划成本较高，一般企业根本不划算。

三、打造税收筹划内部控制的良好环境

（一）确立法制导向，熟知税收筹划相关法制规范

尽管税收筹划属于企业内部的管理制度，但筹划的结果却影响到国家与纳税人甚至更多社会公众的利益。因此，为了税收筹划的顺利进行，有效防范和化解税收筹划的风险，不仅要遵守《税收征收管理法》《中华人民共和国会计法》等相关法律，更要全面掌握《大企业税务风险管理指引（试行）》（国税发〔2009〕90 号）。《国家税务总局关于运用大数据开展大企业税收服务与监管试点工作的通知》(税总函〔2015〕477 号）、《国家税务总局大企业税收服务和管理规程（试行）》、《一般反避税管理办法（试行）》（国家税务总局令第 32 号）、《2014 年大企业分事项税收风险管理工作方案》等部门规章。

（二）提高税收筹划人员素质

税收筹划作为企业财务管理活动的一部分，是一种以人为主的思维活动，其效果如何与相关人员的业务水平及实践经验有着密切联系。对纳税人而言，企业管理人员要有现代管理素质，对企业的发展要有战略考虑；对财务人员而言，要熟悉财会、税务的各种政策，当好领导的参谋。

（三）加强财务目标对税收筹划的约束

企业财务管理的目标是追求利润最大化，而影响这一目标的因素之一就是纳税支出。因此，企业出于安全方面的考虑，在风险较小的条件下进行税收筹划有着巨大的财务动力。然而，企业进行某项经营活动时，往往并不是从税收筹划的角度出发，也就是说，税收筹划只是企业理财的一个环节，并不是企业的首选目标。因此，企业某些财务政策可能不节税，但符合企业的经营目标。此时，税收筹划必然受到财务目标的约束。

（四）讲求成本效益原则

税收筹划作为企业内部控制的一个重要方面，受到诸多因素的影响，应视企业的性质、规模、管理模式和管理手段而定。如果预期节税目标较大，节税方案增多，税收筹划的机构、人员配备增加，费用支出必然加大；如果节税方案过于简单，可能达不到应有的效果，甚至给企业带来风险和损失。从这个意义上讲，进行税收筹划，必须考虑成本因素，进行必要的控制。

（五）明确税收筹划部门内部以及其他业务部门的相互牵制制约关系

从税务会计的角度看，税收筹划的内部控制可以分为内部会计控制和内部管理控制，这就必然涉及筹划部门与会计、审计及其他业务部门的相互关系。

从税收筹划部门内部分工来看，为保障税收筹划的正常进行，内部各岗位之间要相互制衡，相互分离，这些岗位如下：①税务规划的起草与审批；②税务资料的准备与审查；③纳税申报表的填报与审批；④税款缴纳划拨凭证的填报与审批；⑤发票购买、保管与财务印章保管；⑥涉税风险事项的处置与事后检查；⑦其他应分离的税务管理职责。

从税收筹划部门与其他相关部门的关系来看，其他内部控制可以分为内部会计控制和内部管理控制，这就必然涉及税收筹划部门与会计、审计及其他业务部门的相互关系：①业务部门的主要活动是提供商品和劳务，其结果是缴纳流转税的基础，也就是流转税进行筹划的基础；②财会部门作为记账算账报账的工具，不论税款在哪个环节形成，都要由会计计算缴纳；③税收筹划内部控制制度执行情况如何，在多大程度上发挥作用，最终需要内部审计部门或社会审计部门进行评价。

【例 4-4】 岁末年初，企业举办不同形式的年会，对先进工作者进行表彰或发放奖金、奖品及举行抽奖活动。那么，发放的现金或实物，如何进行税务处理呢[①]？

【解析】

1. 发放奖金的税务处理

有些企业会设置类似功勋员工奖、优秀员工奖、销售精英奖等，并发放一定的现金奖励。按照会计准则的要求，应在“应付职工薪酬——奖金”科目进行核算。同时按照“工资、薪金所得”并入当月工资计征个人所得税。若作为年终一次性奖金，也可以按照年终一次性奖金的计税办法，在一个纳税年度内，该计税办法对每一个人而言，只允许采用一次。若作为年终一次性奖金，在年会上发放的奖金一般是年终不含税奖金，也就是说员工获得的是税后奖金，公司为员工负担全部税款。企业应将负担的这部分税款并入该员工的全年一次性奖金，换算为应纳税所得额后，按照规定方法计征个人所得税。

例如，2016 年 1 月，张先生在某企业年会上被评获销售精英奖，获得 36 000 元的奖励，当月工资薪金为 3 300 元，如该 36 000 元奖励作为张先生年终一次性不含税奖金。则公司该月应计征张先生个人所得税为[36 000–(3 500–3 300)]÷12=2 983.33(元)，适用税率 10%，速算扣除数是 105 元。应纳税所得额=[36 000–105–（3 500–3 300）]÷（1–10%）=39 661.11（元），39 661.11÷12=3 305.09（元），适用税率 10%，速算扣除数 105 元，个人所得税 39 661.11 × 10%–105=3 861.11（元）。

提示：由于个人所得税的纳税主体是个人，而不是企业，所以企业为员工承担的个人所得税不能税前扣除，在汇算清缴时，企业应进行纳税调整，调增应纳税所得额。

---

① 陈佳军，谢兴奎. 公司发奖品别忘缴纳这些税[N]. 中国税务报，2016-03-04.

2. 发放奖品的税务处理

有些企业会进行娱乐表演或抽奖，并发放一些奖品，这些奖品主要涉及个人所得税、增值税和企业所得税。

1）个人所得税

《个人所得税法实施条例》第八条第一项规定，工资、薪金所得，指个人因任职或者受雇而取得的工资、薪金、奖金、年终加薪、劳动分红、津贴、补贴以及任职或者受雇有关的其他所得。《财政部、国家税务总局关于企业促销展业赠送礼品有关个人所得税问题的通知》（财税〔2011〕50号）第二条第二款规定，企业在年会、座谈会、庆典以及其他活动中向本单位以外的个人赠送礼品，对个人取得的礼品所得，按照“其他所得”税目，全额适用20%的税率缴纳个人所得税。

根据上述规定，企业向本单位员工发放奖品属于“工资、薪金所得”，应并入取得奖品当月的工资、薪金一并代扣代缴个人所得税。向本单位以外的个人发放奖品，则应按照“其他所得”代扣代缴个人所得税。提示企业赠送的礼品是自产产品的，按该产品的市场销售价格确定个人的应税所得是外购商品的，按该商品的实际购置价格确定个人的应税所得。

2）增值税

《增值税暂行条例》第十条规定，用于增值税非应税项目、免征增值税项目、集体福利或个人消费的购进货物或应税劳务，其进项税额不得从销项税额中抵扣。《增值税暂行条例实施细则》第四条规定，单位或个体工商户视同销售货物的行为包括将自产或委托加工的货物用于集体福利或个人消费，以及将自产、委托加工或购进的货物无偿赠给其他单位或个人。

根据以上规定，外购商品作为奖品，用于职工福利的，增值税进项税额不得抵扣，如果领用时已经抵扣进项税的，应做进项税转出处理。将自产的商品作为奖品，用于职工个人福利或无偿赠送给客户的，增值税视同销售，所涉及的购进商品的进项税额可以抵扣。

3）企业所得税

《国家税务总局关于企业处置资产所得税处理问题的通知》（国税函〔2008〕828号）第二条规定，企业将资产移送他人的下列情形，因资产所有权已发生改变而不属于内部处置资产，应按规定视同销售确定收入：第一，用于市场推广或销售；第二，用于交际应酬；第三，用于职工奖励或福利；第四，用于股息分配；第五，用于对外捐赠；第六，其他改变资产所有权属的用途。

因此，公司将商品作为奖品奖励给员工或赠送给客户，在企业所得税处理上，应视同销售。如果奖品是外购的，可以按购入时的价格确定收入，如果奖品是自制的，应按企业同类资产同期对外销售的价格确定销售收入。

（六）搞好税收筹划的税际关系

企业利用合理合法的方式与有关部门（包括税务机关）建立良好的公共关系，一方面，可以比他人更早地了解税制改革方向、存在的问题及有关信息；另一方面，可以最大限度地利用税法提供的灵活性开展筹划活动，并得到税务机关和征税人员的认可。此外，还可以避免被税务机关作为反避税重点、稽查重点，或在法律条文上被使用苛刻条款。

（七）确立税收筹划内控制度的权威性

内控制度的权威性是指税收筹划控制制度一旦建立，企业相关部门和人员都必须无条件遵守，任何人都无权游离于制度之外，尤其是单位领导，更不能凭借职权凌驾于制度之上。否则，制度制定得再合理、再完美，也是一纸空文。

➢综合练习题

一、名词解释

税收筹划风险；税收筹划的内部控制

二、简答题

（1）税收筹划风险的类型主要有哪些？

（2）税收筹划过程中来自于纳税人内部的风险因素有哪些？

（3）简述税收筹划防控制度的基本内容。

（4）为什么要加强税收筹划的内部控制？

三、综合分析题

某税务局对 A 公司稽查时，发现该公司 2012 年利润 100 万元，却有以前年度的 100 万元亏损未弥补，原因是，得到税务机关对连续 3 年来缴税企业检查的信息，遂采取不弥补亏损多缴税金方式逃避房屋折旧会计上按 50 年计提，税务处理上按 20 年计算扣除。2013 年，为完成考核业绩将实际发生的 600 万元费用不列支出，虚增利润 120 万元，缴纳所得税 30 万元。检查中查出多列支出 300 万元，少缴所得税 75 万元，A 公司为免遭处罚，说出来扣除费用事实；经计算，当年多缴税 30 万元。2014 年为发行股票对已发生的 1 000 万元费用不列支出，又将 3 000 万元预收款提前确认收入，虚增利润 4 000 万元，汇算清缴时将未列支的费用申报扣除，缴纳所得税 750 万元。2015 年 7 月，上市未成，以账务处理错误为由申请多缴退税。

请问，A 公司这样操作存在哪些税收风险？税务机关对 A 公司的做法应该如何处理？

➢本章拓展

《一般反避税管理办法（试行）》

第五章

增值税筹划实务

【学习目标与要求】

本章主要介绍增值税基本法规、税收优惠政策、应纳税额的计算和常见的税收筹划基本方法。通过学习本章，巩固增值税纳税义务人、征税范围、税率、应纳税额计算等相关知识；理解利用增值税纳税人不同规定，进行销售方式选择、兼营行为和混合销售行为的选择；利用税收优惠政策等规定合理地进行筹划，达到节税的目的。

第一节　增值税基本法规规定

增值税是指对纳入增值税应税范围的项目，就纳税人取得的增值额征收的一种税。我国现行增值税的基本规范是《增值税暂行条例》、《增值税暂行条例实施细则》和《财政部、国家税务总局关于全面推行营业税改征增值税试点的通知》（财税〔2016〕36号）（含《营业税改征增值税试点实施办法》、《营业税改征增值税试点过渡政策的规定》和《跨境应税行为适用增值税零税率和免税政策的规定》）。

一、增值税的征税范围

根据《增值税暂行条例》和全面推行“营改增”的规定，本书将纳税人分为一般规定和具体规定两部分。

（一）一般规定

全国推行“营改增”试点后，增值税的征税范围包括在中华人民共和国境内销售或进口货物、提供应税劳务和发生应税行为（特指销售应税服务、无形资产或不动产）。

1. 销售或进口货物

货物是指有形动产，包括电力、热力、气体在内。销售货物是指有偿转让货物的所有权。有偿是指取得货币、货物或其他经济利益（下同）。

2. 提供应税劳务

应税劳务是指纳税人提供的加工、修理修配劳务。加工是指委托加工货物，即委托方提供原料及主要材料，受托方按照委托方的要求制造货物并收取加工费。修理修配是指受托对损伤和丧失功能的货物进行修补，使其恢复原状和功能的业务。提供应税劳务是指有偿提供加工、修理修配劳务。单位或个体工商户聘用的员工为本单位或者雇主提供的加工、修理修配劳务，不包括在内。

3. 发生应税行为

应税行为是指销售应税服务、无形资产和不动产。其中，应税服务包括交通运输服务、邮政服务、电信服务、建筑服务、金融服务、现代服务和生活服务。但是，单位或个体工商户聘用的员工为本单位或雇主提供并取得工资的服务以及单位或个体工商户为聘用的员工提供的服务不包括在内。销售服务、无形资产和不动产是指有偿提供服务、有偿转让无形资产或不动产。

（二）特殊规定

1. 视同销售行为

（1）将货物交付其他单位或个人代销。

（2）销售代销货物。

（3）设有两个以上机构并实行统一核算的纳税人，将货物从一个机构移送其他机构用于销售，但相关机构设在同一县（市）的除外。

（4）将自产、委托加工的货物用于集体福利或个人消费。

（5）将自产、委托加工或购进的货物作为投资，提供给其他单位或个体工商户。

（6）将自产、委托加工或购进的货物分配给股东或投资者。

（7）将自产、委托加工或购买的货物无偿赠送他人。

（8）单位或者个体工商户向其他单位或者个人无偿提供服务，但用于公益事业或者以社会公众为对象的除外。

（9）单位或者个人向其他单位或者个人无偿转让无形资产或者不动产，但用于公益事业或者以社会公众为对象的除外。

（10）财政部和国家税务总局规定的其他情形。

2. 混合销售行为

一项销售行为如果既涉及服务又涉及货物，为混合销售。判断混合销售行为的标准有两个：一是其销售行为必须是一项行为；二是该项行为必须既涉及服务又涉及货物，其中“货物”是指《增值税暂行条例》中规定的有形动产，包括电力、热力和气体等；“服务”属于原营业税改征增值税范围的交通运输服务、建筑服务、金融服务、邮政服务、电信服务、现代服务和生活服务等。

3. 兼营行为

纳税人兼营销售货物、劳务、服务、无形资产或者不动产，适用不同税率或者征收率的，应当分别核算适用不同税率或者征收率的销售额；未分别核算的，从高适用税率。

二、增值税的纳税人

（一）纳税人一般规定

根据2009年执行的增值税暂行条例和“财税〔2016〕36号”文件规定，增值税纳税人包括在我国境内销售或进口货物、提供应税劳务、销售服务、无形资产或者不动产的单位和个人。单位是指企业、行政单位、事业单位、军事单位、社会团体及其他单位。个人是指个体工商户和其他个人（自然人）。

单位以承包、承租、挂靠方式经营的，承包人、承租人、挂靠人（以下统称承包人）以发包人、出租人、被挂靠人（以下统称发包人）名义对外经营并由发包人承担相关法律责任的，以该发包人为纳税人。否则，以承包人为纳税人。

境外单位或者个人在境内发生应税行为，在境内未设有经营机构的，以购买方为增值税扣缴义务人。财政部和国家税务总局另有规定的除外。

（二）纳税人的管理

为了严格增值税的征收管理，参照国际惯例，对纳税人实行分类管理。将纳税人按其经营规模大小及会计核算健全与否划分为小规模纳税人和一般纳税人两类。

1. 小规模纳税人

小规模纳税人是指年销售额在规定标准以下，并且会计核算不健全，不能按规定报送有关税务资料的增值税纳税人。会计核算不健全是指不能正确核算增值税的销项税额、进项税额和应纳税额。

综合原增值税和“营改增”的规定，小规模纳税人的认定标准如下：①原增值税纳税人从事货物生产或提供应税劳务的纳税人，以及以从事货物生产或提供应税劳务为主，并兼营货物批发或零售的纳税人，年应税销售额在50万元以下的；②对上述规定以外的原增值税纳税人，年应税销售额在80万元以下的；③“营改增”纳税人年应税销售额在500万元以下的；④年应税销售额超过规定标准的其他个人按小规模纳税人纳税；⑤年应税销售额超过规定标准的单位和个体工商户，出现本单位不经常发生的应税项目可选择按照小规模纳税人纳税。

2. 一般纳税人

年应税销售额超过财政部和国家税务总局规定标准的纳税人为一般纳税人。年应税销售额是指纳税人在连续不超过12个月的经营期内累计应征增值税的销售额。

（1）原增值税中一般纳税人的标准。从事货物生产或提供应税劳务的纳税人，以及以从事货物生产或提供应税劳务为主，兼营货物批发或零售的纳税人，年应税销售额超过50万元（不含本数）；对上述规定以外的纳税人，年应税销售额超过80万元（不含本数）。

（2）营改增试点范围一般纳税人（简称试点纳税人）的标准。营改增试点实施前（简称试点实施前）应税服务年销售额超过500万元的试点纳税人，应向国税主管税务机关（简称主管税务机关）申请办理增值税一般纳税人资格认定手续。年应税销售额未超过规定标准的纳税人，会计核算健全，能够提供准确税务资料的，可以向主管税务机关办理一般纳税人资格登记，成为一般纳税人。

三、增值税的税率和征收率

（一）销售货物、提供应税劳务的增值税税率

1. 基本税率

增值税一般纳税人销售货物或进口货物，提供加工、修理修配劳务，除低税率适用范围外，税率一律为17%。

自2009年1月1日起，将部分金属矿、非金属矿采选产品的增值税税率由原来的13%恢复到17%，如石英、云母粉等。

2. 低税率

纳税人销售或者进口下列货物，按低税率13%计征增值税。

（1）粮食、食用植物油。

（2）自来水、暖气、冷气、热水、煤气、石油液化气、天然气、沼气、居民用煤炭制品。

（3）图书、报纸、杂志。

（4）饲料、化肥、农药、农机、农膜。

（5）国务院及有关规定的其他货物，如农产品、音像制品（自2007年1月1日起）、电子出版物（自2007年1月1日起）、二甲醚（自2008年1月1日起）。

（二）应税行为的增值税税率

（1）销售应税服务的增值税税率：①提供增值电信服务、金融服务、现代服务（租赁服务外）、生活服务，税率为6%。②提供交通运输服务、邮政服务、基础电信服务、建筑服务、不动产租赁服务，税率为11%。③提供有形动产租赁服务，税率为17%。

（2）销售无形资产的增值税税率：①转让土地使用权，税率为11%。②转让土地使用权以外的其他无形资产，税率为6%。

（3）销售不动产的增值税，税率为11%。

（三）零税率

（1）纳税人出口货物，税率为零；国务院另有规定的除外。

（2）境内单位和个人发生的跨境应税行为，税率为零。

一是国际运输服务。国际运输服务包括：①在境内载运旅客或者货物出境；②在境外载运旅客或者货物入境；③在境外载运旅客或者货物。

二是航天运输服务。

三是向境外单位提供的完全在境外消费的研发服务、合同能源管理服务、设计服务、广播影视节目（作品）的制作和发行服务、软件服务、电路设计及测试服务、信息系统服务、业务流程管理服务、离岸服务外包业务、转让技术。

四是财政部和国家税务总局规定的其他服务。

（四）征收率

（1）小规模纳税人。小规模纳税人的征收率为3%，财政部和国家税务总局另有规定的除外。

（2）一般纳税人销售货物、应税劳务、无形资产或不动产，按规定可以选择简易计税方法计税的：①一般纳税人选择简易征收办法，征收率为3%（特殊规定除外）。②按照简易计税方法计税的销售不动产、不动产经营租赁服务（除试点前开工的高速公路的车辆通行费），征收率为5%。

四、增值税的纳税义务发生时间

（一）原增值税应税项目的纳税义务发生时间

纳税人销售货物或者提供劳务，其纳税义务发生时间为收讫销售款项或者取得索取销售款项凭据的当天；先开具发票的，为开具发票的当天；纳税人进口货物，为报关进口的当天。其中收讫销售款项或者取得索取销售款项凭证的应税行为，按结算方式不同确定不同的纳税义务发生时间，具体如下：①采取直接收款方式销售货物，不论货物是否发出，均为收到销售额获或取得索取销售额的凭据的当天。②采取托收承付和委托银行收款方式销售货物，为发出货物并办妥托收手续的当天。③采取赊销和分期收款方式销售货物，为按合同约定的收款日期的当天；无书面合同的或者书面合同没有约定收款日期的，为货物发出的当天。④采取预收货款方式销售货物，为货物发出的当天，但生产销售生产工期超过 12 个月的大型机器设备、船舶、飞机等货物，为收到预收款或者书面合同约定的收款日期的当天。⑤委托其他纳税人代销货物，为收到代销单位销售的代销清单或者收到全部或者部分货款的当天；未收到代销清单及货款的，为发出代销货物满 180 天的当天。⑥销售应税劳务，为提供劳务同时收讫销售额或取得索取销售额的凭据的当天。⑦纳税人发生除将货物交付其他单位或个人代销或代销他人货物以外的视同销售货物行为，为货物移送的当天。

（二）提供"营改增"应税行为的纳税义务发生时间

纳税人发生应税行为并收讫销售款项或者取得索取销售款项凭据的当天；先开具发票的，为开具发票的当天。纳税义务发生时间按结算方式不同，具体如下：①纳税人提供建筑服务、租赁服务采取预收款方式的，其纳税义务发生时间为收到预收款的当天。②纳税人从事金融商品转让的，为金融商品所有权转移的当天。③纳税人发生视同销售行为的，其纳税义务发生时间为服务、无形资产转让完成的当天或者不动产权属变更的当天。

五、增值税的纳税期限

增值税的纳税期限分别为 1 日、3 日、5 日、10 日、15 日、1 个月或者 1 个季度。纳税人的具体纳税期限由主管税务机关根据纳税人应纳税额的大小分别核定。以 1 个季度为纳税期限的规定适用于小规模纳税人、银行、财务公司、信托投资公司、信用社，以及财政部和国家税务总局规定的其他纳税人。不能按照固定期限纳税的，可以按次纳税。

纳税人以 1 个月或者 1 个季度为 1 个纳税期的，自期满之日起 15 日内申报纳税；以 1 日、3 日、5 日、10 日或者 15 日为 1 个纳税期的，自期满之日起 5 日内预缴税款，于次月 1 日起 15 日内申报纳税并结清上月应纳税款。

纳税人进口货物，应当自海关填发税款缴纳书之日起 15 日内缴纳税款。

六、增值税的纳税地点

（1）固定业户应当向其机构所在地或者居住地主管税务机关申报纳税。总机构和分支机构不在同一县（市）的，应当分别向各自所在地的主管税务机关申报纳税；经财政部和国家税务总局或者其授权的财政和税务机关批准，可以由总机构汇总向总机构所在地的主管税务机关申报纳税。

（2）固定业户到外县（市）销售货物的，应当向其机构所在地主管税务机关申请开具外出经营活动税收管理证明，其向机构所在地主管税务机关申报纳税。未持有其机构所在地主管税务机关核发的外出经营活动税收管理证明，到外县（市）销售货物或者应税劳务的，应当向销售地主管税务机关申报纳税，未向销售地主管税务机关申报纳税的，由其机构所在地主管税务机关补征税款。

（3）非固定业户应当向销售货物、应税劳务或应税行为发生地主管税务机关申报纳税；未申报纳税的，由其机构所在地或者居住地主管税务机关补征税款。

（4）纳税人中的单位和个体工商户提供建筑服务、不动产经营租赁服务跨县（市、区）的，应向建筑服务发生地、不动产所在地主管国税机关预缴税款，向机构所在地主管国税机关申报纳税；其他个人提供建筑服务，租赁不动产，转让自然资源使用权，应向建筑服务发生地、不动产所在地、自然资源所在地主管国税机关申报纳税。

（5）纳税人中的单位和个体工商户转让不动产的，应向不动产所在地主管地税机关预缴税款，向机构所在地主管国税机关申报纳税；其他个人转让不动产的，向不动产所在地主管地税机关申报纳税。

（6）进口货物，应当由进口人或其代理人向报关地海关申报纳税。

第二节　增值税税收优惠政策

一、《增值税暂行条例》规定的免税项目

（1）农业生产者销售的自产农产品。农业生产者，包括从事农业生产的单位和个人。农业产品是指种植业、养殖业、林业、牧业、水产业生产的各类植物、动物的初级农产品。

（2）避孕药品和用具。

（3）古旧图书。古旧图书是指向社会收购的古书和旧书。

（4）直接用于科学研究、科学实验和教学的进口仪器和设备。

（5）外国政府、国际组织无偿援助的进口物资和设备。

（6）由残疾人的组织直接进口供残疾人专用的物品。

（7）销售自己使用过的物品。自己使用过的物品，是指除游艇、摩托车和应征消费税的汽车外的个人自己使用过的物品。

二、财政部、国家税务总局规定的其他减免税项目

（1）资源综合利用产品和劳务增值税优惠政策。

根据《财政部、国家税务总局关于印发〈资源综合利用产品和劳务增值税优惠目录〉的通知》（财税〔2015〕78号）规定，纳税人销售自产的资源综合利用产品和提供资源综合利用劳务，可享受增值税即征即退政策。目录中资源综合利用类别分为“共、伴生矿产资源”“废渣、废水（液）、废气”“再生资源”“农林剩余物及其他”“资源综合利用劳务”五大类。退税比例有30%、50%、70%、100%四个档次。

（2）蔬菜流通环节免征增值税问题。经国务院批准，2012 年 1 月 1 日起，免征蔬菜流通环节的增值税。

纳税人既从事销售蔬菜又销售其他增值税应税货物的，应分别核算蔬菜和其他增值税应税货物的销售额，未分别核算的，不得享受蔬菜增值税免税政策。

（3）粕类产品免征增值税问题。豆粕属于征收增值税的饲料产品，除豆粕以外的其他粕类饲料产品，均免征增值税。

（4）制种行业增值税政策。制种企业在下列生产经营模式下生产销售种子，属于农业生产者销售自产农业产品，应根据《增值税暂行条例》有关规定免征增值税。

一是制种企业利用自有土地或承租土地，雇佣农户或雇工进行种子繁育，再经烘干、脱粒、风筛等深加工后销售种子。

二是制种企业提供亲本种子委托农户繁育并从农户手中收回，再经烘干、脱粒、风筛等深加工后销售种子。

（5）按债转股企业与金融资产管理公司签订的债转股协议，债转股原企业将货物资产作为投资提供给债转股新公司的，免征增值税。

（6）节能服务公司实施符合条件的合同能源管理项目，将项目中的增值税应税货物转让给用能企业，暂免征收增值税。

三、“营改增”试点过渡政策的规定

（一）下列项目免征增值税

（1）托儿所、幼儿园提供的保育和教育服务，养老机构提供的养老服务，残疾人福利机构提供的育养服务，婚姻介绍服务，殡葬服务。

（2）残疾人员本人为社会提供的服务。

（3）医疗机构提供的医疗服务。

（4）从事学历教育的学校提供的教育服务，以及学生勤工俭学提供的服务。

（5）农业机耕、排灌、病虫害防治、植物保护、农牧保险及相关技术培训业务，家禽、牲畜、水生动物的配种和疾病防治。

（6）纪念馆、博物馆、文化馆、文物保护单位管理机构、美术馆、展览馆、书画院、图书馆在自己的场所提供文化体育服务取得的第一道门票收入。

（7）寺院、宫观、清真寺和教堂举办文化、宗教活动的门票收入。

（8）个人转让著作权。

（9）个人销售自建自用住房。

（10）2018 年 12 月 31 日前，公共租赁住房经营管理单位出租公共租赁住房。

（11）以下利息收入免征增值税：2016 年 12 月 31 日前，金融机构农户小额贷款；国家助学贷款；国债、地方政府债；人民银行对金融机构的贷款；住房公积金管理中心用住房公积金在指定的委托银行发放的个人住房贷款。

（12）保险公司开办的一年期以上人身保险产品取得的保费收入。
（13）金融同业往来利息收入。
（14）纳税人提供技术转让、技术开发和与之相关的技术咨询、技术服务。
（15）福利彩票、体育彩票的发行收入。

（二）增值税即征即退

（1）一般纳税人提供管道运输服务，对其增值税实际税负超过 3%的部分实行增值税即征即退政策。

（2）经人民银行、银监会或者商务部批准从事融资租赁业务的试点纳税人中的一般纳税人，提供有形动产融资租赁服务和有形动产融资性售后回租服务，对其增值税实际税负超过 3%的部分实行增值税即征即退政策。

（三）个人出售购买住房增值税规定

个人将购买不足 2 年的住房对外销售的，按照 5%的征收率全额缴纳增值税；个人将购买 2 年以上（含 2 年）的住房对外销售的，免征增值税。上述政策适用于北京市、上海市、广州市和深圳市之外的地区。

个人将购买不足 2 年的住房对外销售的，按照 5%的征收率全额缴纳增值税；个人将购买 2 年以上（含 2 年）的非普通住房对外销售的，以销售收入减去购买住房价款后的差额按照 5%的征收率缴纳增值税；个人将购买 2 年以上（含 2 年）的普通住房对外销售的，免征增值税。上述政策仅适用于北京市、上海市、广州市和深圳市。

四、跨境应税行为适用增值税免税政策的规定

境内的单位和个人销售的下列服务和无形资产免征增值税，但财政部和国家税务总局规定适用增值税零税率的除外。

（1）下列服务：①工程项目在境外的建筑服务。②工程项目在境外的工程监理服务。③工程、矿产资源在境外的工程勘察勘探服务。④会议展览地点在境外的会议展览服务。⑤存储地点在境外的仓储服务。⑥标的物在境外使用的有形动产租赁服务。⑦在境外提供的广播影视节目（作品）的播映服务。⑧在境外提供的文化体育服务、教育医疗服务、旅游服务。

（2）为出口货物提供的邮政服务、收派服务、保险服务。

（3）向境外单位提供的完全在境外消费的电信服务、知识产权服务、物流辅助服务（仓储服务、收派服务除外）、鉴证咨询服务、专业技术服务、商务辅助服务、广告投放地在境外的广告服务、无形资产。

（4）以无运输工具承运方式提供的国际运输服务。

（5）为境外单位之间的货币资金融通及其他金融业务提供的直接收费金融服务，且该服务与境内的货物、无形资产和不动产无关。

（6）财政部和国家税务总局规定的其他服务。

五、增值税起征点的规定

纳税人销售额未达到国务院财政、税务主管部门规定的起征点的免征增值税。个人发生应税行为的销售额未达到增值税起征点的，免征增值税；达到起征点的，全额计算缴纳增值税。增值税起征点不适用于登记为一般纳税人的个体工商户。

增值税起征点幅度如下：①按期纳税的，为月销售额 5 000~20 000 元（含本数）。②按次纳税的，为每次（日）销售额 300~500 元（含本数）。

起征点的调整由财政部和国家税务总局规定。省、自治区、直辖市财政厅（局）和国家税务局应当在规定的幅度内，根据实际情况确定本地区适用的起征点，并报财政部和国家税务总局备案。

为了扶持小微企业发展，经国务院批准，自 2013 年 8 月 1 日起，对增值税小规模纳税人中月销售额不超过 2 万元的企业或非企业性单位，暂免征收增值税。为了进一步加大小微企业的税收扶持力度，经国务院批准，自 2014 年 10 月 1 日起至 2015 年 12 月 31 日，对月销售额 2 万元（含本数）至 3 万元的增值税小规模纳税人，免征增值税。2015 年 8 月 27 日，财政部和国家税务总局发文（财税〔2015〕96 号）该政策延续至 2017 年 12 月 31 日。

六、增值税税收优惠政策的其他规定

（1）纳税人兼营免税、减税项目的，应当分别核算减税、免税项目的销售额，未分别核算的，不得减税、免税。

（2）纳税人销售货物、应税劳务、应税行为适用免税、减税规定的，可以放弃免税、减税，依照《营业税改征增值税试点实施办法》规定缴纳增值税。放弃免税、减税后，36 个月内不得再申请免税、减税。

纳税人发生应税行为同时适用免税和零税率规定的，纳税人可以选择适用免税或者零税率。

（3）安置残疾人单位既符合促进残疾人就业增值税优惠政策，又符合其他增值税优惠政策条件的，可同时享受多项增值税优惠政策，但年度申请退还增值税总额不得超过本年度内应纳增值税总额。

第三节 增值税应纳税额的计算

增值税的计税方法，包括一般计税方法和简易计税方法。其中，一般计税方法适用一般纳税人，简易计税方法适用小规模纳税人和一般纳税人销售“营改增”应税行为、无形资产或不动产选择简易计税方法计税的情况。

一、一般计税方法应纳税额的计算

我国现行一般纳税人增值税的计征方法为购进扣税法，增值税应纳税额等于当期销项税额减当期进项税额。具体公式为

当期增值税应纳税额=当期销项税额-当期进项税额

=当期销售额×适用税率-当期进项税额

（一）销项税额的计算

销项税额是指纳税人销售货物、提供应税劳务或发生应税行为，按照销售额或应税劳务收入与规定的税率计算并向购买方收取的增值税税额。销项税额的计算公式为

销项税额=销售额×税率

1. 一般销售方式下的销售额

销售额是指纳税人销售货物、提供应税劳务或发生应税行为取得的全部价款和价外费用，但是不包括收取的销项税额。一般纳税人如果取得含税销售额，计算销项税额时，必须换算成不含税的销售额，计算公式为

不含税销售额=含税销售额÷（1+税率）

价外费用是指价外向购买方收取的手续费、补贴、基金、集资费、返还利润、奖励费、违约金（延期付款利息）、包装费、包装物租金、储备费、优质费、运输装卸费、代收款项、代垫款项及其他各种性质的收费。但不包括下列项目：①受托加工应征消费税的消费品所代收代缴的消费税。②代为收取的符合条件的政府性基金或者行政事业性收费。③以委托方名义开具发票代委托方收入的款项。例如，同时符合以下条件的代垫运费，即承运部门将运费发票开具给购货方的、纳税人将该项发票转交给购货方的。又如，航空运输公司代收的机场建设费和代收其他航空企业客票而代收转付的价款。④因销售货物的同时代办保险等而向购买方收取的保险费，以及向购买方收取的代购买方缴纳的车辆购置税和车辆牌照费。

凡随同销售货物或提供应税劳务向购买方收取的价外费用，无论其会计制度如何核算，均应并入销售额计算应纳税额。

2. 特殊销售方式下的销售额

1）采取折扣方式销售货物或发生应税行为

纳税人采取的折扣方式一般可区分为折扣销售、销售折扣、销售折让三种形式。

折扣销售（又称商业折扣）是指销货方在销售货物或应税劳务时，因购货方购货数量较大等而给予购货方的价格优惠。税法规定，如果销售额和折扣额在同一张发票

上分别注明，可按折扣后的销售额征收增值税；如果将折扣额另开红字发票，不论其在财务核算上如何处理，均不得从销售额中减除折扣额。

销售折扣（又称现金折扣）是指卖方为鼓励买方尽早付清货款而在协议中许诺在价格方面给予买方的一种折扣优惠。销售折扣属于企业融资性质的理财行为，所以折扣额不允许从销售额中扣除。

销售折让是指货物卖出后，买方发现品种、质量等有问题，但没有提出退货，而是要求卖方给予一定的价格折让。销售折让，应以折让后的销售额为计税销售额。

【例 5-1】 某工艺品厂为增值税一般纳税人，2016 年 2 月销售给甲企业 200 套工艺品，每套不含税价格 600 元，由于部分工艺品存在瑕疵，该工艺品厂给予甲企业 15% 的销售折让，已开具红字增值税专用发票。为了鼓励甲企业及时付款，该工艺品厂提出 2/20，*n*/30 的付款条件，甲企业于当月 15 日付款。请计算该工艺品厂此项业务的销项税额。

【解析】

销售折让是指货物销售后由于品种或质量等购货方未予退货，但销货方需给予购货方的一种价格折让，销售折让可以从销售额中减除。销售折扣则是为了鼓励购货方及时偿还货款给予的折扣优待，属于销售折扣行为；由于销售折扣是在销售货物之后发生的，属于企业融资行为，所以折扣额不允许从销售额中扣除。

所以，该工艺品厂此项业务的销项税额=600×200×（1−15%）×17%=17 340（元）。

2）采取以旧换新方式销售货物

以旧换新是指卖方在销售货物时，有偿收回旧货物的行为。鉴于销售货物与收购货物是两种不同的业务活动，我国税法规定，在纳税人采取以旧换新方式销售货物时，应按新货物的同期销售价格确定计税销售额，不得减除旧货物的收购价格。

考虑到金银首饰以旧换新的特殊情况，对金银首饰以旧换新业务，可以按销售方实际取得的不含增值税的全部价款征收增值税。

【例 5-2】 经中国人民银行批准经营金银首饰的某金店为增值税一般纳税人，2016 年 1 月采取“以旧换新”方式向消费者销售金项链 20 条，每条新项链的零售价格为 2 500 元，每条旧项链作价 800 元，每条项链取得差价款 1 700 元；当月取得首饰修理费价税合计金额 2 270 元。计算该金店上述业务应缴纳的增值税（假定当月没有进项税额）。

【解析】

金银首饰以旧换新按实际收到的不含增值税的价款计税。

应缴纳增值税=1 700÷（1+17%）×17%×20=4 940.17（元）。

修理修配劳务应缴纳增值税=2 270÷（1+17%）×17%=329.83（元）。

上述业务合计应缴纳增值税=4 940.17+329.83=5 270（元）。

3）采取还本销售方式销售货物

还本销售是指纳税人在销售货物后，到约定的期限由卖方一次或分次将货款部分或全部退还给买方的一种销售方式。税法规定，采取还本销售方式销售货物，其销售额就是销售货物的价格，不得从销售额中减除还本支出。

4）采取以物易物方式销售货物

以物易物是指买卖双方进行交易时，不是以货币进行结算，而是以同等价款的货物进行结算，从而实现货物的买卖，满足购销双方的需求。尽管以物易物销售方式不直接涉及货币收支活动，但其实质仍是一种购销行为。因此，税法规定，采取以物易物的方式销售货物的双方都应做购销处理，以各自发出的货物核算销售额并计算销项税额，以各自收到的货物核算购货额并计算进项税额。需要注意的是，在以物易物活动中，应分别开具合法票据，若收到的货物不能取得相应的增值税专用发票或其他合法票据，则不得抵扣进项税额。

5）包装物押金的税务处理

税法规定，纳税人为销售货物而出租出借包装物收取的押金，单独记账核算的，时间在 1 年以内，又未逾期的，不并入销售额征税，但对逾期未收回包装物不再退还的包装物押金，应按所包装货物的适用税率计算销项税额。其中，“逾期”是指按合同约定实际逾期或以 1 年为期限，对收取 1 年以上的押金，无论是否退还均并入销售额（视为含税收入）征税。

另外，从 1995 年 6 月 1 日起，对销售除啤酒、黄酒外的其他酒类产品而收取的包装物押金，无论是否返还以及会计上如何核算，均应并入当期销售额征税。对销售啤酒、黄酒所收取的押金，按上述一般押金的规定处理。

【例 5-3】 某酒厂为增值税一般纳税人，2016 年 3 月销售粮食白酒和啤酒给副食品公司，其中销售白酒开具增值税专用发票，收取不含税价款 50 000 元，另外收取包装物押金 3 000 元；销售啤酒开具普通发票，收取价税合计款 23 400 元，另外收取包装物押金 1 500 元。副食品公司按照合同约定，于 2016 年 4 月将白酒、啤酒包装物全部退还给酒厂，并取回全部押金。就此业务，计算该酒厂 2016 年 3 月增值税的销项税额。

【解析】

销项税额=50 000×17%+3 000÷(1+17%)×17%+23 400÷(1+17%)×17%=12 335.9(元)。

6）销售已使用过的固定资产的税务处理

（1）如果购进时，固定资产的进项税额已经按照税法规定进行抵扣，销售时按照其原适用税率征收增值税。

（2）如果购进时，固定资产的进项税额没有按照税法规定进行抵扣，销售时按照3%的征收率减按 2%征收增值税。

7）视同销售货物行为的销售额的确定

税法规定，对视同销售征税而无销售额的，按下列顺序确定销售额：①按纳税人最近时期同类货物或应税行为的平均销售价格确定；②按其他纳税人最近时期同类货物或应税行为的平均销售价格确定；③按组成计税价格确定。

如果对该货物或应税行为不同时征收消费税，则计算组成计税价格的公式为

组成计税价格=成本×（1+成本利润率）

如果对该货物或应税行为还同时征收消费税，则其组成计税价格中应加计消费税，比例税率计算公式为

组成计税价格=成本×（1+成本利润率）+消费税税额

或

组成计税价格=[成本×（1+成本利润率）+定额消费税]/（1–消费税税率）

在以上两个公式中，成本是指销售自产货物或应税行为的实际成本或实际采购成本；而成本利润率由国家税务总局统一规定。

【例 5-4】 立达公司是增值税一般纳税人，增值税税率为 17%，按月缴纳增值税。该公司 2016 年 5 月发生有关购销业务如下。

（1）2 日销售给长城公司 A 产品 50 000 千克，开出普通发票，发票上注明的金额为 936 000 元。

（2）5 日向长虹公司销售 B 产品 300 台，每台不含税售价 500 元，单位成本每台 300 元，给予购货方 5%的商业折扣，折扣额与销售额在同一张发票上明确注明。

（3）20 日将自己生产的 C 产品 200 件无偿赠送给关系单位。该产品单位成本每件 800 元，不含税对外售价每件 1 000 元。

（4）23 日将 D 产品 200 台用于本企业职工福利。该产品单位成本每台 300 元，该产品无同类市场价格。已知国家税务总局核定的该成品的成本利润率为 10%。

（5）28 日销售 E 产品给小规模纳税人，开具的普通发票上注明价款 58 500 元。款项已收存银行，该批产品的成本为 30 000 元。

上述货物适用税率均为 17%，各项发票均为合法票据。

根据上述材料，计算分析该企业 5 月的增值税销项税额。

【解析】

（1）销售 A 产品，开出的普通发票上的销售额为含税销售额，需要换算为不含税销售额。

销售 A 产品应缴增值税销项税额=936 000/（1+17%）×17%=136 000（元）。

（2）采取折扣销售方式销售 B 产品，由于折扣额与销售额在同一张发票上明确注明，准予用折扣后的销售额计算销项税额。

销售 B 产品增值税销项税额=300×500×（1–5%）×17%=24 225（元）。

（3）无偿赠送 C 产品视同销售，应该按照该产品的市场价计算缴纳增值税。

赠送 C 产品的增值税销项税额=1 000×200×17%=34 000（元）。

（4）将自产的产品用于职工福利视同销售，应该按照市场价格计算缴纳增值税。

用于职工福利 D 产品的增值税销项税额=300×（1+10%）×200×17%=11 220（元）。

（5）销售 E 产品增值税销项税额=58 500/（1+17%）×17%=8 500（元）。

（6）该公司 5 月的增值税销项税额=136 000+24 225+34 000+11 220+8 500–85 000=128 945（元）。

3. 销货退回或折让的税务处理

纳税人在货物购销活动中，因货物质量、规格等常会发生销货退回或折让的情况。销货退回或折让不仅涉及销货价款或折让价款的退回，还涉及增值税的退回，这样销货方和购货方应相应对当期的销项税额或进项税额进行调整。纳税人适用一般计税方法计税的，因销售折让、中止或者退回而退还给购买方的增值税额，应当从当期的销项税额中扣减；因销售折让、中止或者退回而收回的增值税额，应当从当期的进项税额中扣减。

（二）进项税额的计算

进项税额是指纳税人购进货物或接受应税劳务、应税行为所支付或负担的增值税额。当期进项税额从销项税额中抵扣未完的部分可以结转下期继续抵扣。

1. 准予从销项税额中抵扣的进项税额

（1）从销售方取得的增值税专用发票（含税控机动车销售统一发票，下同）上注明的增值税额。

（2）从海关取得的海关进口增值税专用缴款书上注明的增值税额。

（3）购进农产品，除取得增值税专用发票和海关进口增值税专用缴款书外，按照农产品收购发票或销售发票上注明的农产品的买价和 13%的扣除率计算进项税额，从当期销项税额中扣除，即

准予抵扣的进项税额=买价×扣除率

对这项规定的解释如下。

一是“农业产品”是指直接从事植物的种植、收割和动物的饲养、捕捞的单位和个人销售的自产而且免征增值税的农业产品。

二是购买农业产品的买价，包括纳税人购进农产品在收购发票或销售发票上注明的价款和按规定缴纳的烟叶税。

三是对烟叶纳税人按规定缴纳的烟叶税准予并入烟叶的买价计算增值税的进项税额，并在计算缴纳增值税时扣除，即购进烟叶准予抵扣的增值税进项税额按照《中华人民共和国烟叶税暂行条例》及《财政部 国家税务总局印发〈关于烟叶税若干具体问题的规定〉的通知》（财税〔2006〕64 号）规定的烟叶收购金额和烟叶税（20%）及法定扣除率计算。烟叶收购金额包括纳税人支付给烟叶销售者的烟叶收购价款和价外补贴，价外补贴统一暂按烟叶收购价款的 10%计算。计算公式如下：

烟叶收购金额=烟叶收购价款×（1+10%）

烟叶税应纳税额=烟叶收购金额×税率（20%）

准予抵扣的进项税额=（烟叶收购金额+烟叶税应纳税额）×扣除率（13%）

【例 5-5】 某卷烟厂为增值税一般纳税人，2015 年 9 月从烟叶种植户收购烟叶生产卷烟，收购凭证上注明价款 100 万元、价外补贴 10 万元。试计算该卷烟厂 6 月收购烟叶可抵扣的进项税额。

【解析】

烟叶收购金额=100+10=110（万元）。

应纳烟叶税税额=110×20%=22（万元）。

烟叶准予抵扣进项税额=（110+22）×13%=17.16（万元）。

（4）从境外单位或者个人购进服务、无形资产或者不动产，自税务机关或者扣缴义务人取得的解缴税款的完税凭证上注明的增值税额。

2. 原增值税一般纳税人进项税额的变化

（1）原增值税一般纳税人购进服务、无形资产或不动产，取得的增值税专用发票上注明的增值税额为进项税额，准予从销项税额中抵扣。

2016 年 5 月 1 日后取得并在会计制度上按固定资产核算的不动产或者 2016 年 5 月 1 日后取得的不动产在建工程，其进项税额应自取得之日起分两年从销项税额中抵扣，第一年抵扣比例为 60%，第二年抵扣比例为 40%。

（2）原增值税一般纳税人自用的应征消费税的摩托车、汽车和游艇，其进项税额准予从销项税额中抵扣。

（3）原增值税一般纳税人从境外单位或者个人购进服务、无形资产或者不动产，按照规定应当扣缴增值税的，准予从销项税额中抵扣的进项税额为自税务机关或者扣缴义务人取得的解缴税款的完税凭证上注明的增值税额。

（4）原增值税一般纳税人购进货物或接受加工修理修配劳务，用于《销售服务、无形资产或者不动产注释》所列项目的，不属于用于非增值税应税项目，其进项税额准予从销项税额中抵扣。

3. 不得从销项税额中抵扣的进项税额

（1）用于简易计税方法的计税项目、免征增值税项目、集体福利或个人消费的购进货物、加工修理修配劳务、应税服务、无形资产和不动产。其中涉及的固定资产、无形资产、不动产，仅指专用于上述项目的固定资产、无形资产（不包括其他权益性无形资产）、不动产。纳税人的交际应酬消费属于个人消费。

（2）非正常损失的购进货物以及相关的加工修理修配劳务和交通运输劳务。非正常损失是指保管不善造成货物被盗、丢失、霉烂变质，以及违反法律法规规定造成货物或不动产被依法没收、销毁、拆除的情形（下同）。

（3）非正常损失的在产品、产成品所耗用的购进货物（不包括固定资产）、加工修理修配劳务和交通运输服务。

（4）非正常损失的不动产，以及该不动产所耗用的购进货物、设计服务和建筑服务。

（5）非正常损失的不动产在建工程所耗用的购进货物、设计服务和建筑服务。纳税人新建、改建、扩建、修缮、装饰不动产，均属于不动产在建工程。

（6）购进的旅客运输服务、贷款服务、餐饮服务、居民日常服务和娱乐服务。

（7）财政部和国家税务总局规定的其他情形。

同时，纳税人取得的增值税扣税凭证不符合法律、行政法规或者国家税务总局有关规定的，其进项税额不得从销项税额中抵扣。增值税扣税凭证是指增值税专用发票、海关进口增值税专用缴款书、农产品收购发票、农产品销售发票和完税凭证。

适用一般计税方法的纳税人，兼营简易计税方法计税项目、免征增值税项目而无法划分不得抵扣的进项税额，按照如下公式计算不得抵扣的进项税额：

不得抵扣的进项税额=当月无法划分的全部进项税额×（当月免税项目销售额+当期简易计征项目销售额合计）÷当月全部销售额

4. 进项税额的抵扣时限

（1）防伪税控专用发票进项税额抵扣的时间限定。

增值税一般纳税人申请抵扣的防伪税控增值税专用发票，必须自该专用发票开具之日起 180 日内到税务机关办理认证，并在认证通过的次月申报期内，向主管税务机关申报抵扣进项税额。

（2）海关进口增值税专用缴款书进项税额抵扣的时间限定。

自 2013 年 7 月 1 日起，增值税一般纳税人进口货物取得的属于增值税扣税范围的海关缴款书，需经税务机关稽核比对相符后，其增值税额方能作为进项税额在销项税额中抵扣。

纳税人进口货物取得的属于增值税扣税范围的海关缴款书，应当在开具之日起 180 日内向主管税务机关报送《海关完税凭证抵扣清单》（电子数据），申请稽核比对，逾期未申请的其进项税额不得抵扣。对稽核比对结果为相符的海关缴款书，纳税人应在税务机关提供稽核比对结果的当月纳税申报抵扣，逾期其进项税额不予抵扣。

5. 扣减发生期进项税额的规定

已抵扣进项税额的购进货物（不含固定资产）、劳务、服务发生非正常损失或改变用途的，应当将该进项税额从当期进项税额中扣减；无法确定该进项税额的，按照当期实际成本计算应扣减的进项税额。

已抵扣进项税额的固定资产、无形资产或者不动产，发生用途改变的情形，按照如下公式计算不得抵扣的进项税额：

不得抵扣的进项税额=固定资产、无形资产或者不动产净值×适用税率

固定资产、无形资产或者不动产净值是指纳税人根据财务会计制度计提折旧或摊销后的余额。

二、简易计税方法应纳税额的计算

（一）应纳税额计算

简易计税方法的应纳税额是指按照不含税销售额和增值税征收率计算的增值税额，不得抵扣进项税额。应纳税额计算公式如下：

应纳税额=不含税销售额×征收率

（二）含税销售额的换算

简易计税方法的销售额不包括其应纳税额，纳税人采用销售额和应纳税额合并定价方法的，按照如下公式计算销售额：

销售额=含税销售额÷（1+征收率）

简易征税办法一律不得抵扣进项税额。

（三）适用范围

1. 小规模纳税人

小规模纳税人按现行规定只能采用简易计税办法。

2. 部分“营改增”行业

根据全面推进“营改增”有关规定，一般纳税人销售货物、无形资产或不动产，按规定可以选择简易计税方法计税。

（1）公共交通运输服务。

（2）电影放映服务、仓储服务、装卸搬运服务、收派服务、文化体育服务。

（3）以试点前取得的有形动产为标的物提供的经营租赁服务。

（4）试点前签订的尚未执行完毕的有形动产租赁合同。

（5）销售或出租 2016 年 4 月 30 日前取得的不动产。

（6）房地产开发企业销售自行开发的房地产老项目。

（7）以清包工方式提供的建筑服务。

（8）为甲供工程提供的建筑服务。

【例 5-6】 甲建筑公司为增值税一般纳税人，2016 年 3 月 1 日承接 M 工程项目（《建筑工程施工许可证》上注明的合同开工日期为 3 月 15 日），并将 M 工程项目中的部分施工项目分包给乙公司。5 月 31 日发包方按形象进度支付工程价款 200 万元，价外费用 10 万元。5 月底甲公司支付给乙公司工程分包款 50 万元。对 M 工程项目甲建筑公司选择适用简易计税方法，则 5 月应缴纳增值税计算如下。

【解析】

根据上述规定，由于该项工程为《建筑工程施工许可证》上注明的合同开工日期在 4 月 30 日前的建筑工程老项目，可以选择适用简易计税方法，以取得的全部价款和价外费用扣除支付的分包款后的余额为销售额。

（1）含增值税销售额，需要换算成不含税销售额。

该公司 5 月取得的不含税销售额=（210−50）÷（1+3%）=155.34（万元）。

（2）该公司 5 月应纳增值税税额=155.34×3%=4.66（万元）。

三、进口货物应纳税额的计算

进口货物的应纳税额，不管纳税人是一般纳税人还是小规模纳税人，均按进口货物的组成计税价格和规定的税率计算，并且不能抵扣任何进项税额。

如果进口货物同时缴纳消费税，其组成计税价格的计算公式如下：

组成计税价格=关税完税价格+关税+消费税税额

=（关税完税价格+关税+定额消费税税额）/（1–消费税税率）

如果进口货物不同时缴纳消费税，其组成计税价格的计算公式如下：

组成计税价格=关税完税价格+关税

=关税完税价格×（1+关税税率）

确定进口货物的组成计税价格后，计算进口货物的应纳税额的公式如下

应纳税额=组成计税价格×适用税率

根据《中华人民共和国海关法》和《中华人民共和国进出口关税条例》的规定，一般贸易下进口货物的关税完税价格以海关核定的成交价格为基础的到岸价格作为完税价格。所谓成交价格是一般贸易项下进口货物的买方为购买该项货物向卖方实际支付或应当支付的价格；到岸价格包括货价，加上货物运抵我国关境输入地点起卸前的包装费、运费、保险费和其他劳务费用等。

【例 5-7】 某增值税一般纳税人从国外进口一台机器设备，成交价为 80 万元，运抵我国海关前发生运输费、保险费、装卸费共计 20 万元。货物报关后，商场按规定缴纳了进口环节的增值税并取得了海关开具的海关进口增值税专用缴款书。该机器设备在国内销售，取得不含税销售额 170 万元。已知该机器设备进口关税税率为 20%，增值税税率为 17%。假设增值税缴款书经过比对符合抵扣条件。要求计算：①该纳税人在海关环节应该缴纳的增值税税额；②该纳税人国内销售环节应缴纳的增值税税额。

【解析】

（1）关税完税价格=80+20=100（万元）；应缴纳的关税=100×20%=20（万元）；进口环节增值税的关税完税价格=100+20=120（万元）；进口环节应缴纳的增值税税额=120×17%=20.4（万元）。

（2）国内销售环节应纳增值税税额=销项税额–进项税额=170×17%–20.4=8.5（万元）。

四、特殊经营行为的税务处理

（一）兼营行为

试点纳税人销售货物、加工修理修配劳务、服务、无形资产或者不动产适用不同税率或者征收率的，应当分别核算适用不同税率或者征收率的销售额，未分别核算销售额的，按照以下方法适用税率或者征收率：①兼有不同税率的销售货物、加工修理修配劳务、服务、无形资产或者不动产，从高适用税率。②兼有不同征收率的销售货

物、加工修理修配劳务、服务、无形资产或者不动产，从高适用征收率。③兼有不同税率和征收率的销售货物、加工修理修配劳务、服务、无形资产或者不动产，从高适用税率。

（二）混合销售行为

一项销售行为如果既涉及货物又涉及服务，为混合销售。从事货物的生产、批发或者零售的单位和个体工商户的混合销售行为，按照销售货物缴纳增值税；其他单位和个体工商户的混合销售行为，按照销售服务缴纳增值税。

上述从事货物的生产、批发或者零售的单位和个体工商户，包括以从事货物的生产、批发或者零售为主，兼营销售服务的单位和个体工商户。

第四节 增值税筹划的基本方法

一、利用选择纳税人不同的身份进行筹划

增值税一般纳税人与小规模纳税人应纳税额的计算方法不同，所以纳税人类型不同，计算出的增值税税额不同。

增值税税额的计算与增值税税率、销售额的确定、进项税额确认以及会计机构设置密切相关，所以可以运用适当的方法进行税收筹划，达到节税的目的。

（一）通过一般纳税人与小规模纳税人的转化进行筹划

根据2009年实施的增值税暂行条例和“财税〔2016〕36号”文件有关规定，增值税一般纳税人，现行的税率形式包括17%、13%、11%和6%四种，以销售额与适用税率相乘得到销项税额，实行购进扣税法，凭发票抵扣进项税额。而小规模纳税人，进项税额一律不予扣除，目前只规定了5%和3%两档征收率形式，直接用销售额与征收率相乘得到应纳增值税额。

现就两种纳税人的税负，通过定量分析来确定较科学、经济的纳税人类型，即增值税纳税人选择的税收筹划。假设一般纳税人销售额适用税率（简称销项税率）与购进额适用的税率（简称进项税率）不同，小规模纳税人适用征收率，那么理论上的税负临界点是

一般纳税人应纳税额=当期销项税额−当期进项税额

=销售额×销项税率−销售额×进项税率×（1−增值率）

=销售额×[销项税率−进项税率×（1−增值率）]

小规模纳税人应纳税额=销售额×征收率

两种类型纳税人应纳税额相等时有如下计算等式：

销售额×[销项税率–进项税率×（1–增值率）]=销售额×征收率

税负临界点的增值率=[1–（销项税率–征收率）/进项税率]×100%

当增值率为税负临界点时，两种纳税人的税负相同；当增值率大于税负临界点时，一般纳税人的税负重于小规模纳税人，则小规模纳税人较合适；反之，当增值率小于税负临界点时，选择一般纳税人更为合适。但是要注意，如果达到一般纳税人的标准，单纯地不向税务机关申请认定为一般纳税人，按小规模纳税人计算税额，这种方案是不可行的。因为，对符合一般纳税人条件但不申请办理一般纳税人认定手续的纳税人，税法规定应按销售额依照增值税税率计算应纳税额，却要求不得抵扣进项税额，也不得使用增值税专用发票。

根据上述原理，增值税各种税率与征收率之间的税负临界点可以换算如表 5-1 所示。

表 5-1 税率与征收率税负临界点（一）（单位：%）

一般纳税人销项税率	一般纳税人进项税率	小规模纳税人征收率	税负临界点
17	17	3	17.65
17	13	3	–7.69
13	13	3	23.08
13	17	3	41.18
11	11	3	27.27
11	6	3	–33.33
6	6	3	50.00
6	11	3	72.73
17	11	3	–27.27
17	6	3	–133.33
11	11	5	45.45
11	17	5	64.71
⋮	⋮	⋮	⋮

【例 5-8】 某工业企业 2016 年全年销售额为 80 万元，购进材料成本为 60 万元，假定均能取得可以抵扣的增值税专用发票（税率 17%），试根据以上原理判定该企业是申请为一般纳税人还是小规模纳税人更合适。

【解析】

该企业增值率为（80–60）/80×100%=25%<35.3%，认定为一般纳税人税收负担较低，所以申请为一般纳税人比较合适。具体计算如下：①一般纳税人应纳税额=80×17%–60×17%=3.4（万元）；②小规模纳税人应纳税额=80/（1+6%）×6%=4.53（万元）；③一般纳税人比小规模纳税人少纳税额=4.53–3.4=1.13（万元）。

（二）“营改增”行业一般计税方法与简易计税方法的转化

增值税一般纳税人以增值额为计税基础，原营业税纳税人以含税全部收入为计税基础。那么，在销售价格相同时，税负的高低主要取决于增值率的大小，一般来说，“营改增”后，增值率越高，增值额越大，“营改增”纳税人的税负越大；增值率越低，增值额越小，“营改增”纳税人的税负越大。由于原营业税纳税人以含税营业额为计税依据，在进行转换时，必须考虑将含税销售额化为不含税销售额。因此，“营改增”纳税人税负临界点的转换过程如下。

假定销售额与购进项目金额均为不含税金额，计算公式推导过程如下：因为，购进项目金额=销售额–销售额×增值率=销售额×（1–增值率），所以，进项税额=可抵扣购进项目金额×进货增值税税率=销售额×（1–增值率）×进货增值税税率，一般纳税人应交增值税=销项税额–进项税额=销售额×销项税率–销售额×（1–增值率）×进项税率=销售额×［销项税率–（1–增值率）×进项税率］，简易计税办法应纳税额=含税销售额×简易征收率=销售额×（1+销项税率）×简易征收率。

无差别平衡点要求一般纳税人和小规模纳税人的税负相等，则：销售额×［销项税率–（1–增值率）×进项税率］=销售额×（1+销项税率）×简易征收率，所以无差别平衡点增值率=｛1–［销项税率–（1+销项税率）×简易征收率］/进项税率｝×100%。

把“营改增”一般纳税人税率 17%、11%和 6%（“营改增”行业没有 13%税率），简易计税办法适用征收率 3%和 5%代入上述公式，可得无差别平衡点增值率表，见表 5-2。

表 5-2　税率与征收率税负临界点（二）（单位：%）

一般纳税人销项税率	一般纳税人进项税率	简易征收率	税负临界点
17	17	3	20.65
17	17	5	34.41
11	11	3	30.27
11	11	5	50.45
6	6	3	53.00
6	6	5	88.33
11	17	3	54.88
11	17	5	67.94
⋮	⋮	⋮	⋮

（三）选择不同的货物或劳务供货方进行筹划

1. 一般纳税人货物供货方选择的筹划

对一般纳税人来说，从另一个一般纳税人处购进货物并取得专用发票方可以抵扣税款；从一个小规模纳税人处购进货物，取得代开的专用发票，可以抵扣部分税款；而从一个小规模纳税人处购进货物取得普通发票，不可以抵扣税款。因此，要尽量选择可以享受充分抵扣税款的单位为供货方。

但是，从小规模纳税人处进货且不能取得专用发票时，存在要求小规模纳税人在价格上给予一定程度的优惠，以弥补因不能取得专用发票而产生损失的情况。那么，究竟多大的折让幅度才能弥补损失呢？这里就存在一个价格折让临界点的问题，其计算推导过程如下。

假定从一般纳税人购进货物含税金额为 A，从小规模纳税人处购进货物含税金额

为 B。销售额为不含税销售额，征收率为税务所代开的发票上注明的征收率。则

从一般纳税人购进货物的净利润额=销售额-购进货物成本-城市维护建设税及教育费附加-所得税=（销售额-购进货物成本-城市维护建设税及教育费附加）×（1-所得税税率）={销售额-A/（1+增值税税率）-［销售额×增值税税率-A/（1+增值税税率）×增值税税率］×（1+城市维护建设税税率+教育费附加征收率）}×（1-所得税税率）

从小规模纳税人购进货物的净利润额=销售额-购进货物成本-城市维护建设税及教育费附加-所得税=（销售额-购进货物成本-城市维护建设税及教育费附加）×（1-所得税税率）={销售额-B/（1+征收率）-［销售额×增值税税率-B/（1+征收率）×征收率］×（1+城市维护建设税税率+教育费附加征收率）}×（1-所得税税率）

当上述两式相等时，则有{销售额-A/（1+增值税税率）-［销售额×增值税税率-A/（1+增值税税率）×增值税税率］×（1+城市维护建设税税率+教育费附加征收率）}×（1-所得税税率）={销售额-B/（1+征收率）-［销售额×增值税税率-B/（1+征收率）×征收率］×（1+城市维护建设税税率+教育费附加征收率）}×（1-所得税税率）

当城市维护建设税税率为7%，教育费附加征收率为3%时，通过计算可得

A/（1+增值税税率）×（1-增值税税率×10%）=B/（1+征收率）×（1-征收率×10%）

B=［（1+征收率）×（1-增值税税率×10%）］÷［（1+增值税税率）×（1-征收率×10%）］×A

如果从小规模纳税人处只能取得普通发票，不能进行任何抵扣，即征收率为零时，则上式变为

B=（1-增值税税率×10%）÷（1+增值税税率）×A

把一般纳税人税率17%和13%，征收率3%代入上述公式，可得价格折让临界点表，见表5-3。

表5-3 价格折让临界点表（单位：%）

一般纳税人的抵扣率	小规模纳税人的抵扣率	价格折让临界点（含税）
17	3	86.80
13	3	90.24
17	0	84.02
13	0	87.35
⋮	⋮	⋮

也就是说，当小规模纳税人的价格为一般纳税人的价格折让临界点时，无论是从一般纳税人处还是从小规模纳税人处采购货物，纳税人取得的收益都相等。因此，企业在采购货物时，可根据以上价格折让临界点值正确计算出临界点时的价格，从中选择采购方，从而取得较大的税后收益。

2. 小规模纳税人供货方选择的筹划

对小规模纳税人来说，从一般纳税人处或从小规模纳税人处购得货物，其选择是比较容易的。因为，小规模纳税人不能获得增值税专用发票，也不能进行进项税额的

抵扣，只要比较一下购货对象的含税价格，从中选择价格较低的一方就可以了。

另外，对一般纳税人采购的货物用于在建工程、集体福利、个人消费等非应税项目的，由于不能进行抵扣，其供货方选择的方法同上，只要比较一下各方的含税价格就可以了。

以上供货方选择的方法是在仅考虑税收的情况下做出的，企业在实际购货业务中，除了税收因素外，还要考虑购货方的信誉、售后服务等条件，这需要在税收筹划时根据具体情况做出全面比较。

【例 5-9】 甲企业为增值税一般纳税人，2015 年 10 月欲接受一家企业提供的交通运输服务，现有以下 3 种方案可供选择：一是接受乙企业（一般纳税人）提供的运输服务，取得增值税专用发票，发票上注明的价款为 31 000 元（含税）；二是接受丙企业（小规模纳税人）提供的运输服务，取得由税务机关代开的增值税专用发票，价税合计为 30 000 元；三是接受丁企业（小规模纳税人）提供的运输服务，取得普通发票，价税合计为 29 000 元。请对其增值税可抵扣的进项税额进行筹划。

【解析】

方案 1：接受乙企业（一般纳税人）提供的运输服务，取得增值税专用发票，发票上注明的价款为 31 000 元（含税）。

则甲企业可抵扣的进项税额=31 000÷（1+11%）×11%=3 072.07（元）。

方案 2：接受丙企业（小规模纳税人）提供的运输服务，取得由税务机关代开的增值税专用发票，价税合计为 30 000 元。

则甲企业可抵扣的进项税额=30 000÷（1+3%）×3%=873.79（元）。

方案 3：接受丁企业（小规模纳税人）提供的运输服务，取得普通发票，价税合计为 29 000 元。

则甲企业可抵扣的进项税额=0（元）。

由此可见，在支付价款相近情况下，方案 1 可抵扣的增值税额大，因此方案 1 最优。

二、利用销售方式的选择进行税收筹划

在市场经济条件下，企业销售产品的方法多种多样，但无论采取什么方法，都涉及税收问题。所以，下面将从各种销售方式入手分析税收筹划方法。

（一）多种促销方式的税收筹划

不同的销售方式下，销售者取得的销售额有所不同，且适用的税收政策也不同，因此存在着税收筹划的空间。纳税人应该熟练地掌握这些销售方式及其税务处理，在选择时考虑相关的税收成本，为企业进行税收筹划。一般情况下，促销方式主要有以旧换新、折扣销售、还本销售和购买商品赠送礼品销售等，下面通过实例进行说明。

【例 5-10】 某商场为增值税一般纳税人，销售利润率为 20%，现销售 400 元商品，成本为 320 元，元旦期间为了促销欲采用 4 种方案。假设只考虑增值税，比较哪种方案对商场最有利。

（1）采取以旧换新业务，旧货的价格为 30 元，即买新货可以少缴 30 元。

（2）商品 9 折销售。

（3）购买物品满 400 元返还 40 元现金。

（4）购买物品满 400 元时赠送价值 40 元的小商品，其成本为 24 元。

假定以上交易价格均为含税价格，且消费者只购买了 400 元的商品。

【解析】

方案 1：根据税法规定，采取以旧换新方式销售货物，应按新货物的同期销售价格确定销售额，不得抵扣旧货物的收购价格。因此，应纳增值税额=400/（1+17%）×17%-320/（1+17%）×17%=11.62（元）。

方案 2：根据税法规定，该商场如果将折扣额和销售额开在同一张发票上。因此，应纳增值税额=360/（1+17%）×17%-320/（1+17%）×17%=5.81（元）。

方案 3：根据税法规定，采取还本销售方式销售货物，应按销售额计算销项税，不扣减还本支出。因此，应纳增值税额=400/（1+17%）×17%-320/（1+17%）×17%=11.62（元）。

方案 4：根据国税函〔2008〕875 号和冀国税函〔2009〕247 号等国家和地方税收政策规定，企业以买一赠一等方式组合销售本企业商品的，不属于捐赠，应将总的销售金额按各项商品的公允价值的比例来分摊确认各项的销售收入，同时，购进商品的进项税额可以抵扣。因此，应纳增值税额=400/（1+17%）×17%-320/（1+17%）×17%-24/（1+17%）×17%=8.14（元）。

从上面分析可以看到，如果只考虑增值税，方案 2 折扣销售税负最轻为 5.81 元；方案 1 和方案 3 税负最重为 11.62 元，但是，方案 1 和方案 3 相比，方案 3 购物返还现金，属于个人偶然所得行为，如果不代扣代缴个人所得税，会按照《税收征管法》有关规定处以 50%以上 3 倍以下罚款。总之，在促销方案的选择中，企业除了考虑销售方式对消费者的吸引力外，还要考虑纳税金额的高低，以及涉税风险的大小，综合考虑做出对企业最有利的选择，以做好税收筹划。

（二）代销方式的税收筹划

【例 5-11】 甲公司和乙公司签订一项代销协议，由乙公司代销甲公司的产品，不论采取何种销售方式，甲公司的产品在市场上都以 2 000 元/件的价格销售。甲乙公司的其他涉税因素不变。

请分析采取收取手续费的方式和采取视同买断的方式的代销哪种方式更有利。

【解析】

方案 1：采取收取手续费的方式代销。

乙公司以 2 000 元/件的价格对外销售甲公司的产品，根据代销数量，向甲公司收取 10%的代销手续费，即乙公司每代销一件甲公司的产品，收取 100 元的手续费，支付给甲公司 900 元。假定到了年末，乙公司共售出该产品 1 万件。

对这项业务，双方的收入和应缴税金（不考虑所得税）情况如下。

甲公司：收入增加 2 000 万元，增值税销项税额为 340 万元（2 000 万元×17%）。

乙公司：收入增加 200 万元，增值税销项税额与进项税额相等，相抵后，该项业务的应缴增值税为零，但乙公司采取收取手续费的代销方式，属于“营改增”后的现代服务业，应缴增值税 12 万元（200 万元×6%）。

甲、乙两公司合计，应缴纳税金 352 万元（340 万元+12 万元）。

方案 2：采取视同买断的方式代销。

乙公司每售出一件产品，甲公司按 900 元/件的协议价收取货款，乙公司在市场上仍要以 1 800 元/件的价格销售甲公司的产品，实际售价与协议价之间的差额，即 200 元/件，由乙公司所有。假定，到了年末，乙公司共售出该产品 1 万件。

对于这项业务，双方的收入和应缴税金情况分别（不考虑所得税）如下。

甲公司：收入增加 1 800 万元，增值税销项税额增加 306 万元（1 800 万元×17%）。

乙公司：收入增加 200 万元，增值税销项税额为 340 万元（2 000 万元×17%），进项税额为 306 万元（1 800 万元×17%），应交增值税额=销项税额-进项税额=340-306=34（万元）。

甲公司与乙公司合计，应缴纳税金 340 万元（306+34）。

根据以上分析，将第二种代销方式与第一种代销方式对比如下。

甲公司：收入不变，应缴税金减少 34 万元（340-306）。

乙公司：收入不变，应缴税金增加 22 万元（34-12）。

甲、乙公司合计，收入不变，应缴税金减少 12 万元（352-340）。

显然，从双方共同利益出发，应选择第二种代销方式，即视同买断的代销方式。

这种方式与第一种相比，在最终售价一定的条件下，双方合计缴纳的增值税是相同的，但在收取手续费的方式下，受托方根据手续费要多缴纳本部分增值税。

虽然第二种代销方式对双方的整体利益有些好处，但在实际运用过程中，也会受到一定的限制，应注意以下几个问题。

（1）采取这种方式的优越性只能在双方都是一般纳税人的前提下才能得到体现。如果一方为小规模纳税人，则受托方的进项税额不能抵扣，就不宜采取这种方式。

（2）节约的税额在双方之间如何分配可能会影响到该种方式的选择，从上面的分析可以看出，在视同买断方式下，双方虽然共节约纳税 12 万元，但甲公司节约 34 万元，乙公司则要多交 22 万元，所以甲公司如何分配节约的 34 万元，可能会影响乙公司选择这种方式的积极性，剩余的 12 万元也要让利给乙公司一部分，这样可以鼓励受托方选择适合双方的代销方式通过本案例可以看出，不同的代销方式对纳税的影响，在实际工作中，应当具体问题具体分析，选择适当的代销方式，才能降低税收成本。

三、利用兼营和混合销售行为进行税收筹划

（一）兼营行为的税收筹划

兼营行为的税收筹划，首先要注意掌握低税率的内容和界定标准，有可能时应力

争达到相关标准，以享受低税率或免减税的待遇；其次是无论兼营不同税率的货物或者应税劳务的，还是同时经营应税和免税项目的，都应该分别核算，以避免以下从高适用税率的情况发生，从而达到节税的目的。

（1）增值税一般纳税人同时经营适用不同增值税税率的应税项目。按我国税法规定，如果纳税人是兼营不同税率或征收率的应税项目，应当分别核算，并按不同税率或征收率分别计算应纳税额。未分开核算销售额的，从高适用税率或征收率。

（2）增值税纳税人同时经营应税和免税项目。我国税法规定，纳税人兼营免税、减税项目的，应当单独核算免税、减税项目的销售额；未单独核算销售额的，不得免税、减税。对确实无法准确划分不得抵扣的进项税额的，按本书确定不得抵扣进项税额时规定的公式计算。

【例 5-12】 某电子科技公司是增值税一般纳税人。该公司既销售计算机硬件，也从事软件的开发与转让，2017 年 5 月硬件销售额为 150 万元，另接受委托开发并转让软件取得收入 50 万元，该企业 5 月进项税额为 23 万元，其中涉及硬件的进项税额为 21 万元，涉及软件开发的进项税额为 2 万元。以上销售额均为不含税价格，请问，该企业应如何进行税收筹划？

【解析】

方案 1：不分别核算。

根据税法规定：如果不分别核算，税负从高，应一并按照货物征收增值税。

应纳增值税=（1 500 000+500 000）×17% –230 000=110 000（元）。

方案 2：分别核算。

根据税法规定：如果分别核算，对硬件销售额按照货物征收增值税，对开发并转让软件现代服务业取得收入征收增值税。

硬件应纳增值税税额=1 500 000×17% –210 000=45 000（元）。

软件应纳增值税税额=500 000×6% –20 000=10 000（元）。

共计应纳税额=45 000+10 000=55 000（元）。

所以分别核算和不分别核算相比可以节税=110 000 –55 000=55 000（元）。所以方案 2 分别核算为筹划首选方案。

（二）混合销售行为的税收筹划

混合销售行为是指一项销售行为既涉及增值税应税货物又涉及非应税劳务，为混合销售行为。其中从事货物的生产、批发和零售的企业、企业性的单位及个体经营者，以及以从事货物生产、批发和零售为主，兼营非应税劳务的企业、企业性单位及个体经营者的混合销售行为，视为销售货物，应当征收增值税；其他单位和个人的混合销售行为，视为销售应税劳务征收增值税。

【例 5-13】 星海空调城销售空调器 2 000 台，不含税销售额 500 万元，当月可抵扣进项税额 80 万元；同时为客户提供上门安装业务，收取安装费 23.4 万元。试对企业进行税收筹划降低企业应纳税额。

【解析】

按税法规定，销售空调器属于增值税中销售货物的范围，取得的安装费属于“营改增”中建筑业税目的征税范围，表面上看该项销售行为属于兼营行为，但该项销售行为所销售的空调器和收取的安装费又是因同一项销售业务而发生的。因此该空调城的这种销售行为实际上是一种混合销售行为。由于该空调城是从事货物的批发、零售企业，故该空调城取得的安装费收入 23.4 万元应并入空调器的价款缴纳增值税。

其应纳税额=［500+23.4÷（1+17%）］×17% −80=8.4（万元）。

如果想降低企业应纳税额可以做如下筹划方案：该空调城把安装空调器的部门独立出来成立一个空调安装公司，实行独立核算，由于建筑安装企业确认一般纳税人的标准为 500 万元，考虑到本公司业务量，选择了小规模纳税人。这样，空调器的安装费就可以按照 3%的征收率计税。其应纳税款计算如下。

空调城应纳增值税税额=500×17% −80=5（万元）。

空调安装公司应纳增值税税额=23.4/（1+3%）×3%=0.68（万元）。

合计共应纳税额=5+0.68=5.68（万元）。

与不进行税收筹划相比可少缴税款=8.4 −5.68=2.72（万元）。

一般情况下，纳入“营改增”范围的税收负担会轻一些，尤其是在混合销售中进项税额相对较少的情况下更是如此。因此，对混合销售行为，应考虑税收因素积极筹划，以减轻自身的税收负担。

四、利用出口退税的规定进行税收筹划

（一）经营方式

目前，生产企业出口货物的方式主要有自营出口（含进料加工）和来料加工两种。不同的经营方式下，企业的税收负担不同，有必要进行税收筹划。

【例 5-14】某企业采用进料加工的方式为国外公司加工产品，进口保税料件价值为 1 000 万元，加工完成后返销国外公司，售价 1 800 万元，加工产品的辅助材料、备件、动能费等的进项税额共计 20 万元，该产品的增值税税率为 17%，退税率为 13%。

【解析】

方案 1：基本情况不变。

（1）免抵退税额=1 800×13%−1 000×13%=104（万元）。

（2）免抵退税不得免征和抵扣的税额=1 800×（17%−13%）−1 000×（17%−13%）=32（万元）。

（3）当期期末应纳税额=当期内销货物的销项税−（进项税−免抵退税不得免征和抵扣的税额）=0−（20−32）=12（万元）。

应纳税额是正值，所以当期应退税额为零，企业应该缴纳增值税 12 万元。

若企业采用来料加工方式，由于来料加工不征税也不退税，可以少纳 12 万元的税，所以这种情况选择来料加工方式比较合适。

方案 2：假定返销国外公司的售价下降为 1 200 万元。

（1）免抵退税额=1 200×13%–1 000×13%=26（万元）。

（2）免抵退税不得免征和抵扣的税额=1 200×（17%–13%）–1 000×（17%–13%）=8（万元）。

（3）当期期末应纳税额=0–（20–8）=–12（万元）。

应纳税额是负值，所以当期应退税额为 12 万元。

若企业采用不征税也不退税的来料加工方式，不能退还 12 万元的税，所以这种情况下应选择进料加工方式。

方案 3：假定出口退税率提高到 15%。

（1）免抵退税额=1 800×15%–1 000×15%=120（万元）。

（2）免抵退税不得免征和抵扣的税额=1 800×（17%–15%）–1 000×（17%–15%）=16（万元）。

（3）当期期末应纳税额=0 –（20 –16）= –4（万元）。

应纳税额是负值，所以当期应退税额为 4 万元。

若企业采用不征税也不退税的来料加工方式，不能退还 4 万元的税，所以这种情况应选择进料加工方式。

方案 4：假定耗用国产料件的进项税提高到 50 万元。

（1）免抵退税额=1 800×13%–1 000×13%=104（万元）。

（2）免抵退税不得免征和抵扣的税额=1 800×（17%–13%）–1 000×（17%–13%）=32（万元）。

（3）当期期末应纳税额=0 –（50 –32）= –18（万元）。

应纳税额是负值，所以当期应退税额为 18 万元。

若企业采用不征税也不退税的来料加工方式，不能退还 18 万元的税，所以这种情况应选择进料加工方式。

总之，是选择进料加工还是选择来料加工的经营方式，与出口售价、出口退税率、耗用国产料件进项税额有直接关系。一般来说，出口售价越低、出口退税率越高、耗用国产料件进项税额越大，越应该采用进料加工的方式；反之，则应该采用来料加工的方式。

（二）出口方式

出口企业的产品出口方式有自营出口和委托外贸企业代理出口两种方式。虽然两种方式都可以出口免税并退税，但退税的税额不同，因此税收负担也不一样。

【例 5-15】 某企业生产的产品全部用于出口，2016 年自营出口产品价格 200 万元，当年可以抵扣的进项税为 20 万元，增值税税率为 17%，无上期留抵税额。

【解析】

方案1：假定出口退税率为17%。

（1）自营出口：①免抵退税额=200×17%=34（万元）。②当期期末应纳税额=当期内销货物的销项税-（进项税-免抵退税不得免征和抵扣的税额）=0-（20-0）=-20（万元）。

应纳税额是负值，所以当期应退税额为20万元。

（2）委托外贸企业出口：①本企业应纳增值税额=200/（1+17%）×17%-20=9.06（万元）。②外贸企业应收出口退税额=200/（1+17%）×17%=29.06（万元）。

两企业合计退税还是20万元，因此在征税率与退税率相等时，企业采用自营出口方式和委托外贸企业出口方式时的税负相等。

方案2：假定出口退税率为13%。

（1）自营出口：①免抵退税额=200×13%=26（万元）。②免抵退税不得免征和抵扣的税额=200×（17%-13%）=8（万元）。③当期期末应纳税额=当期内销货物的销项税-（进项税-免抵退税不得免征和抵扣的税额）=0-（20-8）=-12（万元）。

应纳税额是负值，所以当期应退税额为12万元。

（2）委托外贸企业出口：①本企业应纳增值税额=200/（1+17%）×17%-20=9.06（万元）。②外贸企业应收出口退税额=200/（1+17%）×13%=22.2（万元）。

两企业合计退税13.14万元，因此在征税率大于退税率时，企业采用自营出口方式时收到的退税额小于委托外贸企业代理出口方式时收到的退税额，企业应选择委托外贸企业出口方式以减轻税负。

（三）退税方式

出口退税的方式主要有“免、抵、退”和“先征后退”两种。影响“免、抵、退”方式应退税额的因素主要如下：①自产货物的征税税率与退税税率及其差率。当征、退税率之差越小时，可以用来退税的额度就会越大。②内、外销的比例。如果企业内销越少，外销越多，且消耗的国内材料越多，则用来抵顶国内购进材料对应进项税额的销项税额就越少，而用来留抵的进项税额会越多，退税的额度也就可能越大。③免税进口料件及国内购料的比例。一般而言，在收入及其结构不变的情况下，用于生产的免税料件越多、国内料件越少，可用来退税的进项税额也就越少。在实际操作过程中，要综合考虑。

这两种退税方式分别适用于不同的企业，在计算上也有很大差别。这里仅就税收管理的差异进行探讨。“先征后退”方式的程序是先征税、再退税，这样会占用企业的流动资金，增加资金成本，而“免、抵、退” 方式不会存在这类问题，且因出口货物应退税额抵减了当期内销货物的应纳增值税税额而减少了企业增值税金额的占用，大大降低了资金成本。

五、增值税税收筹划的其他方法

（一）通过业务拆分缩小税基进行筹划

应纳税额的大小根本上决定于三个因素，即计税依据的大小、税率的高低和应纳税额是否能够减免。因此，在纳税人处于一个公司或统一核算的情况下，有时很难利用税收的相关政策进行节税筹划，就需要通过采取分别核算，或分立公司的办法，将原来的应税行为拆分为若干业务，以达到缩小税基进而减少应纳税额的目的。当然，前面所讲述的通过兼营进行税收筹划，也可以看做本办法的一种形式，各种税收筹划方法之间有时难以划分得十分明确。

【例 5-16】 甲公司是一家工业生产企业，拥有运输车队，2015 年 10 月销售给乙公司产品 1 万件，产品不含税售价 200 元/件，产品运费不含税售价 10 元/件（即承运产品的最终不含税售价为 210 元/件）。其中因加工产品购进原材料可抵扣的进项税为 20 万元，运输中物料油耗等可抵扣的进项税为 6 000 元。若甲公司将自己的车辆独立出去成立运输公司，且假设该公司是增值税一般纳税人，进行节税筹划。

【解析】

对销售货物并承担运输服务的公司来说，可以分为两种组织形式，即自营运输和成立独立运输公司。

方案 1：自营方式下由非独立的车队运输。

甲公司应缴纳的增值税额=（200+10）×1×17%–20–0.6=15.1（万元）。

方案 2：成立独立的运输公司，由运输公司直接将发票开给购货方。

成立独立的运输公司并购买该运输公司运输劳务，为客户提供所售货物的运输，将货物运抵客户指定的地点，并向该运输公司支付运费。

（1）当运输公司为一般纳税人时，运输公司应缴纳的增值税额=1×10×11%–0.6=0.5（万元），甲公司可以抵扣的运费进项税额为 1.10 万元（1×10×11%）。

甲公司应缴纳的增值税额=（200+10）×1×17%–20–1×10×11%=14.6（万元）。

母子公司应缴纳的增值税总额=0.5+14.6=15.1（万元）。

（2）当运输公司为小规模纳税人时，运输公司应缴纳的增值税额=1×10×3%=0.3（万元），甲公司无法抵扣运费进项税额。

甲公司应缴纳的增值税额=（200+10）×1×17%–20=15.7（万元）。

应缴纳的增值税总额=15.7+0.3=16（万元）。

方案 3：成立独立的运输公司。

成立独立的运输公司，以客户代理身份采用委托运输的方式，这与以上企业自身委托运输企业完成货物运输相比较，主要区别在于：一方面，企业向运输企业支付的运费属于代垫性质，之后有权向客户索还；另一方面，运输企业开具的发票，抬头为客户，且要送达客户手中。根据增值税法规定，此笔运费不列入销售额，不征收增值税。则甲公司产品不含税售价为 200 元/件，运费的不含税售价为 10 元/件。

（1）当运输公司为一般纳税人时，运输公司应缴纳的增值税额=1×10×11%−0.6=0.5（万元），此发票开给乙公司，甲公司不能抵扣运费进项税额。

甲公司应缴纳的增值税额=1×200×17%−20=14（万元）。

应缴纳的增值税总额=14+0.5=14.5（万元）。

（2）当运输子公司为小规模纳税人时，运输公司应缴纳的增值税额=1×10×3%=0.3（万元）。

甲公司应缴纳的增值税额=1×200×17%−20=14　（万元）。

应缴纳的增值税总额=14+0.3=14.3（万元）。

就此案例而言，仅考虑增值税的情况下，将车辆独立出去成立小规模纳税人身份的运输公司，甲公司以客户代理身份采用委托运输的方式，应缴纳的增值税额最低。

（二）销售产品时包装物不同处理方式的筹划

企业在一般产品销售活动中，对包装物的处理方式主要有以下三种：一是作价随同产品一起销售；二是出租给购买方使用并收取租金；三是出借给购买方使用并收取押金。这三种处理方式，对企业来说其税收负担是不同的。

【例 5-17】 甲公司 2016 年 6 月销售汽车座椅皮具 20 000 个，每个价值 2 340 元（含增值税），另外收取包装物租金为 234 元/个。假设企业包装物的自身成本为 140 元/个。其适用增值税率和消费税税率分别为 17%、3%，不考虑企业所得税的影响。假设包装物自身的成本损耗比例是百分之百，试进行相关增值税节税筹划。

【解析】

方案 1：采取收取包装物租金的方式。

由于包装物租金属于价外费用，应视为含增值税收入，在征税时应换算为不含税收入再并入销售额。

包装物有关的增值税进项税额=20 000×140×17%=476 000（元）。

包装物有关的增值税销项税额=20 000×234÷（1+17%）×17%=680 000（元）。

包装物应缴纳的增值税额=680 000−476 000=204 000（元）。

方案 2：采取收取包装物押金的方式。

在这种方案下，企业对每个包装物单独收取押金 234 元，则此项押金不并入销售额中征税，这又分为以下两种情况。

（1）包装物押金 1 年内退回。

此时，企业与包装物有关的收入为 0，包装物有关的成本=20 000×140=2 800 000（元）。

包装物有关的增值税销项税额为 0，包装物有关的利润=0−2 800 000=−2 800 000（元）。

在这种情况下，与方案 1 相比的现金流入减少了。

（2）包装物押金 1 年内未退回。1 年以后企业与包装物有关的收入=20 000×234÷（1+17%）=4 000 000（元）。

包装物有关的成本=20 000×140=2 800 000（元）。

补缴与包装物有关的增值税销项税额=20 000×234÷（1+17%）×17%=680 000（元）。

补缴与包装物有关的增值税额=680 000–2 800 000×17%=204 000（元）。

在这种情况下，与方案1相比，与包装物有关的增值税是在1年以后补缴的，延缓了企业的纳税时间，假设投资报酬率为10%，相当于企业获得了一笔2.04万元的收益。

（三）利用不同的结算方式进行税收筹划

根据税法规定，采取赊销和分期收款方式销售货物，其纳税义务发生时间为按合同约定的收款日期的当天；无书面合同的或者书面合同没有约定收款日期的，为货物发出的当天。由此看出，不同的销售结算方式，纳税义务的发生时间是不一样的。因此，结算方式的税收筹划应在税法允许的情况下，尽量采取有利于本企业的销售结算方式，尽量推迟纳税义务的发生时间，获得货币的时间价值。

（1）当企业的销售额不能及时全额收回时，应采取赊销和分期收款方式。因为这种方式是以合同约定日期为纳税义务发生时间的，纳税人可以通过合同约定时间来安排纳税义务实现的时间。这样，可以在一定程度上取得税款的时间价值，或者减少纳税风险。

（2）当企业的产品销售对象是商业企业，并且是在商业企业销售后付款，则应该采用委托代销方式结算。因为委托他人代销货物的纳税义务发生时间为收到代销单位销售的代销清单当天。这样可以根据实际收到的货款分期计算销项税额，有效延缓纳税时间，或者减少纳税风险。

【例5-18】 兴旺汽车贸易公司为增值税一般纳税人，2016年8月发生销售业务三笔，共计应收货款2 000万元（含税价），其中，一笔1 000万元，采取直接收款方式，货款两清；一笔300万元，约定2017年8月8日一次付清；一笔700万元，2017年10月对方付款200万元，2018年5月10日对方付清500万元货款。试问该企业应采用直接收款方式，还是应采取赊销和分期收款方式？

【解析】

方案1：采取直接收款方式。

企业若采取直接收款方式，则应在当月全部计算销售，计提销项税额为2 000/（1+17%）×17%=290.60（万元）。

若对未收到款项业务不记账，则违反了税法规定，未按税法规定时间确认纳税义务发生，销项税额为1 000/（1+17%）×17%=145.30（万元）。

这属于偷税行为，按照《税收征管法》规定，一旦被税务机关查处，不但要补缴税款，而且要缴纳罚款、滞纳金，严重的还受到刑事处罚。

方案2：采取赊销和分期收款结算方式。

企业若对未收到的300万元和700万元应收账款分别在货款结算中采取赊销和分期收款结算方式，就可以延缓纳税，因为这两种结算方式都是以合同约定日期为纳税义务发生时间。

2016年8月收到的1 000万元货款的销项税额为1 000/（1+17%）×17%=145.30（万元）。

2017 年 8 月 8 日收到的 300 万元货款的销项税额为 300/（1+17%）×17%=43.59（万元）。

2017 年 10 月对方付款 200 万元的销项税额为 200/（1+17%）×17%=29.06（万元）。

2018 年 5 月 10 日对方付清 500 万元货款的销项税额为 500/（1+17%）×17%=72.65（万元）。

共计应纳增值税销项税额=145.30+43.59+29.06+72.65=290.60（元）。

虽然不同结算方式应纳销项税额总计相等，但是从方案 2 可以看出纳税义务时间延缓了，延期纳税相当于企业可以多利用流动资金。

由此可以看出，采用赊销和分期收款方式，可以为企业获得资金的时间价值，为企业节约大量的流动资金，提高企业收益。

➢综合练习题

一、名词解释

增值税；增值额；混合销售行为；兼营非应税劳务

二、简答题

（1）纳税人销售自己使用过的固定资产该如何征税?

（2）混合销售行为和兼营行为的异同。

三、综合分析题

（1）某企业是增值税一般纳税人，主要生产销售 A 产品（增值税税率 17%）。A 产品每件含税价格 1 000 元，其中含包装物价值 100 元。

2017 年 1 月企业共销售 A 产品 1 000 件，当期允许抵扣的进项税额为 0 元。

计算：以下两种方式，企业 2017 年 1 月应纳的增值税是多少?

方式一：包装物随同 A 产品作价销售，并分别核算包装物的销售额（100 元×1 000 件=10 万元）和 A 产品的销售额（900 元×1 000 件=90 万元）。

方式二：包装物先以方式押金入账，一年后在转入其他业务收入。包装物押金收入=100 元×1 000 件=10 万元；A 产品销售额=900 元×1 000 件=90 万元。

（2）甲企业委托乙企业销售彩电，有以下两种方式。

方式一：甲企业以 3 000 元/台的价格卖给乙企业，并规定乙企业必须以 3 000 元/台的价格对外销售。乙企业每销售一台彩电，甲企业支付手续费 300 元。

方式二：甲企业以 3 000 元/台的价格卖给乙企业，乙企业可以自行确定彩电的对外销售价格，甲企业不再另行支付手续费。最终，乙企业以 3 300 元/台的价格将彩电对外销售（以上价格均为含税价格）。

2017 年 1 月乙企业从甲企业购进彩电 100 台，并于当月全部对外销售。假设甲企业当月的进项税额为零。

请分别计算甲、乙两个企业在以上两种方式下 2017 年 1 月应纳的增值税税额?

（3）甲企业是一家大型国有企业，增值税一般纳税人，该企业的主营业务是以棉花为原料生产各种印染布。企业内部设有自己的农场和织布厂，企业生产所用原料棉花主要由自己的农场提供，不足部分向当地供销社（一般纳税人）采购。

2017 年实现印染布销售额 2 100 万元（不含税）。

生产过程中使用农场自产的棉花 1 000 吨；外购棉花 100 吨，金额为 450 万元，取得增值税专用发票，进项税额为 58.5 万元（450×13%=58.5 万元）；其他辅助材料可抵扣的进项税额为 45 万元。

请计算 2017 年甲企业应纳的增值税税额，甲企业该如何进行税收筹划？

➢本章拓展

增值税及营改增

第六章

消费税筹划实务

【学习目标与要求】

本章主要介绍消费税的基本法规规定、税收优惠与出口退税政策、应纳税额的计算、常见的税收筹划方式。通过学习本章，巩固消费税的纳税人、征税对象、税目和税率、计税方法和税收优惠政策等基本知识，掌握消费税税收筹划的基本方式。

第一节　消费税基本法规规定

消费税是对在我国境内从事生产、委托加工和进口应税消费品的单位和个人，就其销售额或销售数量征收的一种税。

我国目前消费税的基本法律依据为 2008 年修订并于 2009 年 1 月 1 日执行的《中华人民共和国消费税暂行条例》（简称《消费税暂行条例》）和《中华人民共和国消费税暂行条例实施细则》（简称《消费税暂行条例实施细则》），以及 2014 年以来财政部和国家税务总局出台的一系列消费税调整政策。

一、消费税的纳税人

《消费税暂行条例》规定：在我国境内生产、委托加工和进口应税消费品的单位和个人为消费税的纳税义务人。

单位是指企业、行政单位、事业单位、军事单位、社会团体及其他单位。个人是指个体工商户及其他个人。

在我国“境内”是指生产、委托加工和进口的应税消费品的起运地或者所在地在境内。

二、消费税的税目与税率

根据《消费税暂行条例》及相关法规规定，目前我国消费税税目包括烟、酒、化妆品等15种商品，部分税目又可细分为若干个子目。

消费税采用比例税率和定额税率两种形式。消费税税目、税率（税额）表见表6-1。

表6-1 消费税税目、税率表

税目	征税范围	税率
一、烟		
1. 卷烟		
（1）甲类卷烟（生产或进口环节）	调拨价每标准条70元以上	56%加0.003元/支
（2）乙类卷烟（生产或进口环节）	调拨价每标准条70元以下	36%加0.003元/支
（3）批发环节		11%加0.005元/支
2. 雪茄烟		36%
3. 烟丝		30%
二、酒		
1. 白酒		20%加0.5元/500克（或500毫升）
2. 黄酒		240元/吨
3. 啤酒		
（1）甲类啤酒	出厂价在每吨3 000元以上	250元/吨
（2）乙类啤酒	出厂价在每吨3 000元以下	220元/吨
4. 其他酒		10%
5. 酒精		5%
三、化妆品	包括各类美容、修饰类化妆品、高档护肤类化妆品和成套化妆品	30%
四、贵重首饰和珠宝玉石		
1. 金银首饰、铂金首饰和钻石及钻石饰品		5%
2. 其他贵重首饰和珠宝玉石		10%
五、鞭炮、焰火	体育上用的发令纸、鞭炮药引线，不按本税目征收	15%
六、成品油		
1. 汽油		1.52元/升
2. 柴油 3. 航空煤油		1.20元/升 1.20元/升
4. 石脑油		1.52元/升
5. 溶剂油		1.52元/升
6. 润滑油		1.52元/升
7. 燃料油		1.20元/升

续表

税目	征税范围	税率
七、摩托车		
1. 气缸容量为 250 毫升的		3%
2. 气缸容量在 250 毫升以上的		10%
八、小汽车		
1. 乘用车		
（1）气缸容量在 1.0 升（含）以下的	气缸容量是指排气量，下同	1%
（2）气缸容量在 1.0 升以上至 1.5 升的		3%
（3）气缸容量在 1.5 升以上至 2.0 升的		5%
（4）气缸容量在 2.0 升以上至 2.5 升的		9%
（5）气缸容量在 2.5 升以上至 3.0 升的		12%
（6）气缸容量在 3.0 升以上至 4.0 升的		25%
（7）气缸容量在 4.0 升以上的		40%
2. 中轻型商用客车		5%
九、高尔夫球及球具	含高尔夫球杆的杆头、杆身和握把	10%
十、高档手表	每只在 10 000 元（含）以上	20%
十一、游艇		10%
十二、木制一次性筷子		5%
十三、实木地板		5%
十四、电池		4%
十五、涂料		4%

注：①卷烟调拨价格 70 元/条（含）以上的为甲类卷烟，其余为乙类卷烟，调拨价为不含增值税售价，没标准条为 200 支。②啤酒出厂价含包装物及包装物押金，不含增值税

三、消费税的纳税义务发生时间

消费税的纳税义务发生时间，以货款结算方式或行为发生时间分别确定。

（1）纳税人销售的应税消费品，其纳税义务的发生时间如下：①纳税人采取赊销和分期收款结算方式的，其纳税义务发生时间，为书面合同规定的收款日期的当天。书面合同没有约定收款日期或者无书面合同的，为发出应税消费品的当天。②纳税人采取预收货款结算方式的，其纳税义务的发生时间，为发出应税消费品的当天。③纳税人采取托收承付和委托银行收款方式销售的应税消费品，其纳税义务的发生时间，为发出应税消费品并办妥托收手续的当天。④纳税人采取其他结算方式的，其纳税义务的发生时间，为收讫销售款或者取得索取销售款的凭据的当天。

（2）纳税人自产自用的应税消费品，其纳税义务的发生时间，为移送使用的当天。

（3）纳税人委托加工的应税消费品，其纳税义务的发生时间，为纳税人提货的当天。

（4）纳税人进口的应税消费品，其纳税义务的发生时间，为报关进口的当天。

四、消费税的纳税期限

根据《消费税暂行条例》规定，消费税的纳税期限分别为 1 日、3 日、5 日、10 日、15 日或者 1 个月或者 1 个季度。纳税人的具体纳税期限，由主管税务机关根据纳税人应纳税额的大小分别核定；不能按照固定期限纳税的，可以按次纳税。

纳税人以 1 个月或 1 个季度为一期纳税的，自期满之日起 15 日内申报纳税；以 1 日、3 日、5 日、10 日或者 15 日为一期纳税的，自期满之日起 5 日内预缴税款，于次月 1 日起 15 内申报纳税并结清上月应纳税款。

纳税人进口应税消费品，应当自海关填发税款缴款书之日起 15 日内缴纳税款。

如果纳税人不能按照规定的纳税期限依法纳税，将按《税收征收管理法》的有关规定处理。

五、消费税的纳税地点

（1）纳税人销售的应税消费品，以及自产自用的应税消费品，除国务院财政、税务主管部门另有规定外，应当向纳税人核算地主管税务机关申报纳税。

（2）委托加工的应税消费品，除受托方为个体工商户外，由受托方向所在地主管税务机关代缴消费税税款。

（3）进口的应税消费品，由进口人或者其代理人向报关地海关申报纳税。

（4）纳税人到外县（市）销售或委托外县（市）代销自产应税消费品的，于应税消费品销售后，向机构所在地或者居住地主管税务机关申报纳税。

纳税人的总机构与分支机构不在同一县（市），但在同一省、自治区、直辖市范围内，经省、自治区、直辖市财政厅（局）、国家税务总局审批同意，可以由总机构汇总向总机构所在地的主管税务机关申报缴纳消费税。省、自治区、直辖市财政厅（局）、国家税务总局应将审批同意的结果，上报财政部、国家税务总局备案。

（5）纳税人销售应税消费品，如因质量等原因由购买者退回时，经所在地主管税务机关审查批准后，可退还已征收的消费税税款，但不能自行直接抵减应纳税款。

第二节　消费税税收优惠与出口退税

一、消费税税率、税额方面的优惠政策

消费税作为增值税的补充，有着明确的调节目的，因此征税范围一旦确定，一般

情况下不得随意减免，但是一部完整的税法要修订不可能做到随时随地，而在税法正式修订之前，某些特殊情况下，“因时而异”和“因事而异”又必须做出征税范围、税率的调整，因此就需要通过税收政策予以明确，其中，对税目中已经列举但不适宜课税的征税对象，便通过免税、暂免、减征、不征税等方式加以规范。大致可以分为以下三个阶段。

（一）1994 年至 2006 年

在 1994 年初次颁布执行《消费税暂行条例》至 2006 年消费税政策做出重大调整之前，有关消费税的减免事项主要包括以下几部分内容。

（1）护肤护发品从 17%的税率降为 8%，其中香皂免税。

（2）自 2004 年 7 月 1 日起，对企业生产销售达到相当于欧洲Ⅲ号排放标准的小汽车减征 30%的消费税。

（二）2006 年至 2009 年

2006 年，财政部和国家税务总局联合下发《财政部、国家税务总局关于调整和完善消费税政策的通知》（财税〔2006〕33 号），以及《财政部、国家税务总局关于消费税若干具体政策的通知》（财税〔2006〕125 号）。相关文件主要调整了卷烟、白酒、化妆品、成品油等税目税率，在其同时和以后的一段时间，先后对下列税目做出减免调整。

（1）对第 29 届奥运会组委会（简称组委会）实行以下税收优惠政策：①对组委会再销售所获捐赠商品和赛后出让资产取得收入，免征应缴纳的消费税；②对组委会委托加工生产的化妆品免征应缴纳的消费税。

（2）石脑油、溶剂油、润滑油、燃料油暂按应纳税额的 30%征收消费税。

（3）航空煤油暂缓征收消费税。

（4）子午线轮胎免征消费税。

（5）金、银和金基、银基合金的镶嵌首饰、铂金首饰和钻石及钻石饰品由生产、委托加工和进口环节改在零售环节并减按 5%税率征收消费税。

（三）2009 年至今

2009 年执行新修订的《消费税暂行条例》不久，国家又对卷烟和白酒消费税政策做出了调整，新政策分别从 2009 年 5 月 1 日和 2009 年 8 月 1 日起执行。2014 年，根据《财政部、国家税务总局关于调整消费税政策的通知》（财税〔2014〕93 号）的规定，自 12 月 1 日起，做到“一升一停四取消”。为促进节能环保，经国务院批准，自 2015 年 2 月 1 日起对电池、涂料征收消费税。在这些政策调整的中，涉及减免消费税的政策主要包括以下内容。

（1）舞台、戏剧、影视演员化妆用的上妆油、卸妆油、彩油，不属于本税目的征收范围。

（2）对出国人员免税商店销售的金银征收消费税。

（3）体育上用的发令纸、鞭炮药引线，不按消费税有关“鞭炮、焰火”税目征收。

（4）继续对航空煤油实行暂缓征税的政策。

（5）明确电动汽车不属于消费税有关“小汽车”税目的征收范围。

（6）沙滩车、雪地车、卡丁车、高尔夫车不属于消费税征税范围，不征消费税。

（7）取消汽车轮胎、酒精、气缸容量250毫升（不含）以下的小排量摩托车、车用含铅汽油的消费税。

（8）对无汞原电池、金属氢化物镍蓄电池（又称“氢镍蓄电池”或“镍氢蓄电池”）、锂原电池、锂离子蓄电池、太阳能电池、燃料电池和全钒液流电池免征消费税。

（9）对施工状态下挥发性有机物（volatile organic compounds，VOC）含量低于420克/升（含）的涂料免征消费税。

二、消费税出口免退税

（一）出口免征消费税的规定

根据税法规定，纳税人出口应税消费品，免征消费税，国务院另有规定的除外。

（1）生产企业直接出口应税消费品或委托外贸企业出口应税消费品，可根据税法规定不予征税，即出口直接免征消费税。

（2）外贸企业出口应税消费品，一般不予征税，如采取先征后退办法的，可先按税法规定予以征税。

（二）出口退还消费税

除国家规定不予退还消费税的出口应税消费品外，一般都给予出口退还消费税的优惠政策。

1. 计算出口应税消费品应退消费税的计税依据

（1）从价定率应税消费品应退消费税的计税依据是不含增值税的购进金额，即

$$\text{不含增值税的购进金额}=\frac{\text{含增值税的购进金额}}{1+\text{征税时的增值税率或征收率}}$$

（2）从量定额应税消费品应退消费税的计税依据是出口报关的应税消费品数量。

（3）复合计税应税消费品应退消费税的计税依据是不含增值税的购进金额和出口报关的应税消费品数量。

2. 计算出口应税消费品应退消费税的退税税率

计算出口货物应退消费税税款的税率或单位税额，依现行《消费税暂行条例》所附《消费税税目税率（税额）表》执行，也就是说，出口应税消费品的退税率与计算

应税消费品应纳消费税额时所适用的消费税率是一致的。这一点与增值税不同，征收增值税按规定的增值税率或征收率征税，退还增值税按规定的退税率退税，增值税率或征收率与退税率是不一致的。

企业应将不同税率的货物分开核算和申报，凡划分不清适用税率的，一律从低适用税率计算退税额。

3. 计算出口应税消费品的应退消费税额

（1）从价定率应税消费品出口：应退消费税额=不含增值税的购进金额×消费税率。

（2）从量定额应税消费品出口应退消费税额=出口报关的应税消费品数量×单位税额。

（3）复合计税应税消费品出口：应退消费税额=不含增值税的购进金额×消费税率+出口报关的应税消费品数量×单位税额。

出口企业在办理认定手续前已出口的货物，凡在出口退税申报期限内申报退税的，可按规定批准退税；凡超过出口退税申报期限的，税务机关须视同内销予以征税。

出口的应税消费品办理退税后，发生退关，或者国外退货进口时予以免税的，报关出口者必须及时向其所在地主管税务机关申报补缴已退的消费税税款。

纳税人直接出口的应税消费品办理免税后，发生退关或国外退货进口时已予以免税的，经所在地主管税务机关批准，可暂不办理补税，待其转为国内销售时，再向其主管税务机关申报补缴消费税。

一般情况下，消费税纳税人出口应税消费品会同时涉及免退增值税与消费税（国务院另有规定的除外），且两税的相关规定基本一致。

第三节 消费税应纳税额的计算

一、计税依据的确定

按照现行的消费税法的基本规定，消费税应纳税额的计算分为从价定率、从量定额、从价定率和从量定额混合计算三类计算方法。

（一）从价定率的计税方法

在从价定率的计算方法下，应纳税额取决于应税消费品的销售额和税率两个因素。

1. 销售额的确定

销售额是指纳税人销售应税消费品向购买方收取的全部价款（不包括应向购货方收取的增值税税款）和价外费用之和。销售是指有偿转让应税消费品的所有权；有偿是指从购买方取得货币、货物或者其他经济利益。价外费用是指价外向购买方收取的手续费、补贴、基金、集资费、返还利润、奖励费、违约金、滞纳金、延期付款利息、赔偿金、代收款项、代垫款项、包装费、包装物租金、储备费、优质费、运输装卸费，以及其他各种性质的价外费用。但下列款项不包括在内。

（1）同时符合下列条件的代垫费用：①承运部门的运输费用发票开具给购买方的；②纳税人将该项发票转交给购买方的。

（2）同时符合下列条件代为收取的政府性基金或者行政事业性收费：①由国务院或者财政部批准设立的政府性基金，由国务院或者省级人民政府及其财政、价格主管部门批准设立的行政事业性收费；②收取时开具省级以上财政部门印制的财政票据；③所收款项全额上缴财政。

除此之外，其他价外费用，无论是否属于纳税人的收入，均应并入销售额计算征税。

有关包装物押金的核算：应税消费品连同包装物销售的，无论包装物是否单独计价，也不论在会计上如何核算，均应并入应税消费品的销售额中征收消费税。如果包装物不作价随同产品销售，而是收取押金，且单独核算又未逾期的，此项押金则不应并入应税消费品的销售额中征税。但对因逾期未收回的包装物不再退还的或者已收取的时间超过 12 个月的押金，应并入应税消费品的销售额，按照应税消费品适用税率征收消费税。

对既作价随同应税消费品销售，又另外收取包装物的押金，凡纳税人在规定的期限内不予退还的押金，均应并入应税消费品的销售额，按照应税消费品的适用税率征收消费税。

对销售除啤酒、黄酒以外的其他酒类产品收取的包装物押金，不论是否返还以及会计上如何核算，均应并入应税消费品的销售额，按照应税消费品的适用税率征收消费税。

2. 含增值税销售额的换算

按照现行消费税的基本规定，应税消费品的销售额中不含向购买方收取的增值税税款。如果纳税人应税消费品的销售额中未扣除增值税税款或者因不得开具增值税专用发票而发生价款和增值税税款合并收取的，在计算消费税时，应当换算为不含增值税税款的销售额。其换算公式为

应税消费品的销售额=含增值税的销售额÷（1 +增值税税率或征收率）

如果消费税的纳税人是增值税一般纳税人，应适用 17%的增值税税率；如果消费税的纳税人是增值税小规模纳税人，应适用 3%的征收率。

（二）从量定额的计税方法

在从量定额的计算方法下，应纳税额取决于应税消费品的销售数量和单位税额两个因素。

1. 销售数量的确定

销售数量是指纳税人生产、加工和进口应税消费品的数量。具体规定如下：①销售应税消费品的，为应税消费品的销售数量。②自产自用应税消费品的，为应税消费品的移送使用数量。③委托加工应税消费品的，为纳税人收回的应税消费品数量。④进口的应税消费品，为海关核定的应税消费品进口征税数量。

2. 计量单位的换算

为了便于纳税人准确计算应纳税额，实行从量定额办法计算应纳税额的应税消费品，计量单位的换算标准如表 6-2 所示。

表 6-2 消费税应税消费品计税单位换算表

应税消费品	单位换算	应税消费品	单位换算
啤酒	1 吨=988 升	航空煤油	1 吨=1 246 升
黄酒	1 吨=962 升	溶剂油	1 吨=1 282 升
汽油	1 吨=1 388 升	润滑油	1 吨=1 126 升
柴油	1 吨=1 176 升	燃料油	1 吨=1 015 升
石脑油	1 吨=1 385 升		

（三）以价定率与从量定额混合的计税方法

现行消费税的征税对象中，只有卷烟和白酒采用复合计税的方法。应纳税额等于应税销售数量乘以定额税率再加上销售额乘以比例税率。

生产销售卷烟、白酒从量定额的计税依据为实际销售的数量。进口、委托加工、自产自用卷烟和白酒从量定额计税依据分别为海关核定的进口征税数量、委托方收回数量、移送使用数量。

（四）计税依据的特殊规定

（1）纳税人通过自设非独立核算的门市部销售自产应税消费品，应当按照门市部对外销售额或销售数量征收消费税。

【例 6-1】 某高尔夫球具厂为增值税一般纳税人，下设一非独立核算的门市部。2016 年 4 月该厂将生产的一批成本价为 70 万元的高尔夫球具移送门市部，门市部将其中 80% 零售，取得含税销售额 77.22 万元。已知高尔夫球具的消费税税率为 10%，成本利润率为 10%，要求计算该项业务应缴纳的消费税税额。

【解析】

根据上述消费税法律制度的规定，该项业务应缴纳的消费税税额=77.22÷（1+17%）×10%=6.6（万元）。

（2）纳税人用于换取生产资料和消费资料、投资入股或抵偿债务等方面的应税消费品，应以纳税人同类应税消费品的最高销售价格作为计税依据计算消费税。

（3）酒类关联企业间关联交易消费税问题处理。白酒生产企业向商业销售单位收取的“品牌使用费”是随着应税白酒的销售而向购货方收取的，属于应税白酒销售价款的组成部分，因此不论企业采取何种方式或以何种名义收取价款，均应并入白酒的销售额中缴纳消费税。

（4）兼营不同税率应税消费品的税务处理。纳税人生产销售应税消费品，如果不是单一经营某一税率产品，而是经营不同税率的多种产品，就是兼营行为。

纳税人兼营不同税率的应税消费品，应当分别核算不同税率应税消费品的销售额、销售数量。未分别核算销售额、销售数量，或者将不同税率的应税消费品组成成套化妆品销售的，从高适用税率。需要注意的是，纳税人兼营不同税率的应税消费品，是指纳税人生产销售两种税率以上的应税消费品。

二、不同环节应纳消费税税额的计算

（一）直接对外销售环节应纳消费税的计算

直接对外销售应税消费品涉及以下三种计算方法。

1. 从价定率计税方法

从价定率计算方法下，应纳消费税额等于销售额乘以适用税率。基本计算公式为

应纳消费税=应税消费品的销售额×比例税率

【例 6-2】 A 香水生产公司为增值税一般纳税人。2016 年 6 月 1 日向 B 商场销售香水一批，开具增值税专用发票，取得不含增值税销售额 100 万元，销项税额 17 万元；6 月 15 日向 C 商店销售香水一批，开具普通发票，取得含增值税销售额 4.68 万元。已知香水适用的消费税税率为 30%，试计算 A 香水生产公司上述业务应缴纳的消费税额。

【解析】

消费税的计税依据为不含增值税的销售额。

A 香水生产公司销售香水的应税销售额=100+4.68/（1+17%）=104（万元）。

A 香水生产公司应缴纳的消费税额=104×30%=31.2（万元）。

2. 从量定额计税方法

从量定额计算方法下，应纳税额等于应税消费品的销售数量乘以单位税额。基本计算公式为

应纳税额=应税消费品的销售数量×定额税率

【例 6-3】 A 啤酒厂 2016 年 6 月销售甲类啤酒 1 500 吨，取得不含增值税销售额 450 万元，增值税税款 76.5 万元，另收取包装物押金 34 万元。试计算 A 啤酒厂上述业务应缴纳的消费税额。

【解析】

每吨啤酒的价格=（4 500 000+340 000）÷1 500=3 226.67（元）>3 000元，为甲类啤酒。甲类啤酒定额消费税税率为250元/吨。因此，A啤酒厂应缴纳的消费税额=1 500×250=375 000（元）。

3. 从价定率和从量定额复合计税方法

现行消费税的征税对象中，只有卷烟和白酒采用复合计算方法。应纳税额等于应税消费品的销售数量乘以定额税率加上应税销售额乘以比例税率，即

应纳税额=应税消费品销售数量×定额税率+应税销售额×比例税率

【例6-4】 某市A酒厂2016年6月（增值税一般纳税人）生产粮食白酒200吨全部对外销售，取得不含增值税销售额960万元，同时收取品牌加盟费，价税合计30万元，销售白酒时收取包装物押金计税合计5.1万元。试计算A酒厂上述业务应缴纳的消费税额。

【解析】

收取的品牌加盟费30万元为价外费用，计入销售额征税。对酒类的包装物押金，除啤酒、黄酒外，一律于收到的当期计入销售额。价外费用都含增值税。因此，A酒厂6月白酒不含增值税销售额=960+（30+5.1）/（1+17%）=990（万元），A酒厂上述业务应缴纳的消费税额=990×20%+200×2 000×0.5÷10 000=218（万元）。

（二）自产自用应纳消费税的计算

在纳税人生产销售应税消费品中，有一种特殊的形式，即自产自用形式。所谓自产自用，是指纳税人生产应税消费品后，不是用于直接对外销售，而是用于连续生产应税消费品或其他方面。

1. 用于连续生产应税消费品

纳税人自产自用的应税消费品，用于连续生产应税消费品的，不纳税。所谓“纳税人自产自用的应税消费品，用于连续生产应税消费品的”，是指作为生产最终应税消费品的直接材料并构成最终产品实体的应税消费品。例如，卷烟企业生产用于连续生产卷烟的烟丝，无须缴纳消费税，只对生产的卷烟征收消费税。但是，生产出的烟丝如果是直接销售的，则还是要缴纳消费税。税法规定对自产自用的应税消费品，用于连续生产应税消费品的不征税，体现了不重复征税且计税简便的原则。

2. 用于其他方面的应税消费品

所谓“用于其他方面”，是指纳税人将自产自用的应税消费品，用于生产非应税消费品、在建工程、管理部门、非生产机构，提供劳务，以及用于馈赠、赞助、集资、广告、样品、职工福利、奖励等方面。所谓“用于生产非应税消费品”，是指把自产的应税消费品用于生产《消费税暂行条例》所附《税目税率表》所列15类产品以外的产品。

例如，原油加工厂用生产出的应税消费品汽油调和制成溶剂汽油，该溶剂汽油就是非应税消费品。加工厂应就该自产自用行为缴纳消费税，但不用缴纳增值税。所谓“用于在建工程”，是指把自产的应税消费品用于本单位的各项建设工程。例如，实木地板厂将自己生产的实木地板用于会议室装修。所谓“用于管理部门、非生产机构”，是指把自产的应税消费品用于与本单位有隶属关系的管理部门或非生产机构。例如，汽车制造厂自产的小汽车提供给本单位管理部门使用。所谓“用于馈赠、赞助、集资、广告、样品、职工福利、奖励”，是指把自产的应税消费品无偿赠送给他人，或以资金的形式投资于外单位某些事业，或作为商品广告、经销样品或以福利、奖励的形式发给职工。例如，化妆品厂将自产的化妆品用于某节目的赞助，酒厂将自产的白酒作为职工福利发放给员工等。总之，企业自产的应税消费品虽然没有用于销售或连续生产应税消费品，但只要是用于税法所规定的范围都要视同销售，依法缴纳消费税。

【例 6-5】 某烟花生产企业将一批自产的鞭炮用作职工福利，其成本为 50 000 元，该鞭炮无同类产品市场销售价格，已知其成本利润率为 5%，消费税税率 15%。计算该批鞭炮应缴纳的消费税税额。

【解析】

组成计税价格=成本×（1+成本利润率）÷（1−消费税税率）=50 000×（1+5%）÷（1−15%）=52 500÷85%=61 764.71（元）。

应缴纳消费税额=61 764.71×15%=9 264.71（元）。

3. 组成计税价格及税额的计算

（1）纳税人自产自用的应税消费品，凡用于其他方面，应当纳税的，按照纳税人生产的同类消费品的销售价格计算纳税。同类消费品的销售价格是指纳税人当月销售的同类消费品的销售价格，如果当月同类消费品各期销售价格高低不同，应按销售数量加权平均计算。

（2）没有同类消费品销售价格的，按照组成计税价格计算纳税。组成计税价格的计算公式如下。

实行从价定率办法计算纳税的组成计税价格计算公式：

组成计税价格=（成本+利润）÷（1−比例税率）

=［成本×（1+成本利润率）］÷（1−比例税率）

应纳税额=组成计税价格×比例税率

实行复合计税办法计算纳税的组成计税价格计算公式：

组成计税价格=（成本+利润+自产自用数量×定额税率）÷（1−比例税率）

=［成本×（1+成本利润率）+自产自用数量×定额税率］÷（1−比例税率）

应纳税额=自产自用数量×定额税率+组成计税价格×比例税率

其中，“成本”是指应税消费品的产品生产成本；“利润”是指根据应税消费品的全国平均成本利润率计算的利润。应税消费品的全国平均成本利润率由国家税务总局确定（表6-3）。

表6-3　消费税应税消费品平均成本利润率（单位：%）

货物名称	利润率	货物名称	利润率
甲类卷烟	10	贵重首饰及珠宝玉石	6
乙类卷烟	5	摩托车	6
雪茄烟	5	高尔夫球及球具	10
烟丝	5	高档手表	20
粮食白酒	10	游艇	10
薯类白酒	5	木制一次性筷子	5
其他酒	5	实木地板	5
化妆品	5	乘用车	8
鞭炮、焰火	5	中轻型商用客车	5

（三）委托加工环节消费税应纳税额的计算

1. 委托加工应税消费品的确定

委托加工的应税消费品是指由委托方提供原材料和主要材料，受托方只收取加工费和代垫部分辅助材料加工的应税消费品。除此之外都不能称作委托加工。对由受托方提供原材料，或受托方先将原材料卖给委托方然后再接受加工，以及由受托方以委托方名义购进原材料生产的应税消费品，不论纳税人在财务上是否作销售处理，都不得作为委托加工应税消费品，而应当视为受托方销售自制消费品，消费税的纳税人为受托方。

2. 代收代缴税款的规定

为了避免税款流失，对委托加工的应税消费品的应纳消费税，采取了源泉控制的管理办法，即由受托方（受托方为个体工商户的除外）在向委托方交货时代收代缴消费税。纳税人委托个体工商户加工应税消费品的，一律由委托方收回后在委托方所在地缴纳消费税。

对受托方没有按规定代收代缴税款的，委托方必须补缴税款，对受托方则不再重复补税，但要按《税收征收管理法》规定，处以应代收代缴税款50%以上3倍以下的罚款。

委托方将收回的应税消费品，以不高于受托方的计税价格出售的，为直接出售，不再缴纳消费税；委托方以高于受托方的计税价格出售的，不属于直接出售，需按照规定申报缴纳消费税，在计税时准予扣除受托方已代收代缴的消费税。委托方收回后用于连续生产应税消费品的，已纳的消费税款准予按规定抵扣。

3. 受托方代收代缴消费税的计算

委托加工的应税消费品，按照受托方的同类消费品的销售价格计算纳税；如果当月同类消费品销售价格高低不同，应按销售数量加权平均计算。没有同类消费品销售价格的，按照组成计税价格计算纳税。

实行从价定率办法计算纳税的组成计税价格计算公式：

组成计税价格=（材料成本+加工费）÷（1–比例税率）

应纳税额=组成计税价格×比例税率

实行复合计税办法计算纳税的组成计税价格计算公式：

组成计税价格=（材料成本+加工费+委托加工数量×定额税率）÷（1–比例税率）

应纳税额=自产自用数量×定额税率+组成计税价格×比例税率

其中，“材料成本”是指委托方所提供加工材料的实际成本。委托加工应税消费品的纳税人，必须在委托加工合同上如实注明（或以其他方式提供）材料成本。如果加工合同上未如实注明材料成本，受托方所在地主管税务机关有权核定其材料成本。“加工费”是指受托方加工应税消费品向委托方所收取的全部费用（包括代垫辅助材料的实际成本），但不包括随加工费收取的增值税销项税额。

【例 6-6】 甲企业委托乙企业生产木制一次性筷子，甲企业提供的主要原材料实际成本为 12 万元，支付的加工费价税合计 1.17 万元。乙企业代垫辅料的不含税金额为 0.87 万元。木制一次性筷子的消费税税率为 5%，乙企业无同类商品的市场销售价格。要求计算乙企业代收代缴消费税。

【解析】

乙企业代收代缴消费税的组成计税价格应是不含增值税的价格。

组成计税价格=[12+1.17÷（1+17%）+0.87]÷（1–5%）=14.6（万元）。

乙企业代收代缴消费税=14.6×5%=0.73（万元）。

（四）进口环节应纳消费税的计算

进口的应税消费品，于报关进口时由海关代征进口环节的消费税，由进口人或其代理人向报关地海关申报纳税，自海关填发海关进口消费税专用缴款书之日起 15 日内缴纳税款。

纳税人进口应税消费品，按照组成计税价格和规定的税率计算应纳税额。计算方法如下。

1. 从价定率计征应纳税额的计算

组成计税价格=（关税完税价格+关税）÷（1–消费税税率）

应纳税额=组成计税价格×消费税税率

其中，关税完税价格是指海关核定的关税计税价格。

2. 从量定额计征应纳税额的计算

应纳税额=应税消费品数量×消费税定额税率

3. 实行从价定率和从量定额复合计税办法的应纳税额的计算

组成计税价格=（关税完税价格+关税+进口数量×消费税定额税率）÷（1–消费税比例税率）

应纳税额=应税消费品进口数量×消费税定额税率+组成计税价格×消费税税率

进口的应税消费品的消费税由海关代征。除国务院另有规定外，均不得给予减免税。

【例 6-7】 某商贸公司，2016 年 6 月从国外进口 6 000 千克粮食白酒，已知该批白酒关税完税价格为 1 200 000 元，按规定缴纳了关税 180 000 元，粮食白酒的消费税税率为 20%，定额消费税为 0.5 元/500 克。要求计算该批白酒进口环节应缴纳的消费税税额。

【解析】

（1）组成从价计税价格=（1 200 000+180 000+6 000×2×0.5）÷（1–20%）=1 732 500（元）。

（2）应缴纳消费税税额=1 732 500×20%+6 000×0.5×2=352 500（元）。

三、外购应税消费品已纳税款的扣除

为了避免重复征税，现行消费税规定，用外购应税消费品和委托加工收回的应税消费品继续生产应税消费品销售的，可以将外购应税消费品和委托加工收回应税消费品已缴纳的消费税给予扣除。

（一）外购应税消费品连续生产应税消费品扣除范围

（1）外购已税烟丝生产的卷烟。
（2）外购已税化妆品生产的化妆品。
（3）外购已税珠宝玉石生产的贵重首饰及珠宝玉石。
（4）外购已税鞭炮焰火生产的鞭炮焰火。
（5）外购已税杆头、杆身和握把为原料生产的高尔夫球杆。
（6）外购已税木制一次性筷子为原料生产的木制一次性筷子。
（7）外购已税实木地板为原料生产的实木地板。
（8）对外购已税汽油、柴油、石脑油、燃料油、润滑油用于连续生产应税成品油。
（9）外购已税摩托车连续生产应税摩托车（如用外购两轮摩托车改装三轮摩托车）。

外购应税消费品已纳税款的扣除的计算公式是

当期准予扣除的外购应税消费品已纳税款=当期准予扣除的外购应税消费品买价×外购应税消费品适用税率

当期准予扣除的外购应税消费品买价=期初库存的外购应税消费品买价
+当期购进的外购应税消费品买价
–期末库存的外购应税消费品买价

其中，买价是指购货发票上的销售额（不包括增值税税款）。

【例 6-8】 甲实木地板厂为增值税一般纳税人，2016 年 6 月向农业生产者收购木材 20 吨，收购凭证上注明支付收购货款 87 万元；木材验收入库后，甲厂又将其全部运往乙地板加工厂加工成未漆饰地板（素板），取得乙厂开具的增值税专用发票，注明支付加工费 14 万元，增值税 1.02 万元。7 月甲厂收回素板时乙厂代收代缴了甲厂的消费税。同月，甲厂将委托加工收回的素板全部用于连续生产漆饰实木地板，并全部销售出去，取得不含税销售额 400 万元。

计算：①6 月甲厂被代收代缴的消费税；②6 月甲厂销售漆饰实木地板应缴纳的消费税。

【解析】

因为乙厂没有同类素板销售价格，所以只能按照组成计税价格计税。在计算组成计税价格时，收购木材的 87 万元价款中应扣除 13%的进项税额，剩余的部分计入采购成本。

收回素板的组成计税价格=[87×（1–13%）+14]÷（1–5%）=94.41（万元）。

甲厂被代收代缴的消费税=94.41×5%=4.72（万元）。

甲厂销售漆饰实木地板应缴纳的消费税=400×5%–4.72=15.28（万元）。

（二）委托加工收回的应税消费品已纳税款的抵扣

税法规定，用委托加工收回的已缴纳消费税的应税消费品连续生产应税消费品计税时，应当按当期生产领用数量计算准予扣除委托加工收回的应税消费品已纳的消费税税款。扣除范围如下。

（1）以委托加工收回的已税烟丝为原料生产的卷烟。

（2）以委托加工收回的已税化妆品为原料生产的化妆品。

（3）以委托加工收回的已税珠宝玉石为原料生产的贵重首饰及珠宝玉石。

（4）以委托加工收回的已税鞭炮焰火为原料生产的鞭炮焰火。

（5）以委托加工收回的已税杆头、杆身和握把为原料生产的高尔夫球杆。

（6）以委托加工收回的已税木制一次性筷子为原料生产的木制一次性筷子。

（7）以委托加工收回的已税实木地板为原料生产的实木地板。

（8）以委托加工收回的已税汽油、柴油、石脑油、燃料油、润滑油用于连续生产应税成品油。

（9）以委托加工收回的已税摩托车生产的摩托车。

委托加工收回的应税消费品已纳税款的扣除的计算公式是

当期准予扣除的委托加工应税消费品已纳税款
=期初库存的委托加工应税消费品已纳税款
+当期购进的委托加工应税消费品已纳税款
–期末库存的委托加工应税消费品已纳税款

第四节　消费税筹划的基本方法

一、利用消费税的纳税义务发生时间进行税收筹划

利用纳税时间进行税收筹划就是指纳税人充分利用消费税的纳税义务发生时间和纳税期限的有关规定，尽可能推迟纳税以获取所占用资金的时间价值。

消费税对纳税义务发生时间和纳税期限做了明确的规定。纳税人可以根据自身经营的实际情况合理选择，以达到适当推迟纳税期限的节税目的。

首先，签订分期收款销售合同可以使纳税延期。例如，在商品周转速度较快的情况下，有时销售款收回的速度较慢，逐渐形成拖欠货款的情况，甲欠乙、乙欠丙、丙欠丁……于是形成许多三角债。那么，纳税人在销售商品时，明明知道对方在一两个月之内不能付款，如果不通过签订销售合同来明确收款日期，就要在货物发出当天确认纳税义务的发生，意味着最迟在下月 15 日之前就要完税。在这种情况下，如果签订的合同期限为 6 个月，则纳税时间就可以推迟 6 个月，从而占有该笔税款 6 个月的时间价值；即便是合同签订后的第 5 个月就收回了货款，形成了事实上的收入，第 5 个月就要确认纳税义务，纳税时间也比不签订合同推迟了 5 个月。

其次，选择纳税期限使纳税时间推迟。例如，税法明确规定，消费税的纳税期限分别为 1 日、3 日、5 日、10 日、15 日或者 1 个月。那么，在确认纳税期限时，通过分解收入等手段，尽量使自身的纳税期限被确认为一个月，这样与被确认为 1 日、3 日、5 日、10 日、15 日预缴税款相比要推迟较长的时间纳税，从而相当于获得数量可观的无息贷款。

最后，纳税人还可以通过纳税申报缴库期限的规定和纳税申报遇到节假日顺延的规定，尽量推迟税款申报。例如，以 1 月为一期纳税的要自期满之日起 15 日内申报纳税，纳税人可以在下月初的 15 内的最后一天申报纳税，就可以占用 15 天的税款来周转使用，增加资金效益，如果纳税人再向税务机关申请延期纳税获得批准，则可以获得更多时数的资金占用，资金效益将更大。

二、利用消费税的纳税地点进行税收筹划

利用纳税地点进行税收筹划就是指纳税人充分利用消费税纳税地点的有关规定，通过改变纳税地点来做到对自己有利。例如，消费税规定：纳税人的总机构与分支机构不在同一县（市）的，应在生产应税消费品的分支机构所在地缴纳消费税。但经国家税务总局及所属税务分局批准，纳税人分支机构应纳消费税税款也可由总机构汇总向总机构所在地主管税务机关缴纳。纳税人可以申请国家税务总局及所属税务分局批

准由其总机构汇总后再向总机构所在地主管税务机关缴纳，从而增加资金使用效益。

三、利用消费税的纳税环节进行税收筹划

利用纳税环节进行税收筹划就是指纳税人充分利用消费税纳税环节的有关规定，通过尽可能避开或推迟纳税环节的出现来做到对自己有利。

根据消费税有关规定，消费税的纳税环节主要是生产环节、委托加工环节和进口环节；同在生产领域不重复征税；除了金银首饰、钻石及钻石饰品在零售环节征税以外，其他消费品不在流通环节征收消费税。纳税人可以根据上述规定，结合自身情况采用以下手段达到节税的目的。

（一）采用“先销售、后包装”的方法进行税收筹划

税法规定，应税消费品连同包装物销售的，无论包装物是否单独计价，也不论在会计上如何核算，均应并入应税消费品的销售额中征收消费税。纳税人自产带包装的应税消费品出售，将根据销售额全额计征消费税。如果纳税人设立独立核算的销售公司，将不带包装的产品先以低价调拨给销售公司，销售公司进行包装后再以正常价格对外销售，这样包装物由征税环节变为免税环节，纳税人因此会降低消费税的应纳税额。

【例 6-9】 舒丽美化妆品公司生产的化妆品，由自己生产并包装后直接销售的售价为每箱 5 000 元，2016 年 7 月共计销售 120 箱，适用消费税税率为 30%，应纳消费税为 180 000 元。请根据上述思路设计节税筹划方案。

[解析]

如果该公司不进行税收筹划，直接以 600 000 元的价格出售，按照现行消费税政策，其应纳消费税税额为 180 000 元。

该公司先设一独立核算的 A 销售公司，然后向销售公司的供应不带包装的产品价格为每箱 4 500 元，由销售公司负责购进包装物进行包装后，再以每箱 5 000 元的价格对外销售。则化妆品公司应纳消费税为 162 000 元（4 500×120×30%），则该化妆品公司可以节税 180 000 –162 000=18 000（元）。

需说明的是，该化妆品公司向其设立的独立核算的销售公司出售应税消费品时，价格不能被税务机关认定为“价格明显偏低”，否则税务机关将对价格进行调整；该化妆品公司设立的销售公司应该是独立核算的销售部门，否则税务机关仍将按每箱 5 000 元计税，纳税人就达不到节税的目的了。

（二）通过连续生产方式进行税收筹划

税法规定，纳税人自产自用的应税消费品，用于连续生产另一种应税消费品，中间环节不纳税；凡用于其他方面的，在移送使用时纳税。

根据上面的规定，纳税人可以进行以下两方面的税收筹划。

第一，将应税消费品继续加工成另一种应税消费品。在这一过程中，一方面免去了自产自用环节的消费税，另一方面，通过加工，纳税人的产品得到增值或赢得更大利润的空间，同时，随着加工时间的延长，纳税时间也必然向后推迟。

第二，将应税消费品继续加工为免税消费品。例如，税法规定，生产香水作为化妆品应该缴纳消费税，而生产花露水作为护肤护发品就免征消费税。而香水和花露水的主要界定标准是酒精含量，其生产工艺基本相同，如果将香水继续加工成花露水，那么根据其中间过程很难看出将应税消费品用于了非应税消费品，从而将应税消费品改为免税消费品，节约了 30%的消费税。

四、利用关联企业的定价进行税收筹划

如前所述，消费税的纳税环节是生产销售环节（金银首饰等零售环节征税的除外），一般不在流通领域或消费环节。因此，关联企业生产（包括委托加工和进口）应税消费品的企业，若以较低的价格销售给独立核算的销售单位，可以降低计税销售额，从而达到降低消费税的目的，又由于独立核算的销售单位属于销售环节，只需缴纳增值税，无须缴纳消费税，因此集团整体消费税税负下降，这就是利用关联企业的定价进行税收筹划。

【例 6-10】 某化妆品公司销售给某一独立核算的销售单位（此销售单位与化妆品公司为关联企业）化妆品 10 箱，若由自己直接销售则售价为每箱不含税价为 10 000 元，适用消费税税率为 30%，根据上述涉税资料设计筹划方案。

【解析】

方案 1：如果该公司以正常价格出售，则其应纳消费税为 30 000 元（100 000×30%）。

方案 2：现在由于是销售给关联企业，售价为每箱不含税价为 9 000 元，应纳消费税为 27 000 元（90 000×30%）。

结果，转移定价前后应纳消费税差额=30 000 –27 000=3 000（元）。

五、消费税税收筹划的其他方法

（一）利用消费税计税依据进行税收筹划

税法规定：对实行从价定率计算应纳消费税税额的应税消费品，如果包装物连同产品销售，无论包装物是否单独计价，也不论会计上如何处理，包装物均应并入销售额中计征消费税。但如果包装物并未随同产品销售，而是借给购货方周转使用，收取的包装物押金在规定的时间内（一般为一年）退回，可以不并入销售额计征消费税；逾期不退，在计入当期销售额计税。因此，纳税人可以采用出借包装物的方式销售应税消费品，一方面有助于减少计税依据，降低税收负担，另一方面在归还押金之前，纳税人可以占有这部分押金的时间价值。

【例 6-11】 某纳税人销售应税消费品 105 000 元，其中含包装物价款 5 000 元，如果连同包装物一并销售，销售额为 105 000 元。若消费税税率为 20%，应纳消费税

税额为105 000×20%=21 000元。根据以上情况，请问如何进行税收筹划可以降低税负？

【解析】

如果纳税人不将包装物随同应税消费品销售，而是采用收取包装物押金的方法，规定要求购货方在一年内退还，此时，应纳消费税税额=100 000×20%=20 000（元）。

经过税收筹划后，可以节税21 000 –20 000=1 000（元），同时还可以获得5 000元押金的时间价值。

【例6-12】 某卷烟厂生产的卷烟每条调拨价格75元，2016年2月销售5 000条这批卷烟的生产成本为30元/条，当月分摊在这批卷烟上的期间费用为7 000元。假如企业将卷烟每条调拨价格调至68元，计算分析该卷烟厂应如何筹划减轻消费税税负。

【解析】

该卷烟厂如果不进行纳税筹划，则在征收从量税基础上，按56%的税率缴纳消费税。企业当月的应纳税款和盈利情况分别如下。

应纳消费税税额为75×5 000×56%+5 000×0.6=213 000（元）。

销售利润为75×5 000 –30×5 000 –213 000 –7 000=5 000（元），不难看出，该厂生产的卷烟价格为75元，与临界点70元价格相差不大，但使用税率为56%。企业如果主动将价格调至70元以下，可能大大减轻税负，弥补价格下降带来的损失。

假如企业将卷烟每条调拨价格调至68元，那么企业当月的纳税和盈利情况分别如下。

应纳消费税税额为68×5 000×36%+5 000×0.6=125 400（元）。

销售利润68×5 000 –30×5 000 –125 400 –7 000=57 600（元）。

通过比较发现，企业降低调拨价格后，销售收入由原来的375 000元降到340 000元，减少了35 000元，但应纳消费税款减少了87 600元（213 000 –125 400=87 600元），税款减少远远大于销售收入的减少（87 600 –35 000=52 600元），因而销售利润增加了52 600元（57 600 –5 000=52 600元）。

（二）兼营不同税率消费品的税收筹划

税法规定：纳税人兼营不同税率的应税消费品，应当分别核算不同税率应税消费品的销售额、销售数量。未分别核算销售额、销售数量，或者将不同税率的应税消费品组成成套消费品销售的，从高适用税率。纳税人销售的应税消费品的消费税率不同，应分开核算，这样才能降低自己的消费税负担。

【例6-13】 某摩托车生产销售公司，2016年9月生产销售气缸容量在250毫升（含）的摩托车500万元（不含增值税），税率为3%；气缸容量在250毫升以上的摩托车500万元（不含增值税），税率为10%，试分析该公司如何进行税收筹划更为节税。

【解析】

方案1：如果该摩托车生产销售公司当月生产销售的摩托车没有分别核算，则当月应纳消费税额=（500+500）×10%=100（万元）。

方案2：如果该摩托车生产销售公司当月生产销售的摩托车分别核算，则当月应纳消费税额=500×3%+500×10%=65（万元）。

由此可见，分别核算比不分别核算少纳税 100 –65=35（万元）。

➤综合练习题

一、名词解释

消费税；委托加工应税消费品；自产自用应税消费品

二、简答题

（1）消费税纳税义务人是如何规定的？

（2）消费税征税对象是如何规定的？

（3）消费税税目和税率是如何规定的？

（4）消费税纳税义务发生时间是如何规定的？

（5）消费税纳税期限是如何规定的？

（6）消费税纳税地点是如何规定的？

（7）消费税税收优惠政策是如何规定的？

三、综合分析题

（1）北京市某化工厂为增值税一般纳税人，其经营项目包括化妆品、护肤护发品、痱子粉、爽身粉和民用洗涤灵等日常用品。2015 年 2 月，该化工厂向一小规模纳税人销售化妆品 20 万元，痱子粉、爽身粉 5 万元，民用洗涤灵 10 万元，并开具普通发票，2 月该厂各项进项税额为 3 万元，月末该厂财务人员申报应纳消费税为 8.55 万元，2 月该厂生产上述产品成本为 25 万元，该厂财务人员计算应纳消费税= 20×30%+5×17%+10×17%=8.55（万元）。

该企业应纳增值税为（20+5+10）/（1+17%）×17% –3=2.09（万元）。该项销售业务共应纳税 10.64 万元。由此企业 2 月经营亏损 0.65 万元（35–25–10.65=–0.65）。

请问：该化工厂通过何种方式进行税收筹划能达到节税的目的？

（2）中华酒厂 2016 年 6 月生产销售啤酒共计 50 吨，其中，出售散装啤酒 35 吨，每吨售价 2 900 元，另收取啤酒桶等包装物押金每吨 200 元，出售散装啤酒 15 吨，每吨售价 2 700 元，另收取啤酒桶等包装物押金每吨 300 元。出售瓶装啤酒 20 吨，每瓶 500 毫升，出厂价格为每瓶 6 元，如果不分别核算，计算中华酒厂 6 月应纳消费税额，并分析通过何种方式进行税收筹划能达到节税的目的。

➤本章拓展

《中华人民共和国消费税暂行条例》

第七章

关税筹划实务

【学习目标与要求】

本章主要介绍关税的基本法规和关税的税收筹划两部分知识。通过学习本章，在巩固关税基本法规知识的基础上，掌握有关关税的基本筹划方法。

第一节　关税基本法规规定

关税是对进出（我国）国境或关境的货物和行邮物品征收的一种流转税。我国关税的基本法律规范是2000年7月修订颁布的《海关法》、2003年11月国务院发布的《进出口关税条例》，以及国务院关税税则委员会制定的《中华人民共和国海关进出口税则》（简称《海关进出口税则》）、《中华人民共和国出入境旅客行李物品和个人邮递物品征收进口税办法》、2006年5月1日实施的《中华人民共和国海关审定进出口货物完税价格办法》。

一、关税的纳税人

《进出口关税条例》规定，进口货物的收货人、出口货物的发货人、进境物品的所有人，是关税的纳税人。具体包括国有外贸进出口公司、工贸或农贸结合的进出口公司、其他经批准经营进出口商品的企业。

接受委托办理有关手续的代理人应当按照有关规定办理纳税人的纳税事项。

行邮物品的纳税人包括携带应税个人自用品的入境旅客及运输工具服务人员、进口邮递物品的收件人，以及以其他方式进口应税个人自用品的收件人。

二、关税的征税对象

凡是符合《海关进出口税则》规定应征关税的进出口货物和物品，都是关税的课税对象。

货物是指贸易性商品。

物品包括入境旅客随身携带的行李和物品、个人邮递物品、各种运输工具上的服务人员携带进口的自用物品、馈赠物品以及其他方式进入国境的个人物品。

为实行鼓励出口的政策，我国出口关税的征税对象只限于下列商品：①盈利特别高而且比较稳定的大宗出口商品；②在国际市场上我国出口已占有相当比重的商品；③国际市场容量有限，盲目出口容易在国外形成削价竞销的商品；④国内紧俏、需要大量进口的商品，以及为了保护国内资源，国家控制出口的商品。目前，我国征收出口关税的税目仅有 36 个，主要有鳗鱼苗、部分有色金属矿砂及其精矿、山羊板皮、部分铁合金等。

三、关税的税则和税率

（一）关税税则

关税税则又称海关税则，是根据国家关税政策和经济政策，通过一定的方法程序制定和公布实施的、对进出口的应税商品和免税商品加以系统分类的一览表。

根据每年的经济形势和国家进出口目标，以及对世界贸易组织做出的承诺等，国务院关税税则委员会都将税则和税率进行适当调整。例如，根据 2015 年 12 月关税税则委员会审议通过的《2016 年关税调整方案》规定，2016 年税则税目总数将由 8 285 个增加到 8 294 个。

（二）进口货物关税的税率

1. 进口税率的类型

自 2002 年 1 月 1 日起，我国进口关税设计了最惠国税率、协定税率、特惠税率和普通税率四种形式。

（1）最惠国税率。最惠国税率适用于原产于我国共同适用最惠国待遇条款的 WTO 成员的进口货物，或原产于与我国签订有相互给予最惠国待遇条款的双边贸易协定的国家或地区的进口货物，以及原产于我国境内的进口货物。

（2）协定税率。协定税率适用于原产于我国参加的含有关税优惠条款的区域性贸易协定有关缔约方的进口货物。

（3）特惠税率。特惠税率适用于原产于与我国签订有特殊优惠关税协定的国家/地区的进口货物。

（4）普通税率。普通税率适用于原产于上述国家或地区以外的其他国家/地区的进口货物。

另外，在上述税率运用的同时，有时还实施关税配额。

上述基本规定进行规范后，每年由国务院关税税则委员会审议通过的关税调整方案还将对进出口关税进行部分调整。例如，《2016 年关税调整方案》主要调整了以下内容。

（1）根据我国与其他有关国家/地区签署的贸易或关税优惠协定，2016 年将对我国与冰岛、瑞士、哥斯达黎加、秘鲁、新西兰自贸协定，以及我国内地与我国港澳地区更紧密经贸关系安排等实施进一步降税。

（2）根据我国 2012 年在亚洲太平洋经济合作组织（Asia-Pacific Economic Cooperation，APEC）框架下对部分环境产品降税的承诺，2016 年将实施税率高于 5%的 27 项环境产品税率降至 5%，主要有污泥干燥机、垃圾焚烧炉、太阳能热水器、风力发电机组等。

（3）2016 年还将适度扩大日用消费品降税范围，以暂定税率方式降低进口关税税率相对较高、进口需求弹性较大的箱包、服装、围巾、毯子、真空保温杯、太阳镜等商品的进口关税。

2. 原产地标准

原产地规定基本上采用了“全部产地生产标准”和“实质性加工标准”两种国际上通用的原产地标准。

（1）全部产地生产标准。全部产地生产标准是指进口货物“完全在一个国家内生产或制造”，生产或制造国即为该货物的原产国。

（2）实质性加工标准。实质性加工标准是适用于确定有两个或两个以上国家参与生产的产品的原产国的标准，其基本含义如下：经过几个国家加工、制造的进口货物，以最后一个对货物进行经济上可以视为实质性加工的国家作为有关货物的原产国。“实质性加工”是指产品加工后，在进出口税则中四位数税号一级的税则归类已经有了改变；或者加工增值部分所占新产品总值的比例已超过 30%及以上的。

（3）其他。对机器、仪器、器材或车辆所用零件、部件、配件、备件及工具，如与主件同时进口且数量合理的，其原产地按主件的原产地确定，分别进口的，则按各自的原产地确定。

（三）出口税率

出口关税的税率对每种出口商品只规定一个税率。出口货物适用税号的确定与进口货物相同。

（四）行邮物品的税率

我国行李物品和个人邮递物品进口税的税率按《入境旅客行李物品和个人邮递物品进口税税率表》规定执行，经过了多次调整。

四、关税的征收管理

（一）关税的缴纳

进口货物自运输工具申报进境之日起 14 日内，出口货物在货物运抵海关监管区后装货的 24 小时以前，应由进出口货物的纳税义务人向货物进（出）境地海关申报，海关根据税则归类和完税价格计算应缴纳的关税和进口环节代征税，并填发税款缴款书。纳税人应当自海关填发税款缴款书之日起 15 日内，向指定银行缴纳税款。如关税缴纳期限的最后一日是周末或法定节假日，则关税缴纳期限顺延至周末或法定节假日过后的第一个工作日。

关税纳税人因特殊情况不能按期缴纳税款的，经海关审核批准将纳税人的全部或部分应纳税款的缴纳期限予以延长，但最长不得超过 6 个月。

（二）关税的强制执行

纳税人未在关税缴纳期限内缴纳税款，即构成关税滞纳。为保证海关征收关税决定的有效执行和国家财政收入的及时入库，《海关法》赋予海关对滞纳关税的纳税人强制执行的权利。强制措施主要有以下两类。

（1）征收关税滞纳金。滞纳金自关税缴纳期限届满滞纳之日起，至纳税人缴纳关税之日止，按滞纳税款万分之五的比例按日征收，周末或法定节假日不予扣除。具体计算公式为

$$关税滞纳金金额=滞纳关税税额\times滞纳金征收比率\times滞纳天数$$

（2）强制征收。如纳税人自海关填发缴款书之日起 3 个月仍未缴纳税款，经海关关长批准，海关可以采取强制扣缴、变价抵缴等强制措施。强制扣缴即海关从纳税人在开户银行或者其他金融机构的存款中直接扣缴税款。变价抵缴即海关将应税货物依法变卖，以变卖所得抵缴税款。

（三）关税的退还

关税退还是关税纳税人按海关核定的税额缴纳关税后，因某种原因的出现，海关将实际征收多于应当征收的税额（称为溢征关税）退还给原纳税人的一种行政行为。根据《海关法》规定，海关多征的税款，海关发现后应当立即退还。

按规定，有下列情形之一的，进出口货物的纳税人可以自缴纳税款之日起一年内，书面声明理由，连同原纳税收据向海关申请退税并加算银行同期活期存款利息，逾期不予受理：①因海关误征，多纳税款的。②海关核准免验进口的货物，在完税后，发现有短缺情形，经海关审查认可的。③已征出口关税的货物，因故未将其运出口，申报退关，经海关查验属实的。

（四）关税的补征和追征

补征和追征是海关在关税纳税人按海关核定的税额缴纳关税后，发现实际征收税额少于应当征收的税额（称为短征关税）时，责令纳税人补缴所差税款的一种行政行为。《海关法》根据短征关税的原因，将海关征收原短征关税的行为分为补征和追征两种。由于纳税人违反海关规定造成短征关税的，称为追征；非因纳税人违反海关规定造成短征关税的，称为补征。根据《海关法》规定，进出境货物和物品放行后，海关发现少征或者漏征税款，应当自缴纳税款或者货物、物品放行之日起 1 年内，向纳税人补征；因纳税人违反规定而造成的少征或者漏征，海关在 3 年以内可以追征，并从缴纳税款之日起按日加收少征或漏征税款万分之五的滞纳金。

第二节　关税的税收优惠政策

一、关税的法定减免

法定减免税是指税法中明确列出的减税或免税。符合税法规定可予减免税的进出口货物，纳税人无须提出申请，海关可按规定直接予以减免税。海关对法定减免货物一般不进行后续管理。

我国《海关法》和《进出口关税条例》明确规定，下列货物、物品予以减免关税。

（1）关税税额在人民币 50 元以下的一票货物，可免征关税。

（2）无商业价值的广告品和货样，可免征关税。

（3）外国政府、国际组织无偿赠送的物资，可免征关税。

（4）进出境运输工具装载的途中必需的燃料、物料和饮食用品，可予免税。

（5）经海关核准暂时进境或者暂时出境，并在 6 个月内复运出境或者复运进境的货样、展览品、施工机械、工程车辆、工程船舶、供安装设备时使用的仪器和工具、电视或者电影摄制器械、盛装货物的窗口以及剧团服装道具，在货物收发货人向海关缴纳相当于税款的保证金或者提供担保后，可予暂时免税。

（6）为境外厂商加工、装配成品和为制造外销产品而进口的原材料、辅料、零件、部件、配套件和包装物料，海关按照实际加工出口的成品数量免征进口关税；或者对进口料、件先征进口关税，再按照实际加工出口的成品数量予以退税。

（7）因故退还的中国出口货物，经海关审查属实，可予免征进口关税，但已征收的出口关税不予退还。

（8）因故退还的境外进口货物，经海关审查属实，可予免征出口关税，但已征收的进口关税不予退还。

（9）进口货物如有以下情形，经海关查明属实，可酌情减免进口关税：在境外运输途中或者在起卸时，遭受损坏或者损失的；起卸后海关放行前，因不可抗力遭受损坏或者损失的；海关查验时已经破漏、损坏或者腐烂，经证明不是保管不慎造成的。

（10）法律规定减征、免征的其他货物。

二、关税减免的特殊规定

（一）特定减免税

特定减免税也称政策性减免税。在法定减免税之外，国家按照国际通行规则和我国实际情况，制定发布的有关进出口货物减免关税的政策，称为特定或政策性减免税。特定减免税货物一般有地区、企业和用途的限制，海关需要进行后续管理，也需要进行减免税统计。目前，我国对进出口货物关税的特定减免包括以下方面。

1. 科教用品

为有利于我国科研、教育事业发展，国务院制定了《科学研究和教学用品免征进口税收暂行规定》，对科学研究机构和学校，不以营利为目的，在合理数量范围内进口国内不能生产的科学研究和教学用品，直接用于科学研究和教学的，免征进口关税和进口环节增值税、消费税。

2. 残疾人专用品

为支持残疾人的康复工作，国务院制定了《残疾人专用品免征进口税收暂行规定》，对规定的残疾人个人专用品，免征进口关税和进口环节增值税、消费税；对康复机构、福利机构、假肢厂和荣誉军人康复医院进口国内不能生产的、该规定明确的残疾人专用品，免征进口关税和进口环节增值税。

3. 扶贫、慈善性捐赠物资

为促进公益事业的健康发展，经国务院批准，财政部、国家税务总局、海关总署发布了《扶贫、慈善性捐赠物资免征进口税收的暂行办法》。对境外自然人、法人或其他组织等境外捐赠人捐赠的直接用于符合条件的扶贫、慈善事业的物资，免征进口关税和进口环节增值税。

4. 其他特定减免

除了对上述进口商品或物资实行关税减免之外，国家规定了对一些特定产品（如某些进口设备）或特定行业或用途的减免税政策。

（二）临时减免税

临时减免税是指以上法定和特定减免税以外的其他减免税，即由国务院根据《海关法》对某个单位、某类商品、某个项目或某批进出口货物的特殊情况，给予特别照顾，一案一批，专文下达的减免税。一般有单位、品种、期限、金额或数量等限制，不能比照执行。

我国加入 WTO 之后，遵循统一、规范、公平、公开的原则，这有利于统一税法、公平税赋、平等竞争，国家严格控制减免税，一般不办理个案临时性减免税，对特定减免税也在逐步规范、清理，对不符合国际惯例的税收优惠政策将逐步予以废止。

第三节　关税应纳税额的计算

一、进口货物关税的计算

（一）进口关税完税价格的确定

进口货物以由海关审定的成交价格为基础的到岸价格作为完税价格。所谓到岸价格（cost insurance and freight，CIF）包括货价，加上货物运抵我国境内输入地点起卸前的包装费、运输费、保险费和其他劳务费等。

1. 进口货物成交价格部分费用的调整

进口货物成交价格中未包含下列费用的，应一并计入完税价格：①进口前发生由买方支付的包装费、运输费、保险费和其他劳务费；②货物成交过程中进口方向卖方支付的佣金；③进口方以在境内制造、使用、出版、发行或播映为目的而向境外卖方支付的与该进口货物有关的专利、商标、著作权、专有技术和计算机软件等费用。

2. 进口货物成交价格中部分费用的扣除

进口货物成交价格中已包括下列费用，且能够单独分列的，可以从完税价格中扣除：①进口方向其境外采购代理人支付的买方佣金；②卖方支付给买方的正常价格回扣；③工业设施、机械设备类货物进口后发生的基建、安装、调试、技术指导等费用。

3. 进口货物完税价格的估定

进口货物的到岸价格经海关审查未能确定的，应依次以下列价格为基础，估定完税价格：①从该项进口货物的同一出口国或者地区购进相同或类似货物的成交价格；②与该项进口货物相同或类似的货物在国际市场上的成交价格；③与该项进口货物相同或类似的货物在国内市场上的批发价格，减去进口关税、进口环节其他费用以及进口后的运输、储存、营业费用及利润后的价格。通常将费用和利润按到岸价格的 20% 计算。其计算公式为

完税价格=国内市场批发价格/（1+进口最低税率+20%）

如果进口的货物是应纳消费税的消费品，其计算公式为

$$关税完税价格=\frac{国内批发价格}{1+进口关税税率+\frac{1+进口关税税率}{1-消费税税率}\times消费税税率+20\%}$$

（二）进口关税应纳税额的计算

1. 从价税应纳税额

关税税额=应税进口货物数量×单位完税价格×进口关税税率。

【例 7-1】 恒远贸易公司从美国进口某类商品 3 000 件，单件商品的到岸价格为人民币 600 元，该类商品的进口关税税率为 20%，试计算该批商品的应纳关税税额。

【解析】

关税完税价格=3 000×600=1 800 000（元）。

应纳关税税额=1 800 000×20%=360 000（元）。

【例 7-2】 河豚进出口公司从加拿大进口某种商品 800 吨，离岸价格为 52 000 美元，运费每吨 40 美元，保险费率 3‰，当日的外汇牌价 1 美元=6.30 元，进口关税税率为 20%，试计算该批商品的应纳关税税额。

【解析】

运费=800×40×6.30=201 600（元）。

关税完税价格=（52 000×6.30+201 600）×（1+3‰）=530 787.60（元）。

应纳关税税额=530 787.60×20%=106 157.52（元）。

2. 从量税应纳税额

关税税额=应税进口货物数量×单位货物税额。

3. 复合税应纳税额

关税税额=应税进口货物数量×单位货物税额+应税进口货物数量×单位完税价格×税率。

4. 滑准税应纳税额

关税税额=应税进口货物数量×单位完税价格×滑准税税率。

二、出口货物关税应纳税额的计算

（一）出口关税完税价格的确定

出口货物以由海关审定的成交价格为基础的售于境外的离岸价格（FOB），扣除出口关税后作为完税价格，其计算公式为

完税价格=离岸价格/（1+出口税率）

出口货物成交价格中含有支付给国外的佣金，如与货物的离岸价格分列，应予扣除；未单独列明的，则不予扣除。出口货物在离岸价格之外，买方还另行支付包装费的，应将其计入完税价格。

（二）出口关税应纳税额的计算

应纳税额=出口应税货物数量×单位完税价格×适用出口关税税率。

三、进口行李物品或邮递物品应纳税额的计算

行李物品和邮递物品进口税简称行邮税，是海关对入境旅客行李物品和个人邮递物品征收的进口税。课税对象包括入境旅客、运输工具、服务人员携带的应税行李物品、个人邮递物品、馈赠物品以及以其他方式入境的个人物品等。

进口税采用从价计征，完税价格由海关参照该项物品的境外正常零售平均价格确定。完税价格乘以进口税税率，即为应纳的进口税税额。

第四节　关税筹划的基本方法

一、利用实质性加工标准进行税收筹划

关于货物原产地的确认，有两种标准：一是全部产地标准，即对于完全在一个国家内生产或制造的进口货物，其生产或制造国就是该货物的原产国。二是实质性加工标准，即经过几个国家加工制造的进口货物，以最后一个对货物进行经济上可以视为实质性加工的国家作为有关货物的原产国。所谓的实质性加工是指产品经过加工后，在《海关进出口税则》中已不按原有的税目税率征税，而应归入另外的税目征税，或者其加工增值部分所占新产品总值的比例已经达到 30%以上。两个条件具备一项，即可视为实质性加工。

另外，根据关税有关规定，对机器、仪器或车辆所用零件、部件、配件、备件以及工具，如与主件同时进口而且数量合理，其原产地按主件的原产地予以确定；如果是分别进口的，则应按其各自的原产地确定。石油产品以购自国为原产国。

【例 7-3】 某汽车生产企业，在 A、B、C、D、E 五个国家设有零部件生产企业，其中，A 国子公司生产汽车仪表，B 国子公司生产汽车轴承和发动机，C 国子公司生产阀门，D 国子公司生产轮胎，E 国子公司供应玻璃。那么，汽车的总装配厂的选择将成为筹划的重点。

【解析】

筹划时，应首先了解一下这些国家是否与我国签有关税互惠协议；并认真比较一

下，在那些与我国签订关税互惠协定的国家中，哪一个更优惠，哪一个在经济成本上更为有利可图，从而做出选择。

其次，还要综合考虑其他一些因素，如该国家是否施行外汇管制、政治经济形势是否稳定等。

最后，要使总装厂的加工增值部分在技术和价值含量上达到 30%的标准，可以通过转让定价的方法，降低其他国家的零部件生产价格，从而加大总厂增值部分占全部新产品的比重，达到或超过 30%，即为实质性加工。这样产品仍可享受到税率的优惠。

当普通税率和优惠税率的区别不再存在时，选择产品的“实质性加工”地点，关税的因素不再存在。那时，只有两个因素可供考虑，即成本、风险。

二、利用完税价格进行税收筹划

（一）进口货物完税价格的筹划

根据《进出口关税条例》第九条规定：进口货物以海关审定的正常成交价格为基础的到岸价格作为完税价格。到岸价格包括货价，加上货物运抵中华人民共和国关境内输入地点起卸前的包装费、运费、保险费和其他劳务费等费用。

依据成交价格所作的规定，我国对进口货物的海关估价主要有两种情况：一是海关审查可确定的完税价格；二是经海关审查未能确定的成交价格。因此我们分别就这两种情况进行税收筹划。

1. 利用审定成交价格法进行税收筹划

审定成交价格法是指进口商向海关申报的进口货物价格，如果经海关审定认为符合成交价格的要求和有关规定，就可将此作为计算完税价格的依据，然后经海关对货价费用和运输费、保险费、杂费等进行必要的调整后，即可确定其完税价格。这种审定成交价格法是我国以及其他各国海关在实际工作中最基本、最常用的海关估价方法。我国进口货物一般也都按此方法确定完税价格。在审定成交价格下，缩小进口货物的申报价格并被海关审定认可为“正常成交价格”就成为税收筹划的关键所在。成交价格实际上是指进口货运的买方为购买该项货物而向卖方实际支付的或应当支付的价格。该成交价格的核心内容是货物本身的价格（即不包括运、保、杂费的货物价格）。该价格除包括货物的生产、销售等成本费用外，还包括买方在成交价格之外另行向卖方支付的佣金。由此看来，要想达到税收筹划的目的，我们要选择同类产品中，成交价格比较低的、运输、杂项费用相对小的货物进口，方能降低完税价格。

【例 7-4】 新龙家具有限责任公司是一家生产高档家具的内资企业。2016 年 7 月 30 日急需进口一批高质量木材，数量为 100 万立方米，可选择从两个国家进口这批木材，即美国和日本。如果从美国进口该批木材，价格为 30 美元/万米 ^{3}，运费 150 美元；若从日本进口该批木材，价格为 31 美元/万米 ^{3}，但由于其航程较近，运费仅为 30 美元，其他费用二者几乎相等。

请问：如果您是新龙家具有限公司的经理，应选择何种进货渠道呢？

【解析】

美国木材的关税完税价格=30×100+150+其他费用=3 150+其他费用。

日本木材的关税完税价格=31×100+30+其他费用=3 130+其他费用。

由于其他费用几乎相等，所以从日本进口木材的完税价格要比从美国进口木材的完税价格低。因此，应该选择从日本进口木材。

2. 利用海关的估定价格进行税收筹划

税法规定，按审定成交价格法经海关审查未能确定的，海关主要按以下方法依次估定完税价格：①从该项进口货物的同一出口国或者地区购进相同或类似货物的成交价格；②与该项进口货物相同或类似的货物在国际市场上的成交价格；③与该项进口货物相同或类似的货物在国内市场上的批发价格，减去进口关税、进口环节其他费用以及进口后的运输、储存、营业费用及利润后的价格。通常将费用和利润按到岸价格的 20%计算。其计算公式为

完税价格=国内市场批发价格/（1+进口最低税率+20%）

如果进口的货物是应纳消费税的消费品，其计算公式为

完税价格=国内市场批发价/[1+进口最低税率+（1+关税税率）/（1−消费税税率）×消费税税率+20%]

【例 7-5】 河北瑞特进出口有限公司（简称瑞特公司），是一家专门进口大型机床的企业。2016 年 8 月该公司进口了从日本松下公司新研发的机床 10 台，由于该机床投入了大量的科研费用，所以售价较高，每台售价 200 万美元，而其类似产品的市场价格仅为 120 万美元。那么，该案例中瑞特公司该如何筹划？

【解析】

瑞特公司在向海关申报进口机床的成交价格时，以 100 万美元申报。海关因为此产品是新型产品，而无法依据审定成交价格法确定成交价格及完税价格，只能以该产品的同一出口国/地区购进的类似货物的成交价格作为确定被估进口货物完税价格的依据，即按类似货物成交价格法予以确认。这样的话，该项进口商品的海关估价为每台 120 万美元。

通过筹划，每台机床将有 80 万美元的支出无须纳税。假设税率为 20%，该笔业务可节约税款支出 160 万美元（80×10×20%=160）。

【例 7-6】 A 公司从国外进口钢材一批，货价为 500 万元，运费为 20 万元，但是国外的保险税率高于 3‰，为 5‰，所以该公司对进口的钢材采取了不上保险的做法。假设钢材的进口关税税率为 20%。

【解析】

根据《海关法》的规定，进口货物的完税价格包括货物的货价、货物运抵我国境内输入地点起卸前的运费及相关费用、保险费。在正常情况下，运费和保险费应该按照实际支付的费用计算。如果进口货物的运费无法确定或未实际发生，海关应该按照该货物进口同期运输行业公布的运费率（额）计算运费，保险费则按照“货价加运费”的3‰计算保险费。

应纳关税=（500+20）×（1+3‰）×20%=104.312（万元）。

如果按保险费5‰计算，则

应纳关税=（500+20）×（1+5‰）×20%=104.52（万元）。

二者的差额为0.208万元（104.52−104.312=0.208）。运费和保险费作为完税价格的组成部分对进口货物关税的征收有重要影响。如果在运费和保险费不能确定的情况下，当然应该尽可能地压低运费和保险费，使完税价格降低，达到少纳关税的目的。这方面的筹划并不复杂，即实际运费和保险费不能超过不确定时按照规定办法计算的运费与保险费，如果超过，应想办法按照后者计算运费与保险费。

纳税人应注意，由于关税是要计入材料成本的，在其他条件不变的情况下，关税税额的降低会增加企业的应纳税所得额，多缴纳所得税。另外，按关税法计算3‰的保险费，由于没有发票凭证是不能在成本费用中列支的，会相应增加应纳税所得额，所以纳税人在进行这方面筹划时应该统筹考虑。

（二）出口货物完税价格的筹划

出口货物的海关估价应是成交价格，即该出口货物售于境外的应售价格。应售价格由出口货物的境内生产成本、合理利润及外贸所需的储运、保险等费用组成，也就是扣除关税后的离岸价格。

需要注意的是，出口货物的离岸价格，应以该项货物运离国境前的最后一个口岸的离岸价格为实际离岸价格。如果该项货物从内地起运，则从内地口岸至国境口岸所支付的国内段运输费用应予扣除。另外出口货物的成交价格如为货价加运费价格，或为国外口岸的到岸价格时，应先扣除运费和保险费后，再按规定公式计算完税价格。当运费成本在价格中所占比重较大时，更显重要。另外，如果除成交价格外，还支付了国外的与此项业务有关的佣金，则应该在纳税申报表上单独列明。这样，该项佣金应予扣除。未单独列明的，不予以扣除。

但是，不能把完税价格的税收筹划方法片面地理解为降低申报价格。如果为了少缴关税而降低申报价格，就构成了偷税。海关对此会区别情况做出相应的处罚。

三、避免反倾销的税收筹划

我国加入WTO以后，国内企业面对的是一个统一的全球市场，因而其对外商品和劳务的出口规模与品种将会进一步扩大。但是出口也可能会遭遇进口国竞争者的倾销起诉，以及倾销成立后的反倾销税，而高税率的反倾销税则完全能够使好不容易取得的市场丧失殆尽。因此国内企业在进行对外贸易时，必须全面地了解贸易伙伴国的关税政策，并做好各种准备，提防出口产品受到倾销指控；若遇到被征收反倾销税，也应积极应诉，以维护自己在国际市场上的正当利益。

在避免反倾销的税收筹划中，需要注意的事项很多，本书主要从以下四方面进行说明。

（一）及时做出价格承诺，避免反倾销税裁决

《世界贸易组织反倾销协议》规定：反倾销调查开始后，如果收到出口商令人满意的修改其产品价格或停止向该地产以倾销价格出口其产品的自动承诺后，主管当局认为倾销的损害结果可以消除，则可终止调查。

根据此规定，我们在收到反倾销调查后可以通过及时调整价格来避免反倾销制裁。

（二）采用必要手段避免被裁定为倾销行为

第一，调整产品利润预测，改进企业会计财务核算，以符合国际规范和商业惯例。第二，推动外国进口商组织起来，推动其反贸易保护活动。因为一旦中方产品被征收反倾销税，受损失的还有外国进口商。第三，可通过加强与当地工商组织的交流，以实际的商业利益为砝码促使外国进口商向其政府施加压力。

（三）努力减少被控诉的可能

第一，提高产品附加值，取消片面的低价策略。我国出口产品基本上是属于资源密集型和劳动密集型，初级产品比重高，产品档次低，附加值少，价格很难提高。从长远看来，我国企业应大力着手从初低级产品的形象中走出来，改变出口产品结构。第二，组建出口企业行业协会，加强内部协调和管理，一旦出现反倾销调查，可以集中力量应对。第三，分散出口市场，降低受控风险。

（四）避免被裁定为损害进口国产业

第一，全面搜集有关资料信息情报，有效地获取进口国市场的商情动态，查证控诉方并未受到损失，以便在应诉中占有有利的主动地位。第二，就出口地设厂，筹建跨国公司。这样可以使我方产品免受进口配额等歧视性贸易条款的限制。第三，以便利的销售条件、优质的产品、高水平的服务和良好的运输条件去占取市场，提高单位产品的价值（效用），降低其替代率，从而增强外方消费市场对我方产品的依赖性，获取稳定的客户群。

四、利用保税制度进行税收筹划

保税制度是指海关对进口复出口的货物暂时免征关税（或称予以保税）的海关监

管制度。

从宏观上看，保税制度浑然一体，但从微观上看，它又是由众多环节组成的。因为保税制度的基本条件即是进口货物最终将复运出口，所以其基本环节就是进口和出口，我们应该从这两个环节进行税收筹划设计。在货物进口和出口时，进出口企业都必须向海关报关，在其所填写的报关报表中都有单耗费几个单位的原料，通常有以下几种形式：一种是度量衡量单位/度量单位，如米/米、吨/米^{3}等；一种是度量衡量单位/自然单位，如吨/块、米/套等；还有一种是自然单位/自然单位，如件/套、次/件等。度量衡量单位容易测量，但自然单位要具体则很困难，所以我们就可以利用第三种计量单位进行关税筹划。

【例 7-7】 华南新华家具有限公司是一家利用进口原料生产出口家具的企业，从俄罗斯进口一批木材，并向当地海关申请保税，其报关报表上填写的单耗计量单位为100 块/套，即做成一套家具需要耗用 100 块木材。请问如何进行税收筹划？

【解析】

由于近期引进先进设备，目前做成一套家具只需耗用 80 块木材。但因为海关在进口查验时对一套家具到底需要多少块木材难以测量，通过以前的交往，海关认定该企业信誉良好，给予批准保税。

数个月后，企业如期复运出口，完成了一个保税过程。

假如企业进口木材 8 000 块，每块价格 200 元，海关关税税率为 30%，我们可以得出利用保税制度进行税收筹划的结果，计算过程如下。

免税进口的木材块数=8 000 –8 000/100×80=1 600（块）。

免税的关税税额=1 600×200×30%=96 000（元）。

即经过筹划，可节约税款支出 96 000 元。

五、关税筹划的其他方法

关税筹划的方法非常多，除了利用上述四种方法外，还可以通过在避税地建立中介国际贸易公司进行筹划。

【例 7-8】 现有一家国跨国集团在 A 国有一家制造总公司，在 B 国有一家销售子公司，制造和销售两家公司独立核算，各自缴纳公司所得税，A、B 两国的所得税税率都高达 30%，致使跨国集团的税后利润非常低。那么该公司有无税收筹划的空间呢？

【解析】

跨国集团经过认真考察，发现 C 国所得税税率比较低，仅为 5%。为了提高集团的盈利水平，跨国集团决定在 C 国建立一家中介国际贸易公司，将制造公司的产品低价卖给中介公司，中介公司再高价卖给销售公司，销售公司再按市场竞争价销售给其他非关联公司，结果两家公司都减少了大部分应纳税所得额，中介公司利润大增，然而中介公司的所得税税率只有 5%，这给整个集团带来了巨大的税收利益。

➤综合练习题

一、名词解释

关税；关税完税价格；关税税则

二、简答题

（1）关税的税率是如何规定的？

（2）简述两种有关关税的筹划方法。

三、综合分析题

一家钢铁企业，需要进口 100 万吨铁矿石，可供选择的进货渠道中有两家，即澳大利亚和加拿大。澳大利亚的铁矿石品位较高，价格为 20 美元/吨，运费 60 万美元；加拿大的铁矿石品位较低，价格为 19 美元/吨，但运杂项费用高达 240 万美元，暂不考虑其他条件，请问：应该选择哪一个国家进口铁矿石呢？

➤本章拓展

《中华人民共和国进出口关税条例》

第八章

企业所得税筹划实务

【学习目标与要求】

本章主要介绍企业所得税法的基本法规规定，应纳税额的计算，以及企业所得税税收筹划的基本方法、案例。通过学习本章，掌握企业所得税的基本法规规定，学会如何利用税收优惠政策差异合理进行税收筹划。

企业所得税是对我国境内的企业和其他取得收入的组织，就其来源于中国境内的所得，以及发生在中国境外但与其所设机构、场所有实际联系的所得征收的一种税。

我国现行的企业所得税基本法律、法规是2007年3月16日第十届全国人民代表大会第五次会议审议通过的《企业所得税法》，以及2007年12月6日国务院发布的《企业所得税法实施条例》。

第一节 企业所得税基本法规规定

一、企业所得税的纳税人

（一）企业所得税纳税人的概念

《企业所得税法》规定：在我国境内的企业和其他取得收入的组织（本章以下统称企业）为企业所得税的纳税人，依照《企业所得税法》的规定缴纳企业所得税。

个人独资企业、合伙企业不适用《企业所得税法》。

这里所说的“企业”，是指按照《中华人民共和国公司法》（简称《公司法》）有关规定成立的有限责任公司和股份有限公司，而且不区分企业的性质（国有、集体、私营），也不区分企业投资资金的来源（国内、国外）。

这里所说的“其他取得收入的组织”，包括事业单位、社会团体和一些民办非企业单位，如政府采购中心、民办学校等。如果要从事经营活动，取得应税所得也作为企业所得税纳税人。

（二）企业所得税的纳税人类型

企业所得税的纳税人分为居民企业和非居民企业。

1. 居民企业

居民企业是指依法在中国境内成立，或者依照外国（地区）法律成立但实际管理机构在中国境内的企业。

此处“实际管理经营机构”是指企业的有效的管理中心、控制管理中心或者董事会场所等，如在中国注册成立的沃尔玛（中国）公司。

2. 非居民企业

非居民企业是指依照外国（地区）法律成立且实际管理机构不在中国境内，但在中国境内设立机构、场所的，或者在中国境内未设立机构、场所，但有来源于中国境内所得的企业。

二、企业所得税的征税范围

《企业所得税法》规定，企业所得税的征税范围如下。

（1）居民企业应当就其来源于中国境内、境外的所得缴纳企业所得税。

（2）非居民企业在中国境内设立机构、场所的，应当就其所设机构、场所取得的来源于中国境内的所得，以及发生在中国境外但与其所设机构、场所有实际联系的所得，缴纳企业所得税。

（3）非居民企业在中国境内未设立机构、场所的，或者虽设立机构、场所但取得的所得与其所设机构、场所没有实际联系的，应当就其来源于中国境内的所得缴纳企业所得税。

可见，居民企业的征税范围不但包括境内所得，还包括境外所得。对于境外的所得，为避免重复征税，在境外已纳税款允许在境内按一定方法进行扣除。

三、企业所得税的税率

（一）基本税率

根据《企业所得税法》规定，对居民企业和在中国境内设有机构、场所且所得与机构、场所有关联的非居民企业适用的企业所得税税率为25%。

（二）低税率

税法规定，企业所得税的低税率为20%，主要包括如下项目：①非居民企业虽然在中国境内设立了机构和场所，但所得和场所没有实际联系；②非居民企业在中国境内未设立机构、场所的，但是有来源于境内的所得，包括股息、红利、利息所得、特许权使用费所得或者财产转让所得。

四、企业所得税的纳税期限

企业所得税按年计征，分月或分季预缴，年终汇算清缴，多退少补。

企业所得税以公历每年1月1日至12月31日为一个纳税年度。如果纳税人在一个纳税年度的中间开业，或者由于合并、关闭等，该纳税年度的实际经营期不足12个月，应当以实际经营期为一个纳税年度。纳税人清算时，应当以清算期间作为一个纳税年度。

企业应当自年度终了之日起5个月内向税务机关报送年度企业所得税纳税申报表，并汇算清缴，结清应缴应退税款。

企业在年度中间终止经营活动的，应当自实际经营终止之日起60日内，向税务机关办理当期企业所得税汇算清缴。

五、企业所得税的纳税申报

企业按月或按季预缴税款的，应当自月份或者季度终了之日起15日内，向税务机关报送预缴企业所得税纳税申报表，预缴税款。企业在报送企业所得税纳税申报表时，应当按照规定附送财务会计报告和其他有关资料。

企业应当在办理注销登记前，就其清算所得向税务机关申报并依法缴纳企业所得税。

企业在纳税年度内无论盈利或者亏损，都应当依照企业所得税法规定的期限，向税务机关报送预缴企业所得税纳税申报表、年度企业所得税纳税申报表、财务会计报告和税务机关规定应当报送的其他有关资料。

依照企业所得税法缴纳的企业所得税，以人民币计算。所得以人民币以外的货币计算的，应当折合成人民币计算并缴纳税款。

六、企业所得税的纳税地点

（1）除税收法律、行政法规另有规定外，居民企业以企业登记注册地为纳税地点；但登记注册地在境外的，以实际管理机构所在地为纳税地点。其中，企业登记注册地是指企业依照国家有关规定登记注册的住所地。

（2）居民企业在中国境内设立不具有法人资格的营业机构的，应当汇总计算并缴纳企业所得税。企业汇总计算并缴纳企业所得税时，应当统一核算应纳税所得额，具体办法由国务院财政、税务主管部门另行制定。

（3）非居民企业在中国境内设立机构、场所的所得，以及发生在中国境外但与其所设机构、场所有实际联系的所得，以机构、场所所在地为纳税地点。

非居民企业在中国境内设立两个或者两个以上机构、场所的，经税务机关审核批准，可以选择由其主要机构、场所汇总缴纳企业所得税。

非居民企业经批准汇总缴纳企业所得税后，需要增设、合并、迁移、关闭机构、场所或者停止机构、场所业务的，应当事先由负责汇总申报缴纳企业所得税的主要机构、场所向其所在地税务机关报告；需要变更汇总缴纳企业所得税的主要机构、场所的，依照前款规定办理。

（4）非居民企业在中国境内未设立机构、场所的，或者虽设立机构、场所但取得的所得与其所设机构、场所没有实际联系的所得，以扣缴义务人所在地为纳税地点。

（5）除国务院另有规定外，企业之间不得合并缴纳企业所得税。

七、跨地区经营汇总缴纳企业所得税的征收管理

（一）基本原则

跨地区经营汇总纳税企业按照“统一计算、分级管理、就地预缴、汇总清算、财政调库”的所得税处理原则计算缴纳企业所得税，即总机构统一计算的当期应纳税额的地方分享部分中，25%由总机构所在地分享，50%由各分支机构所在地分享，25%按一定比例在各地间进行分配。

统一计算是指企业总机构统一计算包括企业所属各个不具有法人资格的营业机构、场所在内的全部应纳税所得额、应纳税额。

分级管理是指总机构和分支机构分别接受机构所在地主管税务机关的管理。

就地预缴是指总机构、分支机构应按本办法的规定，按月或按季分别向所在地主管税务机关申报预缴企业所得税。

汇总清算是指在年度终了后，总机构负责进行企业所得税的年度汇算清缴，统一计算企业的年度应纳所得税额，抵减总机构、分支机构当年已就地分期预缴的企业所得税款后，多退少补税款。

财政调库是指财政部定期将缴入中央国库的跨省（市）总分机构企业所得税待分配收入，按照核定的系数调整至地方金库。

（二）适用范围

居民企业在中国境内跨地区（指跨省、自治区、直辖市和计划单列市）设立不具

有法人资格的营业机构、场所的，该居民企业即为汇总纳税企业，除另有规定外，适用本办法。

由于国有邮政企业、中国工商银行、中国农业银行、中国银行、国家开发银行、中国农业发展银行、中国进出口银行、中央汇金投资有限责任公司、中国建设银行、中国建银投资有限责任公司、中国石油、中国石化、中海石油以及其他海洋石油天然气企业等企业总分机构缴纳的企业所得税为中央收入，全部上缴中央国库，所以不适用本办法。

（三）税款预缴

由总机构统一计算企业应纳税所得额和应纳所得税额，并分别由总机构、分支机构按月或按季就地预缴。

1. 分支机构分摊预缴税款

总机构在每月或每季终了之日起 10 日内，按照上年度各省（市）分支机构的销售收入、职工薪酬和资产总额三个因素，将统一计算的企业当期应纳税额的 50%在各分支机构之间进行分摊（总机构所在省市同时设有分支机构的，同样按三个因素分摊），各分支机构根据分摊税款就地办理缴库，所缴纳税款收入由中央与分支机构所在地按 60：40 分享。分摊时三个因素权重依次为 0.35、0.35 和 0.3。当年新设立的分支机构从第二年起参与分摊；当年撤销的分支机构自办理注销税务登记之日起不参与分摊。

其中，分支机构的销售收入是指分支机构销售商品、提供劳务、让渡资产使用权等日常经营活动实现的全部收入。

分支机构的职工薪酬是指分支机构为获得职工提供的服务而给予职工的各种形式的报酬以及其他相关支出。

分支机构资产总额是指分支机构在 12 月 31 日拥有或控制的资产总额。

所有分支机构分摊税款总额=汇总纳税企业当期应纳所得税额×50%

某分支机构分摊比例=0.35×（该分支机构销售收入/各分支机构销售收入之和）
+0.35×（该分支机构职工薪酬/各分支机构职工薪酬之和）
+0.30×（该分支机构资产总额/各分支机构资产总额之和）

2. 总机构就地预缴税款

总机构应按统一计算的企业当期应纳税额的 25%，就地办理缴库，所缴纳税款收入由中央与总机构所在地按 60：40 分享。

3. 总机构预缴中央国库税款

总机构应将统一计算的企业当期应纳税额的剩余 25%，就地全额缴入中央国库，所缴纳税款收入 60%为中央收入，40%由财政部按照 2004~2006 年各省（市）三年实际分享企业所得税占地方分享总额的比例定期向各省市分配。

（四）汇总清算

企业总机构汇总计算企业年度应纳所得税额，扣除总机构和各境内分支机构已预缴的税款，计算出应补应退税款，分别由总机构和各分支机构（不包括当年已办理注销税务登记的分支机构）就地办理税款缴库或退库。

（1）补缴的税款按照预缴的分配比例，50%由各分支机构就地办理缴库，所缴纳税款收入由中央与分支机构所在地按 60∶40 分享；25%由总机构就地办理缴库，所缴纳税款收入由中央与总机构所在地按 60∶40 分享；其余 25%就地全额缴入中央国库，所缴纳税款收入中 60%为中央收入，40%由财政部按照 2004~2006 年各省（市）三年实际分享企业所得税占地方分享总额的比例定期向各省（市）分配。

（2）多缴的税款按照预缴的分配比例，50%由各分支机构就地办理退库，所退税款由中央与分支机构所在地按 60∶40 分担；25%由总机构就地办理退库，所退税款由中央与总机构所在地按 60∶40 分担；其余 25%就地从中央国库退库，其中 60%从中央级 1010442 项"总机构汇算清缴所得税"下有关科目退付，40%从中央级 1010443 项"企业所得税待分配收入"下有关科目退付。

八、新增企业所得税征管范围的调整

自 2009 年 1 月 1 日起，对 2009 年以后新增企业的所得税征管范围进行调整。从 2009 年起，新增企业所得税纳税人中，应缴纳增值税的企业，其企业所得税由国税局管理；应缴纳营业税的企业，其企业所得税由地税局管理。以 2008 年为基年，2008 年年底之前国税局、地税局各自管理的企业所得税纳税人不做调整。

从 2009 年起，企业所得税全额为中央收入的企业和在国税局缴纳营业税的企业，其企业所得税由国税局管理。银行（信用社）、保险公司的企业所得税由国税局管理，除上述规定外的其他各类金融企业的企业所得税由地税局管理。外商投资企业和外国企业常驻代表机构的企业所得税仍由国税局管理。

营改增之后企业应该按照实际经营情况向税务部门缴纳企业所得税，一般采取的方法是依据企业营业执照上注册项目的第一项和第二项区分企业所得税的归属。

2008 年年底之前已成立跨区经营汇总纳税企业，从 2009 年起新设立的分支机构的企业所得税的征管部门应与总机构企业所得税征管部门相一致；从 2009 年起新增跨区经营汇总纳税企业，总机构按基本规定确定的原则划分征管归属，其分支机构企业所得税的管理部门也应与总机构企业所得税管理部门相一致。按税法规定免缴流转税的企业，按其免缴的流转税税种确定企业所得税征管归属；既不缴纳增值税，也不缴纳营业税的企业，其企业所得税暂由地税局管理。既缴纳增值税又缴纳营业税的企业，原则上按照其税务登记时自行申报的主营业务应缴纳的流转税税种确定征管归属；企业税务登记时无法确定主营业务的，一般以工商登记注明的第一项业务为准；一经确定，原则上不再调整。

第二节 企业所得税税收优惠政策

《企业所得税法》构建了“产业优惠为主、区域优惠为辅”的新税收优惠体系，主要从免税、税额抵扣、降低税率、加计扣除等方面进行界定。

一、免征与减征优惠

（一）从事农、林、牧、渔业项目的所得

（1）免征企业所得税的项目的所得：①蔬菜、谷物、薯类、油料、豆类、棉花、麻类、糖料、水果、坚果的种植；②农作物新品种的选育；③中药材的种植；④林木的培育和种植；⑤牲畜、家禽的饲养；⑥林产品的采集；⑦灌溉、农产品初加工、兽医、农技推广、农机作业和维修等农、林、牧、渔服务业项目；⑧远洋捕捞。

（2）减半征收企业所得税的项目的所得：①花卉、茶以及其他饮料作物和香料作物的种植；②海水养殖、内陆养殖。

（二）从事国家重点扶持的公共基础设施项目投资经营的所得

国家重点扶持的公共基础设施项目是指《公共基础设施项目企业所得税优惠目录》规定的港口码头、机场、铁路、公路、电力、水利等。

从事国家重点扶持的公共基础设施项目投资经营的所得，自项目取得第一笔生产经营收入所属纳税年度起，从第一年至第三年免征企业所得税，第四年至第六年减半征收企业所得税。

（三）从事符合条件的环境保护、节能节水项目的所得

环境保护、节能节水项目的所得，自项目取得第一笔生产经营收入所属纳税年度起，从第一年至第三年免征企业所得税，第四年至第六年减半征收企业所得税。

符合条件的环境保护、节能节水项目包括公共污水处理、公共垃圾处理、沼气综合开发利用、节能减排技术改造、海水淡化等。

（四）符合条件的技术转让所得

符合条件的技术转让所得是指一个纳税年度内，居民企业转让技术所有权所得不超过 500 万元的部分，免征企业所得税；超过 500 万元的部分，减半征收企业所得税。

二、高新技术企业优惠

（一）国家需要重点扶持的高新技术企业

税法规定，国家需要重点扶持的高新技术企业，可以减按 15%的税率征收企业所得税。高新技术企业需要符合下列条件。

（1）在中国境内（不含港、澳、台地区）注册的企业，近三年内通过自主研发、受让、受赠、并购等方式，或通过 5 年以上的独占许可方式，对其主要产品（服务）的核心技术拥有自主知识产权。

（2）产品（服务）属于《国家重点支持的高新技术领域》规定的范围（即税法规定的“八大领域”）。

（3）具有大学专科以上学历的科技人员占企业当年职工总数的 30%以上，其中研发人员占企业当年职工总数的 10%以上。

（4）企业为获得科学技术（不包括人文、社会科学）新知识，创造性运用科学技术新知识，或实质性改进技术、产品（服务）而持续进行了研究开发活动，且近三个会计年度的研究开发费用总额占销售收入总额的比例符合如下要求：①最近一年销售收入小于 5 000 万元的企业，比例不低于 6%；②最近一年销售收入在 5 000 万元至 20 000 万元的企业，比例不低于 4%；③最近一年销售收入在 20 000 万元以上的企业，比例不低于 3%。

（5）高新技术产品（服务）收入占企业当年总收入的 60%以上。

（6）企业研究开发组织管理水平、科技成果转化能力、自主知识产权数量、销售与总资产成长性四项指标综合得分达到 71 分（含 71 分）以上。

（二）经济特区和上海浦东新区新设立高新技术企业

经济特区和上海浦东新区新设立高新技术企业，采取如下过渡性税收优惠政策。

（1）经济特区和上海浦东新区在 2008 年 1 月 1 日之后完成登记注册的国家重点扶持的高新技术企业取得的所得，自项目取得第一笔生产经营收入所属纳税年度起，从第一年至第二年免征企业所得税，第三年至第五年按照 25%的法定税率减半征收企业所得税。

（2）经济特区和上海浦东新区新设立高新技术企业同时在经济特区和上海浦东新区以外的地区从事生产经营的，应该单独计算在经济特区和上海浦东新区取得的所得，并合理分摊期间费用，没有单独计算的，不得享受企业所得税优惠。

（3）经济特区和上海浦东新区新设立高新技术企业在享受优惠期间，不再具有高新技术企业资格的，从不再具有高新技术企业资格年度起，停止享受过渡性税收优惠；以后再被认定为高新技术企业的，不得继续享受或重新享受过渡性税收优惠。

三、小型微利企业优惠

符合条件的小型微利企业，减按20%的税率征收企业所得税。

（一）小型微利企业的认定

符合条件的小型微利企业是指从事国家非限制和禁止行业，并符合下列条件的企业：①工业企业，年度应纳税所得额不超过30万元，从业人数不超过100人，资产总额不超过3 000万元；②其他企业，年度应纳税所得额不超过30万元，从业人数不超过80人，资产总额不超过1 000万元。

上述“从业人数”按企业全年平均从业人数计算，“资产总额”按企业年初和年末的资产总额平均计算。

（二）小型微利企业的优惠政策

（1）按照财税〔2015〕34号规定，自2015年1月1日至2017年12月31日，对年应纳税所得额低于20万元（含20万元）的小型微利企业，其所得减按50%计入应纳税所得额，按20%的税率缴纳企业所得税。

（2）按照财税〔2015〕99号规定，自2015年10月1日至2017年12月31日，对年应纳税所得额为20万~30万元（含30万元）的小型微利企业，其所得减按50%计入应纳税所得额，按20%的税率缴纳企业所得税。

四、加计扣除优惠

（一）研究开发费

研究开发费是指企业在新技术、新产品、新工艺方面的研究开发费用支出，未形成无形资产计入当期损益的，在按照规定据实扣除的基础上，按照研究开发费用的50%加计扣除；形成无形资产的，按照无形资产成本的150%摊销。

企业实际发生的研发费在年度中间预缴所得税时，允许据实计算扣除，在年度终了进行所得税申报和汇算清缴时，按照规定加计扣除。

（二）企业安置残疾人员所支付的工资

企业安置残疾人员及国家鼓励安置的其他就业人员所支付的工资支出，可以在计算应纳税所得额时加计扣除。企业安置残疾人员所支付的工资的加计扣除，是指企业安置残疾人员在按照支付给残疾职工工资据实扣除的基础上，按照支付给残疾职工工资的100%加计扣除。企业安置国家鼓励安置的其他就业人员所支付的工资的加计扣除办法，由国务院另行规定。

五、创业投资企业优惠

创业投资企业从事国家重点扶持和鼓励的创业投资，可以按投资额的一定比例抵扣应纳税所得额。

创业投资企业优惠是指创业投资企业采取股权投资方式投资于未上市的中小高新技术企业两年以上的，可以按照其投资额的70%在股权持有满两年的当年抵扣该创业投资企业的应纳税所得额；当年不足抵扣的，可以在以后纳税年度结转抵扣。

六、加速折旧优惠

企业的固定资产由于技术进步等，确需加速折旧的，可以采取缩短折旧年限或加速折旧的办法。可采取以上折旧办法的固定资产如下：①由于技术进步，产品更新换代较快的固定资产；②常年处于强震动、高腐蚀状态的固定资产。

采取缩短折旧年限方法的，最低折旧年限不得低于规定折旧年限的 60%；采取加速折旧方法的，可以采取双倍余额递减法和年数总和法。

七、减计收入优惠

减计收入优惠企业综合利用资源，生产符合国家产业政策规定产品所取得的收入，可以在计算应纳税所得额时减计收入。

综合利用资源是指企业以《资源综合利用企业所得税优惠目录》规定的资源为主要原料，生产国家非限制和禁止并符合国家和行业标准的产品取得的收入，减按 90%计入收入总额。

上述所称原材料占生产产品材料的比例不得低于《资源综合利用企业所得税优惠目录》规定的标准。

【例 8-1】 某垃圾发电厂为中国的居民纳税人，2015 年生产经营情况如下：销售收入 6 000 万元（其中属于符合条件的综合利用资源产出产品的收入 4 000 万元）；销售成本 4 600 万元；销售费用 150 万元，管理费用 300 万元；缴纳增值税 140 万元，缴纳城市维护建设税和教育费附加共计 14 万元，假设无其他纳税调整事项。要求：计算该企业 2015 年的应纳所得税税额。

【解析】

（1）2015 年企业的会计利润=6 000 –4 600 –150 –300 –14=936（万元）。

（2）符合条件的综合利用资源产出产品减按 90%计收入，调减额=4 000×10%=400（万元）。

（3）应税所得额=936 –400=536（万元）。

（4）应纳税额=536×25%=134（万元）。

八、税额抵免优惠

税额抵免是指企业购置并实际使用《环境保护专用设备企业所得税优惠目录》、《节能节水专用设备企业所得税优惠目录》和《安全生产专用设备企业所得税优惠目录》规定的环境保护、节能节水、安全生产等专用设备的，该专用设备的投资额的 10%可以从企业当年的应纳税额中抵免；当年不足抵免的，可以在以后 5 个纳税年度结转抵免。

享受企业所得税优惠的企业，应当实际购置并自身实际投入使用前款规定的专用设备；企业购置上述专用设备在 5 年内转让、出租的，应当停止享用企业所得税优惠，并补缴已经抵免的企业所得税税款。转让的受让方可以按照该专用设备投资额的 10%抵免当年企业所得税应纳税额；当年应纳税额不足抵免的，可以在以后 5 个纳税年度结转抵免。

企业所得税优惠目录，由国务院财政、税务主管部门商国务院有关部门制定，报国务院批准后公布施行。

【例 8-2】 2015 年某居民企业购买安全生产专用设备用于生产经营，取得的增值税普通发票上注明设备价款 11.7 万元。已知该企业 2013 年度亏损 40 万元，2014 年度盈利 20 万元，2015 年度经审核的应纳税所得额为 60 万元。请计算 2015 年度该企业实际应缴纳企业所得税。

【解析】

主要涉及亏损弥补、税收优惠和税额的计算。

企业当年实现的所得可以先弥补以前年度的亏损再计算税额，最长弥补期限不超过 5 年。

当年应纳税额=[60 –（40 –20）]×25%=10（万元）。

企业购置并实际使用的安全生产专用设备允许按设备投资额的 10%抵免当年的应纳税额。实际应纳税额=10 –11.7×10%=8.83（万元）。

九、民族自治地区的优惠

民族自治地方的自治机关对本民族自治地方的企业应缴纳的企业所得税中属于地方分享的部分，可以决定减征或者免征。自治州、自治县决定减征或是免征的，须报省、自治区、直辖市人民政府批准。对民族自治地方内国家限制和禁止行业的企业，不得减征或免征企业所得税。

十、非居民企业优惠

非居民企业在中国境内未设立机构、场所的，或者虽设立机构、场所但取得的所得与其所设机构、场所没有实际联系的，减按 10%的税率征收企业所得税。该类非居民企业取得的下列所得免征企业所得税：外国政府向中国政府提供贷款取得的利息所得；国际金融组织向中国政府和居民企业提供优惠贷款取得的利息所得；经国务院批准的其他所得。

十一、其他有关行业的优惠

（一）软件产业和集成电路产业优惠政策

（1）软件生产企业实行增值税即征即退政策所退还的税款，由企业用于研究开发软件产品和扩大再生产，不作为企业所得税应税收入，不予征收企业所得税。

（2）我国境内新办软件生产企业经认定后，自获利年度起，第一年和第二年免征企业所得税，第三年至第五年减半征收企业所得税。

（3）国家规划布局内的重点软件生产企业，如当年未享受免税优惠的，减按 10% 的税率征收企业所得税。

（4）软件生产企业的职工培训费用，可按实际发生额在计算应纳税所得额时扣除。

（5）企事业单位购进软件，凡符合固定资产或无形资产确认条件的，可以按照固定资产或无形资产进行核算，经主管税务机关核准，其折旧或摊销年限可以适当缩短，最短可为 2 年。

（6）集成电路设计企业视同软件企业，享受上述软件企业的有关企业所得税政策。

（7）集成电路生产企业的生产性设备，经主管税务机关核准，其折旧年限可以适当缩短，最短可为 3 年。

（二）证券投资基金的优惠政策

（1）对证券投资基金从证券市场中取得的收入，包括买卖股票、债券的差价收入，股权的股息、红利收入，债券的利息收入及其他收入，暂不征收企业所得税。

（2）对投资者从证券投资基金分配中取得的收入，暂不征收企业所得税。

（3）对证券投资基金管理人运用基金买卖股票、债券的差价收入，暂不征收企业所得税。

第三节　企业所得税应纳税额的计算

一、应纳税所得额的确定

《企业所得税法》规定，应纳税所得额是指企业每一纳税年度的收入总额，减除不征税收入、免税收入、各项扣除以及允许弥补的以前年度亏损后的余额。

应纳税所得额是企业所得税的计税依据，它是指纳税人每一纳税年度的收入总额减去准予扣除项目金额后的余额。正确确定应纳税所得额是正确计算应纳所得税税额的关键，直接关系到国家财政收入的实现和纳税人的税收负担，是所得税制度的核心问题。应纳税所得额的计算公式为

应纳税所得额=收入总额-不征税收入-免税收入-各项扣除-以前年度亏损

企业所得税应纳税所得额的确定，以权责发生制为原则，属于当期的收入和费用，不论款项是否收付，均作为当期的收入和费用；不属于当期的收入和费用，即使款项已经在当期收付，均不作为当期的收入和费用。

（一）收入总额

收入总额是指纳税人在一个纳税年度内取得的货币形式和非货币形式的各项收入，具体包括销售货物收入、提供劳务收入、转让财产收入、股息红利等权益性投资收益、利息收入、租金收入、特许权使用费收入、接受捐赠收入和其他收入。

企业取得收入的货币形式包括现金、存款、应收账款、应收票据、准备持有至到期的债券投资以及债务的豁免等。企业取得收入的非货币形式包括固定资产、生物资产、无形资产、股权投资、存货、不准备持有至到期的债券投资、劳务以及有关权益等。企业以非货币形式取得的收入，按照公允价值确定收入额。

1. 收入确定的基本规定

（1）销售货物收入是指企业销售商品、产品、原材料、包装物、低值易耗品以及其他存货取得的收入。

（2）劳务收入是指企业从事建筑安装、修理修配、交通运输、仓储租赁、金融保险、邮电通信、咨询经纪、文化体育、科学研究、技术服务、教育培训、餐饮住宿、中介代理、卫生保健、社区服务、旅游、娱乐、加工以及其他劳务服务活动取得的收入。

（3）转让财产收入是指企业转让固定资产、生物资产、无形资产、股权、债权等财产取得的收入。

（4）股息、红利等权益性投资收益是指企业因权益性投资从被投资方取得的收入。股息、红利等权益性投资收益，除国务院财政、税务主管部门另有规定外，按照被投资方做出利润分配决定的日期确认收入的实现。

（5）利息收入是指企业将资金提供给他人使用但不构成权益性投资，或者因他人占用本企业资金取得的收入，包括存款利息、贷款利息、债券利息、欠款利息等。利息收入，按照合同约定的债务人应付利息的日期确认收入的实现。

（6）租金收入是指企业提供固定资产、包装物或者其他有形资产的使用权取得的收入。租金收入，按照合同约定的承租人应付租金的日期确认收入的实现。

（7）特许权使用费收入是指企业提供专利权、非专利技术、商标权、著作权以及

其他特许权的使用权取得的收入。特许权使用费收入，按照合同约定的特许权使用人应付特许权使用费的日期确认收入的实现。

（8）接受捐赠收入是指企业接受的来自其他企业、组织或者个人无偿给予的货币性资产、非货币性资产。接受捐赠收入，按照实际收到捐赠资产的日期确认收入的实现。

（9）其他收入是指企业取得的除以上收入外的其他收入，包括企业资产溢余收入、逾期未退包装物押金收入、确实无法偿付的应付款项、已作坏账损失处理后又收回的应收款项、债务重组收入、补贴收入、违约金收入、汇兑收益等。

2. 收入确定的特殊规定

（1）以分期收款方式销售货物的，按照合同约定的收款日期确认收入的实现。

（2）企业受托加工制造大型机械设备、船舶、飞机，以及从事建筑、安装、装配工程业务或者提供其他劳务等，持续时间超过 12 个月的，按照纳税年度内完工进度或者完成的工作量确认收入的实现。

（3）采取产品分成方式取得收入的，按照企业分得产品的日期确认收入的实现，其收入额按照产品的公允价值确定。

（4）企业发生非货币性资产交换，以及将货物、财产、劳务用于捐赠、偿债、赞助、集资、广告、样品、职工福利或者利润分配等用途的，应当视同销售货物、转让财产或者提供劳务，但国务院财政、税务主管部门另有规定的除外。

3. 处置资产收入的确认

1）内部处置资产

根据国税函〔2008〕875 号规定，纳税人内部处置资产（所有权在形式和内容上均不变），不视同销售确认收入，相关资产的计税基础延续计算。例如，将资产用于生产、制造、加工另一产品；改变资产形状、结构或性能；改变资产用途（如自建商品房转为自用或经营）；将资产在总机构及分支机构之间转移；上述两种或两种以上情形的混合；其他不改变资产所有权属的用途。

2）资产移送他人

如果纳税人将资产移送他人，所有权属发生改变的，应按视同销售确认收入。例如，用于市场推广或销售；用于交际应酬；用于职工奖励或福利；用于股息分配；用于对外捐赠；其他改变资产所有权属的用途。

3）处置资产的计税依据

属于企业自制的资产，按企业同类资产同期对外售价确定销售收入；属于外购的资产，按购入时的价格确定销售收入。

4. 相关收入实现的确认

1）确认收入实现的基本条件

企业销售商品同时满足下列条件的，应确认收入的实现：①已签订销售合同，企业已将商品所有权相关的主要风险和报酬转移给购货方；②企业对所售出的商品既没有保留通常与所有权相联系的继续管理权，也没有实施有效控制；③收入的金额能可靠地计量；④已发生或将发生的销货方的成本能够可靠地计算。

2）确认纳税人实现收入的具体规定

（1）纳税人销售商品，且符合收入确认条件的，按照以下规定确定收入实现时间：①托收承付方式的，以办妥托收手续时确认收入；②预收款方式的，以发出商品时确认收入；③商品需要安装和检验的，在购买方接受商品及安装检验完毕时确认收入；④以支付手续费方式委托代销的，在收到代销清单时确认收入。

（2）采用售后回购方式销售商品的，销售的商品按照售价确认收入，回购的商品作为购进商品处理。

（3）销售商品以旧换新的，销售商品应该按照销售商品收入确认条件确认收入，回收的商品作为购进商品处理。

（4）企业为促销商品销售而在商品价格上给予的价格扣除属于商业折扣，应该按照扣除商业折扣后的金额确定销售商品收入金额。

（5）企业在各纳税期末，提供劳务交易的结果能够可靠估计的，采用完工进度（完工百分比）法确认提供劳务收入。

（6）企业以买一赠一等方式组合销售本企业产品的，不属于捐赠，应将总的销售金额按照各项商品的公允价值的比例来分摊确认各项的销售收入。

（7）企业取得资产（包括各类资产、股权、债券等）转让收入、债务重组收入、接受捐赠收入、无法偿付的应付款收入等，不论是以货币形式还是非货币形式体现，除另有规定外，均应一次性计入确认收入的年度计算缴纳企业所得税。

（二）不征税收入和免税收入

1. 不征税收入

（1）财政拨款是指各级人民政府对纳入预算管理的事业单位、社会团体等组织拨付的财政资金，但国务院和国务院财政、税务主管部门另有规定的除外。

（2）依法收取并纳入财政管理的行政事业性收费、政府性基金。行政事业性收费是指依照法律法规等有关规定，按照国务院规定程序批准，在实施社会公共管理，以及在向公民、法人或者其他组织提供特定公共服务过程中，向特定对象收取并纳入财政管理的费用；政府性基金是指企业依照法律、行政法规等有关规定，代政府收取的具有专项用途的财政资金。

（3）国务院规定的其他不征税收入是指企业取得的，由国务院财政、税务主管部门规定专项用途并经国务院批准的财政性资金。

2. 免税收入

（1）国债利息收入。

（2）符合条件的居民企业之间的股息、红利等权益性收益。

（3）在中国境内设立机构、场所的非居民企业从居民企业取得与该机构、场所有实际联系的股息、红利等权益性投资收益。

（4）符合条件的非营利组织的收入。

（三）扣除原则和范围

1. 扣除项目应遵循的原则

（1）权责发生制原则，即企业应在费用发生时而不是实际支付时确认扣除。

（2）配比原则，即企业发生的费用应当与收入配比扣除。

（3）相关性原则，即企业可扣除的费用从性质上和根源上必须与取得的应税收入相关。

（4）确定性原则，即企业可扣除的费用不论何时支付，其金额必须是确定的。

（5）合理性原则，符合生产经营活动常规，应当计入当期损益或者有关资产成本的必要和正常的支出。

2. 扣除项目的范围

企业所得税法规定，对企业实际发生的与取得收入有关的、合理的成本、费用、税金、损失和其他支出，准予在计算应纳税所得额时扣除。在实际中，计算应纳税所得额时还需注意以下三点：①企业发生的支出应当区别收益性支出和资本性支出。收益性支出在发生当期直接扣除；资本性支出应当分期扣除或者计入资产成本，不得在发生当期直接扣除。②企业的不征税收入用于支出所形成的费用或财产，不得扣除或者计算对应的折旧、摊销扣除。③除税法另有规定外，企业实际发生的成本、费用、税金、损失和其他支出，不得重复扣除。

（1）成本。成本是指企业在生产经营活动中产生的销售成本、销货成本、业务支出以及其他耗费，即企业销售商品（产品、材料、下脚料、废料、废旧物资等）、提供劳务、转让固定资产、无形资产（包括技术转让）的成本。

（2）费用。费用是指企业每一个纳税年度为生产、经营商品和提供劳务等发生的销售（经营）费用、管理费用和财务费用。已经计入成本的有关费用除外。

（3）税金。税金是指企业发生的除企业所得税和允许抵扣的增值税以外的企业缴纳的各项税金及其附加，即企业按规定缴纳的消费税、营业税[①]、城市维护建设税、资源税、土地增值税、关税、房产税、车船税、土地使用税、印花税、教育费附加等产品销售税金及附加。

（4）损失。损失是指企业在生产经营活动中发生的固定资产和存货的盘亏、毁损、

① 2016 年 5 月 1 日，营改增试点在全国范围内实施，营业税退出历史舞台。但是企业所得税是按年计算的，因此原营业税纳税人计算 2016 年的企业所得税时，前四个月发生的营业税可以扣除。从 2017 年开始，企业所得税扣除税金中将不会再出现营业税。营业税改征增值税后，企业缴纳的增值税税金不允许在计算企业所得税前扣除。

报废损失，转让财产损失，呆账损失，坏账损失，自然灾害等不可抗力因素造成的损失以及其他损失。

企业发生的损失，减除责任人赔偿和保险赔款后的余额，依照国务院财政、税务主管部门的规定扣除。

（5）扣除的其他支出。扣除的其他支出是指除成本、费用、税金、损失外，企业在生产经营活动中发生的与生产经营活动有关的、合理的支出。

3. 扣除项目的具体范围和标准

1）工资、薪金支出

企业发生的合理的工资、薪金支出准予据实扣除。工资、薪金是指企业每一纳税年度支付给在本企业任职或者受雇的员工的所有现金形式或者非现金形式的劳动报酬，包括基本工资、奖金、津贴、补贴、年终加薪、加班工资，以及与员工任职或者受雇有关的其他支出。

2）职工福利费、工会经费、职工教育经费支出

企业实际发生的职工福利费、工会经费、职工教育经费按标准扣除，未超过标准的按实际数扣除，超过标准的只能按标准扣除：①职工福利费支出，不超过工资、薪金总额 14%的部分准予扣除，超过规定部分不得扣除；②工会经费支出，不超过工资、薪金总额 2%的部分准予扣除，超过规定部分不得扣除；③职工教育经费支出，不超过工资、薪金总额 2.5%的部分准予扣除，超过规定部分准予在以后纳税年度结转扣除。

3）社会保险费

（1）企业依照国务院有关主管部门或者省级人民政府规定的范围和标准为职工缴纳的基本养老保险费、基本医疗保险费、失业保险费、工伤保险费、生育保险费等基本社会保险费和住房公积金，准予扣除。

（2）企业为投资者或者职工支付的补充养老保险费、补充医疗保险费，在国务院财政、税务主管部门规定的范围和标准内，准予扣除。

（3）除企业依照国家有关规定为特殊工种职工支付的人身安全保险费和国务院财政、税务主管部门规定的可以扣除的其他商业保险费外，企业为投资者或者职工支付的商业保险费，不得扣除。

（4）企业参加财产保险，按照规定缴纳的保险费，准予扣除。

4）利息费用

（1）非金融企业向金融企业借款的利息支出、金融企业的各项存款利息支出和同业拆借利息支出、企业经批准发行债券的利息支出可据实扣除。

（2）非金融企业向非金融企业借款的利息支出，不超过按照金融企业同期同类贷款利率计算的数额的部分可据实扣除，超过部分不得扣除。

5）借款费用

（1）企业在生产经营活动中发生的合理的不需要资本化的借款费用，准予扣除。

（2）企业为购置、建造固定资产、无形资产和经过 12 个月以上的建造才能达到预定可销售状态的存货发生借款的，在有关资产购置、建造期间发生的合理的借款费用，应当作为资本性支出计入有关资产的成本，有关资产交付使用后发生的借款利息，可在发生当期扣除。

6）汇兑损失

企业在货币交易中，以及纳税年度终了时产生的将人民币以外的货币性资产、负债按照期末人民币汇率中间价折算为人民币时产生的汇兑损失，除已经计入有关资产成本以及与向所有者进行利润分配相关的部分外，准予扣除。

7）业务招待费

企业发生的与生产经营活动有关的业务招待费支出，按照发生额的 60%扣除，但最高不得超过当年销售收入的 5‰。

企业在筹建期间发生的与筹办活动有关的业务招待费支出，可按实际发生额的 60%计入企业筹办费，并按有关规定在税前扣除。

8）广告费和业务宣传费

企业发生的符合条件的广告费和业务宣传费支出，除国务院财政、税务主管部门另有规定外，不超过当年销售收入 15%的部分，准予扣除；超过部分，准予在以后纳税年度结转扣除。

企业在筹建期间发生的广告费和业务宣传费，可按实际发生额计入企业筹办费，可按上述规定在税前扣除。

9）环境保护专项资金

企业依照法律、行政法规有关规定提取的用于环境保护、生态恢复等方面的专项资金，准予扣除。该专项资金提取后改变用途的，不得扣除。

10）租赁费

企业根据生产经营活动的需要租入固定资产支付的租赁费，按照以下方法扣除：①以经营租赁方式租入固定资产发生的租赁费支出，按照租赁期限均匀扣除。经营性租赁是指所有权不转移的租赁。②以融资租赁方式租入固定资产发生的租赁费支出，按照规定构成融资租入固定资产价值的部分应当提取折旧费用，分期扣除。融资租赁实质上是转移与一项资产所有权有关的全部风险和报酬的一种租赁。

11）劳动保护费

企业发生的合理的劳动保护支出，准予扣除。

12）公益性捐赠支出

企业发生的公益性捐赠支出，不超过年度利润总额 12%的部分，准予扣除。其中，公益性捐赠是指企业通过公益性社会团体或者县级（含县级）以上人民政府及其部门，用于《中华人民共和国公益事业捐赠法》（简称《公益事业捐赠法》）规定的公益性事业的捐赠。年度利润总额是指企业依照国家统一会计制度的规定计算的年度会计利润。

13）有关资产的费用

企业转让各类固定资产发生的费用，允许扣除。企业按规定计算的固定资产折旧费、无形资产和递延资产的摊销费，准予扣除。

14）总机构分摊的费用

非居民企业在中国境内设立的机构、场所，就其中国境外总机构发生的与该机构、场所生产经营有关的费用，能够提供总机构出具的费用汇集范围、定额、分配依据和方法等证明文件，并合理分摊的，准予扣除。

15）资产损失

企业当期发生的固定资产和流动资产盘亏、毁损净损失，由其提供清查盘存资料经主管税务机关审核后，准予扣除；企业因存货盘亏、毁损、报废等不得从销项税金中抵扣的进项税金，应视同企业财产损失，准予与存货损失一起在企业所得税前按规定扣除。

16）准予扣除的其他项目

依照有关规定准予扣除的其他项目，如会员费、合理的会议费、差旅费、违约金、诉讼费用等。

17）手续和佣金支出

企业发生的与生产经营有关的手续费及佣金支出，不超过以下规定计算限额以内的部分，准予扣除；超过部分，不得扣除。

（1）保险企业：财产保险企业按当年全部保费收入扣除退保金等后余额的 15%（含本数，下同）计算限额；人身保险企业按当年全部保费收入扣除退保金等后余额的 10%计算限额。

（2）其他企业。按与具有合法经营资格中介服务机构或个人（不含交易双方及其雇员、代理人和代表人等）所签订的服务协议或合同确认的收入金额的 5%计算限额。

（四）不得扣除的项目

企业所得税在计算应纳税所得额时，不得扣除的项目如下。

（1）向投资者支付的股息、红利等权益性投资收益款项。

（2）企业所得税税款。

（3）税收滞纳金，即纳税人违反税收法规，被税务机关处以的滞纳金。

（4）罚金、罚款和被没收财物的损失，即纳税人违反国家有关法律、法规规定，被有关部门处以的罚款，以及被司法机关处以的罚金和被没收财物。

（5）超过规定标准的捐赠支出。

（6）赞助支出，即企业发生的与生产经营活动无关的各种非广告性质支出。

（7）未经核定的准备金支出，即不符合国务院财政、税务部门主管机关规定的各项资产减值、风险等准备金支出。

（8）企业之间支付的管理费、企业内营业机构之间支付的租金和特许权使用费，以及非银行企业内营业机构之间支付的利息，不得扣除。

（9）与取得收入无关的其他支出。

（五）亏损弥补

企业某一纳税年度发生的亏损可以用下一年度的所得弥补，下一年度的所得不足以弥补的，可以逐年延续弥补，但最长不得超过 5 年。而且，企业在汇总计算缴纳企业所得税时，其境外营业机构的亏损不得抵减境内营业机构的盈利。

二、企业所得税应纳税额的计算

（一）居民企业应纳税额的计算

应纳税额=应纳税所得额×适用税率－减免税额－抵免税额。

应纳税所得额的计算一般有以下两种方法。

1. 直接计算法

应纳税所得额为企业每一纳税年度的收入总额减除不征税收入、免税收入、各项扣除以及允许弥补的以前年度亏损后的余额，即

应纳税所得额=收入总额－不征税收入－免税收入－各项扣除金额－弥补亏损

2. 间接计算法

应纳税所得额为会计利润总额加或减按照税法规定调整的项目金额后的余额，即

应纳税所得额=会计利润总额±纳税调整项目金额

纳税调整项目金额包括两方面的内容：一是企业的财务会计处理和税收规定不一致的应予以调整的金额；二是企业按税法规定准予扣除的税收金额。

【例 8-3】 A 企业为中国居民企业，2015 年度其生产经营业务如下。

（1）取得产品含税销售收入 2 340 万元（商品适用增值税率为 17%）。

（2）发生产品销售成本 1 280 万元。

（3）发生销售费用 160 万元（其中含广告费用 140 万元）、管理费用 240 万元、逾期归还银行贷款的罚息 4 万元。

（4）应缴纳的增值税 60 万元、其他销售税款 6 万元。

（5）营业外支出 160 万元（其中含向灾区公益捐赠 100 万元）。

要求计算：A 企业 2015 年度利润总额；A 企业 2015 年度公益救济捐赠调整额；A 企业 2015 年度广告费用调整额；A 企业 2015 年度应缴纳的企业所得税额。

【解析】

（1）A 企业利润总额=2 340÷（1+17%）–1 280–160–240–4–6–160=150（万元）。

（2）A 企业公益性捐赠扣除限额=150×12%=18（万元）。准予扣除的公益捐赠为

18 万元，纳税调整额=100−18=82（万元）。

（3）A 企业 2016 年度广告费用调整额计算如下。

广告费用扣除限额=2 340÷（1+17%）×15%=300（万元），实际发生的广告费用为 140 万元，在扣除限额之内，准予按实际扣除。

（4）应纳税所得额=150+82=232（万元）。应缴企业所得税=232 ×25%=58（万元）。

【例 8-4】 某企业为中国居民企业，2015 年度发生经营业务如下。

（1）取得产品销售收入 4 000 万元。

（2）发生产品销售成本 2 600 万元。

（3）取得国债利息收入 10 万元。

（4）发生销售费用 770 万元（其中广告费 650 万元）；管理费用 480 万元（其中业务招待费 25 万元）；财务费用 60 万元。

（5）销售税金 160 万元（含增值税 120 万元）。

（6）营业外收入 80 万元，营业外支出 50 万元（含通过公益性社会团体向贫困山区捐款 30 万元，支付税收滞纳金 6 万元）。

（7）计入成本、费用的实发工资总额 200 万元、拨缴职工工会经费 5 万元、发生职工福利费 31 万元、发生职工教育经费 7 万元。

要求：计算该企业 2015 年度实际应纳的企业所得税。

【解析】

（1）会计利润=4 000−2 600+10−770−480−60−（160−120）+80−50=90（万元）。

（2）国债利息收入调减 10 万元。

（3）广告费=4 000×15%=600（万元），广告费调增 50 万元。

（4）业务招待费：25×60%=15（万元）；4 000×5‰=20（万元），税法允许扣除 15 万元，调增 10 万元。

（5）公益性捐赠=90×12%=10.8（万元）；调增 19.2 万元。

（6）税收滞纳金调增 6 万元。

（7）工会经费=200×2%=4（万元），调增 1 万元。

职工福利费=200×14%=28（万元），调增 3 万元。

职工教育经费=200×2.5%=5（万元），调增 2 万元。

（8）应纳税所得额=90−10+50+10+19.2+6+1+3+2=171.2（万元）。

（9）应纳税额=171.2×25%=42.8（万元）。

（二）境外所得已纳税额的抵免

企业所得税的税额抵免，是指国家对企业来自境外所得依法征收所得税时，允许企业将其已在境外缴纳的所得税税额从其应向本国缴纳的所得税税额中扣除。

1. 允许抵免的所得范围

（1）居民企业来源于中国境外的应税所得。

（2）非居民企业在中国境内设立机构、场所，取得发生在中国境内但与该机构场所有实际联系的应税所得。

居民企业从其直接或间接控制的外国企业分得的来源于中国境外的股息、红利等权益性投资收益，外国企业在境外实际缴纳的所得税税额中属于该项所得负担的部分，可以作为该居民企业的可抵免境外所得税税额，在《企业所得税法》规定的抵免限额内抵免。

其中，直接控制是指居民企业直接持有外国企业 20%以上股份；间接控制是指居民企业以间接持股方式持有外国企业 20%以上股份，具体认定办法由国务院财政、税务主管部门另行规定。

2. 境外所得抵扣税额的计算

税额抵免有全额抵免和限额抵免，我国税法实行限额扣除。税法规定，纳税人来源于中国境外的所得，已在境外缴纳的所得税税款，准予在汇总纳税时，从当期应纳税额中抵免，抵免限额为该项所得依照《企业所得税法》规定计算的应纳税额，超过抵免限额的部分，可以在以后 5 个年度内，用每个年度抵免限额抵免当年应抵税额后的余额进行抵补。

所谓“已在境外缴纳的所得税税款”，是指纳税人来源于中国境外的所得，在境外实际缴纳的企业所得税性质的税款。企业按照《企业所得税法》规定抵免企业所得税税额时，应当提供中国境外税务机关出具的税款所属年度的有关纳税凭证。

所谓“境外所得依《企业所得税法》规定计算的应纳税额”，也称抵免限额，是指纳税人的境外所得，依照《企业所得税法》和《企业所得税法实施条例》的有关规定，计算的应纳税额。该应纳税额即为抵免限额，应当分国（地区）不分项计算，其计算公式：抵免限额=中国境内、境外所得按照《企业所得税法》和《企业所得税法实施条例》规定计算的应纳税总额×来源于某国（地区）的应纳税所得额÷中国境内、境外应纳税所得总额。

【例 8-5】 某企业 2015 年度境内所得应纳税所得额为 200 万元，已预缴税款 50 万元，来源于境外某国税前所得 100 万元，境外实纳税款 20 万元。该企业当年汇算清缴应补（退）的企业所得税税款是多少？

【解析】

该企业汇总纳税应纳税额=（200+100）×25%=75（万元）。

境外已纳税款扣除限额=（200+100）×25%×100÷（200+100）=25（万元）。

境外实纳税额 20 万元，可全额扣除。

境内已预缴 50 万元，则汇总纳税应纳所得税额=75−20−50=5（万元）。

（三）居民企业核定征收应纳税额的计算

为了加强企业所得税的征收管理，规范核定征收企业所得税工作，保障国家税款及时足额入库，维护纳税人合法权益，核定征收企业所得税的有关规定如下。

1. 核定征收企业所得税的范围

纳税人具有下列情形之一的，应采取核定征收方式征收企业所得税：①依照税收法律法规规定可以不设账簿的；②按照税收法律法规规定应设置但未设置账簿的；③擅自销毁账簿或者拒不提供纳税资料的；④虽设置账簿，但账目混乱或者成本资料、收入凭证、费用凭证残缺不全，难以查账的；⑤发生纳税义务，未按照规定的期限办理纳税申报，经税务机构责令限期申报，逾期仍不申报的；⑥申报的计税依据明显偏低，又无正当理由的。

特殊行业、特殊类型的纳税人和一定规模以上的纳税人不适用核定征收办法。2012 年 1 月 1 日起，专门从事股权（股票）投资业务的企业，不得核定征收企业所得税。

2. 核定征收企业所得税的办法

核定征收方式包括核定应纳税所得额征收和核定应税所得率征收两种办法，以及其他合理的办法。

1）核定应纳所得税额

核定应纳所得税额征收是指税务机关按照一定的标准、程序和方法直接核定纳税人年度应纳企业所得税额，由纳税人按规定进行申报缴纳的办法。

税务机关一般采用下列方法核定征收企业所得税：①参照当地同类行业或者类似行业中经营规模和收入水平相近的纳税人的税负水平核定；②按照应税收入额或成本费用支出额定率核定；③按照耗用的原材料、燃料、动力等推算或测算核定；④按照其他合理方法核定。

2）核定应税所得率

核定应税所得率征收是指税务机关按照一定的标准、程序和方法，预先核定纳税人的应税所得率，由纳税人根据纳税年度内的收入总额或成本费用等项目的实际发生额，按预先核定的应税所得率计算缴纳企业所得税的办法。

凡是具有下列情形之一的，核定其应税所得率：①能正确核算（查实）收入总额，但不能正确核算（查实）成本费用总额的；②能正确核算（查实）成本费用总额，但不能正确核算（查实）收入总额的；③通过合理方法，能计算和推定纳税人收入总额或成本费用总额的。

实行核定应税所得率征收办法的，应纳税额的计算公式如下：

$$应纳税所得额=应税收入额\times应税所得率$$

或

$$应纳税所得额=成本费用支出额\div(1-应税所得率)\times应税所得率$$

$$应纳税额=应纳税所得额\times适用税率$$

实行应税所得率方式核定企业所得税的纳税人，经营多业的，无论其经营项目是否单独核算，均由按税务机关主营项目确定适用的应税所得率。应税所得率应按规定的标准执行，详见表 8-1。

表 8-1 应税所得率表（单位：%）

经营行业	应税所得率
1.农、林、牧、渔业	3 ~ 10
2.制造业	5 ~ 15
3.批发和零售贸易业	4 ~ 15
4.交通运输业	7 ~ 15
5.建筑业	8 ~ 20
6.饮食业	8 ~ 25
7.娱乐业	15 ~ 30
8.其他行业	10 ~ 30

纳税人的生产经营范围、主营业务发生重大变化，或者应纳税所得额或应纳税额增减变化达到 20%的，应及时向税务机关申报调整已确定的应纳税额或应税所得率。

采用上述所列的一种方法不足以正确核定应纳税所得额或应纳税额的，可以同时采用两种以上的方法核定。采用两种以上方法测算的应纳税额不一致时，可按测算的应纳税额从高核定。

【例 8-6】 2015 年某居民企业向主管税务机关申报应税收入总额 120 万元，成本费用支出总额 127.5 万元。经税务机关检查，成本费用核算准确，但收入总额不能确定。税务机关对该企业采取核定征税办法，应税所得率为 25%。计算 2015 年度该企业应纳所得税额。

【解析】

该企业应纳税所得额=127.5÷（1−25%）×25%=42.5（万元）。

应纳所得税额=应纳税所得额×25%=42.5×25%=10.625（万元）。

（四）核定征收企业所得税的管理

（1）主管税务机关应及时向纳税人送达《企业所得税核定征收鉴定表》，及时完成对其核定征收企业所得税的鉴定工作。

纳税人应在收到《企业所得税核定征收鉴定表》后 10 个工作日内填好该表并报送主管税务机关。《企业所得税核定征收鉴定表》一式三联，主管税务机关和县级税务机关各执一联，另一联送达纳税人执行。主管税务机关还可根据实际工作需要，适当增加联次备用。

纳税人收到《企业所得税核定征收鉴定表》后，未在规定期限内填列、报送的，税务机关视同纳税人已经报送，按上述程序进行复核认定。

（2）纳税人实行核定应纳所得税额方式的，按下列规定申报纳税：①纳税人在应纳所得税额尚未确定之前，可暂按上年度应纳所得税额的 1/12 或 1/4 预缴，或者按经主管税务机关认可的其他方法，按月或按季分期预缴；②在应纳所得税额确定以后，减除当年已预缴的所得税额，余额按剩余月份或季度均分，以此确定以后各月或各季的应纳税额，由纳税人按月或按季填写《中华人民共和国企业所得税月（季）度预缴纳税申报表（B 类）》，在规定的纳税申报期限内进行纳税申报。③纳税人年度终了后，在规定的时限内按照实际经营额或实际应纳税额向税务机关申报纳税。申报额超过核定经营额或应纳税额的，按申报额缴纳税款；申报额低于核定经营额或应纳税额的，按核定经营额或应纳税额缴纳税款。④对违反上述规定的行为，按照《税收征收管理法》及其实施细则的有关规定处理。

（3）纳税人实行核定应税所得率方式的，按下列规定申报纳税：①主管税务机关根据纳税人应纳税额的大小确定纳税人按月或者按季预缴，年终汇算清缴。预缴方法一经确定，一个纳税年度内不得改变；②纳税人应依照确定的应税所得率计算纳税期间实际应缴纳的税额，进行预缴。按实际数额预缴有困难的，经主管税务机关同意，可按上一年度应纳税额的 1/12 或 1/4 预缴，或者按经主管税务机关认可的其他方法预缴；③纳税人预缴税款或年终进行汇算清缴时，应按规定填写《中华人民共和国企业所得税月（季）度预缴纳税申报表（B 类）》，在规定的纳税申报时限内报送主管税务机关。

第四节　企业所得税筹划的基本方法

一、利用纳税人的不同形式进行筹划

纳税人身份的税收筹划主要是改变居民身份或通过纳税人之间的合并、分立、集团公司内设立子公司或分公司的选择，从而达到规避高税率、享受税收优惠的目的。

（一）居民企业与非居民企业

《企业所得税法》把企业分为居民企业和非居民企业两类，而居民企业与非居民企业在税法上规定的差异（表 8-2）为企业进行税收筹划提供了一定的空间。

表 8-2　居民企业与非居民企业的比较

纳税人		征税对象	适用税率
居民企业	在中国境内成立，或虽在国外（地区）成立，但实际管理机构在境内	境内、外所得	基本税率 25%
非居民企业	在中国境内设立机构、场所	来源于中国境内的所得，以及发生在中国境外但与其所设机构、场所有实际联系的所得	
	在中国境内未设立机构、场所	来源于中国境内的所得	低税率 20%（减按 10%征收）

企业应当尽可能避免作为居民企业进行纳税，还应尽可能地将企业设在避税地或低税地区；尽可能减少一些与境内机构、场所有实际联系的收入。

（二）企业合并与分立

1. 企业合并

一般情况下，被合并企业应视为按公允价值转让、处置全部资产，计算资产的转让所得，依法缴纳所得税；被合并企业以前年度的亏损不得结转到合并企业弥补。合并企业接受被合并企业的有关资产，计税时可按经评估确认的价值确定成本。合并企业和被合并企业为实现合并而向股东回购本公司股份，回购价格与发行价格之间的差额，应作为股票转让所得或损失。

合并企业支付给被合并企业或其股东的收购价款中，除合并企业股权以外的现金、有价证券和其他资产，不高于所支付的股权票面价值 20%的，当事人各方可选择按以下规定进行所得税税收处理：①被合并企业不确认全部资产的转让所得或损失，不计算缴纳所得税；被合并企业合并以前的全部企业所得税事项由合并企业承担，以前年度的亏损，如未超过法定弥补期限，可由合并企业与被合并企业资产相关所得弥补；合并企业接受被合并企业全部资产的计税成本，须以被合并企业原账面净值为基础确定。②被合并企业的股东以其持有的原被合并企业的股权交换合并企业的股权，不视为出售旧股、购买新股处理。被合并企业的股东换得新股的成本，须以其所持旧股的成本为基础确定。

因此企业在合并中由于产权交换支付方式不同，其转让所得、资产计价、亏损弥补等涉及所得税事项可选择不同的税务处理方法，企业在合并时进行税收筹划要注意以下几点。

（1）资产转让损益确认与否对所得税负的影响。在企业合并中，被合并企业是否确认财产转让收益取决于产权交换支付方式。在合并企业支付给被合并企业或其股东的收购价款中，非股权支付额不高于 20%的，被合并企业可以不确认全部资产的转让所得或损失，只有待股权转让后才计算损益，作为资本利得所得税。合并企业支付给被合并企业或其股东的非股权支付额高于 20%的，被合并企业应视为按公允价值转让、处置全部资产，计算资产转让所得，依法缴纳财产转让所得税。

（2）资产计价税务处理对所得税负的影响。在非股权支付额不高于 20%的情况下，合并企业接受被合并企业全部资产的计税成本，可按被合并企业原账面净值基础确定；而如果非股权支付额高于 20%，合并企业接受被合并企业的资产，可按经评估确认的价值确定计税成本。两种不同情况下，合并企业接受的被合并企业的资产计入成本费用价值基础不同，必然导致税前扣除的金额不同，从而使合并企业的所得税负不同。

（3）亏损弥补的处理对所得税负的影响。在非股权支付额不高于 20%的情况下，被合并企业以前年度的亏损，未超过法定弥补期限的，可由合并企业继续按规定用以后年度实现的与被合并企业资产相关的所得弥补；而高于 20%的，被合并企业以前年度的亏损，不得结转到合并企业弥补。

2. 企业分立

一般情况下，被分立企业应视为按公允价值转让其被分离出去的部分或全部资产，计算被分立企业的财产转让所得，依法缴纳所得税；分立企业接受被分立企业的资产，在计税时可按经评估确认的价值确定成本。如是存续分立，被分立企业未超过法定弥补期限的亏损额可由存续企业继续弥补；如是新设分立，被分立企业未超过法定弥补期限的亏损额不得结转到分立企业弥补。分立企业支付给被分立企业或其股东的交换价款中，除分立企业股权以外的非股权支付额，不高于20%的，经税务机关审核确认，企业分立当事各方也可选择下列规定进行分立业务的所得税处理：被分立企业可不确认分离资产的转让所得或损失，不计算所得税；分立企业接受被分立企业的全部资产和负债的成本，须以被分立企业的账面净值为基础结转确定；被分立企业已分离资产相对应的纳税事项由接受资产的分立企业承继，被分立企业的未超过法定弥补期限的亏损额由接受分离资产的分立企业承继。

同样的，企业分立中由于产权交换所采用的支付方式不同，其资产转让损益、亏损弥补等涉及所得税的事项也可选择不同的税务处理方法，企业在分立时进行税收筹划要注意以下几点。

（1）资产转让损益的确认。当被分立企业分离给分立企业的资产转让价格高于账面净值时，应选择分立企业支付给被分立企业的非股权支付额不高于20%的支付方式；当被分立企业分离给分立企业的资产转让价格低于账面净值时，则应选择分立企业支付给被分立企业的非股权支付额高于20%的支付方式，从而降低被分立企业的所得税负。

（2）资产计价的税务处理。当被分立企业分离给分立企业资产的评估价值低于账面净值时，应选择非股权支付额不高于20%的支付方式，从而降低分立企业的所得税负；当被分立企业分离给分立企业资产的评估价值高于账面净值时，要选择哪一种支付方式，则必须考虑其他方面的因素，因为不管采用哪种支付方式，分立企业都可按其所接受的资产的评估价值确定结转计税成本。

（3）亏损弥补的处理。如果被分立企业尚有未超过法定弥补期限的亏损额时，应选择非股权支付额不高于20%的支付方式，因为选择这种支付方式可以降低分立企业的所得税负。而是否选择非股权支付额高于20%的支付方式，还必须看企业采用的是存继分立还是新设分立。

3. 企业并购后组织形式的设置

当并购企业并购目标企业后，目标企业通常成为并购企业的从属机构。从属机构的形式一般有分公司和子公司，对从属机构形式的不同选择，决定着并购后企业总体税收负担的高低。

（1）子公司和分公司的税收待遇差异。子公司和分公司的税收待遇差异主要体现在企业所得税的纳税主体和税收优惠方面。国际上通行的做法是把总公司和分公司作为一个纳税实体，允许它们合并纳税。分公司不是独立法人，税法中规定对法人才可以享受的税收优惠待遇，如果总公司不符合条件，分公司就不能享受。子公司具备独立法人地位，国际上通行的做法是把母公司和子公司视为独立的法人，分别纳税。

（2）筹划思路。根据上述差异，可以做以下筹划：①对于设立初期亏损的分支机构，或者在总公司亏损、分支机构盈利的情况下，分支机构宜采用分公司的形式，从而可以盈亏相抵；②若分公司处于税率较高的地区，通过汇总纳税，可以实现规避高税率的目的。反之，分支机构适合选择子公司的形式。

【例 8-7】 A 企业购买 B 企业，出价 200 万元，B 企业账面净资产为 150 万元。购买方式有两种选择：一是全部用股票支付；二是用股权支付 60%，其余用现金支付。

【解析】

在第一种方式下，B 企业不计算资产转让所得，不用缴纳所得税。

在第二种方式下，由于非股权支付额超过 20%，则 B 企业在合并时应按资产转让所得计算缴纳所得税。应纳所得税为（200–150）×25%=12.5（万元）。

结论：可见第二种方式企业需要负担的所得税税额较大，建议采用第一种方式。

二、利用税法对计税依据的政策规定进行税收筹划

计税依据的确定较复杂，其筹划空间较大，也是企业所得税税收筹划的重点。按照《企业所得税法》的规定，企业所得税的计税依据为应纳税所得额。应纳税所得额是企业每一纳税年度的收入总额，减除不征税收入、免税收入、各项扣除以及允许弥补的以前年度亏损后的余额。因此，企业所得税计税依据的筹划又可以分为收入的筹划、扣除的筹划和亏损的筹划。

（一）利用税法对收入的确认政策进行筹划

1. 推迟收入的实现时间以获得资金的时间价值

按照《企业所得税法》规定，收入包括企业的货币形式收入和非货币形式收入，具体分为销售货物收入、提供劳务收入、转让财产收入、股息和红利等权益性投资收益、利息收入、租金收入、特许权使用费收入、接受捐赠收入和其他收入。股息和红利等权益性投资收益、利息收入、租金收入、特许权使用费收入、接受捐赠收入明确规定了收入确认的时点，这就为收入的税收筹划提供了依据和空间。例如，让被投资方推迟做出利润分配决定的日期，就可以推迟股息和红利等权益性投资收益的确认时间；推迟借债合同中债务人应付利息的日期，就可以推迟利息收入的确认时间；推迟合同约定的承租人应付租金的日期，就可以推迟租金收入的确认时间；推迟合同约定的特许权使用人应付特许权使用费的日期，就可以推迟特许权使用费收入的确认时间；推迟实际收到捐赠资产的日期，就可以推迟接受捐赠收入的确认时间；推迟企业分得产品的日期，就可以推迟采取产品分成方式取得收入的确认时间。推迟这些类型收入

的确认时间，无疑会推迟缴纳企业所得税，相当于企业从国家财政取得了一项无息贷款，使企业获得了资金的时间价值。

【例 8-8】 新美集团公司的美丽日化厂生产化妆品，2016 年 7 月 10 日，有一批化妆品销售给其关联企业新海市日化贸易公司，已知该批化妆品销售收入不含税价款为 500 万元，销售成本为 400 万元，对该交易有两种销售方式可供选择：一是现销方式，当期日化厂结转收入和成本，二是赊销方式，约定 2017 年 2 月 10 日付款。假设该企业的投资报酬率为 12%，问两种销售方式对美丽日化厂有何影响？

【解析】

方案 1：采取现销方式，销售化妆品应纳企业所得税=（500–400）×25%=25（万元），产生净利润为=100–25=75（万元）。

此时，该企业获得的资金现值就是 75 万元。

方案 2：采取赊销方式，2017 年销售化妆品应纳企业所得税=（500–400）×25%=25（万元），产生净利润为=100–25=75（万元）。

此时，该企业获得的资金现值为 75+25×12%×7/12=76.75（万元）。

结论：由此可见，方案 2 对该集团公司更有利。

注意：筹划时双方必须达成默契，经过彼此同意，另外，如果不是关联企业，就必须考虑赊销造成坏账的风险。

2. 减少收入额以降低计税依据

这主要是充分利用免税收入的规定。按照 2007 年颁布的《企业所得税法》规定，企业的免税收入包括国债利息收入、符合条件的居民企业之间的股息和红利等权益性投资收益、在中国境内设立机构或场所的非居民企业从居民企业取得与该机构或场所有实际联系的股息及红利等权益性投资收益、符合条件的非营利组织的收入。因此，企业应充分利用这些免税收入的规定，在经营活动一开始就进行筹划，争取这些免税收入规定。

（二）利用税法对扣除的政策规定进行筹划

企业所得税扣除的筹划空间较大，也是计税依据筹划的重点。扣除的筹划策略主要包括以下两种。

1. 增加扣除额

在收入一定的情况下，随着扣除额的增加，计税依据相应减少，进而减少应纳税额。在此方法中，可以充分利用税法准予扣除的项目，在不超过扣除标准的情况下，尽量做到最大限额的扣除。例如，按照《企业所得税法实施条例》第三十五条的规定，企业依照国务院有关主管部门或者省级人民政府规定的范围和标准为职工缴纳的基本养老保险费、基本医疗保险费、失业保险费、工伤保险费、生育保险费等基本社会保险费和住房公积金，准予扣除。企业为投资者或者职工支付的补充养老保险费、补充医疗保险费，在国务院财政、税务主管部门规定的范围和标准内，准予扣除。企业应该充分利用这些规定，为职工安排好福利方案。

2. 合理安排扣除的时间

若假设在一个较长时期如十年时间，或者企业存续的整个期间内，企业的总扣除额不变，那么，如何安排每个纳税年度的扣除额，其税收筹划效果就可能不同。

（1）根据盈利情况调整当期扣除额。在企业亏损时，减少当期扣除较为有利；在企业盈利时，增加当期扣除，可获得更多的资金时间价值。

（2）合理利用固定资产的折旧期限和折旧方法。按照《企业所得税法实施条例》规定，固定资产最低折旧年限大大缩短，企业在利润较高时，就应该考虑按照实施条例允许的最低折旧年限计提折旧，增加当期扣除，以减少当期应纳税所得额。但是要注意，必须符合税法的有关规定，如财政部和国家税务总局根据《企业所得税法》及《企业所得税法实施条例》规定，对促进科技进步、环境保护和国家鼓励投资的关键设备，以及常年处于震动、超强度用于酸、碱等强烈腐蚀状态的机器设备，确需缩短折旧年限或采取加速折旧方法的，由纳税人提出申请，经当地主管税务机关审核后，逐级报国家税务总局批准。

【例 8-9】 某企业有一辆价值 500 000 元的货车，残值按原价的 4%估算，估计使用年限为 8 年。该企业适用 25%的企业所得税税率。该企业资金报酬率为 10%，按直线法年计提折旧额。

【解析】

一般说来，折旧年限取决于固定资产的使用年限。使用年限本身就是一个预计的经验值，这使折旧年限容纳了很多人为的成分，为税收筹划提供了可能性。缩短折旧年限有利于加速成本收回，可以使后期成本费用前移，从而使前期会计利润发生后移。在税率稳定的情况下，所得税的递延缴纳，相当于从国家获得了一笔无息贷款。

方案 1：企业将折旧期按 8 年计算，年折旧额为 500 000×（1–4%）÷8=60 000（元）。

折旧节约所得税支出，折合为现值为 60 000×25%×5.335=80 025（元）。

方案 2：企业将折旧期限缩短为 6 年，则年折旧额为 500 000×（1–4%）÷6=80 000（元）。

折旧节约所得税支出，折合为现值为 80 000×25%×4.355=87 100（元）。

总结：尽管折旧期限的改变并未从数字上影响到企业所得税税负的总和，但考虑到资金的时间价值，方案 2 对企业更为有利。

【例 8-10】 胜利汽车制造厂，设备原值 500 000 元，净残值为 5%，年限假定均为 5 年。企业采用平均年限法、双倍余额递减法和年数总和法哪种方法对企业更合适？

【解析】

（1）平均年限法年折旧额为 95 000 元。

（2）双倍余额递减法年折旧率=2/折旧年限×100%=40%。

实行双倍余额递减法的固定资产，在其固定资产折旧年限到期前两年内，将固定资产净值扣除预计净残值后的净额平均摊销（净残值为 500 000×5%=25 000）。

故五年每年折旧额如下。

第一年为 500 000×40%=200 000（元）。

第二年为（500 000–200 000）×40%=120 000（元）。

第三年为（500 000–320 000）×40%=72 000（元）。

第四年为（108 000–25 000）×50%=41 500（元）。

第五年为（108 000–25 000）×50%=41 500（元）。

（3）年数总和法年折旧率=（折旧年限–已使用年限）/折旧年限×（折旧年限+1）/2×100%。

年数总和法计算的每年折旧额如表 8-3 所示。

表 8-3　年数总和法计算的每年折旧额

年份	折旧率	年折旧额/元	账面净值/元
第一年	5/15	158 333	341 667
第二年	4/15	126 667	215 000
第三年	3/15	95 000	120 000
第四年	2/15	63 333	56 667
第五年	1/15	31 667	25 000

假设该企业采用平均年限法计算折旧时，每年的税前利润都是 100 万元，则采用加速折旧计算的税前利润=采用平均年限法计算折旧每年的税前利润+平均年限法折旧额–采用加速折旧计算的折旧额。

三种折旧方法折旧额对利润额和税额的影响如表 8-4 所示。

表 8-4　三种折旧方法折旧额对利润额和税额的影响（单位：元）

年份	平均年限法			双倍余额递减法			年数总和法		
	折旧额	税前利润	所得税额	折旧额	税前利润	所得税额	折旧额	税前利润	所得税额
第一年	95 000	1 000 000	250 000	200 000	895 000	223 750	158 333	936 667	234 167
第二年	95 000	1 000 000	250 000	120 000	975 000	243 750	126 667	968 333	242 083
第三年	95 000	1 000 000	250 000	72 000	1 023 000	255 750	95 000	1 000 000	250 000
第四年	95 000	1 000 000	250 000	41 500	1 053 500	263 375	63 333	1 031 667	257 917
第五年	95 000	1 000 000	250 000	41 500	1 053 500	263 375	31 667	1 063 333	265 833
合计	475 000	5 000 000	1 250 000	475 000	5 000 000	1 250 000	475 000	5 000 000	1 250 000

结论：从表 8-4 中数据可知，虽然各项数据的五年合计相等，但不同计价方法对不同年份的数据产生了不同的影响。以第一年为例，企业应纳税所得额在平均年限法、双倍余额递减法和年数总和法下分别为 250 000 元、223 750 元、234 167 元。如果采用双倍余额递减法可比平均年限法节税 26 250 元，如果采用年数总和法可比平均年限法节税 15 833 元。由此可见，折旧方法对所得税额具有重要的影响作用。如果考虑货币

的时间价值，延期纳税对企业有利。

（3）充分利用存货的计价方法。按照《企业所得税法实施条例》规定发出存货的计价方法包括先进先出法、加权平均法和个别计价法，这也为发出存货的成本扣除提供了筹划的空间。一般来说，在通货紧缩时，若企业盈利，则采用先进先出法有利于减少当期应纳税所得额；在通货膨胀时，若企业盈利，采用加权平均法和个别计价法，可能更有利于减少当期应纳税所得额。

【例 8-11】 鸿利商贸有限公司成立于 2014 年 5 月，在 2016 年先后进货两批，数量相同，进价分别为 400 万元和 600 万元。假定 2017 年和 2018 年各出售一半，售价均为 1 000 万元。试比较企业选用加权平均法、先进先出法两种方法下，哪个对企业更合适（假定企业当年在不发生此笔销售业务时已经盈利）？

【解析】

销售成本、所得税和净利润的计算如表 8-5 所示。

表 8-5 不同计价法下销售成本、所得税和净利润的计算（单位：万元）

项目	加权平均法			先进先出法		
	2017 年	2018 年	合计	2017 年	2018 年	合计
销售收入	1 000	1 000	2 000	1 000	1 000	2 000
销售成本	500	500	1 000	400	600	1 000
税前利润	500	500	1 000	600	400	1 000
所得税	125	125	250	150	100	250
净利润	375	375	750	450	300	750

结论：从表 8-5 中数据可知，虽然各项数据的两年销售收入、销售成本、税前利润合计相等，但不同计价方法企业最终净利润不同，采用加权平均方法比采用先进先出法，第一年会少缴纳 25 万元的企业所得税，假设该公司投资报酬率为 10%，则该公司占有的货币时间价值为 $(150-125)\times(1+10\%)^2-(125-100)\times(1+10\%)=30.25-27.5=2.75$（万元）。所以，宜采用加权平均法。

注意：计价方法一经选定，不得随意改变，确实需要改变计价方法的，应当在下一纳税年度开始前报主管税务机关备案。

（三）利用税法对亏损可以弥补的政策进行筹划

按照《企业所得税法实施条例》第十条的规定，企业所得税法所称的"亏损"是指企业依照《企业所得税法》和《企业所得税法实施条例》的规定，将每一纳税年度的收入总额减除不征税收入、免税收入和各项扣除后小于零的数额。《企业所得税法》第十八条规定，企业纳税年度发生的亏损，准予向以后年度结转。用以后年度的所得弥补，但结转年限最长不得超过五年。因此，合理确定企业的亏损额，显然可以获得一定的税收收益。一般情况下，企业如果预测亏损当年后五年内的盈利额可以弥补当年的亏损，那么，能够尽量增加当年的亏损额显然是有利的。这就要求进行有效的税收筹划。首先，要推迟收入的确认；其次，要准确核算和增加不征税收入及免税收入额；最后，要尽量增加当期扣除。其中，值得注意的是，《企业所得税法》明确将免税收入作为亏损额的减除项（如国债利息收入、符合条件的居民企业之间的股息、红利等权益性投资收益、在中国境内设立机构或场所的非居民企业从居民企业取得与该机构或场所有实际联系的股息及红利等权益性投资收益都是免税收入），可在计算亏损额前剔除，在亏损筹划时充分利用这一点也非常重要。

三、利用税率差异进行筹划

税率的筹划无外乎尽量降低企业适用的税率，这就要求企业根据《企业所得税法》的低税率优惠来进行筹划。《企业所得税法》的低税率优惠包括对小型微利企业和高科技企业的低税率优惠。按照《企业所得税法》和《企业所得税法实施条例》的规定，小型微利企业适用 20%的税率，国家需要重点扶持的高科技企业适用 15%的税率优惠。

小型微利企业从事国家非限制和禁止行业，并符合下列条件：①工业企业，年度应纳税所得额不超过 30 万元，从业人数不超过 100 人，资产总额不超过 3 000 万元；② 其他企业，年度应纳税所得额不超过 30 万元，从业人数不超过 80 人，资产总额不超过 1 000 万元。

国家需要重点扶持的高科技企业是指拥有核心自主知识产权，同时符合下列条件的企业：①产品（服务）属于《国家重点支持的高新技术领域》规定的范围；②研究开发费用占销售收入的比例不低于规定比例；③高新技术产品（服务）收入占企业总收入的比例不低于规定比例；④科技人员占企业职工总数的比例不低于规定比例；⑤ 高新技术企业认定管理办法规定的其他条件。

因此，当企业的规模超过小企业标准较低时就要注意进行筹划，尽量享受小型微利企业和高科技企业的税收优惠。特别是小型微利企业年度应纳税所得额的筹划，还存在一个临界点的问题，即若企业年度应纳税所得额刚刚达到 30 万元，如 30.1 万元，就要按照全额缴纳 25%的企业所得税；若企业减少 0.1 万元应纳税所得额，就可以按照 20%来缴纳企业所得税。因此，当企业应纳税所得额达到 30 万元这个临界点时，就必须认真筹划。经计算，只有当企业的年度应纳税所得额超过 32 万元时。企业多得的 2 万元利润才能够抵补多交的所得税，若企业的年度应纳税所得额超过 30 万元而少于 32 万元，那么企业的税后利润反而会小于年度应纳税所得额为 30 万元时的税后利润。因此，对小型微利企业来说，当年度应纳税所得额接近 30 万元时，使应纳税所得额为 30 万元最为有利，若不能为 30 万元，必须使应纳税所得额超过 32 万元才划算。

【例 8-12】 假设某有限责任公司下辖甲、乙、丙 3 家分公司，应纳税所得额分别为 15 万元、20 万元、28 万元，确定如何利用税率差异进行筹划。

【解析】

方案 1：按照统一核算原则计算应纳税额。

由于该公司 3 家分公司应纳税所得额合计为 66 万元，超过了小型微利企业享受优惠税率的标准，应纳税额=66×25%=16.50（万元）。

方案2：如果将3家公司分解设立为三个子公司，按现行政策规定的优惠税率测算，甲、乙、丙假如被税务机关确定为“小型微利企业”，其应纳税额如下。

甲企业应纳税额=15×20%×50%=1.5（万元）。

乙企业应纳税额=20×20%×50%=2（万元）。

丙企业应纳税额=28×20%×50%=2.8（万元）。

合计为6.3万元。

上下两组数据相比，在企业经营状况完全相同的条件下，方案2较方案1少缴纳企业所得税16.5–6.3=10.2万元。

因此，小型微利企业如何根据自身盈利状况，有力地把握税收筹划应注意以下几点：①无论企业大小在现行所得税政策条件下，还是要选择年应税所得额在1万~20万元、20.000 1万~30万元的磨合区，选择最佳获利。②微利企业按照企业所得税法的符合条件，积极向税务机关申请争取确认为“小型微利企业”，创造比一般企业所得税率低5百分点的税收优惠。③对小型微利企业的发展，在税收政策上国家是积极扶持的，从企业所得税相关的税收政策规定的优惠税率上可以看出，扶持力度正在加大，近年来按照20%的优惠税率再减半征收的政策，由3万元提高到6万元，由6万元提高到10万元，由10万元提高到20万元。2015年10月1日起，由20万元提高到30万元。今后，小型微利企业只有加速提高自身的经济实力，才是应对税收政策变化、着力筹划最佳优惠的方向。

四、利用税收优惠政策进行筹划

《企业所得税法》确立了新的税收优惠体系，企业应根据自己的实际情况，选择适合自己的优惠政策，进行筹划。

（一）利用加计扣除进行筹划

【例8-13】 假如五名股东2017年10月拟成立一家有限责任公司，该有限责任公司投资意向为一家福利企业，向税务师事务所咨询后，为了享受到税法规定的优惠政策，税务师事务所建议企业应关注的优惠政策如下：根据《企业所得税法》及《企业所得税法实施条例》有关政策规定，单位支付给残疾人的实际工资可在企业所得税前据实扣除，并可按支付给残疾人实际工资的100%加计扣除。

（二）利用“三免三减半”政策进行筹划

【例8-14】 某公司从事的是有国家重点扶持的公共基础设施建设，原计划2015年10月开始生产经营，但是当年预计有亏损，因此选择适当推迟日期，以2015年或2016年作为生产经营的开始，预计2016~2020年，各年应纳税所得额为100万元、400万元、800万元、1 000万元和1 200万元，请计算2015~2019年应缴纳的企业所得税，并提出相应的税收筹划方案。

【解析】

方案 1：将 2015 年作为生产经营的开始，该公司从事的是国家重点扶持的公共基础设施建设，自项目取得第一笔生产经营所属的纳税年度起，第一年和第三年免征企业所得税，第四年和第六年减半征收企业所得税，因此将 2015 年作为生产经营的开始，则在 2015 年和 2017 年，企业可享受税收免征，在 2018~2020 年享受减半的税收优惠，但是 2015 年按照正常企业所得税征收。应缴纳企业所得税=（400+800+1 000）×25%×50%+1 200×25%=575（万元）。

方案 2：将 2016 年作为生产经营的开始，则 2016~2018 年享受免税优惠，2019~2021 年享受企业所得税减半优惠。应缴纳企业所得税=（800+1 000+1 200）×25%×50%=375（万元）。

比较两种方案可以看出，方案 2 可以更好地减轻税收负担。

结论：企业所得税的一些定期的税收优惠政策是从企业取得生产经营所得的第一年度开始计算的，如果企业从纳税年度中间甚至是年底开始生产经营，或是企业在生产经营的第一年所得非常少，那么将其作为享受税收优惠政策的第一年，意义并不是很大。因此，可以适当提前或是推迟生产经营活动的日期，在享受优惠的纳税年度中享有更多的便利，以更好地享受税收优惠。

五、企业所得税的其他筹划方法

（一）利用企业清算进行筹划

1. 企业清算的税收政策

企业清算是指企业由于经济或契约等原因，不能或不再继续经营时，按照国家有关法律法规及企业具有法律效力的章程协议等文件精神，依照法定的程序，对企业的资产、债权、债务等进行清理与结算，并对企业剩余财产进行分配，解除企业法人资格的一系列行为。一般的，企业清算时，应以清算期间作为一个纳税年度，清算所得应依法缴纳所得税。企业的清算所得可按下列公式计算：

全部清算财产变现损益=存货变现损益+非存货财产变现损益+清算财产盘盈

净资产或剩余财产=全部清算财产变现损益－应付未付职工工资及劳动保险费等－清算费用－企业拖欠的各项税金－尚未偿付的各项债务－收取债权损失+偿还负债的收入（因债权人原因确实无法归还的债务）

应缴清算所得税=清算所得×适用税率

2. 利用企业清算进行税收筹划的方法

《企业所得税法》对清算所得计算规定的差异，为我们进行企业清算的税收筹划提供了可能。

（1）法定财产重估增值的税收筹划。从上文可以看出，由于法定财产重估增值形成的资本公积部分，在计算清算所得时不得扣除。企业在财产重估中发生增值的有关资产，平时能否按经评估确认的价值确定计税成本，取决于对财产进行重估的原因。一般情况下，在全国统一组织的企业的清产核资中以及企业合并或分立的产权重组中，可按经评估确认的价值确定计税成本，而在企业进行股份制改造和对外投资资产评估时，对已调整相关资产账户的评估增值部分，在计算应纳税所得额时不得扣除。因此，企业应创造条件进行允许按重估后的财产价值确定计税成本的财产评估，抵减更多的所得税，以达到减轻税负的目的。

（2）企业清算日期选择的税收筹划。企业在清算年度应划分为两个纳税年度，从1月1日到清算开始日为一个生产经营纳税年度，从清算开始日到清算结束日的清算期间为一个清算纳税年度。清算日期的选择，往往会影响到两个纳税年度的计税所得，从而影响企业的所得税负。

（二）利用资产租赁方式进行筹划

租赁可以分为经营租赁和融资租赁两种，不同的租赁方式是企业减轻税负的重要方法。对承租人来说，租赁的优点如下：一是可以避免因长期拥有设备而承担的负担和风险；二是可以在经营活动中以支付租金的方式冲减企业利润，从而减少计税依据，降低税负。尤其是，出租人和承租人在一个利益集团时，最终会降低集团的税负。对出租人来说，经营性质的租赁按照租金收入的17%缴纳增值税。融资性租赁对经过中国人民银行批准的经营融资租赁业务的单位所从事的融资租赁业务，无论融资租赁货物的所有权是否转让给租赁方，“营改增”后均按照租金收入的17%缴纳增值税。增值税计税比例的不同，必将影响其对应的城市维护建设税、教育费附加和地方教育费附加等附加税费，进而影响所得税。

总之，资产租赁方式不同，纳税人的税收待遇也不同，双方应该选择适当的租赁方式，以获取较低的所得税税负。

（三）利用合理的筹资渠道进行筹划

企业的筹资渠道主要有财政资金金融机构贷款、企业自我积累、企业之间相互拆借、企业内部集资、发行债券或股票筹资、商业信用筹资、租赁筹资等。不同筹资渠道形成的税负差异很大，而且筹资活动涉及还本付息的问题，利息摊入成本的方法不同、资金往来双方的关系不同以及企业在经济活动中所处的地位不同，税收负担也就不同，这些问题往往是税收筹划的关键。

（四）利用多元投资进行筹划

一般情况下，不同的投资形式，不仅金融风险不同，涉及的企业所得税税收政策也各有差异，因此可以利用其有利于企业的投资形式进行税收筹划。

【例 8-15】 某公司拥有100万元闲置资金，准备用于获得利息。假设五年期国债年利率为4%，银行5年定期存款年利率为4%，向其他企业贷款五年期年利率为6%。请为该公司进行税收筹划。

【解析】

企业在允许的条件下，应当尽可能多地获得免税收入。国债利息免税，当企业选择国债或者其他债券进行投资时，就应当将免税作为一个重要的因素予以考虑。

方案 1：如果购买国债，年利息=100×4%=4（万元），税后利息=4（万元）。

方案 2：如果存入银行，年利息=100×4%=4（万元），税后利息=4−4×25%=3（万元）。

方案 3：如果借给企业，年利息=100×6%=6（万元），营业税=6×5%=0.3（万元），税后利息=（6−0.3）×（1−25%）=4.275（万元）。

从税后利息看，存入银行的利息最少，不足取，购买国债的利息高于储蓄利息但低于借给企业的利息，但由于购买国债风险较小，借给企业风险较大，该公司应当在充分考虑借给该企业的风险以后确定是否选择借给该企业。

（五）利用所得税的预缴方法进行筹划

【例 8-16】 某企业 2015 年纳税年度缴纳企业所得税 1 200 万元，企业预计 2016 年度应纳税所得额会有一个比较大的增长，每季度实际的应纳税所得额分别为 1 500 万元、1 600 万元、1 400 万元、1 700 万元。企业选择按照纳税期限的实际数额来预缴企业所得税。请计算该企业每季度预缴企业所得税的数额，并提出税收筹划方案。

【解析】

企业可以通过选择适当的预缴企业所得税办法进行税收筹划。当企业预计当年的应纳税所得额比上一纳税年度低时，可以选择按纳税期限的实际数预缴，当企业预计当年的应纳税所得比上一纳税年度高时，可以选择按上一年度应纳税所得额的 1/12 或 1/4 的方法分期预缴所得税。

该企业需要在每季度预缴的企业所得税分别如下。

1 500×25%=375（万元）。

1 600×25%=400（万元）。

1 400×25%=350（万元）。

1 700×25%=425（万元）。

2016 年度的实际应纳税所得额比 2015 年度高，而且也在企业的预料之中，因此企业可以选择按上一年度应纳税所得的 1/4 的方法按季度分期预缴所得税。这样，该企业在每季度只需要预缴所得税 300 万元。假设银行活期存款利息为 1%，假设每年计算一次利息，该企业可以获得利息收入=（375−300）×1%×9÷12+（400−300）×1%×6÷12+（350−300）×1%×3÷12=1.187 5（万元）。

（六）利用合理的捐赠方式进行筹划

【例 8-17】 某工业企业 2017 年度预计可以实现会计利润（假设等于应纳税所得额）1 000 万元，企业所得税税率为 25%。企业为提高其产品知名度及竞争力、树立良好的社会形象，决定向有关单位捐赠 200 万元。企业提出两套方案：一是进行非公益性捐赠或不通过我国境内非营利性社会团体、国家机关做公益性捐赠；二是通过我国境内非营利性社会团体、国家机关进行公益性捐赠，并且在当年全部捐赠。请对上述两套方案进行评价，并提出税收筹划方案。

【解析】

纳税人进行捐赠时应当通过特定的机构进行公益性捐赠，可以最大限度地降低企业的税收负担。如果企业在当年的捐赠达到了限额，则可以考虑在下一个纳税年度再进行捐赠，或者将捐赠分成两次或多次进行。

方案 1：不符合公益性捐赠的条件，捐赠额不能在税前扣除。企业在 2016 年度应当缴纳企业所得税为 1 000×25%=250（万元）。

方案 2：符合公益性捐赠的条件，捐赠额在法定扣除限额内的部分可以据实扣除，超过的部分不能扣除。企业应纳所得税为（1 000–1 000×12%）×25%=220（万元）。

为了最大限度地将捐赠支出予以扣除，企业可以将该捐赠分两次进行，2016 年年底一次捐赠 100 万元，2017 年度再次捐赠 100 万元。这样，该 200 万元的捐赠支出同样可以在计算应纳税所得额时予以全部扣除。该方案比方案 2 少缴企业所得税：（200–120）×25%=20（万元）。

➤综合练习题

一、名词解释

居民企业；非居民企业；货币形式收入；非货币形式收入；应纳税所得额

二、简答题

（1）不征税收入和免税收入有哪些？

（2）新企业所得税优惠政策从哪几方面加以体现？

三、综合分析题

富锦集团有限公司设在中部地区，适用所得税税率为 25%，其中一个子公司富曦公司设在西部，享受“两免三减半”政策，2017 年正处在减半期。富锦公司如果把成本价 60 万元、正常售价 80 万元的一批原材料按照 66 万元作价销售给富曦公司，富曦公司再以 90 万元的价格出售。请问：该项业务使集团公司节税多少？该公司采用的是什么节税原理？运用了哪些税收筹划技术？

➤本章拓展

《中华人民共和国企业所得税法》

第九章

个人所得税筹划实务

【学习目标与要求】

本章主要介绍个人所得税的基本法规、计税方法、税收优惠政策等基本税法规定，以及个人所得税的基本筹划方法。通过学习本章，在了解、掌握个人所得税基本税法规定的基础上，学会进行个人所得税的税收筹划。

第一节　个人所得税基本法规规定

个人所得税是对个人（自然人）取得的各项应税所得征收的一种税。

我国目前个人所得税的基本法律依据是第十一届全国人大常委会第21次会议2011年6月30日第六次修订并于同年9月实施的《个人所得税法》和《中华人民共和国个人所得税法实施条例》（简称《个人所得税法实施条例》）。

一、个人所得税的纳税人

个人所得税的纳税人，包括中国公民、个体工商户、个人独资企业、合伙企业投资者、在中国有所得的外籍人员（包括无国籍人员）和中国香港、澳门、台湾同胞。上述纳税人依据住所和居住时间两个标准，区分为居民纳税人和非居民纳税人，他们分别承担不同的纳税义务。

（一）居民纳税人

1. 居民纳税人的判定

根据《个人所得税法》规定，居民纳税人是指在中国境内有住所，或者无住所而在中国境内居住满 1 年的人。

其中，在中国境内有住所的个人，是指因户籍、家庭、经济利益关系，而在中国境内习惯性居住的个人。这里所说的习惯性居住，是指学习、工作、探亲等原因消除后，没有理由在其他地方继续居留时，所要回到的地方。所谓在境内居住满 1 年，是指在一个纳税年度（即公历 1 月 1 日起至 12 月 31 日止）内，在中国境内居住满 365 日。在计算居住天数时，对临时离境应视同在华居住，不扣减其在华居住的日数。这里所说的临时离境，是指在一个纳税年度内一次不超过 30 日或者多次累计不超过 90 日的离境。

具体讲，个人所得税的居民纳税人包括以下两类。

（1）在中国境内居住的中国公民和外国侨民，但不包括虽具有中国国籍，却并没有在中国大陆定居，而是侨居海外的华侨和居住在中国香港、澳门、台湾的同胞。

（2）从公历 1 月 1 日起至 12 月 31 日止，居住在中国境内的外国人、海外侨胞和中国香港、澳门、台湾同胞，这些人如果在一个纳税年度内，一次离境不超过 30 天，或多次离境累计不超过 90 天的，仍视为居民纳税人。

现行税法中关于“中国境内”的概念，是指中国大陆地区，目前还不包括中国香港、澳门和台湾地区。

2. 居民纳税人的纳税义务

居民纳税义务人负有无限纳税义务，即其所取得的应纳税所得，无论来源于中国境内还是中国境外任何地方，都要在中国缴纳个人所得税。

（二）非居民纳税人

1. 非居民纳税人的判定

根据《个人所得税法》规定，非居民纳税人是在中国境内无住所又不居住或者无住所而在境内居住不满 1 年的个人。也就是说，非居民纳税人，是指习惯性居住地不在中国境内，而且不在中国居住，或者在一个纳税年度内，在中国境内居住不满 1 年的个人。

自 2004 年 7 月 1 日起，境内居住的天数和境内实际工作期间按以下规定为准。

（1）判断纳税义务及计算在中国境内居住的天数。对在中国境内无住所的个人，需要确定其在中国境内居住的天数，以便按照税法和协定或安排的规定判定其在华负有何种纳税义务时，均应以该个人实际在华逗留的天数计算。上述个人入境、离境、往返或多次往返境内外当日，均按一天计算其在华的实际逗留天数。

（2）对个人入、离境当日及计算在中国境内实际工作期间。对在中国境内、外机构同时担任职务或仅在境外机构任职的境内无住所个人，按《国家税务总局关于在中国境内无住所的个人计算缴纳个人所得税若干具体问题的通知》规定，计算其境内工作期间时，对其入、离境及往返或多次往返境内外当日，均按半天计算其在华的实际工作天数。

2. 非居民纳税人的纳税义务

非居民纳税人承担有限纳税义务，即仅就来源于中国境内的所得，向中国缴纳个人所得税。

二、个人所得税的征收范围

（一）工资、薪金所得

工资、薪金所得是指个人因任职或者受雇而取得的工资、薪金、奖金、年终加薪、劳动分红、津贴、补贴以及任职或者受雇有关的其他所得。

（二）个体工商户的生产、经营所得

个体工商户生产经营所得包括如下内容：①个体工商业户从事工业、手工业、建筑业、交通运输业、商业、饮食业、服务业、修理业及其他行业取得的所得。②个人经政府有关部门批准，取得执照，从事办学、医疗、咨询以及其他有偿服务活动取得的所得。③上述个体工商户和个人取得的与生产、经营有关的各项应税所得。④个人因从事彩票代销业务而取得的所得，应按照“个体工商户的生产、经营所得”项目计征个人所得税。⑤从事个体出租车运营的出租车驾驶员取得的收入，按个体工商户的生产、经营所得项目缴纳个人所得税。⑥其他从事个体工商业生产、经营取得的所得。⑦个体工商户和从事生产经营的个人，取得与生产、经营活动无关的其他各项应税所得，应分别按照其他应税项目的有关规定，计征个人所得税。

从事生产、经营的纳税义务人未提供完整、准确的纳税资料，不能正确计算应纳税所得额的，由主管税务机关核定其应纳税所得额。

（三）对企事业单位的承包经营、承租经营的所得

对企事业单位的承包经营、承租经营的所得是指个人承包经营或承租经营及转包、转租取得的所得。承包项目分为多种，如生产经营、采购、销售、建筑安装等。转包包括全部转包和部分转包。

（四）劳务报酬所得

劳务报酬所得是指个人独立从事各种非雇用的各种劳务取得的所得，具体是指个人从事设计、装潢、安装、制图、化验、测试、医疗、法律、会计、咨询、讲学、新闻、广播、翻译、审稿、书画、雕刻、影视、录音、录像、演出、表演、广告、展览、技术服务、介绍服务、经纪服务、代办服务、其他劳务等取得的报酬。

工资、薪金所得与劳务报酬所得的区别：前者属于非独立个人劳务活动，即在机

关、团体、学校、部队、企业、事业单位及其他组织中任职或受雇而取得的报酬；后者则是指个人独立从事各种技艺、提供各种劳务取得的报酬。

（五）稿酬所得

稿酬所得是指个人因其作品以图书、报刊形式出版、发表而取得的所得。将稿酬所得独立划归一个征税项目，主要是考虑了出版、发表作品的特殊性。第一，它是一种依靠较高智力创作的精神产品；第二，它具有普遍性；第三，它与精神文明建设密切相关。因此，稿酬所得与一般劳务报酬相区别，并给予适当的优惠照顾。

（六）特许权使用费所得

特许权使用费所得是指个人提供专利权、商标权、著作权、非专利技术以及其他特许权的使用权取得的所得。提供著作权使用取得的所得，不包括稿酬所得。

我国没有开征资本利得税，因此把个人提供和转让专利权取得的所得，列入特许权使用费所得，征收个人所得税。

（七）利息、股息、红利所得

利息、股息、红利所得是指个人拥有债权、股权而取得的利息、股息、红利所得。其中，利息指个人拥有债权而取得的利息，包括存款利息、贷款利息和各种债券的利息。按税法规定，个人取得的利息所得，除国债和国家发行的金融债券利息外，应当依法缴纳个人所得税。股息、红利是指个人拥有股权取得的股息、红利。

（八）财产租赁所得

财产租赁所得是指个人出租建筑物、土地使用权、机器设备、车船以及其他财产取得的所得。个人取得的财产转租收入，属于“财产租赁所得”的征税范围，由财产转租人缴纳个人所得税。

（九）财产转让所得

财产转让所得是指个人转让有价证券、股权、建筑物、土地使用权、机器设备、车船以及其他财产取得的所得。国务院规定，对股票转让所得暂不征收个人所得税，除此之外，个人取得的各项财产转让所得，都属于个人所得税的征税范围。

（十）偶然所得

偶然所得是指个人得奖、中奖、中彩以及其他偶然性质的所得。偶然所得应缴纳的个人所得税税款，一律由发奖单位或机构代扣代缴。

（十一）经国务院财政部门确定征税的其他所得

除上述列举的各项个人应税所得外，其他确有必要征税的个人所得，由国务院财政部门确定。个人取得的所得，难以界定应纳税所得项目的，由主管税务机关确定。

三、个人所得税的税率

（一）工资、薪金所得

工资、薪金所得适用于七级超额累进税率，税率为3%~45%（表9-1）。

表9-1 工资、薪金所得适用的速算扣除数表

级数	全月应纳税所得额	税率/%	速算扣除数/元
1	不超过1 500元的部分	3	0
2	1 500~4 500元的部分	10	105
3	4 500~9 000元的部分	20	555
4	9 000~35 000元的部分	25	1 005
5	35 000~55 000元的部分	30	2 755
6	55 000~80 000元的部分	35	5 505
7	超过80 000元的部分	45	13 505

注：本表所称全月应纳税所得额是指按照税法，以每月收入额减去费用3 500元后的余额，或者减除附加费用后的余额

【例9-1】 中国公民王某任职于甲公司， 2016年3月王某的工资收入3 500元、当月奖金收入3 000元，假设不考虑缴纳的社会保险金，计算王某2016年3月应缴纳的个人所得税。

【解析】

（1）应纳税所得额=3 500+3 000−3 500=3 000（元）。

（2）应纳税额=3 000×10%−105=195（元）。

（二）个体工商户的生产、经营所得和对企事业单位的承包经营、承租经营所得

个体工商户的生产、经营所得和对企事业单位的承包经营、承租经营所得适用五级超额累进税率，税率为5%~35%（表9-2）。

表9-2 个体工商户的生产、经营所得和对企事业单位的承包经营、承租经营所得个人所得税税率表

级数	全年应纳税所得额（含税级距）	税率/%	速算扣除数/元
1	不超过15 000元的部分	5	0
2	15 000~30 000元的部分	10	750
3	30 000~60 000元的部分	20	3 750
4	60 000~100 000元的部分	30	9 750
5	超过100 000元的部分	35	14 750

注：本表所称全年应纳税所得额是指以每一纳税年度的收入总额减除成本、费用以及损失后的余额；对企事业单位的承包经营、承租经营所得额是指以每一纳税年度的收入总额减除必要费用后的余额

需要注意：①承包、承租人对企业经营成果不拥有所有权，仅是按合同（协议）规定取得一定所得，其所得按工资、薪金所得项目征税，适用3%～45%的七级超额累进税率。②承包、承租人按合同（协议）的规定只向发包、出租方交纳一定费用，企业经营成果归其所有的，承包、承租人取得的所得，按对企事业单位的承包经营、承租经营所得项目，适用 5%~35%的五级超额累进税率征税。③个人独资企业和合伙企业的生产经营所得，也适用5%～35%的五级超额累进税率。

（三）劳务报酬所得

劳务报酬所得，适用比例税率，税率为 20%。对劳务报酬所得一次畸高的，可以实行加成征收，具体办法由国务院规定。

劳务报酬所得一次收入畸高，是指个人一次取得劳务报酬，其应纳税所得额超过20 000 元。对应纳税所得额 20 000~50 000 元的部分，依照税法规定计算应纳税额后，再按照应纳税额加征五成；超过 50 000 元的部分，加征十成。因此，劳务报酬所得实际上适用 20%、30%、40%的三级超额累进税率。劳务报酬所得个人所得税税率表见表9-3。

表 9-3 劳务报酬所得个人所得税税率表

级数	每次应纳税所得额	税率/%	速算扣除数/元
1	不超过 20 000 元的部分	20	0
2	20 000~50 000 元的部分	30	2 000
3	超过 50 000 元的部分	40	7 000

注：本表所称“每次应纳税所得额”是指每次收入额减除费用 800 元（每次收入额不超过 4 000 元时）或者减除 20%的费用（每次收入额超过 4 000 元时）后的余额

（四）稿酬所得

稿酬所得，适用比例税率，税率为 20%，并按应纳税额减征 30%，故实际税率为 14%。

（五）其他各项所得

除了工资薪金所得、个体工商户生产经营所得、劳务报酬所得和稿酬所得外，还有特许权使用费所得，利息、股息所得，财产租赁所得，财产转让所得，偶然所得和其他所得，此六项所得均适用比例税率，税率为 20%。其中，个人出租居民住房适用10%的税率。自 2008 年 10 月 9 日起暂免征收储蓄存款利息所得个人所得税。

四、个人所得税所得来源的确定

判断所得来源地，对非居民纳税人来说非常重要。我国的个人所得税，依据所得来源地的判断应该反映经济活动的实质，遵循方便税务机关实行有效征管的原则，具体规定如下：①工资、薪金所得，以纳税人任职、受雇的公司、企业、事业单位、机关、团体、部队、学校等单位的所在地，作为所得来源地。②生产、经营所得，以生产、经营活动的实现地，作为所得来源地。③劳务报酬所得，以纳税人实际提供劳务的地点，作为所得来源地。④不动产转让所得，以不动产坐落地，作为所得来源地；动产转让所得，以实现转让的地点，作为所得来源地。⑤财产租赁所得，以被租赁财产的使用地，作为所得来源地。⑥利息、股息、红利所得，以支付利息、股息、红利的公司、机构的所在地，作为所得来源地。⑦特许权使用费所得，以特许权使用地，作为所得来源地。

五、个人所得税的缴纳办法

个人所得税，以所得人为纳税义务人，以支付所得的单位或者个人为扣缴义务人。

（一）纳税人自行申报

纳税义务人有下列情形之一的，应当按照规定到主管税务机关办理纳税申报：① 年所得 12 万元以上的；②从中国境内两处或者两处以上取得工资、薪金所得的；③从中国境外取得所得的；④取得应纳税所得，没有扣缴义务人的；⑤国务院规定的其他情形。

年所得 12 万元以上的纳税义务人，在年度终了后 3 个月内到主管税务机关办理纳税申报。纳税义务人办理纳税申报的地点以及其他有关事项的管理办法，由国家税务总局制定。

（二）扣缴义务人源泉扣缴

扣缴义务人应当按照国家规定办理全员全额扣缴申报，即扣缴义务人在代扣税款的次月内，向主管税务机关报送其支付所得个人的基本信息、支付所得数额、扣缴税款的具体数额和总额以及其他相关涉税信息。

扣缴义务人每月所扣的税款，自行申报纳税人每月应纳的税款，都应当在次月 15 日内缴入国库，并向税务机关报送纳税申报表。

工资、薪金所得应纳的税款，按月计征，由扣缴义务人或者纳税义务人在次月 15 日内缴入国库，并向税务机关报送纳税申报表。特定行业的工资、薪金所得应纳的税款，可以实行按年计算、分月预缴的方式计征，具体办法由国务院规定。

个体工商户的生产、经营所得应纳的税款，按年计算，分月预缴，由纳税义务人在次月 15 日内预缴，年度终了后三个月内汇算清缴，多退少补。

对企事业单位的承包经营、承租经营所得应纳的税款，按年计算，由纳税义务人在年度终了后三十日内缴入国库，并向税务机关报送纳税申报表。纳税义务人在一年内分次取得承包经营、承租经营所得的，应当在取得每次所得后的 15 日内预缴，年度终了后三个月内汇算清缴，多退少补。从中国境外取得所得的纳税义务人，应当在年度终了后三十日内，将应纳的税款缴入国库，并向税务机关报送纳税申报表。

第二节　个人所得税税收优惠政策

《个人所得税法》和《个人所得税法实施条例》以及财政部、国家税务总局的若干规定等，都对个人所得项目给予了减税免税的优惠，主要如下。

一、免征个人所得税的优惠

（一）法定免税范围

根据个人所得税法规定，下列所得项目，在没有修订本次税法之前，免征个人所得税。

（1）省级人民政府、国务院部委和中国人民解放军军以上单位，以及外国组织、国际组织颁发的科学、教育、技术、文化、卫生、体育、环境保护等方面的奖金。

（2）国债和国家发行的金融债券利息。国债利息是指个人持有中华人民共和国财政部发行的债券而取得的利息所得以及地方政府债券利息所得；国家发行的金融债券利息是指个人持有经国务院批准发行的金融债券而取得的利息所得。

（3）按规定国家统一发给的补贴、津贴。国家统一发给的补贴、津贴是指按照国务院规定发给的政府特殊津贴和国务院按规定免缴个人所得税的补贴、津贴。对中国科学院资深院士和中国工程院资深院士每人每年1万元的资深院士津贴免征个人所得税。

（4）福利费、抚恤金、救济金。福利费是指根据国家统一规定，从事企业、事业单位、国家机关、社会团体提留的福利费，或者从工会经费中支付给个人的生活补助费。救济金是指由国家民政部门支付给个人的生活困难补助费。

（5）保险赔款。

（6）军人转业费、复员费。

（7）按照国家统一规定发给干部、职工的安家费、退职费、退休工资、离休工资、离休生活补助费。

（8）依照我国有关规定应予免税的各国驻华使馆、领事馆的外交代表、领事馆官员和其他人员的所得。

（9）中国政府参加的国际公约以及与其他国家签订的协议中规定免税的所得。

（10）由国务院财政税务主管部门规定的其他所得。

（二）特定减税免税项目

根据《个人所得税法》的规定，国务院财政税务主管部门根据我国政治经济形势，以及国际双边税收协定等政策需要，对下列行为明确了减税或免税的规定。

（1）见义勇为的奖金。对乡、镇（含乡、镇）以上人民政府或经县（含县）以上人民政府主管部门批准成立的有机构、有章程的见义勇为基金或者类似性质组织奖励给见义勇为者的奖金或奖品，经主管税务机关核准，免征个人所得税。

（2）对个人取得的教育储蓄存款利息所得以及国务院财政部门确定的其他专项储蓄存款或者存储性专项基金存款的利息所得，免征个人所得税。自 2008 年 10 月 9 日起，对居民储蓄存款利息暂免征收个人所得税。

（3）企业和个人按照省级以上人民政府的比例提取并缴付的住房公积金、医疗保险金、基本养老保险、失业保险金、不计入个人当期的工资、薪金收入，免征个人所得税。超过规定比例的部分计征个人所得税。个人领取原提存的住房公积金、医疗保险金、基本养老保险时，免予征收个人所得税。

（4）储蓄机构从事代扣代缴工作的办税人员取得的扣缴利息税手续费所得，免征个人所得税。

（5）生育津贴、生育医疗费或其他属于生育保险性质的津贴、补贴，免征个人所得税。

（6）对工伤职工及其近亲属按照《工伤保险条例》规定取得的工伤保险待遇，免征个人所得税。

（7）外籍个人以非现金形式或实报实销形式取得的住房补贴、伙食补贴、搬迁费、洗衣费。外籍个人按合理标准取得的境内、外出差补贴。外籍个人取得的探亲费、语言训练费、子女教育费等，经当地税务机关审核批准为合理的部分。可以享受免征个人所得税优惠的探亲费，仅限于外籍个人在中国的受雇地与其家庭所在地（包括配偶或父母居住地）之间搭乘交通工具，且每年不超过两次的费用。

（8）个人举报、协查各种违法、犯罪行为而获得的奖金。

（9）个人办理代扣代缴税款手续，按规定取得的扣缴手续费。

（10）个人转让自用达 5 年以上并且是唯一的家庭居住用房取得的所得。

（11）高级专家延长离休退休免税所得。达到离休、退休年龄，但确因工作需要，适当延长离休、退休年龄的高级专家，其在延长离休、退休期间的工资、薪金所得，视同离休、退休工资，免征个人所得税。

高级专家从两处以上取得应税工资、薪金所得以及具有税法规定应当自行纳税申报的其他情形的，应在税法规定的期限内自行向主管税务机关办理纳税申报。

（12）外籍个人从外商投资企业取得的股息、红利所得。

（13）凡符合下列条件之一的外籍专家取得的工资、薪金所得可免征个人所得税：①根据世界银行专项贷款协议由世界银行直接派往中国工作的外国专家；②联合国组织直接派往中国工作的专家；③为联合国援助项目来华工作的专家；④援助国派往中国专为该国无偿援助项目工作的专家；⑤根据两国政府签订的文化交流项目来华两年以内的文教专家，其工资、薪金所得由该国负担的；⑥根据中国大专院校国际交流项目来华工作的专家，其工资、薪金所得由该国负担的；⑦通过民间科研协定来华工作的专家，其工资、薪金所得由该国机构负担的。

（14）股权分置改革中非流通股股东通过对价方式向流通股股东支付的股份、现金等收入，暂免征收流通股股东应缴纳的个人所得税。

（15）对被拆迁人按照国家有关城镇房屋拆迁管理办法规定的标准取得的拆迁补

偿款，免征个人所得税。

（16）自2006年6月1日起，对保险营销员佣金中的展业成本，免征个人所得税；对佣金中的劳务报酬部分，扣除实际缴纳的营业税及附加后，依照税法有关规定计算征收个人所得税。根据目前的实际情况，佣金中展业成本的比例暂定为40%。

（17）证券经纪人从证券公司取得的佣金收入，应按照“劳务报酬所得”项目缴纳个人所得税。

二、减征个人所得税的优惠

根据《个人所得税法》规定，下列各项所得，减征个人所得税：①残疾、孤老人员和烈属的所得。②因严重自然灾害造成重大损失的。③其他经国务院财政部门批准减税的。

第三节　个人所得税应纳税额的计算

一、应纳税所得额的确定

纳税人的应纳税所得额是指某项应税项目的收入额减去税法规定的该项费用减除标准后的余额，即

应纳税所得额=收入额–法定费用扣除标准

（一）费用减除标准

（1）工资、薪金所得，以每月收入额减除费用3 500元后的余额，为应纳税所得额。

同时，现行税法对外籍人员和在境外工作的中国公民的工资、薪金所得增加了附加减除费用的照顾。附加减除费用适用的范围，包括在中国境内的外商投资企业和外国企业中工作取得工资、薪金所得的外籍人员；应聘在中国境内企业、事业单位、社会团体、国家机关中工作取得工资、薪金所得的外籍专家；在中国境内有住所而在中国境外任职或受雇取得工资、薪金所得的个人；财政部确定的取得工资、薪金的其他人员。附加减除费用标准，从2011年9月1日起，在每月减除3 500元费用的基础上，再附加减除1 300元。海外华侨和中国香港、澳门、台湾同胞参照上述附加减除费用标准执行。

（2）个体工商户的生产、经营所得，以每一纳税年度的收入总额，减除成本、费用及损失后的余额，为应纳税所得额。

（3）对企事业单位的承包经营、承租经营所得，以每一纳税年度的收入总额，减除必要费用后的余额，为应纳税所得额。每一纳税年度的收入总额是指纳税人按照承

包经营、承租经营合同规定分得的经营利润和工资、薪金性质的所得。所说的减除必要费用，是指按每月减除 3 500 元。

（4）劳务报酬所得、稿酬所得、特许权使用费所得、财产租赁所得，每次收入不超过 4 000 元的，减除费用 800 元；4 000 元以上的，减除 20%的费用，其余额为应纳税所得额。

（5）财产转让所得，以转让财产的收入额减除财产原值和合理费用后的余额，为应纳税所得额。其中，财产原值的确定：①有价证券为买入价以及买入时按照规定交纳的有关费用；②建筑物为建造费或者购进价格以及其他有关费用；③土地使用权为取得土地使用权所支付的金额、开发土地的费用以及其他有关费用；④机器设备、车船的购进价格、运输费、安装费以及其他有关费用；⑤其他财产，参照以上方法确定。纳税义务人未提供完整、准确的财产原值凭证，不能正确计算财产原值的，由主管税务机关核定其财产原值。合理费用是指卖出财产时按照规定支付的有关费用。

（6）利息、股息、红利所得，偶然所得和其他所得，以每次收入全额为应纳税所得额。

（二）每次收入的确定

（1）工资薪金所得，按每个月的所得计征。

（2）劳务报酬所得，根据不同劳动项目的特点，分别规定：①只有一次性收入的，以取得该项收入为一次。②属于同一事项连续所得收入的，以一个月取得的收入为一次。

（3）稿酬所得，以每次出版、发表取得的收入为一次，具体又可细分如下：①同一作品再版取得的所得，应视作另一次稿酬所得计征个人所得税。②同一作品先在报刊上连载，然后再出版，或先出版，再在报刊上连载的，应视为两次稿酬所得征税，即连载作为一次，出版作为另一次。③同一作品在报刊上连载取得收入的，以连载完成后取得的所有收入合并为一次，计征个人所得税。④同一作品在出版和发表时，以预付稿酬或分次支付稿酬等形式取得的稿酬收入，应合并计算为一次。⑤同一作品出版、发表后，因添加印数而追加稿酬的，应与以前出版、发表时取得的稿酬合并计算为一次，计征个人所得税。

（4）特许权使用费所得，以某项使用权的一次转让所得的收入为一次，每一项使用权的每次转让所取得的收入为一次。如果该次转让取得的收入是分笔支付的，则应将各笔收入相加为一次的收入，计征个人所得税。

（5）财产租赁所得，以一个月内取得的收入为一次。

（6）利息、股息、红利所得，以支付利息、股息、红利时取得的收入为一次。

（7）偶然所得，以每次收入为一次。

（8）其他所得，以每次收入为一次。

（9）个体工商户、承包承租所得，以每年的所得为标准计征。

（三）应纳税所得额的其他规定

（1）个人将其所得通过中国境内社会团体、国家机关向教育、公益事业和遭受严重自然灾害地区、贫困地区的捐赠，捐赠额不超过纳税人申报的应纳税所得额的 30% 的部分，可以从其应纳税所得额中扣除。

（2）个人所得用于资助非关联科研机构和高等学校研究开发新产品、新技术、新工艺所发生的研究开发经费，经主管税务机关确定，可以全额在下月（工资、薪金所得）或下次（按次计征的所得）或当年（按年计征的所得）计征个人所得税时，从应纳税所得额中扣除，不足抵扣的，不得结转抵扣。

（3）个人取得的应纳税所得，包括现金、实物和有价证券。

【例 9-2】某中国明星于 2015 年 12 月取得广告代言收入 60 000 元，将其中的 10 000 元通过县民政局捐赠给贫困山区。计算该明星应缴纳的个人所得税。

【解析】

（1）应纳税所得额=60 000×（1–20%）=48 000（元）。

（2）捐赠扣除限额=48 000×30%=14 400（元），实际捐赠额小于扣除限额，可按实际捐赠额扣除。

（3）应纳税额=（48 000–10 000）×30%–2 000=9 400（元）。

二、应纳税额的计算

（一）工资、薪金所得应纳税额的计算

工资、薪金所得应纳税额的计算公式为

应纳税额=应纳税所得额×适用税率–速算扣除数

=（每月收入额–3 500 元或 4 800 元）×适用税率–速算扣除数

需要注意的是，由于工资、薪金所得在计算应纳个人所得税额时，适用的是超额累进税率，所以计算比较烦琐，运用速算扣除数计算法，可以简化计算进程。工资、薪金所得适用的速算扣除数见表 9-1。

（二）个体工商户的生产、经营所得应纳税额的计算

个体工商户的生产、经营所得应纳税额的计算公式为

应纳税额 = 应纳税所得额×适用税率–速算扣除数

=（全年收入总额–成本、费用和损失）×适用税率–速算扣除数

1. 计税基本规定

（1）个体工商户的生产、经营所得，以每一纳税年度的收入总额，减除成本、费用、税金、损失、其他支出以及允许弥补的以前年度亏损后的余额为应纳税所得额。

（2）个体工商户从事生产经营以及与生产经营有关的活动（简称生产经营）取得

的货币形式和非货币形式的各项收入，为收入总额，包括销售货物收入、提供劳务收入、财产转让收入、利息收入、租金收入、接受捐赠收入和其他收入。

（3）成本、费用是指纳税人从事生产、经营所发生的各项直接支出和分配计入成本的间接费用及销售费用、管理费用、财务费用；损失是指纳税人从事生产、经营所发生的各项营业外支出。

（4）其他支出是指除成本、费用、税金、损失外，个体工商户在生产经营活动中发生的与生产经营活动有关的、合理的支出。

2. 扣除项目与标准

（1）个体工商户业主的费用扣除标准统一确定为42 000元/年。

（2）个体工商户为其业主和从业人员缴纳的基本养老保险费、基本医疗保险费、失业保险费、生育保险费、工伤保险费和住房公积金，准予扣除。

（3）除个体工商户依照国家有关规定为特殊工种从业人员支付的人身安全保险费和财政部、国家税务总局规定可以扣除的其他商业保险费外，个体工商户业主本人或者为从业人员支付的商业保险费，不得扣除。

（4）个体工商户在生产经营活动中发生的合理的不需要资本化的借款费用，准予扣除。

（5）个体工商户在生产经营活动中发生的下列利息支出，准予扣除：①向金融企业借款的利息支出；②向非金融企业和个人借款的利息支出，不超过按照金融企业同期同类贷款利率计算的数额部分。

（6）个体工商户在货币交易中，以及纳税年度终了时将人民币以外的货币性资产、负债按照期末即期人民币汇率中间价折算为人民币时产生的汇兑损失，除已经计入有关资产成本部分外，准予扣除。

（7）个体工商户拨缴的工会经费、职工福利费、职工教育经费分别在工资、薪金总额2%、14%、2.5%内据实扣除。

（8）个体工商户每一纳税年度发生的广告费和业务宣传费不超过当年销售收入15%的部分，可据实扣除，超过部分，准予在以后纳税年度结转扣除。

（9）个体工商户每一纳税年度发生的与生产经营业务直接相关的业务招待费支出，按照发生额的60%扣除，但最高不得超多当年销售收入的5‰。

（10）个体工商户代其从业人员或者其他人负担的税款，不得税前扣除。

（11）个体工商户按照规定缴纳的摊位费、行政性收费、协会会费等，按实际发生数额扣除。

（12）个体工商户以经营租赁方式租入固定资产发生的租赁费支出，按照租赁期限均匀扣除；以融资租赁方式租入固定资产发生的租赁费支出，按照规定构成融资租入固定资产价值的部分应当提取折旧费用，分期扣除。

（13）个体工商户参加财产保险，按照规定缴纳的保险费，准予扣除。

（14）个体工商户发生的合理劳动保护支出，准予扣除。

（15）个体工商户自申请营业执照之日起至开始生产经营之日止所发生的符合本办法规定的费用，除为取得固定资产、无形资产的支出，以及应计入资产价值的汇兑损益、利息支出外，作为开办费，个体工商户可以选择在开始生产经营的当年一次性扣除，也可以自生产经营月份起在不短于 3 年期限内摊销扣除，但一经选定，不得改变。

（16）个体工商户通过公益性社会团体或者县级以上人民政府及其部门，用于相关规定的公益事业的捐赠，捐赠额不超过其应纳税所得额 30%的部分可以据实扣除。

（17）《个体工商户个人所得税计税办法》（国家税务总局令〔2014〕第 35 号）所称赞助支出是指个体工商户发生的与生产经营活动无关的各种非广告性质支出，赞助支出不得税前扣除。

（18）个体工商户研究开发新产品、新技术、新工艺所发生的开发费用，以及研究开发新产品、新技术而购置单台价值在 10 万元以下的测试仪器和试验性装置的购置费准予直接扣除，单台价值在 10 万元以上（含 10 万元）的测试仪器和试验性装置，按固定资产管理，不得在当期直接扣除。

3. 个人独资企业和合伙企业应纳税额的计算

1）查账征税

（1）自 2011 年 9 月 1 日起，个人独资企业和合伙企业的费用扣除标准统一确定为 42 000 元/年。投资者的工资不得税前扣除。

（2）投资者及其家属发生的生活费用不允许税前扣除。

（3）企业生产经营和投资者及家属生活共用的固定资产，难以划分的，由税务机关核定税前扣除的折旧费用的数额或比例。

（4）企业向其从业人员实际支付的工资、薪金支出，允许税前据实扣除。

（5）企业拨缴的工会经费、职工福利费、职工教育经费分别在工资、薪金总额 2%、14%、2.5%内据实扣除。

（6）企业每一纳税年度发生的广告费和业务宣传费不超过当年销售收入 15%的部分，可据实扣除，超过部分，准予在以后纳税年度结转扣除。

（7）企业每一纳税年度发生的与生产经营业务直接相关的业务招待费支出，按照发生额的 60%扣除，但最高不得超多当年销售收入的 5‰。

（8）企业计提的各类准备金不得扣除。

（9）投资者兴办两个或两个以上企业，并且企业性质全部是独资的，年度终了后，汇算清缴时，应汇总其投资兴办的所有企业的经营所得作为应纳税所得额，以此确定适用税率，计算全年经营所得的应纳税额，再根据每个企业的经营所得占所有企业经营所得的比例，分别计算每个企业的应纳税额和应补缴税额。

2）核定征税

核定征税的方式包括定额征收、核定应税所得率征收以及其他合理的征收方式。

实行核定应税所得率征收方式的，应纳所得税额的计算公式如下：

应纳所得税额=收入总额×应税所得率

=成本费用支出额÷（1－应税所得率）×应税所得率

应纳所得税额=应纳税所得额×适用税率

应税所得率应按表 9-4 规定的标准执行。

表 9-4 应税所得率表（单位：%）

行业	应税所得率
工业、交通运输业、商业	5～20
批发和零售贸易业	7～20
饮食服务业	7～25
娱乐业	20～40
其他行业	10～30

实行核定征税的投资者，不能享受个人所得税的优惠政策。

实行查账征税方式的个人独资企业和合伙企业改为核定征税方式后，在查账征税方式下认定的年度经营亏损未补完的部分，不得再继续弥补。

个体工商户、个人独资企业和合伙企业因在纳税年度中间开业、合并、注销及其他原因，该纳税年度的实际经营周期不足 1 年的，对个体工商户业主、个人独资企业投资者与合伙企业自然人和合伙人的生产经营所得计算个人所得税时，以其实际经营期为 1 个纳税年度。

（三）对企事业单位的承包、承租经营所得应纳税额的计算

对企事业单位的承包、承租经营所得应纳税额的计算公式为

应纳税额=应纳税所得额×适用税率－速算扣除数

=（纳税年度收入总额－必要费用）×适用税率－速算扣除数

这里需要说明：①对企事业单位的承包、承租经营所得，以每一纳税年度的收入总额，减除必要费用后的余额为应纳税所得额。在一个纳税年度内，承包、承租经营不足一年的，以其实际承包、承租经营的月份数为一个纳税年度，计算纳税。②对企事业单位的承包、承租经营所得适用的速算扣除数，同个体工商户的生产、经营所得适用的速算扣除数。

【例 9-3】 中国公民张某与一单位签订承包合同经营内部餐厅，2015 年餐厅实现承包经营利润 300 000 元（包含承包人工资报酬），按合同规定承包人应上缴经营利润的 10%作为承包费。试计算该承包人 2015 年应缴纳的个人所得税。

【解析】

2015 年应纳税所得额=经营利润－上缴承包费用－每月必要费用扣减合计=300 000－300 000×10%－3 500×12=228 000（元）。

2015 年应缴纳的个人所得税=228 000×35%－14 750=65 050（元）。

（四）劳务报酬所得应纳税额的计算

劳务报酬所得应纳税额的计算公式：①每次收入不足 4 000 元的，应纳税额=应纳税所得额×适用税率=（每次收入额–800）×20%。②每次收入在 4 000 元以上的，应纳税额=应纳税所得额×适用税率=每次收入额×（1–20%）×20%。③每次收入的应纳税所得额超过 20 000 元的，应纳税额=应纳税所得额×适用税率–速算扣除数。

【例 9-4】 中国公民王先生于 2016 年 2 月取得以下劳务报酬收入：①设计劳务报酬收入 3 000 元；②摄影劳务报酬收入 5 000 元；③绘画劳务报酬收入 30 000 元。计算王先生应缴纳的个人所得税。

【解析】

（1）设计劳务报酬收入的应纳税所得额=3 000–800=2 200（元）。

应纳税额=2 200×20%=440（元）。

（2）摄影劳务报酬收入的应纳税所得额=5 000×（1–20%）=4 000（元）。

应纳税额=4 000×20%=800（元）。

（3）绘画劳务报酬收入的应纳税所得额=30 000×（1–20%）=24 000（元）。

应纳税额=24 000×30%–2 000=5 200（元）。

【例 9-5】 国内某歌手 2016 年 3 月在某歌厅做一个月的签约歌手，每天演唱五首歌曲，每天的报酬为 500 元，3 月共取得演唱收入 15 000 元。计算该歌手演唱收入应缴纳的个人所得税额。

【解析】

歌手在歌厅唱歌取得的劳务报酬，属于同一事项连续取得劳务报酬的行为，以一个月的收入为一次。该劳务报酬应缴纳的个人所得税=15 000×（1–20%）×20%=2 400（元）。

（五）稿酬所得应纳税额的计算

稿酬所得应纳税额的计算公式如下。

（1）每次收入不足 4 000 元的，计算公式为

应纳税额=应纳税所得额×适用税率×（1–30%）=（每次收入额–800）×20%×（1–30%）

（2）每次收入在 4 000 元以上的，计算公式为

应纳税额=应纳税所得额×适用税率×（1–30%）=每次收入额×（1–20%）×20%×（1–30%）

【例 9-6】 中国作家李先生自 2016 年 1 月 1 日起在某报刊连载一篇小说，每期取得报社支付的稿酬收入 300 元，共连载 110 期。9 月将连载的小说结集出版，取得稿酬 48 600 元。计算李先生取得的稿酬应该缴纳的个人所得税。

【解析】

根据个人所得税的规定，小说连载取得的收入应合并为一次，由报社按稿酬所得代扣代缴的个人所得税=300×110×（1–20%）×20%×（1–30%）=3 696（元）。

同一作品先在报刊上连载，然后再出版，应视为两次稿酬所得征税，即连载作为一次，出版作为另一次。

出版小说由出版社代扣代缴的个人所得税=48 600×（1–20%）×20%×（1–30%）= 5 443.2（元）。

（六）特许权使用费用所得应纳税额的计算

特许权使用费所得应纳税额的计算公式如下。

（1）每次收入不足 4 000 元的，计算公式为

应纳税额=应纳税所得额×适用税率=（每次收入额–800）×20%

（2）每次收入在 4 000 元以上的，计算公式为

应纳税额=应纳税所得额×适用税率=每次收入额×（1–20%）×20%

【例 9-7】 中国工程师高某于 2016 年 3 月将其专利权的使用权转让给某公司使用，取得转让收入 60 000 元。计算该工程师应缴纳的个人所得税。

【解析】

（1）应纳税所得额=60 000×（1–20%）=48 000（元）。

（2）应纳税额=48 000×20%=9 600（元）。

（七）利息、股息、红利所得应纳税额的计算

利息、股息、红利所得应纳税额的计算公式为

应纳税额=应纳税所得额×适用税率=每次收入额×20%

个人从公开发行和转让市场取得的上市公司股票，持股期限超过 1 年的，股息红利所得暂免征收个人所得税。个人从公开发行和转让市场取得的上市公司股票，持股期限在 1 个月以内（含 1 个月）的，其股息红利所得全额计入应纳税所得额；持股期限在 1 个月以上至 1 年（含 1 年）的，暂减按 50%计入应纳税所得额。

（八）财产租赁所得应纳税额的计算

财产租赁所得应纳税额的计算公式如下。

（1）每次（月）收入不超过 4 000 元的，计算公式为

应纳税所得额=每次（月）收入额–准予扣除项目–修缮费用（800 元为限）–800 元

（2）每次（月）收入超过 4 000 元的，计算公式为

应纳税所得额=[每次（月）收入额–准予扣除项目–修缮费用（800 元为限）]×（1–20%）

应纳税额=应纳税所得额×适用税率=应纳税所得额×20%（或 10%）

其中，准予扣除项目包括在财产租赁过程中缴纳的税费，由纳税人负担的该出租财产实际开支的修缮费。在进行扣除时，应该持完税凭证，允许扣除的修缮费用，以每次 800 元为限，一次扣除不完的，准予下次继续扣除，直到扣完为止。自 2001 年 1 月 1 日起，个人按市场价出租的居民住房取得的所得，暂减按 10%税率征收。

【例 9-8】 中国公民李某自 2015 年 1 月将自有房屋按市场价出租，每月取得租金收入 3 000 元，每年租金收入 36 000 元，其中 2 月发生下水道修理费用 1 500 元。若不考虑租赁过程中应缴纳的其他税费，试计算其全年应缴纳的个人所得税。

【解析】

财产租赁收入每月内取得的收入为一次，按次减按10%适用税率，计算个人所得税。

2月应纳个人所得税额=（3 000–800–800）×10%=140（元）。

3月应纳个人所得税额=（3 000–700–800）×10%=150（元）。

剩余各月每月应纳个人所得税额=（3 000–800）×10%=220（元）。

全年应纳个人所得税额=140+150+220×10=2 490（元）。

（九）财产转让所得应纳税额的计算

1. 一般情况下财产转让所得应纳税额的计算

财产转让所得应纳税额的计算公式为

应纳税额=应纳税所得额×适用税率=（收入总额–财产原值–合理税费）×20%

2. 个人住房转让所得应纳税额的计算

（1）以实际成交价格为转让收入。纳税人可以凭原购房合同、发票等有效凭证，经税务机关审核，允许从其转让收入中减除房产原值、转让住房过程中缴纳的税金及有关合理费用。

（2）转让住房过程中缴纳的税金是指纳税人在转让住房时实际缴纳的营业税①、城市维护建设税、教育费附加、土地增值税、印花税等税金。

（3）合理费用是指纳税人按照规定实际支付的住房装修费用、住房贷款利息、手续费、公证费等。

（4）纳税人未提供完整、准确的房屋原值凭证，不能正确计算应纳税额的，实行核定征税，即按照纳税人转让住房收入的一定比例（1%~3%）核定应纳个人所得税额，具体比例由省级地方税务局或省级地方税务局授权的地市级地方税务局确定。

【例 9-9】 中国公民刘某于2016年3月将其在2015年2月购买的一套住房卖掉，取得转让收入560 000元。该套住房购入时的价格为400 000元，支付相关税费9 080元。计算刘某转让房产应缴纳的个人所得税。

【解析】

（1）应纳税所得额=560 000–400 000–9 080=150 920（元）。

（2）应纳税额=150 920×20%=30 184（元）。

3. 个人转让股权应纳税额的计算

为加强股权转让所得个人所得税征收管理，规范税务机关、纳税人和扣缴义务人的征纳行为，维护纳税人合法权益，自2015年1月1日起，按照国家税务总局发布的《股权转让所得个人所得税管理办法（试行）》计算个人转让股权应纳税额。

---

① 2016年全面推行“营改增”试点后，个人转让住房缴纳的增值税属于价外税，不得在计算个人所得税应纳税所得额时扣除。

股权转让是指个人将股权转让给其他个人或法人的行为，包括出售股权、公司回购股权、发行人首次公开发行新股时被投资企业股东将其持有的股份以公开发行方式一并向投资者发售、股权被司法或行政机关强制过户、以股权对外投资或进行其他非货币性交易、以股权抵偿债务和其他股权转移行为。

个人转让股权，以股权转让收入减去股权原值和合理费用后的余额为应纳税所得额，按“财产转让所得”缴纳个人所得税。合理费用是指股权转让时按照规定支付的有关税费。

（十）偶然所得应纳税额的计算

偶然所得应纳税额的计算公式为

应纳税额=应纳税所得额×适用税率=每次收入额×20%

其中，对购买福利及体育彩票中奖收入不超过 1 万元的，暂免征收个人所得税。

（十一）其他所得应纳税额的计算

应纳税额=应纳税所得额×适用税率=每次收入额×20%

三、应纳税额计算中的特殊问题

（一）对个人取得全年一次性奖金等计算征收个人所得税的问题

纳税人取得全年一次性奖金，单独作为 1 个月工资、薪金所得计算纳税，按以下办法计税，由扣缴义务人发放时代扣代缴。

1. 税率与速算扣除数的确定方法

先将纳税人全年一次性奖金除以 12 个月，按其商数确定适用的税率和速算扣除数。如果在纳税人发放年终一次性奖金的当月，工资薪金所得低于税法规定的费用扣除额，应将全年一次性奖金减除“当月工资薪金所得与费用扣除额的差额”后的余额除以 12 个月，按其商数确定适用的税率和速算扣除数。

2. 应纳税额的计算公式

如果纳税人当月工资、薪金所得高于（或等于）税法规定的费用扣除标准的，适用公式为

应纳税额=当月取得全年一次性奖金×适用税率−速算扣除数

如果纳税人当月工资、薪金所得低于税法规定的费用扣除标准的，适用公式为

应纳税额=（当月取得全年一次性奖金−当月工资、薪金所得与扣除费用标准的差额）×适用税率−速算扣除数

在一个纳税年度内，对每一个纳税人，该计税办法只允许采用一次。

【例 9-10】 中国公民张先生 2015 年 12 月取得工资收入 5 000 元，取得全年一次性奖金收入 20 000 元。假设不考虑缴纳的保险金，计算张先生 2015 年 12 月共缴纳的个人所得税税额。

【解析】

12 月工资收入应缴个人所得税=（5 000−3 500）×3%=45（元）。

年终一次性奖金征税：20 000/12=1 666.67（元），适用的税率为 10%，速算扣除数为 105。

一次性奖金应纳个人所得税=20 000×10%−105=1 895（元）。

【例 9-11】 假定中国公民刘先生 2015 年 12 月工资收入为 3 000 元，另外取得全年一次性奖金 15 500 元。试计算刘先生 2015 年 12 月应缴纳的个人所得税税额。

【解析】

（1）12 月工资收入低于费用扣除标准无须纳税，工资收入与费用扣除标准间的 500 元的差额可以在计算全年一次性奖金应纳税额时予以减除。

（2）（15 500−500）÷12=1 250（元），全年一次性奖金适用 3%的税率，速算扣除数为 0，则全年一次性奖金应纳税额=（15 500−500）×3%=450（元）。

（二）对在中国境内无住所的个人一次取得月奖金或年终加薪、劳动分红①的计税问题

对在中国境内无住所个人取得的奖金，可单独作为一个月的工资、薪金所得计算纳税。由于对每月的工资、薪金所得计税时已按月扣除了费用，因此对上述奖金，原则上不再减除费用，全额作为应纳税所得额直接按适用税率计算应纳税款，并且不再按居住天数进行划分计算。

（三）特定行业职工取得的工资、薪金所得的计税问题

为了照顾采掘业、远洋运输业、远洋捕捞业因季节、产量等因素的影响，职工的工资、薪金收入呈现较大幅度波动的实际情况，对这三个特定行业的职工的工资、薪金所得，可按月预缴，年度终了后 30 日内，合计其全年工资、薪金所得，再按 12 个月平均并计算实际应纳的税款，多退少补。用公式表示为

应纳税所得额=[（全年工资、薪金收入÷12−费用扣除标准）×税率−速算扣除数]×12

（四）涉外单位中方人员的工资、薪金所得的计税问题

关于在外商投资企业、外国企业和外国驻华机构工作的中方人员取得的工资、薪金所得的征税问题，具体规定如下。

（1）在外商投资企业、外国企业和外国驻华机构工作的中方人员取得的工资、薪金收入，凡是由雇用单位和派遣单位分别支付的，支付单位应按税法规定代扣代缴个

① 简称奖金，不包括按月支付的奖金。

人所得税。同时，按税法规定，纳税人应以每月全部工资、薪金收入减除规定费用后的余额为应纳税所得额。为了利于征管，对雇用单位和派遣单位分别支付工资、薪金的，采取由支付者中的一方减除费用的方法，即只由雇用单位在支付工资、薪金时，按税法规定减除费用，计算扣缴个人所得税；派遣单位支付的工资、薪金不再减除费用，以支付金额直接确定适用税率，计算扣缴个人所得税。

上述纳税人，应持两处支付单位提供的原始明细工资、薪金单（书）和完税凭证原件，选择并固定到一地税务机关申报每月工资、薪金收入，汇算清缴其个人所得税，多退少补。具体申报期限，由各省、自治区、直辖市税务机关确定。

（2）对外商投资企业、外国企业和外国驻华机构发放给中方工作人员的工资、薪金所得，应全额征税。但对可以提供有效合同或有关凭证能够证明其工资、薪金所得的一部分按照有关规定上缴派遣（介绍）单位的，可扣除其实际上缴的部分，按其余额计征个人所得税。

【例 9-12】 张某为一外商投资企业雇用的中方人员，2016 年 1 月，该外商投资企业支付给张某的薪金为 8 500 元，当月张某还收到其所在派遣单位支付工资 4 000 元。要求计算该外商投资企业和派遣单位各自扣缴的个人所得税额，王某汇算清缴应交的个人所得税额。

【解析】

（1）外商投资企业应为张某扣缴的个人所得税为

扣缴税额=（每月收入额−3 500）×适用税率−速算扣除数
=（8 500−3 500）×20%−555
=445（元）

（2）派遣单位应为张某扣缴的个人所得税为

扣缴税额=每月收入额×适用税率−速算扣除数
=4 000×10%−105
=295（元）

（3）张某实际应缴个人所得税为

应纳税额=（每月收入额−3 500）×适用税率−速算扣除数
=（8 500+4 000−3 500）×20%−555
=1 245（元）

因此，在张某到税务机关申报时，还应补缴 505 元（1 245−445−295=505）。

（五）在中国境内无住所的个人取得工资、薪金所得的征税问题

依照《个人所得税法》及《个人所得税法实施条例》和中国对外签订的避免双重征税协定（简称税收协定）的有关规定，对在中国境内无住所的个人，因在中国境内公司、企业、经济组织（简称中国境内企业）或外国企业在中国境内机构、场所以及税收协定所说常设机构（简称中国境内机构）从事工作，而取得的工资、薪金所得，应分别根据不同情况确定。

（1）关于工资、薪金所得来源地的确定。根据规定，属于来源于中国境内的工资薪金所得应为个人实际在中国境内工作期间取得的工资薪金，即个人实际在中国境内工作期间取得的工资、薪金，不论是由中国境内还是境外企业或个人雇主支付的，均属于来源于中国境内的所得；个人实际在中国境外工作期间取得的工资、薪金，不论是中国境内还是境外企业或个人雇主支付的，均属于来源于中国境外的所得。

（2）关于在中国境内无住所而在一个纳税年度中在中国境内连续或累计居住不超过90日或在税收协定规定的期间中在中国境内连续或累计居住不超过183日的个人，由中国境外雇主支付并且不是由该雇主的中国境内机构负担的工资、薪金，免于申报缴纳个人所得税。

（3）关于在中国境内无住所而在一个纳税年度中在中国境内连续或累计居住超过90日或在税收协定规定的期间中在中国境内连续或累计居住超过183日但不满1年的个人，其实际在中国境内工作期间取得的由中国境内企业或个人雇主支付和由境外企业或个人雇主支付的工资、薪金所得，均应申报缴纳个人所得税；其在中国境外工作期间取得的工资、薪金所得，除中国境内企业董事或高层管理人员外，不予征收个人所得税。

（4）在中国境内无住所但在境内居住满1年而不超过5年的个人，其在中国境内工作期间取得的由中国境内企业或个人雇主支付和由中国境外企业或个人雇主支付的工资、薪金，均应申报缴纳个人所得税。其在《个人所得税法实施条例》临时离境工作期间的工资薪金所得，仅就由中国境内企业或个人雇主支付的部分申报纳税。

（5）在中国境内无住所但居住超过5年的个人，从第6年起，应当就其来源于中国境外的全部所得缴纳个人所得税。

（六）两人或两人以上共同取得同一项所得的计税问题

两人或两人以上共同取得同一项所得的，应对每人分得的收入分别减除费用，并计算各自应纳的税款。

【例 9-13】 中国公民小张和小王共同为一家公司设计图纸，共取得报酬 33 000 元。小张为主设计，分得报酬 30 000 元，小王辅助设计，分得报酬 3 000 元。请计算两人应缴纳的个人所得税。

【解析】

共同收入是“先分、后扣、再税”，即小张和小王的分得收入分别扣除费用，然后各自计算其应缴纳的个人所得税。

（1）小张的应纳税额=30 000×（1−20%）×30%−2 000=5 200（元）。

（2）小王的应纳税额=（3 000−800）×20%=440（元）。

（七）关于个人取得公务交通、通信补贴收入的征税问题

个人因公务用车和通信制度改革而取得的公务用车、通信补贴收入，扣除一定标准的公务费用后，按照工资、薪金所得项目计征个人所得税。按月发放的，并入当月

工资、薪金所得计征个人所得税；不按月发放的，分解到所属月份并与该月份工资、薪金所得合并后计征个人所得税。

（八）关于保险费（金）的征税问题

城镇企事业单位及其职工个人按照《失业保险条例》规定的比例，实际缴付的失业保险费，均不计入职工个人当期工资、薪金收入，免予征收个人所得税；超过《失业保险条例》规定的比例缴付失业保险费的，应将其超过规定比例缴付的部分计入职工个人当期的工资、薪金收入，依法计征个人所得税。具备《失业保险条例》规定条件的失业人员，领取的失业保险金，免于征收个人所得税。

企业为员工支付各项免税之外的保险金，应在企业向保险公司缴付时（即该保险落在被保险人的保险账户）并入员工当期的工资收入，按“工资、薪金所得”项目计征个人所得税，税款由企业负责代扣代缴。

（九）企业年金、职业年金个人所得税征收管理的规定

（1）企业和事业单位根据国家有关政策规定的办法和标准，为在本单位任职或受雇的全体职工缴付的企业年金或职业年金单位缴费部分，在计入个人账户时，个人暂不缴纳个人所得税。

（2）个人根据国家有关政策规定缴付的年金个人缴费部分，在不超过本人缴费工资计税基础的4%标准内的部分，暂可从个人当期的应纳税所得额中扣除。

（十）对个人取得拍卖收入征收个人所得税

（1）作者将自己的文字作品手稿原件或复印件拍卖取得的所得，应以其转让收入额减除800元（转让收入额4 000元以下）或者20%（转让收入额4 000元以上）后的余额为应纳税所得额，按照“特许权使用费”所得项目适用20%税率缴纳个人所得税。

（2）个人拍卖除文字作品原稿及复印件外的其他财产，应以其转让收入额减除财产原值和合理费用后的余额为应纳税所得额，按照“财产转让所得”项目适用20%税率缴纳个人所得税。

（3）对个人财产拍卖所得征收个人所得税时，以该项财产最终拍卖成交价格为其转让收入额。

（4）纳税人如不能提供合法、完整、准确的财产原值凭证，不能正确计算财产原值的，按转让额的3%征收率计算缴纳个人所得税；拍卖品为经文物部门认定是海外回流文物的，按转让收入额的2%征收率计算缴纳个人所得税。

四、境外所得已纳税款的扣除

税法规定，纳税人从中国境外取得的所得，准予其在应纳税额中扣除已在境外缴纳的个人所得税额。但扣除额不得超过该纳税人境外所得依照中国税法规定计算的应

纳税额。

（1）“已在境外缴纳的个人所得税税额”是指纳税人从中国境外取得的所得，依照该所得来源国家（或地区）的法律应当缴纳并且实际已经缴纳的税额。

（2）“依照中国税法规定计算的应纳税额”是指纳税义务人从中国境外取得的所得，区别不同国家（或地区）和不同应税项目，依照中国税法规定的费用减除标准和适用税率计算的应纳税额；同一国家（或地区）内不同应税项目，依照我国税法计算的应纳税额之和，为该国家（或地区）的扣除限额。

纳税人在中国境外一个国家（或地区）实际已经缴纳的个人所得税税额，低于依照上述规定计算出的该国家（或地区）扣除限额的，应当在中国缴纳差额部分的税款；超过该国家（或地区）扣除限额的，其超过部分不得在本纳税年度的应纳税额中扣除，但是可以在以后纳税年度的该国家（或地区）扣除限额的余额中补扣，补扣期限最长不得超过5年。

【例9-14】 2016年中国公民刘先生在境外A国取得劳务报酬收入40 000元，按该国税法规定缴纳了个人所得税6 500元；取得偶然所得10 000元，按该国税法规定缴纳了个人所得税3 000元。要求计算刘先生回国后应补缴的个人所得税额。

【解析】

境外所得的抵免限额为同一国家内不同应税项目依照中国税法计算的应纳税额之和。

劳动报酬收入在中国应纳税额=40 000×（1–20%）×30%–2 000=7 600（元）。

偶然所得在中国应纳税额=10 000×20%=2 000（元）。

刘先生在A国所得的抵免限额=7 600+2 000=9 600（元）。

刘先生已在境外缴纳的个人所得税税额=6 500+3 000=9 500（元）。

刘先生回国后应补缴的个人所得税额=9 600–9 500=100（元）。

（3）纳税人依照税法的规定申请扣除已在境外缴纳的个人所得税税额时，应当提供境外税务机关填发的完税凭证原件。

（4）为了保证正确计算扣除限额及合理扣除境外已纳税额，税法要求：在中国境内有住所，或者无住所而在境内居住满1年的个人，从中国境内和境外取得的所得，应当分别计算应纳税额。

第四节　个人所得税筹划的基本方法

一、通过纳税人身份的转换进行税收筹划

（一）居民纳税人和非居民纳税人的选择

个人所得税根据纳税人的住所和在中国境内居住的时间，分为居民纳税人和非居民纳税人，并分别承担不同的纳税义务（表9-5）。

表 9-5　居民纳税人和非居民纳税人的比较

纳税人	判定标准	纳税义务	征税对象
居民纳税人	在中国境内有住所或在中国境内居住满 1 年	无限纳税义务	来源于中国境内、外的所得
非居民纳税人	在中国境内无住所且在一个纳税年度内不居住或居住不满 1 年	有限纳税义务	来源于中国境内的所得

（二）控制在华居住时间

判断纳税人身份的主要依据是其在华居住时间，而且非居民纳税人在华居住时间长短不同，其纳税义务的轻重也各不相同。根据规定，在中国居住满 5 年的纳税人，从第 6 年起的以后各年度中，凡在境内居住满 1 年的，应当就其来源于中国境内和境外的工资、薪金所得申报纳税被视为居民纳税人；在中国境内居住满 1 年而不超过 5 年的纳税人，可就其在中国境内工作期间由中国境内企业或个人雇主支付，或由中国境外企业或个人雇主支付的工资、薪金所得纳税，而对其离境期间由中国境外企业或个人雇主支付的工资、薪金所得可以不申报纳税。

而对在中国境内连续或累计居住时间超过 90 天但不满 1 年的纳税人，则仅就其实际在中国境内工作期间取得的、由中国境内外企业或个人雇主支付的工资、薪金所得纳税，其在中国境外工作期间取得的工资、薪金所得可以不予纳税；对在一个纳税年度中在中国境内居住不超过 90 天的纳税人，则被视为临时来华者，其来自于中国境内工作期间的工资、薪金所得仅就中国境内企业或个人负担的部分纳税，而由境外雇主支付且不由境内企业负担的工资、薪金所得可以不予纳税（表 9-6）。

表 9-6　无住所的居民与非居民纳税人纳税义务的选择

居住期限		境内所得		境外所得	
		境内支付	境外支付	境内支付	境外支付
非居民纳税人	不满 90 天（或协定 183 天）	√	×	×	×
	超过 90 天（或协定 183 天）且不足 365 天	√	√	×	×
居民纳税人	居住期满 1 年不足 5 年	√	√	√	×
	居住期超过 5 年	√	√	√	√

因此，纳税人在华居住 5 年以上、1～5 年、90 天～1 年、90 天以下这 4 个不同时间范围内，国家依此免除了纳税人的部分纳税义务。纳税人应该把握好这些时间界限，通过合理安排自己的居住时间，减轻个人所得税税负。

对长期在华居住的纳税人，应尽量避免自己在中国境内连续居住 5 年，在连续 5 年时间内的某一年度内要安排一次超过 30 天或多次累计超过 90 天的离境，就可以使其离境期间由中国境外企业或个人雇主支付的工资、薪金所得，及境外财产转让、租赁收入等其他境外收入免予在境内纳税。如果纳税人确因工作需要在中国境内连续居住 5 年以上，也应在这以后的任意一个年度内（最好在第 5 年）安排一次超过 30 天或多次累计超过 90 天的离境，以终止这个 5 年期限，使其在当年及以后连续 5 年时间内，只就其来自于中国的所得缴纳个人所得税。

对短期来华的纳税人，应尽量将自己在中国境内居住时间控制在 90 天之内，使自己在中国境内期间由外国企业支付的工资、薪金所得免予在境内纳税。

（三）转换工资薪酬来源地

中国税法对非居民纳税人仅就其来自于中国境内的所得缴纳个人所得税，而对其来源于境外的所得免予征税，并对非居民纳税人的工资、薪金来源地的认定进行了明确规定。

因任职、受雇等而实际在中国境内工作期间取得的工资、薪金，属于来源于中国境内的工资、薪金所得。

对纳税义务人能够提供在境内、境外同时任职或者受雇及其工资、薪金标准的有效证明文件，可判定其所得是来源于境内或境外所得，应按税法相关条例的规定分别减除费用并计算纳税，不能提供上述证明文件的，应视为来源于一国的所得，如其任职或者受雇单位在中国境内，应认为是来源于中国境内的所得，如其任职或受雇单位在中国境外，应认为是来源于中国境外的所得。

可以看出，对在中国境内居住 1 年以上 5 年以下的外籍人士，当其取得由境外企业支付的工资、薪金所得时，如果能够提供在境外任职或者受雇及其工资、薪金标准的有效证明文件，其工资、薪金所得可判定为来源于境外所得，由境外企业支付的工资、薪金所得可以不在境内纳税。反之，如果不能提供在境外任职或者受雇及其工资、薪金标准的有效证明文件，即使该工资、薪金所得由境外企业支付也应该在境内纳税。

对在中国境内居住 90 天以上 1 年以下的外籍人士，如果能够提供在境外任职或者受雇及其工资、薪金标准的有效证明文件，该工资、薪金所得可判定为来源于境外所得，可以不在境内纳税。因此，对外派到中国境内工作的外籍人士，应向派出企业索取其境外任职及其工资、薪金标准的证明文件，这样可以使其外派企业支付的工资、薪金在中国免予征税。在条件许可的前提下，也可以适当提高其中国境外企业支付的工资、薪金水平，适度降低中国境内企业支付的工资、薪金水平，从而达到降低其个人所得税税负的目的。

二、通过课税项目的转化进行税收筹划

个人所得税采用分类课征制，不同的征税项目，计税依据不同，适用税率也有所差异，甚至有时某个项目与另一个项目税负差异较大，此时可以利用税法的相关政策进行节税筹划。

（一）利用工资福利化进行税收筹划

工资、薪金所得实行按月征税，税率是累进税率，收入越高意味着纳税数额越大，即税负越重。如果将纳税人的工资收入中的一部分转化为福利，就可以降低纳税人的税负，少缴一部分个人所得税，但并不降低纳税人的实际收入。例如，纳税人所在单

位为纳税人提供工作餐、住房及生活设施（如北京某些单位可以为职员提供公寓式住所，代职员支付房租、水电费等）、交通工具、对子女的奖励等，都可以达到纳税人名义收入降低而实际收入不降低、纳税额减少的目的，这就是利用工资福利化进行税收筹划。

【例 9-15】 某职员在北京某家软件开发公司工作，每月工资收入为 12 000 元，其中 2 400 元为每月固定的房费支出，请问如何进行筹划来降低税负？

【解析】

筹划前该职员应纳个人所得税=（12 000–3 500）×20%–555=1 145（元）。

若单位为该职员提供住房或为其代付房租，每月支付其工资收入 9 600 元，则该职员应纳个人所得税=（9 600–3 500）×20%–555=665（元）。

这样，该纳税人仍拥有住房且实际收入不减的情况下，较前种方式少纳税：1 145–665=480（元）。

同时，相对单位而言不仅没有增加额外负担，还增加了管理费用的支出，从而达到了降低企业所得税的目的。

（二）利用纳税项目的转化进行税收筹划

在个人所得税纳税项目中，工资薪金所得和劳务报酬所得是很相似的两个纳税项目：工资、薪金所得是属于非独立个人劳务活动，即在机关、团体、学校、部队、企事业单位及其他组织中任职、受雇而得到的报酬；劳务报酬所得则是指个人独立从事各种技艺、提供各项劳务取得的报酬。工资薪金所得和劳务报酬所得的主要区别在于，前者存在雇佣与被雇佣关系，后者则不存在这种关系。同时，两者的税率是不相同的：工资薪金所得适用 5%～35%的七级超额累进税率，劳务报酬所得适用 20%的比例税率（一次收入畸高的加五成或十成征收），在所得相同的情况下，可以利用税率的不同进行税收筹划，即可以将劳务报酬转化为工资薪金，也可以将工资薪金转化为劳务报酬，因情况而定，纳税人的目的是节税。

【例 9-16】 王某为自由职业者，现在长期为甲、乙两公司工作，每月可以从甲公司获得收入 13 000 元，从乙公司获得收入 3 000 元，他该怎样进行筹划，才能使税负最轻？

【解析】

方案 1：王某与甲、乙两公司都无固定的雇佣关系，则他从甲、乙两公司获得的所得都属于劳务报酬，从甲公司获得的劳务报酬应纳税额为 13 000×（1–20%）×20%=2 080（元），从乙公司获得的劳务报酬应纳税额为（3 000–800）×20%=440（元），每月王某合计缴纳个人所得税为 2 080+440=2 520（元）。

方案 2：王某与甲公司签订固定的雇佣合同，与乙公司无固定的雇佣关系，则他从甲公司获得的所得属于工资、薪金，从乙公司获得的所得属于劳务报酬，从甲公司获得的工资、薪金应纳税额为（13 000–3 500）×25%–1 005=1 370（元），从乙公司获得的劳务报酬应纳税额为（3 000–800）×20%=440（元），每月王某合计缴纳个人所得税为 1 370+440=1 810（元）。

方案 3：王某与甲公司无固定的雇佣合同，与乙公司签订固定的雇佣合同，则他从甲公司获得的所得属于劳务报酬，从乙公司获得的所得属于工资、薪金，从甲公司获得的劳务报酬应纳税额为 13 000×（1–20%）×20%=2 080（元），从乙公司获得的工资、薪金为 3 000 元，不用缴纳个人所得税，每月王某合计缴纳个人所得税为 2 080+0=2 080（元）。

通过计算可以看出，方案 2 最节税。

三、通过降低税基进行税收筹划

（一）利用“削峰补堑”的方法进行税收筹划

在实际工作中，有时纳税人的收入在各个纳税期之间是不均衡的，如果该收入项目适用比例税率，则对纳税人的税负影响较小；如果该收入项目适用累进税率，则对纳税人的税负影响较大，这时用“削峰补堑”的方法进行税收筹划，可以使纳税人在各个纳税期之间税负均衡，总体税负降低。

税法规定，采掘业、远洋运输业、远洋捕捞业以及财政部确定的其他行业等特定行业的工资、薪金所得应纳的税款，可以实行按年计算、分月预缴的方式计征。因此，如果纳税人属于个人所得税法规定的采掘业、远洋运输业、远洋捕捞业以及财政部确定的其他行业以外的行业，每月工资出现较大幅度变化时，可以利用此项规定进行“削峰补堑”的税收筹划。

【例 9-17】 某职员就职于某销售公司，单位工资薪金采用保底加提成办法，每年 1 月和 2 月处于元旦和春节，业务量较大时，提成性的奖金较高，3 月属于销售淡季，只能拿到保底工资，假设该员工工资 1 月、2 月、3 月分别为 13 000 元、8 500 元、2 500 元，请问如何进行筹划可以降低税负？

【解析】

方案 1：筹划前，该职员每月应纳个人所得税分别如下。

（1）1 月应纳所得税为（13 000–3500）×25%–1 005=1 370（元）。

（2）2 月应纳所得税为（8 500–3 500）×20%–555=445（元）。

（3）3 月由于 2 500 元低于 3 500 元的费用扣除标准，所以 3 月不纳税。

三个月纳税合计 1 370+445=1 815（元）。

方案 2：如果该单位能够将职员的工资在每个月较均匀地支付，1 月、2 月、3 月均为 8 000 元，则该职员每月应纳个人所得税分别为三个月纳税合计=[（8 000–3 500）×10%–105] ×3=1 035（元）。

筹划后比筹划前少纳税额 1 815–1 035=780（元）。

（二）合理分配月薪与年终一次性奖金

根据国家税务总局有关规定，纳税人取得全年一次性奖金，单独作为一个月工资、薪金所得计算纳税，由扣缴义务人发放时代扣代缴。在一个纳税年度内，对每一个纳税人，该计税办法只允许采用一次。雇员取得除全年一次性奖金以外的其他各种名目奖金，如半年奖、季度奖、加班奖、先进奖、考勤奖等，一律与当月工资、薪金收入合并，按税法规定缴纳个人所得税。根据上述规定，在员工工作比较固定且收入基本能够预期的情况下，应通过合理安排月薪与年终一次性奖金的办法，降低职工的税负。

【例 9-18】 2016 年，王先生每月工资为 4 500 元，2016 年王先生的奖金预计共有 24 000 元。请为王先生提出合理的税收筹划方案。

【解析】

方案 1：奖金按月发放，每月发放 2 000 元。

则王先生每月应纳税所得额为 4 500+2 000–3 500=3 000（元），3 000 元适用的税率为 10%，于是，每月应纳税额为 3 000×10%–105=195（元）；年应纳个人所得税总额=195×12=2 340（元）。

方案 2：年中 7 月发放一次半年奖 12 000 元，年末再发放一次全年奖 12 000 元。

除 7 月外，王先生应纳税所得额仍为 4 500–3 500=1 000（元），每月应纳税额为 30 元。7 月发放半年奖时，应纳税所得额为 4 500+12 000–3 500=13 000（元），应纳税额=13 000×25%–1 005=2 245（元）。

年终奖金为 12 000 元，适用税率和速算扣除数分别为 3%和 0（根据 12 000÷12=1 000 元确定），于是年终奖金应纳个人所得税额=12 000×3%=360（元）。年应纳个人所得税总额=30×11+2 245+360=2 935（元）。

方案 3：年终一次性发放 24 000 元。

王先生每月应纳税所得额为仍 4 500–3 500=1 000（元），每月应纳税额=1 000×3%=30（元）。

年终一次性发放奖金 24 000 元，适用税率和速算扣除数分别为 10%和 105（根据 24 000÷12=2 000 元确定），于是年终一次性奖金应纳税额=24 000×10%–105=2 295（元）。

年应纳个人所得税总额=30×12+2 295=2 655（元）。

方案 4：年中 7 月发放一次半年奖 10 000 元，年末再发放一次全年奖 14 000 元。

除 7 月外，王先生应纳税所得额为 4 500–3 500=1 000（元），1 000 元适用的税率为 3%，每月应纳税额=1 000×3%=30（元）。

7 月发放半年奖时，7 月应纳税所得额为 4 500+10 000–3 500=11 000（元）。7 月应纳税额=11 000×25%–1 005=1 745（元）。

年终奖金为 14 000 元，适用税率和速算扣除数分别为 3%和 0（根据 14 000÷12=1 166.67 元确定），此时年终奖金应纳个人所得税额=14 000×3%=420（元）。

年应纳个人所得税总额=30×11+1 745+420=2 495（元）。

方案 5：奖金分 13 次发，其中每月发 1 000 元，年末再发放一次全年奖 12 000

元。这样，王先生每月工资与奖金合计为5 500元，应纳税所得额为5 500−3 500=2 000（元），2 000元适用的最高税率为10%，每月应纳税额=2 000×10%−105=95（元）。年终奖金为12 000元，适用税率和速算扣除数分别为3%和0（根据12 000÷12=1 000元确定），于是年终奖金应纳个人所得税额=12 000×3%=360（元）。年应纳个人所得税总额=95×12+360=1 500（元）。

通过五个方案的比较，应该选择方案5作为王先生的税收筹划方案。

（三）利用分次所得进行税收筹划

个人所得税采用的是分项课征制，很多应税项目是根据每次每项所得计算税额的，如劳务报酬所得、稿酬所得等，正确理解"每次"的概念，恰当地分解"一次"所得为"多次"所得，合理增加扣除费用，降低适用税率，可以达到收入不降而税负降低的目的。

例如，针对个人所得税法中有关"劳务报酬所得按次纳税，每次收入超过一定数额要加成征收个人所得税"的规定，纳税人可以将一次性收入分成多月获得，进行多次费用扣除，从而达到节税的目的。

【例9-19】 某高校教师利用业余时间为某单位提供技术支持获得报酬9万元，请问如何进行筹划可以降低税负？

【解析】

（1）该教师要求单位一次支付，该教师应纳个人所得税=90 000×（1−20%）×40%−7 000=21 800（元）。

（2）该教师要求单位将报酬分6个月支付，每月支付1.5万元，则该教师每月（次）应纳个人所得税=15 000×（1−20%）×20%−0=2 400（元），五次共计应纳税款=2 400×5=12 000（元）。

由此看出，分次纳税比一次纳税少纳税额为21 800−12 000=9 800（元）。

【例9-20】 假如例9-19改为某高校教师利用业余时间为某单位提供技术支持获得报酬3万元，请问如何降低税负？

【解析】

（1）该教师要求单位一次支付，该教师应纳个人所得税=30 000×（1−20%）×30%−2 000=5 200（元）。

（2）该教师要求单位将报酬分5个月支付，每月支付6 000元，则该教师应纳个人所得税：每月（次）应纳税额=6 000×（1−20%）×20%−0=960（元），五次共计应纳税款=960×5=4 800（元）。

分五次纳税比一次纳税少纳税额为5 200−4 800=400（元）。

（3）该人要求单位将报酬分10个月支付，每月支付3 000元，则该教师应纳个人所得税：每月（次）应纳税额=（3 000−800）×20%−0=440（元），十次共计应纳税款=440×10=4 400（元）。

分十次纳税比一次纳税少纳税额为5 200−4 400=800（元）。

由此看出，分次纳税比一次纳税税负降低，且分次收入低于4 000元/次时，税负更低，原因在于此时的费用扣除800元高于20%的费用扣除比例，所以总体税负降低。可见，纳税人可以通过一次收入的多次支付达到合理节税的目的。

四、个人所得税的其他税收筹划方法

（一）利用投资方式的选择进行税收筹划

随着个人收入多元化，有相当一部分个人的所得来源于投资所得，如银行储蓄、股票、债券、投资房产等，这些所得有的征税、有的免税，有的税负轻、有的税负重。纳税人可以利用其税率的高低或征免进行税收筹划，达到降低税负的目的。例如，纳税人想储蓄，那么根据税法规定，国债利息和教育储蓄利息免征个人所得税，因此在相同的情况下纳税人投资国债或教育储蓄比一般储蓄税负要轻。还有，纳税人作为公司的股东对自己当年在公司分得的收益又留存在公司内，即公司所得不分配而是进行再投资，这样在保证个人收益增值的同时达到了合理节税的目的。

【例 9-21】 某股东2017年年初获得公司分红100万元，请问纳税人选择哪种方式可以节税？

【解析】

方案1：该股东获得公司分红，则应纳个人所得税税额=100×20%=20（万元）。

方案2：该股东将获得公司分红又留存在公司内进行再投资，则无须纳税，同时又使个人收益增值。两个方案相比较，纳税人采用方案2可节税20万元。

（二）利用捐赠进行税收筹划

根据税法规定，个人将其所得对教育事业和其他公益事业的捐赠，捐赠额未超过纳税义务人申报的应纳税所得额 30%的部分，可以从其应纳税所得额中扣除。因此，根据税法规定进行捐赠的税收筹划，使个人在做好事的同时，降低税负。

1. 同一纳税项目所得进行捐赠的筹划

【例 9-22】 某单位职工高某2016年11月和12月取得工资薪金收入分别为8 000元和10 000元，年终一次性奖金为22 500元。如果该职工打算对外捐赠4 500元，请问如何进行筹划可以降低税负？

【解析】

方案1：在三次收入中，平均每次捐赠1 500元。

11月捐赠前应纳税所得额=8 000−3 500=4 500（元）。

捐赠限额=4 500×30%=1 350（元），由于1 350元小于实际捐赠额1 500元，只能扣除1 350元。

应纳税额=（4 500−1 350）×10%−105=3 150×10%−105=210（元）。

12月捐赠前应纳税所得额=10 000−3 500=6 500（元）。

捐赠限额=6 500×30%=1 950（元），由于实际捐赠额 1 500 元没有超过限额，可以全额扣除。

应纳税额=（6 500–1 500）×20%–555=5 000×20%–555=445（元）。

一次性奖金捐赠前应纳税所得额=22 500（元）。

捐赠限额=22 500×30%=6 750（元）。

适用税率为（22 500–1 500）/12=1 750（元），所以适用税率为 10%。

应纳税额=（22 500–1 500）×10%–105=1 995（元）。

合计：应纳税额为 2 650 元。

方案 2：在三次收入中，每次按照最大捐赠限额进行捐赠。

11 月捐赠前应纳税所得额=8 000–3 500=4 500（元）。

捐赠限额=4 500×30%=1 350（元）。

应纳税额=（4 500–1 350）×10%–105=3 150×10%–105=210（元）。

12 月捐赠前应纳税所得额=10 000–3 500=6 500（元）。

捐赠限额=6 500×30%=1 950（元）。

应纳税额=（6 500–1 950）×20%–555=4 550×20%–555=355（元）。

一次性奖金捐赠前应纳税所得额=22 500（元）。

捐赠限额=22 500×30%=6 750（元）。

适用税率为（22 500–1 200）/12=1 775（元），所以适用税率为 10%。

应纳税额=（22 500–1 200）×10%–105=2 025（元）。

合计：应纳税额为 2 590 元。

方案 3：将捐赠款项从一次性奖金全额扣除。

根据方案 1 测算，由于一次性奖金税前捐赠的限额为 6 750 元，因此将捐赠款全部在一次性奖金中扣除也不超过限额。

11 月应纳税额=4 500×10%–105=345（元）。

12 月应纳税额=6 500×20%–555=745（元）。

一次性奖金适用税率的确定：（22 500–4 500）/12=1 500（元），所以适用税率为 3%。

应纳税额=（22 500–4 500）×3%=540（元）。

合计：应纳税额为 1 630 元。

由此可见，同样是捐赠 4 500 元，方案 3 比方案 1 减轻税负 1 020 元，比方案 2 减轻税负 960 元。

2. 不同纳税项目所得进行捐赠的筹划

如果纳税人当期收入来源于不同的应税项目，在计算捐赠扣除额时，纳税人就应当对捐赠额进行适当的划分，即将捐赠额分散在各个应税所得项目之中，其目的是最大限度地享受税前扣除，降低税负。

【例 9-23】 某大学刘教授 2016 年 1 月取得工资收入 6 000 元，同时取得劳务报酬收入 5 000 元，该教授想通过民政部门向灾区捐赠 1 600 元，请为他进行税收筹划。

【解析】

方案 1：全部用工资进行捐赠。

使用工资进行捐赠的扣除限额=（6 000–3 500）×30%=750（元）。

应缴纳的个人所得税额=（6 000–3 500–750）×10%–105+5 000×（1–20%）×20%=870（元）。

方案 2：全部用劳务报酬进行捐赠。

使用劳务报酬进行捐赠的限额=5 000×（1–20%）×30%=1 200（元）。

应缴纳的个人所得税额=（6 000–3500）×10%–105+[5 000×（1–20%）–1 200]×20%=705（元）。

方案 3：用 750 元工资和 850 元劳务报酬进行捐赠。

应缴纳的个人所得税额=（6 000–3 500–750）×10%–105+[5 000×（1–20%）–850]×20%=700（元）。

方案 4：用 400 元工资和 1 200 元劳务报酬进行捐赠。

应缴纳的个人所得税额=（6 000–3 500–400）×10%–105+ [5 000×（1–20%）– 1 200]×20%=665（元）。

所以对刘教授而言，方案 4 缴纳税额最少，是最佳选择。

（三）利用合理分劈所得进行税收筹划

个人所得税采用的是分项课征制，很多应税项目是根据每次每项所得计算税额的，如劳务报酬所得、稿酬所得等，正确理解“每次”的概念，恰当地分解“每项”“每次”所得，合理增加扣除费用，降低适用税率，可以达到收入不降而税负降低的目的。

【例 9-24】 张某准备出版一本著作，预计稿酬所得 10 000 元。现有两种方案，第一，张某自己以一本书的名义出版；第二，张某将其妻刘某、好友陈某和王某共同作为作者，四者分摊稿酬。试分析哪种方式税负低?

【解析】

方案 1：张某自己以一本书的名义出版：应纳个人所得税为 10 000×（1–20%）×20%×（1–30%）=1 120（元）。

方案 2：张某将其妻刘某、好友陈某和王某共同作为作者，四者分摊稿酬。应纳个人所得税为（10 000÷4–800）×20%×（1–30%）×4=952（元）。

方案 2 比方案 1 节税：1 120–952=168（元）。

➢综合练习题

一、名词解释

个人所得税；居民纳税人；非居民纳税人；临时离境；纳税年度

二、简答题

1. 个人所得税纳税义务人是如何规定的?

2. 个人所得税征税对象是如何规定的？

3. 个人所得税税目和税率是如何规定的？

4 个人所得税缴纳办法是如何规定的？

5. 个人所得税优惠政策是如何规定的？

三、综合分析题

1. 某作家出版一部作品，稿费为 100 万元，发行 10 万册，该作家应纳个人所得税是多少？能否通过税收筹划降低税负？

2. 某职工每月工资收入为 8 000 元，其中 800 元为个人每月的房费支出，600 元为个人每月的午餐支出，500 元为个人每月的出行费用支出，200 元为个人每月的电信业务支出，则该人应纳个人所得税是多少？能否通过税收筹划降低税负？

本章拓展

《中华人民共和国个人所得税法》

第十章

土地与资源税筹划实务

【学习目标与要求】

本章主要介绍耕地占用税、城镇土地使用税、土地增值税和资源税四个税种的纳税筹划。通过学习本章，了解耕地占用税、城镇土地使用税、土地增值税和资源税的基本法规规定，掌握相关税收优惠政策，学会运用各税种的税收筹划方法。

第一节　耕地占用税筹划实务

耕地占用税是对占用耕地建房或者从事其他非农业建设的单位和个人，按照其占用耕地的面积一次性定额征收的一种税，是我国土地税体系中的第一个重要税种。耕地占用税具有如下特点：①兼具资源税与特定行为税的性质；②采用地区差别税率；③在占用耕地环节一次性课征；④税收收入专用于耕地开发与改良。

我国现行耕地占用税的基本法律规范是 2007 年 12 月 1 日国务院修订颁布的自 2008 年 1 月 1 日起施行的《中华人民共和国耕地占用税暂行条例》（简称《耕地占用税暂行条例》）、2008 年 2 月 26 日财政部和国家税务总局颁布的《中华人民共和国耕地占用税暂行条例实施细则》（简称《耕地占用税暂行条例实施细则》）以及 2016 年 1 月 15 日国家税务总局颁布的《耕地占用税管理规程（试行）》。

一、耕地占用税的基本法规规定

（一）耕地占用税的纳税人和征税范围

1. 耕地占用税的纳税人

耕地占用税的纳税人为占用耕地建房或者从事其他非农业建设的单位和个人。单位是指国有企业、集体企业、私营企业、股份制企业、其他企业、行政单位、事业单位、社会团体和其他单位。个人是指个体工商户和其他个人。

经申请批准占用应税土地的，纳税人为农用地转用审批文件中标明的建设用地人；农用地转用审批文件中未标明建设用地人的，纳税人为用地申请人。

未经批准占用应税土地的，纳税人为实际用地人。

纳税人临时占用应税土地，应当依照《耕地占用税暂行条例》及其实施细则的规定缴纳耕地占用税。

临时占用应税土地是指纳税人因建设项目施工、地质勘查等需要，在一般不超过2年内临时使用应税土地并且没有修建永久性建筑物的行为。

以下占用土地行为不征收耕地占用税：①农田水利占用耕地的；②建设直接为农业生产服务的生产设施占用林地、牧草地、农田水利用地、养殖水面以及渔业水域滩涂等其他农用地的；③农村居民经批准搬迁，原宅基地恢复耕种，凡新建住宅占用耕地不超过原宅基地面积的。

2. 耕地占用税的征税范围

耕地占用税的征税范围包括纳税人为建房或从事其他非农业建设而占用的国家所有和集体所有的耕地。属于耕地占用税征税范围的土地（简称应税土地）包括：耕地；园地；林地、牧草地、农田水利用地、养殖水面以及渔业水域滩涂等其他农用地；草地、苇田。

占用鱼塘及其他农用土地建房或从事其他非农业建设，也视同占用耕地，必须依法征收耕地占用税。占用已开发从事种植、养殖的滩涂、草场、水面和林地等非农业建设，由省、自治区、直辖市本着有利于保护土地资源和生态平衡的原则，结合具体情况确定是否征收耕地占用税。

（二）耕地占用税的税率

考虑到不同地区之间客观条件的差别以及与此相关的税收调节力度和纳税人负担能力方面的差别，耕地占用税在税率设计上采用了地区差别定额税率。各地适用税额，由省、自治区、直辖市人民政府在《耕地占用税暂行条例》规定的税额幅度内，根据本地区情况核定。各省、自治区、直辖市人民政府核定的适用税额的平均水平，不得低于国务院财政、税务主管部门确定的各省、自治区、直辖市平均税额。

人均耕地不超过1亩（1亩≈666.67平方米）的地区（以县级行政区域为单位）每平方米为10~50元。

人均耕地超过1亩但不超过2亩的地区，每平方米为8~40元。

人均耕地超过2亩但不超过3亩的地区，每平方米为6~30元。

人均耕地超过3亩的地区，每平方米为5~25元。

经济特区、经济技术开发区和经济发达、人均耕地特别少的地区，适用税额可以适当提高，但最多不得超过上述规定税额的50%。占用基本农田的，适用税额应当在当地适用税额的基础上提高 50%。

各省、自治区、直辖市耕地占用税平均税额见表 10-1。

表 10-1　各省、自治区、直辖市耕地占用税平均税额（单位：元）

地区	每平方米平均税额
上海	45
北京	40
天津	35
江苏、浙江、福建、广东	30
辽宁、湖北、湖南	25
河北、安徽、江西、山东、河南、重庆、四川	22.5
广西、海南、贵州、云南、陕西	20
山西、吉林、黑龙江	17.5
内蒙古、西藏、甘肃、青海、宁夏、新疆	12.5

（三）耕地占用税的征收管理

耕地占用税由地方税务局负责征收。纳税人必须在获准占用应税土地管理部门的通知之日起30日内向主管地税机关申报耕地占用税；未经批准占用应税土地的纳税人，应在实际占用之日起30日内申报缴纳耕地占用税。对超过规定期限缴纳耕地占用税的，应按照《税收征收管理法》的有关规定加收滞纳金。纳税人因有特殊困难，不能按期缴纳耕地占用税税款的，按照《税收征收管理法》及《税收征收管理法实施细则》的规定，经省地税机关批准，可以延期缴纳税款，但是最长不得超过三个月。

二、耕地占用税的税收优惠政策

按照《耕地占用税暂行条例》及《耕地占用税暂行条例实施细则》的规定，以下情形免征、减征耕地占用税。

（一）免征耕地占用税的规定

（1）军事设施占用应税土地免征耕地占用税。

（2）学校、幼儿园、养老院、医院占用应税土地免征耕地占用税。

（二）减征耕地占用税的规定

（1）铁路线路、公路线路、飞机场跑道、停机坪、港口、航道占用应税土地，减按每平方米两元的税额征收耕地占用税。

（2）农村居民占用应税土地新建住宅，按照当地适用税额减半征收耕地占用税。

（3）农村革命烈士家属、残疾军人、鳏寡孤独以及革命老根据地、少数民族聚居地区和边远贫困山区生活困难的农村居民，在规定用地标准以内新建住宅缴纳耕地占用税确有困难的，经所在地乡（镇）人民政府审核，报经县级人民政府批准后，可以免征或者减征耕地占用税。

（4）财政部、国家税务总局规定的其他减免耕地占用税的情形。

三、计税依据与应纳税额的计算

耕地占用税以纳税人实际占用的应税土地面积（包括经批准占用面积和未经批准占用面积）为计税依据，以平方米为单位，按所占土地适用税额计税，实行一次性征收。

耕地占用税计算公式为

应纳税额=应税土地面积×适用税额

【例 10-1】 假设某市一家企业新占用 40 000 平方米耕地用于工业建设，所占耕地适用的定额税率为 30 元/米 ^{2}。计算该企业应缴纳的耕地占用税。

【解析】

应纳税额=40 000 平方米×30 元/米 ^{2}=1 200 000（元）。

四、耕地占用税的筹划方法

（一）利用纳税人的身份进行筹划

根据《耕地占用税暂行条例》的规定，农村的农民占用宅基地建房不缴纳耕地占用税。为此，各类税收筹划主体可以将一些手工操作较强的项目分解到农民家庭进行组装，一方面比专门雇佣工人节约本单位劳动成本，另一方面节省了部分建厂占用耕地的空间，避免了缴纳耕地占用税。

（二）利用地区差别税负进行筹划

根据《耕地占用税暂行条例》有关规定，全国范围的不同地区税负差别很大，有的甚至相差 2~3 倍。所以，企业可以设立于低税负的地区，以利用低税负的优势。例如，西部大开发地区的省份税负比较低。同时，即使在同一县市，耕地占用税的税负也不同。一般来讲，城市用地高于非城市用地；经济效益较好的菜地高于一般农业用地；城市近郊耕地高于远郊的耕地。总之，企业要根据自身的特点及其对投资环境的要求尽量选择税负较低的地区。

（三）结合其他税种进行筹划

对投资于滩涂并与种植业、捕捞业、养殖业等相关联，进行农产品初加工、深加工等工业项目的，在征用土地时可以结合增值税、企业所得税一并筹划，将农业生产部分以及农产品初加工部分与深加工部分分开核算，分别办理有关用地手续，不仅可以降低增值税税负，还可以享受企业所得税的免税待遇，同时也可以节省耕地占用税。

【例 10-2】 某公司想要投资 5 亿元在某郊区兴办一个养牛场并且建设一个现在化肉品加工厂，该公司计划年出栏 60 000 头牛，除了部分的宰杀供应给肉市场外，大部分用于生产肉制品。该公司经过与有关部门的商量，决定征用土地 200 亩，使用年限为 60 年，并按照相关规定缴纳相关费用。经向税务部门咨询，其中 50 亩用于建设肉制品加工厂，150 亩用于建设养牛场，已知该企业适用耕地占用税单位税额为每平方米 35 元，计算该企业应纳耕地占用税。

【解析】

应纳耕地占用税计算如下。

方案 1：肉制品加工厂应纳耕地占用税=50×666.67×35=116.67（万元）。

方案 2：整体征用，则应纳耕地占用税=200×666.67×35=466.67（万元）。

方案 1 比方案 2 节税=466.67−116.67=350（万元）。

第二节　城镇土地使用税筹划实务

城镇土地使用税是指对在我国境内使用城镇土地的单位和个人，依照其实际使用的土地面积从量定额征收的一种税。城镇土地使用税具有如下特点：①征税对象是国有土地；②征税范围广；③实行差别幅度定额税率。

我国现行城镇土地使用税的基本法律规范是 2006 年 12 月 31 日国务院修订的《中华人民共和国城镇土地使用税暂行条例》（简称《城镇土地使用税暂行条例》），该条例于 2013 年 12 月 4 日国务院第 32 次常务会议做了部分修改（2013 年 12 月 7 日起实施）。

一、城镇土地使用税的基本法规规定

（一）城镇土地使用税的纳税人和征税范围

1. 城镇土地使用税的纳税人

在城市、县城、建制镇、工矿区范围内使用土地的单位和个人，为城镇土地使用税的纳税人。

城镇土地使用税的纳税人通常包括下列几类：①拥有土地使用权的单位和个人。②拥有土地使用权的单位和个人不在土地所在地的，其土地的实际使用人和代管人。③土地使用权未确定或权属纠纷未解决的，其实际使用人。④土地使用权共有的，由共有各方分别纳税。

几个人或几个单位共同拥有一块土地的使用权，这块土地的城镇土地使用税的纳税人应是对这块土地拥有使用权的每一个人或每一个单位。他们应以其实际使用的土地面积占总面积的比例，分别计算缴纳城镇土地使用税。例如，A 企业和 B 企业在某

城市共同拥有一块土地的使用权，这块土地面积为1 500平方米，A企业实际使用1/3，B企业实际使用2/3，A企业应是其所占的500平方米（1 500×1/3）土地的城镇土地使用税的纳税人，B企业是其所占的1 000平方米（1 500×2/3）土地的城镇土地使用税的纳税人。

2. 城镇土地使用税的征税范围

城镇土地使用税的征税范围，包括在城市、县城、建制镇和工矿区内的国家所有和集体所有的土地。建立在城市、县城、建制镇和工矿区以外的工矿企业则不需缴纳城镇土地使用税。上述范围中，城镇的土地包括市区和郊区的土地，县城的土地是指县人民政府所在地的城镇的土地，建制镇的土地是指镇人民政府所在地的土地。

（二）城镇土地使用税的税率

城镇土地使用税采用定额税率，即采用有幅度的差别税额，按大、中、小城市和县城、建制镇、工矿区分别规定每平方米土地使用税年应纳税额。具体标准如下：大城市1.5~30元；中等城市1.2~24元；小城市0.9~18元；县城、建制镇、工矿区0.6~12元。

城镇土地使用税税率表如表10-2所示。

表10-2 城镇土地使用税税率表

级别	人口	每平方米税额/元
大城市	50万人以上	1.5~30
中等城市	20万~50万人	1.2~24
小城市	20万人以下	0.9~18
县城、建制镇、工矿区	—	0.6~12

各省、自治区、直辖市人民政府在上述税额幅度内，根据市政建设状况和经济繁荣程度等条件，确定所辖地区的适用税额幅度。

经济落后地区土地使用税的适用税额标准可以适当降低，但降低额不得超过最低幅度税额的30%；经济发达地区城镇土地使用税的适用税额标准可以适当提高，但需报财政部批准。

（三）城镇土地使用税的征收管理

1. 城镇土地使用税的纳税期限

城镇土地使用税实行按年计算、分期缴纳的征收方法，具体纳税期限由省、自治区、直辖市人民政府确定。

2. 城镇土地使用税的纳税义务发生时间

（1）纳税人购置新建商品房，自房屋交付使用次月起，缴纳城镇土地使用税。

（2）纳税人购置存量房，自办理房屋权属转移、变更登记手续，房地产权属登记机关签发房屋产权证书之次月起，缴纳城镇土地使用税。

（3）纳税人出租、出借房产，自交付出租、出借房产之次月起，缴纳城镇土地使用税。

（4）房地产开发公司自用、出租、出借本企业建造的商品房，自房屋使用或交付之次月起，缴纳城镇土地使用税。

（5）纳税人新征用的耕地，自批准征用之日起满一年时开始缴纳城镇土地使用税。

（6）纳税人新征用的非耕地，自批准征用次月起缴纳土地使用税。

（7）自 2009 年 1 月 1 日起，纳税人因土地的权利发生变化而依法终止城镇土地使用税纳税义务，其应纳税款的计算应截止到土地权利发生变化的当月末。

3. 城镇土地使用税的纳税地点和征收机构

城镇土地使用税在土地所在地缴纳。

纳税人使用的土地不属于同一省、自治区、直辖市管辖的，由纳税人分别向土地所在地的税务机关缴纳土地使用税；在同一省、自治区、直辖市管辖范围内，纳税人跨地区使用的土地，其纳税地点由各省、自治区、直辖市地方税务局确定。

土地使用税由土地所在地的地方税务机关征收，其收入纳入地方财政预算管理。土地使用税征收工作涉及面广，政策性较强，在税务机关负责征收同时，还必须注意加强同国土管理、测绘等有关部门联系，及时取得土地的权属资料、沟通情况，共同协作，把征收管理工作做好。

二、城镇土地使用税的税收优惠

（一）法定免缴土地使用税的优惠

（1）国家机关、人民团体、军队自用的土地。

（2）由国家财政部门拨付事业经费的单位自用的土地。

（3）宗教寺庙、公园、名胜古迹自用的土地。

（4）市政街道、广场、绿化地带等公共用地。

（5）直接用于农、林、牧、渔业的生产用地。

（6）经批准开山填海整治的土地和改造的废弃土地，从使用的月份起免缴土地使用税 5~10 年。

（7）对非营利性医疗机构、疾病控制机构和妇幼保健等卫生机构自用的土地，免征城镇土地使用税。

（8）企业办的学校、医院、托儿所、幼儿园，其用地能与企业其他用地明确区分的，免征城镇土地使用税。

（9）对行使国家行政管理职能的中国人民银行总行（含国家外汇管理局）所属分支机构自用的土地，免征城镇土地使用税。

（10）免税单位无偿使用纳税单位的土地（公关、海关等单位使用铁路、民航等单位的土地），免征城镇土地使用税。纳税单位使用免税单位的土地，纳税单位应照章缴纳城镇土地使用税。纳税单位与免税单位共同使用、共有使用权土地上的多层建筑，对纳税单位可按其占用的建筑面积占建筑总面积的比例计征城镇土地使用税。

（二）省、自治区、直辖市地方税务局确定减免土地使用税的优惠

（1）个人所有的居住房屋及院落用地。

（2）房产管理部门在房租调整改革前经租的居民住房用地。

（3）免税单位职工家属的宿舍用地。

（4）民政部门举办的安置残疾人占一定比例的福利工厂用地。

（5）集体和个人办的各类学校、医院、托儿所、幼儿园用地。

三、计税依据与应纳税额的计算

（一）计税依据

城镇土地使用税以纳税人实际占用的土地面积为计税依据，土地面积计量标准为每平方米。

纳税人实际占用的土地面积按下列办法确定。

（1）凡已由省、自治区、直辖市人民政府确定的单位组织测定土地面积的，以实际测定的土地面积为计税依据。

（2）凡未经省、自治区、直辖市人民政府确定的单位组织测定的，但纳税人持有政府部门核发的土地使用证书的，以土地使用证书确认的土地面积为计税依据。

（3）对尚未核发土地使用证书的，暂以纳税人申报的土地面积为计税依据，待核发土地使用证以后再做调整。

（二）应纳税额的计算

城镇土地使用税以纳税人实际占用的土地面积为计税依据，按照规定的适用税额计算征收。计算公式为

年应纳税额=应税土地的实际占用面积（平方米）×适用单位税额

【例 10-3】 某人民团体拥有甲、乙两栋办公楼，甲栋占地 5 000 平方米，乙栋占地 2 000 平方米。2015 年 1 月 18 日至 7 月 31 日将乙栋出租。已知，当地城镇土地使用税每平方米年税额为 10 元，计算该人民团体 2015 年应缴纳城镇土地使用税额。

【解析】

（1）人民团体自用的土地（甲栋）免征城镇土地使用税。

（2）出租的乙栋应自交付出租房产之次月起，缴纳城镇土地使用税，乙栋应缴纳城镇土地使用税=2 000×10×6/12=10 000（元）。

【例 10-4】 某公司与政府机关共同使用一栋共有土地使用权的建筑物。该建筑物占用土地面积 1 000 平方米，建筑物面积 10 000 平方米（公司与机关的占用比例为 4∶1），该公司所在市城镇土地使用税单位税额每平方米 10 元。计算该公司全年应缴纳城镇土地使用税额。

【解析】

该公司应纳城镇土地使用税=1 000×4÷（4+1）×10=8 000（元）。

四、城镇土地使用税的筹划方法

（一）利用经营用地的所属区域进行筹划

纳税人占有并实际使用的土地，其所在区域直接关系到缴纳土地使用税数额的大小。因此纳税人可以结合投资项目的实际需要在下列几方面进行选择。

一是在征税区与非征税区之间选择。二是在经济发达与经济欠发达的省份之间选择。三是在同一省份内的大中小城市以及县城和工矿区之间选择。在同一省份内的大中小城市、县城和工矿区内的土地使用税税额同样有差别。四是在同一城市、县城和工矿区之内的不同等级的土地之间选择。例如，北京市的市区土地就划分了六个级别，最高一级为每平方米 30 元，最低一级为每平方米 1.5 元，最高一级比最低一级高出了 28.5 元。

【例 10-5】 甲、乙两个人拟投资设立一家新企业，现在有三个地址可供选择：其一是设立在 A 地，其适用的土地使用税税率为每平方米 10 元；其二是设立在 B 地，其适用的土地使用税税率为每平方米 7 元；其三是设立在 C 地，其适用的土地使用税税率为每平方米 4 元，企业需要占地 10 000 平方米。若不考虑其他因素，企业应当选择在何地设立？

【解析】

在 A 地时 10 000×10=100 000（元）。

在 B 地时 10 000 × 7=70 000（元）。

在 C 地时 10 000×4=40 000（元）。

显然，选择 C 地最合算。

（二）利用纳税义务发生时间进行筹划

税法规定，城镇土地使用税的纳税义务发生时间一般为土地使用权或房屋产权交付的次月起，但实际工作中，受各种因素的影响，有时合同约定的时间并非实际交付的时间，所以应充分利用这一条款，一般情况下不在合同中注明交付时间，而只写明一个大概的建设交付进度，同时注明以实际交付为准。

【例 10-6】 某房地产开发企业与土地管理部门签订合同，取得了一块地，面积为 40 000 平方米。合同的签订时间为 2014 年 8 月 22 日；合同约定国土部门交付土地时间为 2014 年 12 月 10 日（即等原土地上的搬迁企业搬迁后交付）。但是实际交付的时间为 2015 年 8 月。当地确定的土地使用税单位税额为每平方米 15 元。

如果按照上述的合同约定，房地产企业应当自 2015 年 1 月开始计算缴纳土地使用税。

【解析】

交付土地的时间与原企业的搬迁直接相关，因而在合同中应当不确定具体时间，而规定一个大概交付时间：搬迁企业拆迁完毕后交付。如此，企业土地使用税纳税义务时间为 2015 年 9 月。

筹划之后，地产企业可以少缴纳的土地使用税为 40 000×15×8÷12=400 000（元）。

（三）利用税收优惠政策进行筹划

在税收优惠政策上，有些特定用途进行免税的规定，如幼儿园、公共绿地等，可以充分利用此类条款进行节税筹划。

【例 10-7】 某企业厂区中有一块 30 000 平方米的空地没有利用，由于该地在厂区后面，远离街道，位置不好，目前的商业开发价值不大，所以一直闲置，现在主要是职工和家属以及周边的居民将其作为休闲娱乐之用。该地区的年城镇土地使用税为 5 元/米 ^{2}，企业一年需为该地块负担的城镇土地使用税为 30 000× 5=150 000（元）。如何才能免除此部分税负呢？

【解析】

根据有关政策规定，对企业厂区（包括生产、办公及生活区）以内的绿化用地，应照章征收土地使用税，厂区以外的公共绿化用地和向社会开放的公园用地，暂免征收土地使用税。

企业把该空地改造成公共绿化用地，植些树、栽些花草，据初步预算，改造成绿化用地需投资 80 000 元，假设该企业预计三年后开发该地块，三年可节省城镇土地使用税 150 000 ×3−80 000=370 000（元）。

如果投资的项目，不是特定免税范围，是无法得到税收减免的。也有些条款，只明确使用土地的性质，没有限制具体用途，纳税人可以充分利用此类条款进行筹划。例如，政策规定，经批准开山填海整治的土地和改造的废弃土地，从使用月份起免征土地使用税 5~10 年，那么，纳税人在投资设厂时，可以充分利用一些废弃地，将其改造，变成生产车间。

第三节　土地增值税筹划实务

土地增值税是对在我国境内转让国有土地使用权、地上建筑物及其附着物所取得的增值收入为课税对象的一种税。土地增值税具有以下特点：①以转让房地产的增值额为计税依据；②征税面比较广；③实行超率累进税率，按次征收。

我国现行土地增值税的基本法律规范是 1993 年 12 月 13 日国务院颁布的《土地增值税暂行条例》。

一、土地增值税的基本法规规定

（一）土地增值税的纳税人和征税范围

1. 土地增值税的纳税人

土地增值税的纳税人为转让国有土地使用权、地上的建筑物及其附着物（简称转让房地产）并取得收入的单位和个人，具体包括各类企事业单位、国家机关、社会团体及其他组织。个人包括个体工商户和其他个人。也就是说，不分法人与自然人、不分经济性质、不分内资与外资企业、不分中国公民和外籍个人、不分部门，只要有偿转让房产，都是土地增值税的纳税人[①]。

2. 土地增值税的征税范围

1）征税范围的基本规定

（1）转让国有土地使用权。"国有土地"是指按国家法律规定属于国家所有的土地。

（2）地上建筑物及其附着物连同国有土地使用权一并转让。其中，"地上建筑物"是指建于土地上的一切建筑物，包括地上、地下的各种附属设施；"附着物"是指附着于土地上的不能移动或一旦移动就会损坏的物品。纳税人取得国有土地使用权后进行房屋开发后出售的，应纳入土地增值税的范围。

（3）存量房地产的买卖。存量房地产是指已建成并已投入使用的房地产，其房屋所有人将房屋产权和土地使用权一并转让给其他单位和个人。这种行为按国家房地产有关法律法规，应到有关部门办理房产产权和土地使用权的转移变更手续；原土地使用权属于无偿划拨的，还应到土地管理部门补交土地出让金。

2）征税范围的特殊规定

（1）房地产的继承、赠与，这种行为虽然发生了房地产的权属变更，但作为房产产权、土地使用权的原所有人（被继承人）并没有因为权属的转让而取得任何收入。上述情况因其只发生房地产产权的转让，并没有取得相应的收入，属于无偿转让房地产的行为，所以不属于土地增值税的征税范围。

（2）房地产的出租。房地产的出租，出租人虽取得了收入，但没有发生房产产权、土地使用权的转让。因此，不属于土地增值税的征税范围。

---

① 根据《全国人大常委会关于外商投资企业和外国企业适用增值税、消费税、营业税等税收暂行条例的有关问题通知》、《国务院关于外商投资企业和外国企业适用增值税、消费税、营业税等税收暂行条例的有关问题的通知》和《国家税务总局关于外商投资企业和外国企业及外籍个人适用税种问题的通知》等规定，土地使用税适用于涉外企业和个人。

（3）房地产的抵押。对房地产的抵押，在抵押期间，产权并没有发生权属的变更，不征收土地增值税。待抵押期满后，视该房地产是否转移占有而确定是否征收土地增值税。对于以房地产抵债而发生房地产权属转让的，应属于土地增值税的征税范围。

（4）房地产的交换。房地产交换这种行为既发生了房产产权、土地使用权的转移，交换双方又取得了实物形态的收入，属于土地增值税的征税范围，但对个人之间互换自有居住用房地产的，经当地税务机关核实，可以免征土地增值税。

（5）合作建房。对于一方出地，一方出资金，双方合作建房，建成后按比例分房自用的，暂免征收土地增值税；建成后转让的，应征收土地增值税。

（6）房地产的代建房行为。房地产代建房是指房地产开发公司代客户进行房地产的开发，开发完成后向客户收取代建收入的行为。对房地产开发公司而言，虽然取得了收入，但没有发生房地产权属的转移，其收入属于劳务收入性质，故不属于土地增值税的征税范围。

（7）房地产的重新评估。这主要是指国有企业在清产核资时对房地产进行重新评估而使其升值的情况。房地产重新评估后虽然有增值，但其既没有发生房地产权属的转移，房产产权人、土地使用权人也未取得收入，所以不属于土地增值税的征税范围。

（二）土地增值税的税率

土地增值税采用四级超率累进税率，具体见表 10-3。

表 10-3　土地增值税超率累进税率表

级距	增值额与扣除项目金额的比率	税率/%	速算扣除系数
1	不超过 50%（含）部分	30	0
2	50%~100%（含）部分	40	5
3	100%~200%（含）部分	50	15
4	超过 200%部分	60	35

（1）增值额未超过扣除项目金额 50%的部分，税率为 30%。

（2）增值额超过扣除项目金额 50%、未超过扣除项目金额 100%的部分，税率为 40%。

（3）增值额超过扣除项目金额 100%、未超过扣除项目金额 200%的部分，税率为 50%。

（4）增值额超过扣除项目金额 200%的部分，税率为 60%。

（三）土地增值税的征收管理

1. 纳税申报

纳税人应在转让房地产合同签订后的 7 日内，到房地产所在地主管税务机关办理纳税申报，并向税务机关提交房屋及建筑产权、土地使用产权证书，土地转让、房产买卖合同，房地产评估报告及其他转让房地产所在地的申报纳税。

2. 纳税地点

土地增值税的纳税人应向房地产所在地主管税务机关办理纳税申报，并在税务机关规定的纳税期限内缴纳土地增值税。房地产所在地是指房地产的坐落地。纳税人转让的房地产坐落在两个或两个以上地区的，应按房地产所在地分别申报纳税。

在实际工作中，纳税地点的确定又可分为以下两种情况。

（1）纳税人是法人的。当转让的房地产坐落地与其机构所在地或经营所在地一致时，则在办理税务登记的原管辖税务机关申报纳税；如果转让的房地产坐落地与其机构所在地或经营所在地不一致时，则应在房地产坐落地所管辖的税务机关申报纳税。

（2）纳税人是自然人的。当转让的房地产坐落地与其居住所在地一致时，则在住所所在地税务机关申报纳税；当转让的房地产坐落地与其居住所在地不一致时，在办理过户手续所在地的税务机关申报纳税。

二、土地增值税的税收优惠政策

（1）纳税人建造普通标准住宅出售，其增值额未超过扣除项目金额 20%的，免征土地增值税；增值额超过扣除项目金额 20%的，应就其全部增值额计算缴纳土地增值税。

（2）因国家建设需要依法征用、收回的房地产，免征土地增值税。

（3）因城市规划、国家建设需要而搬迁由纳税人自行转让原房地产，免征土地增值税。

（4）对企事业单位、社会团体以及其他组织转让旧房作为公共租赁住房房源，且增值额未超过扣除项目金额 20%的，免征土地增值税。

三、土地增值税应纳税额的计算

（一）计税依据的确定

土地增值税以纳税人转让房地产所取得的增值额作为计税依据，增值额是纳税人转让房地产的收入减去税法规定扣除项目金额后的余额，用公式表示为

$$增值额=转让房地产收入总额-扣除项目金额$$

1. 应税收入的确定

根据《土地增值税暂行条例》及《土地增值税暂行条例实施细则》的规定，纳税人转让房地产取得的应税收入，应包括转让房地产的全部价款及有关的经济收益。从

收入的形式来看包括货币收入、实物收入和其他收入。

2. 扣除项目的确定

准予纳税人从转让收入额减除的扣除项目包括如下几项。

（1）取得土地使用权所支付的金额，即纳税人为取得土地使用权所支付的地价款和按国家统一规定缴纳的有关费用。

（2）房地产开发成本，即纳税人房地产开发项目实际发生的成本，包括土地的征用及拆迁补偿费、前期工程费、建筑安装工程费、基础设施费、公共配套设施费、开发间接费用等。

（3）房地产开发费用，即与房地产开发项目有关的销售费用、管理费用和财务费用。《土地增值税暂行条例实施细则》规定，财务费用中的利息支出，凡能够按转让房地产项目计算分摊并提供金融机构证明的，允许据实扣除，但最高不能超过按商业银行同类同期贷款利率计算的金额。其他房地产开发费用按上述两项金额之和的5%以内计算扣除。凡不能够按转让房地产项目计算分摊或不能提供金融机构证明的，房地产开发费用按上述两项金额之和的10%以内计算扣除。具体来说：①纳税人能够转让房地产项目计算分摊利息支出，并能提供金融机构的贷款证明的，其允许扣除的房地产开发费用为：利息+（取得土地使用权所支付的金额+房地产开发成本）×5%以内（注：利息最高不能超过按商业银行同类同期贷款利率计算的金额）。②纳税人不能按转让地产项目计算分摊或不能提供金融机构证明的，其允许扣除的房地产开发费用为：（取得土地使用权所支付的金额+房地产开发成本）×10%以内。

（4）与转让房地产有关的税金，即在转让房地产时缴纳的营业税[①]、城市维护建设税、印花税。因转让房地产缴纳的教育费附加，可视同税金允许扣除。房地产开发企业的印花税列入管理费用中，故在此不予单独计算扣除；其他纳税人缴纳的印花税（按产权转移书据所载金额0.5‰贴花）允许在此扣除。

（5）其他扣除项目，对从事房地产开发的纳税人，可以按取得土地使用权所支付的金额和房地产开发成本的金额之和，加计20%的扣除。

（6）旧房及建筑物的评估价格，即在转让已使用的房屋及建筑物时，由政府批准设立的房地产评估机构评定的重置成本价乘以成新度折扣率后的价格。评估价格须经当地税务机关确认。成新度折扣率的含义是按旧房的新旧程度作一定比例的折扣。例如，一栋房屋已使用10年，建造时的造价为1 000万元，按转让时的建材及人工费用计算，建同样的新房需花费 5 000 万元，假定该房有六成新，则该房的评估价格为5 000×60%=3 000（万元）。

转让旧房的，应按房屋及建筑物的评估价格、取得土地使用权所支付的地价款和按国家统一规定缴纳的有关费用及在转让环节缴纳的税金作为扣除项目金额计征土地增值税。

① “营改增”试点在全国范围内实施之后，营业税将不复存在。但转让房产时缴纳的增值税不予扣除。

3. 增值额的确定

增值额是土地增值税的本质所在。由于计算土地增值税是以增值额与扣除项目金额的比率大小按相适用的税率累进计算征收的，增值额与扣除项目金额的比率越大，适用的税率越高，缴纳的税款越多，因此准确核算增值额很重要。

在实际房地产交易活动中，有些纳税人不能准确提供房地产转让价格或扣除项目金额，致使增值额不准确，直接影响应纳税额的计算和缴纳。因此，纳税人有下列情形之一，按照房地产评估价格计算征收：①隐瞒、虚报房地产成交价格的；②提供的扣除项目金额不实的；③转让房地产的成交价格低于房地产评估价格，又无正当理由的。

（二）应纳税额的计算

转让房地产的收入额和扣除项目金额确定后，即可计算应纳税额，计算公式为

$$\text{应纳税额}=\sum(\text{每级距的土地增值额}\times\text{适用税率})$$

为简化计算，应纳税额可采用速算扣除法计算，即增值额乘以税率减去扣除项目金额乘以速算扣除系数的简便方法计算。具体计算公式如下。

（1）土地增值额未超过扣除项目金额 50%的部分，应纳税额=土地增值额×30%。

（2）土地增值额超过扣除项目金额 50%未超过 100%的部分，应纳税额=土地增值额×40%－扣除项目金额×5%。

（3）土地增值额超过扣除项目金额 100%未超过 200%的部分，应纳税额=土地增值额×50%－扣除项目金额×15%。

（4）土地增值额超过扣除项目金额 200%的部分，应纳税额=土地增值额×60%－扣除项目金额×35%。

【例 10-8】 某市的一房地产开发企业，建造商品房一栋，建房总支出 4 500 万元，具体包括：支付地价款 300 万元；支付土地征用及拆迁补偿费 180 万元；支付前期工程费 270 万元；支付基础设施费 300 万元；支付建筑安装工程费 2 250 万元；支付公共配套设施费 300 万元；支付期间费用 900 万元，其中利息支出 750 万元（利息能按房地产项目分摊，并由金融机构贷款证明），其他房地产开发费用扣除比例为 5%。房屋竣工后将其出售，取得收入 9 800 万元。请计算该房地产开发企业应纳的土地增值税。

【解析】

（1）允许扣除的取得土地使用权支付的金额=300（万元）。

（2）房地产开发成本，包括土地的征用及拆迁补偿费、前期工程费、建筑安装工程费等。允许扣除的房地产开发成本=180+270+300+2 250+300=3 300（万元）。

（3）财务费用中的利息支出，凡能够按转让房地产项目计算分摊并提供金融机构证明的允许据实扣除，所以 750 万元可据实扣除。其他房地产开发费用按上述两项金额之和的 5%以内计算扣除。允许扣除的房地产开发费用=750+（300+3 300）×5%=930（万元）。

（4）允许扣除的税金=490+49=539（万元）。其中，应纳营业税=9 800×5%=490（万元）。

（5）应纳城市维护建设税及教育附加=490×（7%+3%）=49（万元）。

（6）对从事房地产开发的纳税人，可以按取得土地使用权所支付的金额和房地产开发成本的金额之和，加计 20 % 的扣除。则允许扣除的其他扣除项目=（300+3 300）×20%=720（万元）。

（7）允许扣除的项目合计=300+3 300+930+539+720=5 789（万元）。

增值额=9 800−5 789=4 011（万元）。

增值额占扣除项目金额比率=4 011/5 789×100%=69.29%。

（8）应纳土地增值税=4 011×40%−5 789×5%=1 314.95（万元）。

四、土地增值税的筹划方法

（一）利用对增值额的控制进行筹划

土地增值税是以实行增值额为基础的超率累计税率，对其进行筹划的关键在于增值额的合法控制，使其降低金额。一方面增加扣除项目，另一方面降低商品房的销售价格。增加扣除项目的途径有很多种，如可根据实际情况来选择房地产开发成本和房地产开发费用的扣除方法。税法规定，不能按转让房地产项目计算分摊借款利息支出的，开发费用的扣除比例不得超过取得土地使用权支付金额和开发成本的 10%；能提供金融机构证明并能按转让房地产项目计算分摊借款利息支出的，可据实扣除利息支出，但其他开发费用不得超过取得土地使用权支付金额和开发成本的 5%。同样选择扣除项目不变，以减少收入的方法来降低增值率的时候，应比较减少的销售收入和控制增值率减少的税金支出的大小，从而进行选择。也可选择将收入进行分散，即将可以分开单独处理的部分从整个房地产项目中分离，如房屋里面的各种设施，从而使转让收入变少，降低纳税人转让房地产的土地增值税。

（二）利用房地产转让方式进行筹划

房地产开发人或所有人可以通过避免符合三个基本判定标准来避免成为土地增值税的纳税对象。例如，通过土地管理部门转让房产；将房产、土地使用权租赁给承租人使用，由承租人向出租人支付租金；将房产作价入股进行投资或作为联营条件等，均可免征土地增值税。

（三）利用税率的级差进行筹划

由于土地增值税适用四档超率累进税率，其中最低税率为 30%，最高税率为 60%，如果将增值率不同的房地产并在一起核算，就有可能降低高增值率房地产的适用税率，使该部分房地产的税负下降，同时可能会提高低增值率房地产的适用税率，增加这部分房地产的税负，因而纳税人需要具体测算分开核算与合并核算的相应税额，再选择低税负的核算方法，从而达到节税的目的。

【例 10-9】 新升房地产开发公司是 A 县级市一家以开发转让土地及房产为主要业务的中型公司。2016 年 7 月初，公司按 A 市一般民用住宅标准建造了一幢住宅，并以市场价格销售给 A 市市民，共取得收入 240 万元，共发生如下费用：①取得土地使用权所支付的金额为 100 万元。②房地产开发成本为 50 万元。③其他扣除额为 60 万元。同月，公司转让另一房地产取得收入 400 万元，共发生以下费用：①取得土地使用权所支付的金额为 20 万元。②房地产开发成本为 30 万元。③房地产开发费用为 16 万元。④与房地产有关的税金为 24 万元。

面对激烈的市场竞争，考虑到规模经济，景园房地产开发公司决定兼并新升房地产公司，以促进市场占有额的扩大。7 月中旬，景园房地产公司以 400 万元市场价格收购了新升房地产的标志性建筑大楼，并于 7 月底最终成立景园–新升房地产公司，兼并业务正式完成。景园–新升房地产公司在建筑该楼时共发生费用扣除额 100 万元。7 月公司共缴纳土地增值税税额 270 万元。

【解析】

在面临兼并时，新升房地产开发公司自己计算土地增值税后，认为应纳土地增值税为 270 万元，其计算过程如下。

（1）7 月同时发生了两处房地产转让业务，且两房地产场地处于同一片土地上，于是公司财务一起核算，两房地产共取得收入 640 万元，扣除金额为 300 万元，增值额超过扣除额 100%，故土地增值税税额为 340×50%–300×15%=125（万元）。

（2）7 月底，由于被兼并取得房地产收入 400 万元，扣除额为 100 万元，增值额超过扣除项目金额的 200%，故应纳增值税税额为 145 万元。

两项共计应交土地增值税 270 万元。

根据土地增值税的相关优惠政策，纳税人进行了一番筹划。

方案 1：《土地增值税暂行条例》第八条规定，有下列情形之一的，免征土地增值税：一是纳税人建造普通标准房出售，其增值额未超过扣除项目金额 20%的；二是因国家建设需要依法征用、收回的房地产。

在本方案中，新发房地产开发公司按 A 市一般民用住宅标准建造了一座居住用住宅，属于《土地增值税暂行条例》规定的第一种情况，且其增值额小于 20%，另外，根据公司会计账户的核算，我们发现这个项目是可以与该公司同月发生的另一个项目区分开来的，故该项目可以免收增值税。

方案 2：财政部规定的其他扣除项目是指对从事房地产开发的纳税人按《土地增值税暂行条例》第六条第 1 项和第 2 项规定计算的金额之和，加计 20%的扣除。在此应特别指出的是，此条优惠只适用于从事房地产开发的纳税人，除此之外的其他纳税人不再适用。

然而，新升房地产开发公司的财务人员并没有利用这一优惠条件，其两笔增值税税额如下。

增值额=400-［20+30+16+24+（20+30）×20%］=300（万元）。

增值额与扣除项目金额之比为 300/100=300%。

增值额超过扣除项目金额 200%，适用 60%超率累进税率，因此，应纳税额=300×60%-100×35%=145（万元）。

方案 3：根据《土地增值税暂行条例》及《土地增值税暂行条例实施细则》的规定，土地增值税的征税范围在实际工作中并不包括企业兼并转让房地产，即在企业兼并中，对被兼并企业将房地产转让到兼并企业中的，暂免征收土地增值税。新升房地产开发公司由于被兼并到景园房地产公司中去，故转让行为不征收土地增值税。

综合以上分析可知，新升房地产开发公司 7 月应缴纳增值税额为 145 万元，而不是 270 万元。

从中可以看出，尽管土地增值税是小税种，但其中还是有不少筹划技巧的。

其一，土地增值税的累进税率与所得税一样，土地增值税有四档税率，故适当地处于低一档税率无疑会有好处。如果不分别核算两笔房地产增值额，则应纳税额为 125 万元；而分别核算，由于累进税率的提高，应缴纳税额为 145 万元，多缴纳 20 万元。可见，适当的时候，我们可以不用优惠政策，不分别核算增值额，这样，反而可能会合理减少应纳税额。

其二，在实际工作中，准确界定土地增值税的征税范围是可以减少应纳税额的。国家将对以下行为征税：出售国有土地使用权；取得国有土地使用权后进行房屋开发建造后出售的；存量房地产的买卖；房地产的抵押；以房地产进行投资和联营；等等。对房地产出租、继承、企业兼并转让房地产、房地产代建房行为等不征收土地增值税。因此，在实际生活中，我们应准确把握土地增值税的征税范围，弄清自己的行为是否属于应税行为。

【例 10-10】 一家房地产开发企业有可供销售的 100 000 平方米同档次的商品房两栋。甲房每平方米售价是 1 000 元（不含装修费 70 元），转让收入是 1 000 万元，它的扣除项目金额为 835 万元，增值额是 165 万元。乙房每平方米售价是 1 070 元（含装修费 70 元），转让收入是 1 070 万元，它的扣除项目金额为 838 万元，增值额是 232 万元。

【解析】

根据以上数据，我们可以计算出甲房的增值率是 165÷835=19.76%，按照税法规定，甲房的增值额没有超过扣除项目金额的 20%，不缴纳土地增值税，企业获得的利润为 165 万元。乙房的增值率是 27.86%，要缴纳土地增值税 69.6 万元，企业获得的利润是 162.4 万元。

【例 10-10】采用了分散收入以控制增值额的方法和利用税收优惠的方法进行筹划，甲房售价分离了装修费用 70 元，每平方米售价比乙房低 70 万元，从而降低了增值额，并将增值率控制在 20%以内，可依法享受免征土地增值税的税收优惠，所得利润反而比乙房的利润高 2.6 万元。另外，由于价格上的优势，甲房的市场竞争力强于乙房。所以企业应该考虑以后多采取甲房的销售方式进行销售。

第四节 资源税筹划实务

资源税是指对在我国境内开采应税资源的矿产品或生产盐的单位和个人，就其应税资源销售额或销售量征收的一种税。资源税有如下特点：①有选择地征收；②实行差别税额或差别比例税率；③征税方式逐渐以从量计征改为从价计征为主；④强制性和有偿性协调统一。

我国现行资源税的基本法律依据是 2011 年 11 月 1 日国务院正式发布的《关于修改〈中华人民共和国资源税暂行条例〉的决定》、2016 年 5 月 1 日财政部发布的《关于全面推进资源税改革的通知》。

一、资源税的基本法规规定

（一）资源税的纳税人与扣缴义务人

1. 资源税的纳税人

在我国境内开采应税资源的矿产品或者生产盐的单位和个人，为资源税的纳税人。单位是指国有企业、集体企业、私营企业、股份制企业、外商投资企业、外国企业和行政单位、事业单位、军事单位、社会团体及其他单位。个人是指个体工商户和其他个人。

2. 资源税的扣缴义务人

收购未税矿产品的单位或中外合作开采油田作业者为资源税的扣缴义务人。规定资源税的扣缴义务人，主要是针对零星、分散、不定期开采、易漏税的情况。扣缴义务包括以下方面。

（1）独立矿山、联合企业收购未税矿产品的单位，按照本单位应税产品税率、税额标准，依据收购的数量代扣代缴资源税。

（2）其他收购单位收购的未税矿产品，按税务机关核定的应税产品税率、税额标准，依据收购的数量代扣代缴资源税。

（3）开采海洋或陆上油气资源的中外合作油气田，按实物量计算缴纳资源税，以该油气田开采的原油、天然气扣除作业用量和损耗量之后的原油、天然气产量作为课税数量。

（二）资源税的税目和税率

1. 资源税的税目

现行资源税的税目和子目主要是根据资源税应税产品和纳税人开采资源的行业特点

设置的。各税目的征税对象包括原矿、精矿（或原矿加工品，下同）、金锭、氯化钠初级产品，具体按照2011年修订的《资源税暂行条例》和2016年财政部和国家税务总局发布的“财税〔2016〕53号”文件所附《资源税税目税率幅度表》相关规定执行。

（1）原油。原油是指开采的天然原油，不包括人造石油。

（2）天然气。天然气是指专门开采或与原油同时开采的天然气。

（3）煤炭。包括原煤和以未税原煤加工的洗选煤。

（4）金属矿。包括铁矿、金矿、铜矿、铝土矿、铅锌矿、镍矿、锡矿、稀土、钨、钼等金属矿的精矿、金锭或原矿和其他未列举名称的其他非金属矿产品。

（5）其他非金属矿。其他非金属矿原矿是指原油、天然气、煤炭以外的非金属矿的原矿、精矿或氯化钠的初级产品，包括石墨、硅藻土、高岭土、萤石、石灰石、硫铁矿、磷矿、氯化钾、硫酸钾、井矿盐、湖盐、提取地下卤水晒制的盐、煤层（成）气、粘土、砂石和其他未列举名称的其他非金属矿产品。

（6）海盐。海盐是指海水晒制的盐，不包括提取地下卤水晒制的盐。

对未列举名称的其他矿产品，省级人民政府可对本地区主要矿产品按矿种设定税目，对其余矿产品按类别设定税目，并按其销售的主要形态（如原矿、精矿）确定征税对象。

2. 资源税的税率

资源税采取从价定率为主、从量定额为辅的方法征税，实施“级差调节”的原则。级差调节是指运用资源税对因资源储存状况、开采条件、资源优劣、地理位置等客观存在的差别而产生的资源级差收入，通过实施差别税率标准进行调节。资源条件好的，税率高一些；资源条件差的，税率低一些。资源税税目税率表见表10-4。

表10-4 资源税税目税率表

税目		税率	
一、原油		销售额的6%~10%	
二、天然气		销售额的6%~10%	
三、煤炭		销售额的2%~10%	
四、金属矿	铁矿	精矿	1%~6%
	金矿	金锭	1%~4%
	铜矿	精矿	2%~8%
	铝土矿	原矿	3%~9%
	铅锌矿	精矿	2%~6%
	镍矿	精矿	2%~6%
	锡矿	精矿	2%~6%
	稀土	轻稀土	地区差别税率[1)]
		中重稀土	27%
	钨	精矿	6.5%
	钼	精矿	11%
	未列举名称的其他金属矿产品	原矿或精矿	税率不超过20%

续表

税目		税率	
五、非金属矿	石墨	精矿	3%~10%
	硅藻土	精矿	1%~6%
	高岭土	原矿	1%~6%
	萤石	精矿	1%~6%
	石灰石	原矿	1%~6%
	硫铁矿	精矿	1%~6%
	磷矿	原矿	3%~8%
	氯化钾	精矿	3%~8%
	硫酸钾	精矿	6%~12%
	井矿盐	氯化钠初级产品	1%~6%
	湖盐	氯化钠初级产品	1%~6%
	提取地下卤水晒制的盐	氯化钠初级产品	3%~15%
	煤层（成）气	原矿	1%~2%
	粘土、砂石	原矿	每吨或立方米 0.1~5 元
	未列举名称的其他非金属矿产品	原矿或精矿	从量税率每吨或立方米不超过 30 元；从价税率不超过 20%
六、海盐		氯化钠初级产品	1%~5%

备注：
1.铝土矿包括耐火级矾土、研磨级矾土等高铝粘土
2.氯化钠初级产品是指井矿盐、湖盐原盐、提取地下卤水晒制的盐和海盐原盐，包括固体和液体形态的初级产品
3.海盐是指海水晒制的盐，不包括提取地下卤水晒制的盐

1）轻稀土按地区执行不同的适用税率，其中内蒙古为 11.5%，四川为 9.5%，山东为 7.5%

各省级人民政府应当按《财政部、国家税务总局关于全面推进资源税改革的通知》（财税〔2016〕53 号）要求提出或确定本地区资源税适用税率。测算具体适用税率时，要充分考虑本地区资源禀赋、企业承受能力和清理收费基金等因素，按照改革前后税费平移原则，以近几年企业缴纳资源税、矿产资源补偿费金额（铁矿石开采企业缴纳资源税金额按 40%税额标准测算）和矿产品市场价格水平为依据确定。

为促进共伴生矿的综合利用，纳税人开采销售共伴生矿，共伴生矿与主矿产品销售额分开核算的，对共伴生矿暂不计征资源税；没有分开核算的，共伴生矿按主矿产品的税目和适用税率计征资源税。财政部、国家税务总局另有规定的，从其规定。

（三）资源税的征收管理

1. 纳税义务发生时间

根据纳税人的生产经营、货款结算方式和资源税征收情况，其纳税义务发生时间分为以下几种情况。

（1）纳税人销售应税产品，其纳税义务发生时间如下：①纳税人采取分期收款

结算方式的，其纳税义务发生时间为销售合同规定的收款日期的当天。②纳税人采取预收货款结算方式的，其纳税义务发生时间为发出应税产品的当天。③纳税人采取其他结算方式的，其纳税义务发生时间为收取销售款或者取得索取销售款凭据的当天。

（2）纳税人自产自用应税产品的纳税义务发生时间为移送使用应税产品的当天。

（3）扣缴义务人代扣代缴税款的纳税义务发生时间为支付首笔货款或开具应支付货款凭据的当天。

2. 纳税期限

纳税期限是纳税人发生纳税义务后缴纳税款的期限。资源税的纳税期限由主管税务机关根据纳税人（扣缴义务人）应纳（应缴）税额的多少，分别核定为 1 日、3 日、5 日、10 日、15 日或者 1 个月。一般应纳税额越大，纳税期限越短，反之则越长。

资源人以 1 个月为一期纳税的，自期满之日起 10 日内申报纳税；以 1 日、3 日、5 日、10 日或者 15 日为一期纳税的，自期满之日起 5 日内预缴税款，于次月 1 日起 10 日内申报纳税并结清上月税款。

3. 纳税地点

资源税的纳税地点因资源的跨地区开采，具有特殊性。

（1）凡是缴纳资源税的纳税人，都应当向应税产品的开采或者生产所在地主管税务机关缴纳。

（2）如果纳税人在本省、自治区、直辖市范围内开采或生产应税产品，其纳税地点需要调整的，由所在地省、自治区、直辖市税务机关决定。

（3）如果纳税人应纳的资源税属于跨省开采，其下属生产单位与核算单位不在同一省、自治区、直辖市的，对其开采或者生产的矿产品，一律在开采地或生产地纳税。

（4）扣缴义务人代扣代缴的资源税，也应当向收购地主管税务机关缴纳。

二、资源税的税收优惠

（一）减税、免税项目

（1）开采原油过程中用于加热、修井的原油，免税。

（2）纳税人开采或者生产应税产品过程中，因意外事故或者自然灾害等原因遭受重大损失的，由省、自治区、直辖市人民政府酌情决定减税或者免税。

（3）铁矿石减按 40%征收资源税。

（4）对在 2016 年 7 月 1 日前已按原矿销量缴纳过资源税的尾矿、废渣、废水、废石、废气等实行再利用，从中提取的矿产品，不再缴纳资源税。对鼓励利用的低品位矿、废石、尾矿、废渣、废水、废气等提取的矿产品，由省级人民政府根据实际情况确定是否给予减税或免税。

（5）从 2007 年 1 月 1 日起，对地面抽采煤层气暂不征收资源税。煤层气是指赋存于煤层及其围岩中与煤炭资源伴生的非常规天然气，也称煤矿瓦斯。

（6）自 2010 年 6 月 1 日起，纳税人在新疆开采的原油、天然气，自用于连续生产原油、天然气的，不缴纳资源税；自用于其他方面的，视同销售，依法计算缴纳资源税。

（7）对依法在建筑物下、铁路下、水体下通过充填开采方式采出的矿产资源，资源税减征 50%。

（8）对实际开采年限在 15 年以上的衰竭期矿山开采的矿产资源，资源税减征 30%。

（二）进出口应税产品资源税的规定

资源税规定仅对在中国境内开采或生产应税产品的单位和个人征收，进口产品和盐不征收资源税。由于对进口应税产品不征收资源税，相应的，对于出口应税产品也不免征或退还已纳资源税。

三、资源税应纳税额的计算

资源税的应纳税额，按照从价定率或者从量定额的办法，分别以应税产品的销售额乘以纳税人具体使用的比例税率或者以应税产品的销售数量乘以纳税人具体使用的定额税率计算。

（一）从价定率应纳税额的计算

实行从价定率征收的，根据应税产品的销售额和规定的适用税率计算应纳税额，具体计算公式为

应纳税额=销售额（不含增值税）×适用税率

【例 10-11】 某油田 2016 年 3 月销售原油 40 000 吨，开具增值税专用发票取得销售额 20 000 万元、增值税额 3 400 万元，按《资源税税目税率表》的规定，其适用的税率为 8%。请计算该油田 3 月应缴纳的资源税。

【解析】

应纳税额=20 000×8%=1 600（万元）。

（二）从量定额应纳税额的计算

实行从量定额征收的，根据应税产品的课税数量和规定的单位税额计算应纳税额，具体计算公式为

应纳税额=课税数量×单位税额

代扣代缴应纳税额=收购未税矿产产品数量×使用的单位税额

四、资源税的筹划方法

（一）利用税率差异进行筹划

开采矿产品一般会有伴生矿、伴采矿及伴选矿产生。利用这些相关产品不同的税收政策进行筹划，就可以达到降低资源税税负的目的。

（1）伴生矿。是指同一矿床内，除主要矿种外，还含有多种可供工业利用的成分。根据《财政部、国家税务总局关于全面推进资源税改革的通知》（财税〔2016〕53 号）规定，为促进共伴生矿的综合利用，纳税人开采销售共伴生矿，共伴生矿与主矿产品销售额分开核算的，对共伴生矿暂不计征资源税；没有分开核算的，共伴生矿按主矿产品的税目和适用税率计征资源税。采矿企业应该充分利用这一政策，将伴生矿的产量与销量分别核算，并尽量压低主矿应税产品的价格，提高伴生矿的销售价格，从而达到最大节税的目的。

（2）伴采矿。是指开采单位在同一矿区内开采主产品时，伴采出来的非主产品元素的矿石。“财税〔2016〕53 号”文件规定，对鼓励利用的低品位矿、废石、尾矿、废渣、废水、废气等提取的矿产品，由省级人民政府根据实际情况确定是否给予减税或免税。由于伴采矿量的大小可以由企业自己生产经营来决定，如果企业在开采之初少采甚至不采伴采矿，税务机关在进行认定时，通常都会认为企业的伴采矿量小。采矿企业可以根据上述规定，尽量减少主矿产品的开采，将部分矿产品作为低品位矿、尾矿开采，以最大程度获得当地政府给予的减税或免税。

（二）通过税款的核算进行筹划

资源税中含有减免税规定，但是纳税人的减免项目应当单独核算课税数量，否则不予减免税。纳税人开采不同税目应税产品的，也应分开核算不同产品的数量，否则从高征收。因此，纳税人不仅要分别核算减免税项目，对不同税目应税产品也要分别核算，以尽量减少资源税的缴纳。

【例 10-12】 某矿业开采企业 2016 年 12 月生产销售原煤 5 万吨，每吨售价 500 元，伴生开采使用天然气 100 万立方米，每立方米为 1.3 元，该企业未分开核算。如果煤炭适用资源税税率为 2%，试比较分别核算与不分别核算，该企业的资源税税负。

【解析】

如果不分别核算，该企业应纳资源税税额=（500×5+130）×2%=52.6（万元）。

如果分别核算，根据税法，煤炭开采时生产的天然气免税，那么该企业节省资源税=130×2%=2.6（元）。

（三）利用纳税地点进行筹划

税法规定，纳税人直接生产并销售应税资源品的，在生产经营地纳税，纳税人从事应税矿产品收购的，由收购地代扣代缴资源税。从事进口应税矿产品的，免征资源税。

【例 10-13】 广东某热力发电公司，以前发电用煤均通过秦皇岛港运送山西或内蒙古的煤炭进行发电，路途远，运费很高。经过测算，从越南购进煤炭不仅减少一部分运费，还可以免去缴纳资源税。假设购进价格均为每吨 500 元，购进 2 万吨，需要 1 000 万元。

【解析】

如果从国内采购，应缴纳资源税税额=1 000×2%=20（万元）。

如果从越南采购，免交资源税。

相比较而言，进口煤炭有时比在国内采购更划算。

➤综合练习题

一、名词解释

资源税；土地增值税；耕地占用税；城镇土地使用税

二、简答题

1. 资源税的纳税筹划技巧有哪些？

2. 如何确定土地增值税增值额的扣除项目？

3. 简述城镇土地使用税的税收优惠政策。

三、综合分析题

1. 某房地产开发公司出售一栋商品房，获得销售收入 6 000 万元，并按当地市政府的要求，在售房时代收 400 万元的各项费用。房地产开发企业开发该商品房的支出如下：支付土地出让金 400 万元，房地产开发成本为 1 200 万元，其他允许税前扣除的项目合计 400 万元。试分析该公司如何进行筹划才能节税？

2. 某公司 2014 年的实际占用面积为 160 000 平方米，其中主要项目如下。

（1）企业内医院和托儿所占地 4 000 平方米。

（2）厂区外的公共绿化占地 10 000 平方米，厂区内的生活小区绿化用地 2 000 平方米。

（3）2014 年 1 月 1 日，企业将一块 2 000 平方米的土地对外出租给另一个企业，用于生产经营。

（4）2014 年 4 月 1 日，企业将一块 3 000 平方米的土地无偿地赠送给国家机关用做公务使用。

（5）与一家外商企业共同拥有一块 10 000 平方米的土地，其中该公司实际占地 6 000 平方米，剩下的 4 000 平方米归外资企业所有。

（6）2014 年 5 月 1 日，新征用厂区附近的两块土地共计 8 000 平方米，一块用于耕地，占地 5 600 平方米，另一块征用非耕地，用于建造厂房，占地 2 400 平方米。

（7）除上述土地外，其余土地均为企业生产经营用地（该公司所在地使用税额为 5 元/米^{2}）。

请你确定上述土地的征免项目，并计算该企业应缴纳城镇土地使用税税额。

➤本章拓展

土地使用税、耕地占用税等几种常见税收的基本知识

第十一章

财产与行为税筹划实务

【学习目标与要求】

本章主要介绍房产税、契税、车船税、车辆购置税、印花税和城市维护建设税等税种的税收筹划。通过学习本章，了解房产税、契税、车船税、车辆购置税、印花税和城市维护建设税的基本法规规定，掌握相关税收优惠政策，学会各税种的税收筹划方法。

第一节　房产税筹划实务

房产税是以城市、县城、建制镇和工矿区的房产为课税对象，按照房产的计税价值或租金收入征收的一种税。房产税具有如下特点：①房产税属于财产税中的个别财产税；② 限于征税范围内的经营性房屋；③区别房屋的经营使用方式规定不同的计税依据。

我国现行房产税的基本法律规范是 1986 年 9 月 15 日国务院正式发布的《中华人民共和国房产税暂行条例》（简称《房产税暂行条例》）。

一、房产税的基本法规规定

（一）房产税的纳税人与征税范围

房产税以房产为征税对象。所谓房产，是指有屋面和围护结构（有墙或两边有柱），能够遮风避雨，可供人们在其中生产、学习、工作、娱乐、居住或储藏物资的场所。

1. 房产税的纳税人

房产税的纳税人是指在征税范围内的房屋产权所有人。其中：①产权属于国家所有的，由经营管理的单位缴纳；产权属于集体和个人所有的，由集体单位和个人缴纳。②产权出典的，由承典人缴纳。所谓产权出典，是指产权所有人将房屋、生产资料等产权，在一定期限内典当给他人使用，而取得资金的一种融资业务。③产权所有人、承典人不在房产所在地或产权未确定及租典纠纷未解决的，由房产代管人或者使用人缴纳。④纳税单位和个人无租使用房产管理部门、免税单位及纳税单位房产的，应由使用人代为缴纳房产税。⑤自 2009 年 1 月 1 日起，外商投资企业、外国企业和组织以及外籍个人，依照《房产税暂行条例》缴纳房产税。

2. 房产税的征税范围

房产税的征税范围是城市、县城、建制镇和工矿区。

这里所说的城市是指国务院批准设立的市；县城是指县人民政府所在地的地区；建制镇是指经省、自治区、直辖市人民政府批准设立的建制镇；工矿区是指工商业比较发达，人口比较集中，符合国务院规定的建制镇标准，但尚未设立建制镇的大中型工矿企业所在地。开征房产税的工矿区须经省、自治区、直辖市人民政府批准。房产税的征税范围不包括农村。

（二）房产税的计税依据和税率

1. 房产税的税率

房产税采用的是比例税率。由于房产税的计税依据分为从价计征和从租计征两种形式，所以房产税的税率也有两种：一是按房产原值一次减除 10%~30%后的余值计征，税率为 1.2%；二是按房产出租的租金收入计征，税率为 12%。从 2001 年 1 月 1 日起，对个人按照市场价格出租的居民住房，用于居住的，可暂减按 4%的税率征收房产税。自 2008 年 3 月 1 日起，对个人出租住房，不区分用途，按 4%的税率征收房产税。

2. 房产税的计税依据

房产税的计税依据是房产的计税价值或房产的租金收入。按照房产计税价值征税的，称为从价计征；按照房产租金收入计征的，称为从租计征。

（1）从价计征是指以房产原值一次减除 10%~30%后的余值为计税依据。具体减除幅度，由省、自治区、直辖市人民政府确定。减除幅度的确定，既要考虑到房屋的自然损耗因素，也要照顾到房屋后期的增值因素。

房产原值是指纳税人按照会计制度规定，在账簿“固定资产”科目中记载的房屋原价。

房产余值是指房产的原值减除一定比例后的剩余价值。

（2）从租计征是指以房屋出租取得的租金收入为计税依据。租金收入是房屋产权所有人出租房产使用权所得的报酬，包括货币收入和实物收入。

从租计征的房产税，以房屋出租取得的租金收入为计税依据。租金收入就是房屋产权所有人出租房产使用权所得的报酬，包括货币收入和实物收入。对以劳务或其他形式为报酬抵付房租收入的，应根据当地房产的租金水平，确定一个标准租金从租计征。

（三）房产税的征收管理

1. 纳税义务发生时间

（1）纳税人将原有房产用于生产经营，从生产经营之月起，缴纳房产税。
（2）纳税人自行新建房屋用于生产经营的，从建成之次月起，缴纳房产税。
（3）纳税人购置新建商品房，自房屋交付使用之次月起，缴纳房产税。
（4）纳税人委托施工企业建设房屋，从办理验收手续之次月起，缴纳房产税。
（5）纳税人购置存量房，自办理房屋权属转移、变更登记手续，房地产权属登记机关签发房屋权属证书之次月起，缴纳房地产税。
（6）纳税人出租、出借房产，自交付出租、出租房产之次月起，缴纳房产税。
（7）房地产开发企业自用、出租、出借本企业建造的商品房，自房屋使用或交付之次月起，缴纳房产税。
（8）自 2009 年 1 月 1 日起，纳税人因房产的实物或者权利状态发生变化而依法终止房产税纳税义务的，其应纳税款的计算应截止到房产的实物或权利状态发生变化的当月末。

2. 纳税期限

房产税按年计征，分期缴纳，一般按季或按半年征收一次。

3. 纳税地点

房产税在房产所在地缴纳；房产不在同一地方的纳税人，应按房产的坐落地点分别向房产所在地的税务机关纳税。房产税由房产所在地的地方税务局负责征收。

二、房产税的税收优惠政策

《房产税暂行条例》中规定的优惠政策主要包括以下方面。
（1）国家机关、人民团体、军队自用的房产免征房产税。但是，上述免税单位的出租房产以及非自身业务使用的生产、营业用房，不属于免税范围。
（2）由国家财政部门拨付事业经费的单位，如学校、医疗卫生单位、托儿所、幼儿园、敬老院、文化、体育、艺术等实行全额或差额预算管理的事业单位所有的，本身业务范围内使用的房产。若上述房产用于生产经营等非公务、业务用房时，仍须缴纳房产税。
（3）宗教寺庙、公园、名胜古迹自用的房产免征房产税。但寺庙、公园、名胜古迹中附设的营业单位，如影剧院、饮食部、茶社、照相馆等所使用的房产及出租的房产，不属免税范围。

（4）个人所有非营业用的房产免征房产税。个人所有营业用的房产或出租的房产，不属免税范围，应照章纳税。

（5）经财政部批准免税的其他房产。

三、房产税应纳税额的计算

房产税应纳税额有以下两种计算方法。

（一）从价计征的计算

应纳税额=房产原值×（1–10%~30%扣除比例）×1.2%。

【例 11-1】 某企业的经营用房原值为 1 000 万元，按照当地规定允许减除 30%后按余值计税，适用税率为 1.2%。请计算其应纳房产税额。

【解析】

应纳税额=1 000×（1–30%）×1.2%=8.4（万元）。

（二）从租计征的计算

应纳税额=房产租金收入×12%（或 4%）。

【例 11-2】 某公司出租房屋 20 间，年租金收入为 600 000 元，适用税率为 12%，请计算其应纳房产税额。

【解析】

应纳税额=600 000×12%=72 000（元）。

四、房产税筹划的基本方法

（一）利用房产原值进行筹划

房产原值是指房屋的造价，包括与房屋不可分割的各种附属设备或一般不单独计算价值的配置设施。可见，房产原值的大小直接决定房产税的多少，合理地减少房产原值是房产税筹划的关键。

其一，由于“纳税人或代缴人不能提供房产原值的，由评估机关进行评估，并由税务机关确认，或由税务机关根据同类房产确定”，作为固定资产，由于取得的来源不同，其原值的构成也不一致。新建或重建的固定资产以历史成本作为原值，从其他途径取得的固定资产以重置成本作为原值。因此，纳税人是否将房产在固定资产中正确分类及合理计价，直接影响到企业的折旧额，进而影响所得税，同时也影响房产税。

其二，附属设备分散筹划。在实际税收征管中对与房屋不可分割的各种附属设备的最终确认，还涉及具体的技术标准和相关的财务处理，目前尚没有明确的、详细的税法规定，很多地方仍有进一步探讨的余地。有关国际会计准则规定，当一项固定资产的某些组成部分在使用效能上与该项资产相对独立，并且有不同的使用年限时，应将该组成部分单独确认为固定资产。将此项规定应用到房产原值的确定中可以得知，作为房产的有关附属设备按照财务制度的规定有可能单独划为非房屋类的固定资产处理，因而也就可能不计入房产原值。例如，某一超市的保险制冷设备虽然在物理上是建在超市之中，直观上是房屋不可分割的附属设备，但是因其特殊的功能，其使用年限也不同，具有相对的独立性，因此可以将其划分为机器设备类计提折旧，而不是划分为房屋，那么也就不用缴纳房产税。

（二）利用房产修理、更新改造进行筹划

房屋的改扩建与修理、合资合股建房也是筹划的重要内容。进行更新改造后装饰，装修而发生的相关费用，是否应计入房产原值非常关键。

我国有关会计准则规定：发生的修理支出达到固定资产原值20%以上；经过修理后有关固定资产经济使用寿命延长两年以上；经过修理后的固定资产被用于新的或不同的用途，应确认为固定资产更新改造支出，计入固定资产原值。不满足条件的大修理支出则计入长期待摊费用或当期费用，直接在税前扣除，不计入房产原值。发生改扩建房产行为的，应将房产改扩建支出减去改扩建过程中发生的变价收入计入房产原值。

（三）利用房产投资联营进行筹划

对投资联营的房产，由于投资方式不同，房产税计征也不同，从而提供了筹划空间。

对以房产投资联营、投资者参与投资股利分红、共担风险的，被投资方要按房产余值作为计税依据计征房产税；对以房产投资、收取固定收入、不承担联营风险的，以联营名义取得房产租金时，应由投资方按租金收入计缴房产税。纳税人可以进行成本效益分析以决定选择偏好。

【例 11-3】 南方某企业欲兴建一座花园式工厂，除厂房、办公用房外，还包括厂区围墙、水塔、变电塔、室内停车场、露天凉亭、室内游泳池、喷泉设施等建筑物总造价 1 亿元。如果 1 亿元都作为房产原值，那么该企业自工厂建成的次月起就应缴纳房产税，每年房产税（扣除比例为 30%）为 84 万元。只要该工厂存在，这 84 万元的税负就不可避免。如果按 20 年计算，就是 1 680 万元。

【解析】

按照税法的有关规定，房产是以房屋形态表现的财产。房屋是指有屋面结构，可供人们在其中生产、工作、居住或储藏物资的场所。不包括独立于房屋以外的建筑物，如围墙、水塔、变电塔、室内停车场、露天凉亭、室内游泳池、喷泉设施等。因此，如果把停车场、游泳池都设成露天的，并且把这些独立建筑物的造价同厂房、办公用房的造价分开，在会计账簿中单独记载，则这部分建筑物的造价不计入房产原值，不缴纳房产税。假设除了厂房、办公用房外的建筑物的造价为 800 万元，独立出来后，每年可少缴纳房产税=800×（1−30%）×1.2%=6.72（万元），按 20 年计算就节约了 134.40

万元的房产税。

第二节 契税筹划实务

契税是指在土地、房屋因买卖、典当、赠与或交换而发生产权转移变动时，按当事人双方订立的契约，向产权承受人征收的一种税。契税具有一次性征收的特点。

我国现行契税的基本法律依据是 1997 年 7 月 7 日国务院发布并于同年 10 月 1 日开始施行的《中华人民共和国契税暂行条例》（简称《契税暂行条例》）。

一、契税的基本法规规定

（一）契税的纳税人与征税对象

1. 契税的征税对象

契税的征税对象是境内转移土地、房屋权属。具体包括以下五项内容。

（1）国有土地使用权出让。国有土地使用权出让是指土地使用者向国家交付土地使用权出让费用，国家将国有土地使用权在一定年限内让与土地使用者的行为。国有土地使用权出让，受让者应向国家缴纳出让金，以出让金为依据计算缴纳契税。

（2）土地使用权的转让。土地使用权的转让是指土地使用者以出售、赠与、交换或者其他方式将土地使用权转移给其他单位和个人的行为。土地使用权的转让不包括农村集体土地承包经营权的转移。

（3）房屋买卖。房屋买卖是指房屋所有者将其房屋出售，由承受者交付货币、实物、无形资产或者其他经济利益的行为。其中，以房产抵债或实物交换房屋；以房产作投资、入股；买房拆料或翻建新房等情况，视同买卖房屋。

（4）房屋赠与。房屋赠与是指房屋所有者将其房屋无偿转让给受赠者的行为。

（5）房屋交换。房屋交换是指房屋所有者之间互相交换房屋的行为。

2. 契税的纳税人

契税的纳税人是指在我国境内发生转移土地、房屋权属时，承受土地和房屋权属的单位和个人。境内是指我国实际税收行政管辖范围。土地、房屋权属是指土地使用权和房屋所有权。单位是指企业单位、事业单位、国家机关、军事单位和社会团体以及其他组织。个人是指个体工商户及其他个人，包括中国公民和外籍人员。

（二）契税的税率

契税实行 3%~5%的幅度税率。实行幅度税率是考虑到我国经济发展的不平衡，各地经济差别较大的实际情况。具体执行税率由各省、自治区、直辖市人民政府在规定的范围内，按照本地区的实际情况决定。

（三）契税的征收管理

1. 纳税义务发生时间

契税的纳税义务发生时间为纳税人在签订土地、房屋权属转移合同的当天，或者取得其他具有土地、房屋权属转移合同性质凭证的当天。

2. 纳税期限

纳税人应当自纳税义务发生之日起 10 日内，向土地、房屋所在地的契税征收机关办理纳税申报，并在契税征收机关核定的期限内缴纳税款，索取完税凭证。

3. 纳税地点

契税在土地、房屋所在地的征收机关缴纳。

4. 其他规定

纳税人办理纳税事宜后，征收机关应向纳税人开具完税凭证。纳税人凭契税完税凭证及其他有关资料向土地管理部门、房产管理部门办理有关土地、房屋权属变更登记手续。

国家税务总局规定，各级征收机关要在 2005 年 1 月 1 日后停止代征委托，直接征收契税。

另外，对已缴纳契税的购房单位和个人，在未办理房屋权属变更登记前退房的，退还已纳契税；在办理房屋权属变更登记之后退还的，不予退还已纳契税。

二、契税的税收优惠政策

（1）国家机关、事业单位、社会团体、军事单位承受土地、房屋用于办公、教学、医疗、科研和军事设施的，免征契税。

（2）城镇职工按规定第一次购买公有住房，免征契税。

（3）因不可抗力灭失住房而重新购买住房的，酌情减免。

（4）土地、房屋被县级以上人民政府征用、占用后，重新承受土地、房屋权属的，由省级人民政府确定是否减免。

（5）承受荒山、荒沟、荒丘、荒滩土地使用权，并用于农、林、牧、渔业生产的，免征契税。

（6）经外交部确认，依照我国有关法律规定以及我国缔结或参加的双边和多边条约或协定，应当予以免税的外国驻华使馆、领事馆、联合国驻华机构及其外交代表、领事官员和其他外交人员承受土地、房屋权属。

（7）公租房经营单位购买住房作为公租房的，免征契税。

三、契税应纳税额的计算

（一）计税依据的确定

契税的计税依据为不动产的价格。土地、房屋权属转移方式不同，定价方法不同，因而具体计税依据视不同情况而决定。

（1）国有土地使用权出让、土地使用权出售、房屋买卖，以成交价格为计税依据。成交价格是指土地、房屋权属转移合同确定的价格，包括承受者应交付的货币、实物、无形资产或者其他经济利益。

（2）土地使用权赠与、房屋赠与，由征收机关参照土地使用权出售、房屋买卖的市场价格核定。

（3）土地使用权交换、房屋交换，为所交换的土地使用权、房屋的价格差额。就是说，交换价格相等时，免征契税；交税价格不等时，由多交付的货币、实物、无形资产或者其他经济利益的一方缴纳契税。

（4）以划拨方式取得土地使用权，经批准转让房地产时，由房地产转让者补交契税。计税依据为补交的土地使用权出让费用或者土地收益。

为了避免偷、逃税款，税法规定，成交价格明显低于市场价格并且无正当理由的，或者所交换的土地使用权、房屋的价格差额明显不合理并且无正当理由的，征收机关可以参照市场价格核定计税依据。

（5）房屋附属设施征收契税的依据：①不涉及土地使用权和房屋所有权转移变动的，不征收契税。②采取分期付款方式购买房屋附属设施土地使用权、房屋所有权的，应按合同规定的总价款计征契税。③承受的房屋附属设施权属如为单价计价的，按照当地确定的适用税率征收契税；如与房屋统一计价的，适用与房屋相同的契税税率。

（6）个人无偿赠与不动产行为（法定继承人除外），应对受赠人全额征收契税。

（二）应纳税额的计算

契税采用比例税率。当计税依据确定以后，应纳税额的计算比较简单。应纳税额的计算公式为

$$应纳税额=计税依据\times税率$$

【例 11-4】 居民A有两套住房，将其中一套出售给居民B，成交价格为2 400 000元；将另一套两室住房与居民C交换成两套一室住房，并支付给居民C换房差价200 000元，试计算A、B、C相关需要缴纳的契税（假设契税税率为4%）。

【解析】

（1）土地使用权交换、房屋交换时，交换价格不等时，由多交付货币的一方缴纳契税。居民A与居民C交换住房，支付房屋差价的A应缴纳契税=200 000×4%=8 000（元）。

（2）居民 B 为房屋权属的承受方，应缴纳契税。应缴纳契税=2 400 000×4%=96 000（元）。

（3）居民 C 不需要缴纳契税。

四、契税筹划的基本方法

（一）契税优惠的特殊规定

1. 企业公司改造

非公司制企业，按照《公司法》的规定，整体改建为有限责任公司（含国有独资公司）或股份有限公司，或者有限责任公司整体改建为股份有限公司的，对改建后的公司承受原企业土地、房屋权属，免征契税。

非公司制国有独资企业或国有独资有限责任公司，以其部分资产与他人组建新公司，且该国有独资企业（公司）在新建公司中所占股份超过 50%的，对新设公司承受该国有独资企业（公司）的土地、房屋权属，免征契税。

2. 企业股权重组

在股权转让中，单位、个人承受企业股权，企业土地、房屋权属不发生转移，不征收契税。

国有、集体企业实施“企业股份合作制改造”，由职工买断企业产权，或向其职工转让部分产权，或者通过其职工投资增资扩股，将原企业改造为股份合作制企业的，对改造后的股份合作制企业承受原企业的土地、房屋权属，免征契税。

为进一步支持国有企业改制重组，国有控股公司投资组建新公司有关契税政策规定如下。

对国有控股公司以部分资产投资组建新公司，且该国有控股公司占新公司股份 85%以上的，对新公司承受该国有控股公司土地、房屋权属免征契税。上述所称国有控股公司，是指国家出资额占有限责任公司资本总额 50%以上，或国有股份有限公司股本总额 50%以上的国有控股公司。

以出让方承受原国有控股公司土地使用权的，不属于上述规定的范围。

3. 企业合并

两个或两个以上的企业，根据法律规定、合同约定，合并改建为一个企业，对其合并后的企业承受合并各方的土地房屋权属，免征契税。

4. 企业分立

企业依据法律规定、合同约定分设为两个或两个以上投资主题相同的企业，对派生方、新设方承受原企业土地、房屋产权，不征收契税。

5. 企业出售

国有、集体企业出售，被出售企业法人予以注销，并且买受人按照《中华人民共和国劳动法》（简称《劳动法》）等国家有关法律法规政策妥善安置原企业全部职工，其中与原企业 30%以上职工签订服务年限不少于三年的劳动合同的，对其承受所购企业的土地、房屋权属，减半征收契税；与原企业全部职工签订服务年限不少于三年的劳动用工和合同的，免征契税。

6. 企业注销、破产

企业依照有关法律、法规的规定实施注销、破产后，债权人（包括注销、破产企业职工）承受注销、破产企业土地、房屋权属以抵偿债务的，免征契税；对非债权人承受注销、破产企业土地、房屋权属，凡按照《劳动法》等国家有关法律法规政策妥善安置原企业全部职工，与其中 30%以上职工签订服务年限不少于三年的劳动用工合同的，对其承受所购企业的土地房屋权属，减半征收契税；与原企业全部职工签订服务年限不少于三年的劳动用工合同的，免征契税。

7. 房屋的附属设施

对承受与房屋相关的附属设施（包括停车位、汽车库、自行车库、顶层阁楼以及储藏室）所有权或土地使用权的行为，按照契税法律、法规的规定征收契税；对不涉及土地使用权和房屋所有权和房屋所有权转移变动的，不征收契税。

8. 继承土地房屋权属

对《中华人民共和国继承法》（简称《继承法》）规定的法定继承人（包括配偶、子女、父母、兄弟姐妹、祖父母、外祖父母）继承土地、房屋权属，不征收契税。

按照《继承法》规定，非法定继承人根据遗嘱承受死者生前的土地、房屋权属，属于赠与行为的，应征收契税。

9. 其他

经国务院批准实施债权转股权的企业，对债权转股权后新设立的公司承受原企业的土地、房屋权属，免征契税。

政府主管部门对国有资产进行行政性调整和划转过程中发生的土地、房屋权属转移，不征收契税。

企业改制重组过程中，同一投资主体内部所属企业之间土地、房屋权属的无偿划转，包括母公司与其全资子公司之间，同一公司所属全资子公司之间，同一自然人与其设立的个人独资企业、一人有限公司之间土地、房屋权属的无偿划转，不征收契税。

对拆迁居民拆迁重新购置住房的，对购房成交价格中相当于拆迁补偿款的部分免征契税，成交价格超过拆迁补偿款的，对超过部分征收契税。

公司制企业在重组过程中，以名下土地、房屋权属对其全资子公司进行增资，属同一投资主体内部资产划转，对全资子公司承受母公司土地、房屋权属的行为，不征收契税。

（二）利用企业合并、分立、改组进行筹划

现阶段企业改组改制的情况很多，税法对此做出特殊的规定，充分了解和利用这些规定进行筹划，可以节省不少税收。

例如，在企业合并中，新设方或者存续方承受被解散方土地、房屋权属，如合并前各方为相同投资主体，则不征契税，其余征收契税；分立中，对派生方、新设方承受原企业土地、房屋权属的，不征收契税；以增加扩股进行股权重组，对以土地、房屋权属作价入股或作为出资投入企业的，要征收契税；而以股权转让进行重组，单位、个人承受企业股权，企业的土地、房屋权属不发生转移的，则不征收契税。

（三）利用房屋交换进行筹划

《契税暂行条例》规定，土地使用权交换、房屋交换，以所交换土地使用权、房屋价格的差额为计税依据。可见，进行房屋交换所纳契税显然远远低于普通的房屋购置，所以纳税人可以将原来不属于交换的行为，通过合法的途径变为交换行为，减轻税负。

更进一步说，如果双方当事人进行交换的价格相等，由于价差为零，任何一方都不用缴纳契税，所以当纳税人交换土地使用权或房屋所有权的时候，如果能想办法保持双方的价格差额较小甚至没有，就可达到节税的目的。

【例 11-5】 王某和陈某各拥有一套价值 200 万元的房屋，杨某想购买王某的房屋，而王某也想在购买陈某的房后出售自己的房屋，假设税率为 5%。

【解析】

如果不进行筹划，王某购买陈某的住房，应缴纳契税 10 万元；同样，王某向杨某出售自己的住宅，杨某也应缴纳契税 10 万元。

但是如果王某利用房屋交换的方法进行筹划，先和陈某交换房屋，再由陈某将房屋出售给杨某，同样可以达到签署的买卖结果。因为王某和陈某交换房屋所有权为等价交换，没有价格差额，不用缴纳契税；只需陈某将房屋出售给杨某时，由杨某缴纳契税 10 万元。这样，王某通过筹划节约了 10 万元。

第三节 车船税筹划实务

车船税是指在我国境内的拥有或使用车辆、船舶的所有人或者管理人按照税法规定应缴纳的一种税。车船税具有如下特点：①兼有财产税和行为税的性质；②实行幅度定额税率；③税源流动性强，通过代征控制税源。

我国现行车船税的基本法律规范，是 2011 年 2 月 25 日第十一届全国人民代表大

会常务委员会第十九次会议通过并于 2012 年 1 月 1 日实施的《中华人民共和国车船税法》（简称《车船税法》）。

一、车船税的基本法规规定

（一）车船税的纳税人与征税范围

1. 车船税的纳税人

车船税的纳税人是指在我国境内拥有或使用车辆、船舶（简称车船）的所有人或者管理人，包括单位和个人。

2. 车船税的征收范围

车船税的征收范围是在我国境内属于车船税法所附《车船税税目税额表》规定的车辆、船舶。包括：①依法应当在车船管理部门登记的机动车辆和船舶；②依法不需要在车船管理部门登记、在单位内部场所行驶或作业的机动车辆和船舶。

其中，车辆包括乘用车、商用车、其他车辆和摩托车。船舶包括机动船舶和游艇。

（二）车船税的税目和税率

车船税实行定额税率。定额税率，也称固定税额，是税率的一种特殊的形式。车船税的适用税额，依照车船税法所附的《车船税税目税额表》执行。车辆的具体适用税额由省、自治区、直辖市人民政府依照车船税法所附《车船税税目税额表》规定的幅度确定。

车船税税目税额表见表 11-1。

表 11-1　车船税税目税额表（单位：元）

税目		计税单位	年基准税额	备注
乘用车按发动机汽缸容量（排气量分档）	1.0 升（含）以下的	每辆	60~360	核定载客人数 9 人（含）以下
	1.0~1.6 升（含）的		300~540	
	1.6~2.0 升（含）的		360~660	
	2.0~2.5 升（含）的		660~1 200	
	2.5~3.0 升（含）的		1 200~2 400	
	3.0~4.0 升（含）的		2 400~3 600	
	4.0 升以上的		3 600~5 400	
商用车	客车	每辆	480~1 440	核定载客人数 9 人以上，包括电车
	货车	整备质量每吨	16~120	1. 包括半挂牵引、三轮汽车和低速载货车等 2. 挂车按照货车税额的 50%计算
	游艇	艇身长度每米	600~2 000	—

续表

税目		计税单位	年基准税额	备注
其他车辆	专用作业车	整备质量每吨	16~120	不包括拖拉机
	轮式专用机械车	整备质量每吨	16~120	
摩托车	—	每辆	16~180	—
船舶	机动船舶	净吨位每吨	3~6	拖船、非机动驳船分别按照机动船舶税额的 50%计算；游艇的税额另行规定

需要注意以下方面。

（1）《车船税法》以及《车船税法实施条例》设计的整备质量、净吨位、艇身长度等计税单位，有尾数的一律按照含尾数的计税单位据实计算车船税应纳税额。

（2）乘用车以及车辆登记管理部门核发的机动车登记证书或者行驶证书所载的排气量毫升数确定税额区间。

（3）《车船税法》和《车船税法实施条例》所设计的排气量、整备质量、核定载客人数、净吨位、功率、艇身长度，以车船登记管理部门核发的车船登记证书或者行驶证相应项目所载数据为准。

（三）车船税的征收管理

1. 纳税期限

车船税的纳税义务发生时间，为取得车船所有权或者管理权的当月。以购买车船的发票或者其他证明文件所载日期的当月为准。

车船税按年申报，分月计算，一次性缴纳，纳税年度为公历 1 月 1 日到 12 月 31 日。具体申报纳税期限由省、自治区、直辖市人民政府规定。

2. 纳税地点

车船税的纳税地点为车船的登记地或者车船税扣缴义务人所在地。依法不需要办理登记的车船，车船税的纳税地点为车船的所有人或者管理人所在地。

由省、自治区、直辖市人民政府根据具体情况确定，一般为纳税人所在地。

扣缴义务人代扣代缴车船税的，纳税地点为扣缴义务人所在地。

纳税人自行申报缴纳车船税的，纳税地点为车船登记地的主管税务机关所在地。

依法不需要办理登记的车船，纳税地点为车船所有人或者管理人主管税务机关所在地。

二、车船税的税收优惠政策

（一）法定减免

（1）捕捞、养殖渔船。

（2）军队、武装警察部队专用车船。

（3）警用车船。

（4）依照法律规定应当予以免税的外国驻华使领馆、国际组织驻华代表机构及其有关人员车船。

（5）对节约能源的车船，减半征收车船税。对使用新能源的车船，免征车船税。

（6）省、自治区、直辖市人民政府根据当地实际情况，可以对公共交通车船，农村居民拥有并主要在农村地区使用的摩托车、三轮车和低速载货汽车定期减征或者免征车船税。

（二）特定减免

（1）经批准临时入境的外国车船和香港特别行政区、澳门特别行政区、台湾地区的车船，不征收车船税。

（2）按照规定缴纳船舶吨税的机动船舶，自《车船税法》实施之日起5年内免征车船税。

（3）依法不需要在车船登记管理部门登记的机场、港口、铁路站内部行驶或作业的车船，自《车船税法》实施之日起5年内免征车船税。

三、车船税应纳税额的计算

（一）计税依据

车船税的计税依据，按车船的种类和性能分别为辆、整备质量吨、净吨位和艇身长度等。

（1）乘用车、商用车客车、摩托车，以“辆”为计税依据。

（2）商用车货车、专用作业车、轮式专用机械车，以“整备质量吨”为计税依据。

（3）机动船舶，以“净吨位”为计税依据。

（4）游艇，以“艇身长度”为计税依据。

（二）应纳税额的计算

（1）乘用车、商用车的客车和摩托车应纳税额计算：

应纳税额=辆数×适用的单位税额

（2）商用车的货车、专用作业车和轮式专用机械车应纳税额计算：

应纳税额=整备质量吨数×适用的单位税额

挂车的应纳税额=整备质量吨数×适用的单位税额×50%

（3）机动船舶应纳税额计算：

机动船舶的应纳税额=净吨位数×适用的单位税额

（4）游艇应纳税额计算：

游艇的应纳税额=艇身米数×适用的单位税额

如果是购置的新车船，购置当年的应纳税额自纳税义务发生的当月起按月计算：

$$应纳税额=（年应纳税额\div 12）\times 应纳税月份数$$

$$应纳税月份数=12-纳税义务发生时间（取月份）+1$$

【例 11-6】 河北某运输公司拥有载货汽车 30 辆，整备质量全部为 10 吨；乘人大客车 40 辆；小客车 20 辆。已知载货汽车每吨年税额 80 元，乘人大客车每辆年税额 800 元，小客车每辆年税额 700 元。计算该公司应纳车船税。

【解析】

（1）载货汽车应纳税额=30×10×80=24 000（元）。

（2）乘人汽车应纳税额=40×800+20×700=46 000（元）。

全年应纳车船税额=24 000+46 000=70 000（元）。

四、车船税的筹划方法

（一）利用税率临界点进行筹划

对机动船和载货汽车以净吨位为单位、对非机动船以载重吨位为单位分级规定税率，从而就产生了应纳车船税税额相对吨位数变化的临界点。在临界点上下，吨位数虽然仅相差 1 吨，但临界点两边的税额却有很大变化，这种情况下进行税收筹划十分必要。

（二）利用特殊规定筹划

税法规定，机动车挂车，按机动载货汽车税额的 7 折计算征收车船使用税；对拖拉机，主要从事运输业务的，按拖拉机所挂拖车的净吨位计算，按机动载货汽车税额的 5 折计税；对客货两用车，载人部分按乘人汽车税额减半征税，载货部分按机动载货汽车税额征税等。

纳税人可以利用以上特殊规定进行筹划。

【例 11-7】 长江公司地处城市远郊，与农村接壤。共拥有 20 辆 5 吨的载货汽车，10 辆载人汽车。其中，4 辆载人汽车供公司内专门自办的托儿所使用；10 辆载货汽车在公司内部行驶，未领取执照。当地政府规定该公司载货汽车每净吨位 60 元，载人汽车每辆 300 元，公共交通车辆免税。

【解析】

如果未准确划分，则应纳车船税额为 20×5×60+10×300=6 000+3 000=9 000（元）。

但是如果进行筹划，准确划分各类车辆，将托儿所使用的 4 辆载人汽车挂靠当地公交公司，享受免税待遇，公司内部行驶的 10 辆载货汽车不行使在公共道路上，也可以享受免税待遇，长江公司只需缴纳车船税：10×5×60+6×300=3 000+1 800=4 800（元）。

第四节　车辆购置税筹划实务

车辆购置税是以在我国境内购置规定车辆为征税对象，在特定的环节向车辆购置者征收的一种税。就其性质而言，车船税属于直接税的范畴，具有如下特点：①征税范围窄，征收环节单一；②税率单一，征收方法简便。

我国现行车辆购置税的基本法律规范是2000年10月22日国务院令第294号颁布并于2001年1月1日起实施的《中华人民共和国车辆购置税暂行条例》（简称《车辆购置税暂行条例》）。

一、车辆购置税的基本法规规定

（一）车辆购置税的纳税人

车辆购置税的纳税人是指在我国境内购置应税车辆的单位和个人。其中购置是指购买使用行为、进口使用行为、受赠使用行为、自产自用行为、获奖使用行为以及以拍卖、抵债、走私、罚没等方式取得并使用的行为，这些行为都属于车辆购置税的应税行为。

车辆购置税的纳税人：所称单位，包括国有企业、集体企业、私营企业、股份制企业、外商投资企业、外国企业以及其他企业，事业单位、社会团体、国家机关、部队以及其他单位。所称个人，包括个体工商户及其他个人，既包括中国公民又包括外国公民。

（二）车辆购置税的征税范围

车辆购置税以列举的车辆作为征税对象，未列举的车辆不纳税。其征税对象包括汽车、摩托车、电车、挂车、农用运输车。

（三）车辆购置税的税率

车辆购置税实行统一比例税率，税率为10%。

（四）车辆购置税的征收管理

1. 纳税环节

车辆购置税的纳税环节选择在使用环节，即最终消费环节。具体而言，纳税人应当在向公安机关等车辆管理机构办理车辆登记注册手续前，缴纳车辆购置税。

2. 纳税地点

纳税人购置应税车辆，应当向车辆登记注册地的主管税务机关申报纳税；购置不需要办理车辆登记注册手续的应税车辆，应当向纳税人所在地的主管税务机关申报纳税。车辆登记注册地是指车辆的上牌落籍地或落户地。

3. 纳税期限

纳税人购买自用应税车辆的，应当自购买之日起60日内申报纳税；购买进口自用应税车辆的，应当自进口之日起60日内申报纳税；以自产、受赠、获奖或者以其他方式取得并自用应税车辆的，应当自取得之日起60日内申报纳税。

二、车辆购置税的税收优惠

（一）车辆购置税的减免税规定

（1）外国驻华使馆、领事馆和国际组织驻华机构及其外交人员自用的车辆免税。

（2）中国人民解放军和中国人民武装警察部队列入军队武器装备订货计划的车辆免税。

（3）设有固定装置的非运输车辆免税。

（4）长期来华定居的专家1辆自用小汽车免税。

（5）回国服务的留学人员用现汇购买1辆个人自用国产小汽车免税。

（6）自2004年10月1日起，对农用三轮运输车免税。

（二）车辆购置税退税

纳税人已经缴纳车辆购置税但在办理车辆登记手续前，需要办理退还车辆购置税的，由纳税人申请，征收机关审查后办理退还车辆购置税手续。

三、车辆购置税的计算

（一）计税依据的确定

车辆购置税以应税车辆为征税对象，考虑到我国车辆市场供求的矛盾，价格差异变化，计量单位不规范以及征收车辆购置附加费的做法，实行从价定率、价外征收的方法计算应纳税额，应税车辆的价格即计税价格就成为车辆购置税的计税依据。但是，由于应税车辆购置的来源不同，应税行为的发生不同，计税价格的组成也就不一样。车辆购置税的计税依据有以下几种情况。

1. 购买自用应税车辆计税依据的确定

纳税人购买自用的应税车辆的计税依据为纳税人购买应税车辆而支付给销售方的全部价款和价外费用（不含增值税）。购买的应税自用车辆包括购买自用的国产应税车辆和购买自用的进口应税车辆。

2. 进口自用应税车辆计税依据的确定

纳税人进口自用的应税车辆以组成计税价格为计税依据，组成计税价格的计算公式为

组成计税价格=关税完税价格+关税+消费税

进口自用的应税车辆是指纳税人直接从境外进口或委托代理进口自用的应税车辆，即非贸易方式进口自用的应税车辆。而且进口自用的应税车辆的计税依据，应根据纳税人提供的、经海关审查确认的有关完税证明资料确定。

3. 其他自用应税车辆计税依据的确定

纳税人自产、受赠、获奖和以其他方式取得并自用的应税车辆的计税依据，主管税务机关参照国家税务总局规定的最低计税价格为计税依据。

最低计税价格是由国家税务总局依据机动车生产企业或者经销商提供的车辆价格信息，参照市场平均交易价格核定的车辆购置税计税价格。

（二）应纳税额的计算方法

车辆购置税实行从价定率的方法计算应纳税额，计算公式为

$$应纳税额=计税依据\times税率$$

应税车辆的来源、应税行为的发生以及计税依据组成的不同，因而车辆购置税应纳税额的计算方法也有区别。

1. 购买自用应税车辆应纳税额的计算

在应纳税额的计算当中，应注意以下费用的计税规定。

（1）购买者随购买车辆支付的工具件和零部件价款应作为购车价款的一部分，并入计税依据中征收车辆购置税。

（2）支付的车辆装饰费应作为价外费用并入计税依据中计税。

（3）代收款项应区别征税。凡使用代收单位（受托方）票据收取的款项，应视作代收单位价外收费，购买者支付的价费款，应并入计税依据中一并征税；凡使用委托方票据收取，受托方只履行代收义务和收取代收手续费的款项，应按其他税收政策规定征税。

（4）销售单位开给购买者的各种发票金额中包含增值税税款，因此计算车辆购置税时，应换算为不含增值税的计税价格。

（5）销售单位开展优质销售活动所开票收取的有关费用，应属于经营性收入，企业在代理过程中按规定支付给有关部门的费用，企业已作经营性支出列支核算，其收取的各项费用并在一张发票上难以划分的，应作为价外收入计算征税。

【例 11-8】 2016 年 2 月，王先生从某销售公司（增值税一般纳税人）购买自用轿车一辆，支付含增值税价款 221 000 元，另支付购置工具件和零配件 1 000 元，车辆装饰费 4 000 元，销售公司代收保险费等 8 000 元，支付的各项价款均由销售公司统一开具普通发票。车船购置税的税率为 10%，计算王先生应缴纳的车辆购置税。

【解析】

购置工具件和零配件价款、车辆装饰费、销售公司代收保险费等各项费用均由销售公司统一开具普通发票，难以分开，因此应作为价外收入计算征税。

王先生应缴纳的车辆购置税=（221 000+1 000+4 000+8 000）÷（1+17%）×10%=20 000（元）。

2. 进口自用应税车辆应纳税额的计算

纳税人进口自用的应税车辆应纳税额的计算公式为

应纳税额=（关税完税价格+关税+消费税）×税率

【例 11-9】 某外贸进出口公司 2015 年 12 月从国外进口 10 辆宝马公司生产的某型号小轿车。该公司报关进口这批小轿车时，经报关地海关对有关报关资料的审查，确定关税完税价格为每辆 185 000 元，海关按关税政策规定每辆征收关税 203 500 元，并按消费税、增值税有关规定分别代征了每辆小轿车的进口消费税 11 655 元和增值税 66 045 元。已知适用的车辆购置税税率为 10%，计算该企业应纳车辆购置税。

【解析】

车辆购置税计税依据=185 000+203 500+11 655=400 155（元）。

车辆购置税应纳税额=400 155×10% =40 015.5（元）。

3. 其他自用应税车辆应纳税额的计算

纳税人自产自用、受赠使用、获奖使用和其他方式取得并自用应税车辆的，凡不能取得该型车辆的购置价格，或者低于最低计税价格的，以国家税务总局核定的最低计税价格作为计税依据计算征收车辆购置税。其计算公式为

应纳税额=最低计税价格×税率

四、车辆购置税的筹划方法

（一）针对经销商的不同经销方式进行筹划

目前汽车经销方式灵活多样，汽车经销商一般采用两种经销方式，一是经销商自己从厂家或上级经销商购进，再卖给消费者，以自己的名义开具机动车销售发票，并按规定缴税；二是以收取手续费形式代理卖车，即由上级经销商直接开具机动车发票给消费者，本级经销商以收取代理费形式从事中介服务。目前车辆购置税征收以机动车发票上注明金额为计税依据，因此两种不同购进方式对消费者缴纳车辆购置税的影响较大，采用付手续费方式进行购车，将支付给本级经销商的报酬从车辆购置税的计税价格中剥离，从而消费者可少缴车辆购置税，因此，消费者在买车时应把握购进方式利润平衡点，多选择付手续费方式购车，同时从减少车辆流通环节入手进行购车，所以消费者要尽量向上级经销商或生产厂家购车，以在获得价格优惠的同时少缴车辆购置税。

（二）对一般纳税人经销商和小规模纳税人经销商的合理选择进行筹划

《国家税务总局关于确定车辆购置税计税依据的通知》明确规定：根据《增值税

暂行条例》及《增值税暂行条例实施细则》的有关规定，纳税人销售货物不含增值税的销售额的计算公式为

销售额=含税销售额÷（1+增值税税率或征收率）

主管税务机关在计征车辆购置税确定计税依据时，计算车辆不含增值税价格的计算方法与增值税相同，即

不含税价=（全部价款+价外费用）÷（1+增值税税率或征收率）

从《增值税暂行条例》及国家税务总局发布的系列相关文件可知，上述所指的增值税税率是指增值税一般纳税人17%的税率，征收率是指商业增值税小规模纳税人3%的征收率。对由摩托车、农用运输车经销商及汽车经销商为消费者开具的机动车销售统一发票，凡该类经销商不能提供增值税一般纳税人证明的，对车购税纳税人一律按3%征收率换算车辆购置税计税依据，对该类经销商能提供增值税一般纳税人证明的，对车购税纳税人按17%增值税率换算车辆购置税计税依据。所以，对纳税人从增值税一般纳税人与从小规模纳税人手中购买机动车计算缴纳的车辆购置税是不同的。从增值税一般纳税人手中购买机动车应纳车辆购置税=（全部价款+价外费用）÷（1+17%）×10%，从小规模纳税人商业企业中购买机动车应纳车辆购置税=(全部价款+价外费用)÷（1+3%）×10%。因此，消费者购买同类型机动车，付同样的购车款，从具有一般纳税人资格的经销商手中购买比从小规模纳税人经销商处购买可少缴车辆购置税。

（三）通过正确区分代收款项与价外费用进行筹划

《车辆购置税征收管理办法》中明确规定，《车辆购置税暂行条例》所说的价外费用是指销售方价外向购买方收取的基金、集资费、返还利润、补贴、违约金（延期付款利息）和手续费、包装费、储存费、优质费、运输装卸费、保管费、代收款项、代垫款项以及其他各种性质的价外收费，但消费者应对现行税收政策理解透彻，按现行税收政策规定，对代收款项与价外费用区别征税，凡使用代收单位的票据收取的款项，应视为代收单位的价外费用，并入计税价格计算车辆购置税；凡使用委托方的票据收取，受托方只履行代收义务或收取手续费的款项，代收款项不并入价外费用计征车辆购置税，另外，《增值税暂行条例实施细则》第12条第4款明确了代办保险费、车辆购置税、牌照费征税问题：纳税人销售货物的同时代办保险而向购买方收取的保险费，以及从事汽车销售的纳税人向购买方收取的代购买方缴纳的车辆购置税、牌照费，不作为价外费用征收增值税，由于使用委托方票据，当然也就不征收车购税了。

【例11-10】 贾某于2016年4月23日从南昌市某汽车销售公司购买一辆轿车供自己使用，支付车款150 000元（不含税），另外支付的各项费用如下：临时牌照费用200元、代收保险金350元、车辆购置税15 000元。上述费用合计165 550元。

【解析】

上述款项全部由汽车销售公司开具机动车发票，则应纳车辆购置税税额=165 550×10%=16 555（元）。

若汽车销售公司采取支付车款150 000元开具机动车发票，收取的代办临时牌照

费、代收保险金、车辆购置税分别开具交通部门、保险机构及税务机关的税票给贾某，则贾某应纳车辆购置税税额=150 000×10%=15 000（元）。

两者相差 1 555 元（16 555–15 000=1 555）。

（四）利用延后部分商品购进时间或选择别家购进的筹划

对购买者随车购买的工具件或零件款、支付的车辆美容费用等应于缴纳车购税后再购进，或选择别家经销商处进行购买，因为按现行税法规定，对消费者随车购买的工具件、零件、车辆装饰费等，若与车款同时支付且开具在机动车发票中，应作为购车款的一部分作为价外费用并入计税价格征收车辆购置税，但若购进时间不同或销售方不同，则不并入计税价格征收车辆购置税，因此消费者对车辆维修工具及汽车美容等可日后再配或到另外经销商处购买，以减少缴纳车辆购置税。

（五）利用计税价格标准进行筹划

车辆购置税征管系统现与 CTAIS 2.0 版数据对接，国家税务总局每季度对车辆购置税最低计税价格数据进行更新，对部分新增车辆该数据库中当季没有核定最低计税价格，需在本季基层国税机关采集后由总局审定后下发实施，对在数据库中没有核定最低计税价格的新增车辆，由国税机关车辆购置税征收人员比照已核定最低计税价格先行征税。在比照同类型车辆过程中，车辆购置税征收人员可比照同类型价格较高的，也可比照同类型价格较低的，因此当遇到此种情况时，消费者在缴纳车辆购置税的过程中，应注意自己所购车辆是否为厂家新增车辆，可要求车辆购置税征收人员比照较低的同类型价格征税，以少缴车辆购置税。

第五节 印花税筹划实务

印花税是指以经济活动和经济交往中书立、使用、领受应税凭证的行为为征税对象征收的一种税。印花税具有如下特点：①兼有凭证税和行为税性质；②征税对象广泛；③税率低、税负轻。

我国现行印花税的基本法律规范是 1988 年 8 月 6 日国务院发布并于 1988 年 10 月 1 日实施的《中华人民共和国印花税暂行条例》（简称《印花税暂行条例》）。

一、印花税的基本法规规定

（一）印花税的纳税人

印花税的纳税人，是在我国境内书立、使用、领受《印花税暂行条例》所列举的凭证并应依法履行纳税义务的单位和个人。所称单位和个人是指国内各类企业、事业、机关、团体、部队以及中外合资企业、合作企业、外资企业、外国公司和其他经济组织及其在华机构等单位和个人。上述单位及个人，按照书立、使用、领受应税凭证的不同，可以分别确定为立合同人、立据人、立账簿人、领受人、使用人和各类电子应税凭证的签订人。

1. 立合同人

立合同人是指合同的当事人。所谓当事人，是指对凭证有直接权利义务关系的单位和个人，不包括合同的担保人、证人、鉴定人。

2. 立据人

产权转移书据的纳税人是立据人。立据人是指土地、房屋等权属转移过程中买卖双方的当事人。

3. 立账簿人

营业账簿的纳税人是立账簿人。所谓立账簿人，是指设立并使用营业账簿的单位和个人。

4. 领受人

权利许可证照的纳税人是领受人。所谓领受人是领取或接受并持有该项凭证的单位和个人。

5. 使用人

在国外书立、领受，但在国内使用的应税凭证，其纳税人是使用人。

6. 各类电子应税凭证的签订人

各类电子应税凭证的签订人是指电子形式的各类应税凭证的当事人。

值得注意的是，对应税凭证，凡由两方或两方以上当事人共同书立的，其当事人各方都是印花税的纳税人，各自按所持凭证上的计税金额进行纳税。

（二）印花税的税目

印花税的税目是指《印花税暂行条例》明确规定的应当纳税的项目，它具体划定了印花税的征税范围。一般来说，列入税目的就要征税，未列入税目的就不征税。印花税共有以下 13 个税目。

1. 购销合同

购销合同包括供应、预购、采购、购销结合及协作、调剂、补偿、贸易等合同。此外，还包括出版单位与发行单位之间订立的图书、报纸、期刊和音像制品的应税凭证，如订购单、订数单等。电网与用户之间签订的供用电合同不属于印花税列举征税的凭证，不征收印花税。

2. 加工承揽合同

加工承揽合同包括加工、定做、修缮、修理、印刷广告、测绘、测试等合同。

3. 建设工程勘察设计合同

建设工程勘察设计合同包括勘察、设计合同。

4. 建筑安装工程承包合同

建筑安装工程承包合同包括建筑、安装工程承包合同。承包合同包括总承包合同、分承包合同和转包合同。

5. 财产租赁合同

财产租赁合同包括租赁房屋、船舶、飞机、机动车辆、机械、器具、设备等合同，还包括企业或个人出租门店、柜台等签订的合同。

6. 货物运输合同

货物运输合同包括民用航空、铁路运输、海上运输、公路运输和联运合同，以及作为合同使用的单据。

7. 仓储保管合同

仓储保管合同包括仓储、保管合同，以及作为合同使用的仓单、栈单等。

8. 借款合同

借款合同包括银行及其他金融组织与借款人（不包括银行同业拆借）所签订的合同，以及只填开借据并作为合同使用、取得银行借款的借据。融资租赁合同也属于借款合同。

9. 财产保险合同

财产保险合同包括财产、责任、保证、信用保险合同，以及作为合同使用的单据。财产保险分为企业财产保险、机动车辆保险、货物运输保险、家庭财产保险和农牧业保险五大类。

10. 技术合同

技术合同包括技术开发、转让、咨询、服务等合同，以及作为合同使用的单据。

11. 产权转移书据

产权转移书据包括财产所有权和版权、商标专用权、专利权、专有技术使用权等转移书据和专利实施许可合同、土地使用权出让合同、商品房销售合同等权利转移合同。

12. 营业账簿

营业账簿是指单位或者个人记载生产经营活动的财务会计核算账簿。营业账簿按其反映的内容不同，可分为记载资金的账簿和其他账簿。

13. 权利、许可证照

权利、许可证照包括政府部门发给的房屋产权证、工商营业执照、商标注册证、专利证、土地使用证。

（三）印花税的税率

印花税的税率设计，遵循税负从轻、共同负担的原则。所以，税率比较低；凭证的当事人，即对凭证有直接权利与义务关系的单位和个人均应就其所持凭证依法纳税。印花税的税率有两种形式，即比例税率和定额税率。

1. 比例税率

在印花税的 13 个税目中，各类合同以及具有合同性质的凭证（含以电子形式签订的各类应税凭证）、产权转移书据、营业账簿中记载资金的账簿，适用比例税率。印花税的比例税率分为 4 个档次，分别是 0.05‰、0.3‰、0.5‰、1‰。

（1）适用 0.05‰ 税率的为“借款合同”。

（2）适用 0.3‰ 税率的为“购销合同”、“建筑安装工程承包合同”和“技术合同”。

（3）适用 0.5‰ 税率的为“加工承揽合同”、“建筑工程勘察设计合同”、“货物运输合同”、“产权转移书据”和“营业账簿”税目中记载资金的账簿。

（4）适用 1‰税率的为“财产租赁合同”、“仓储保管合同”和“财产保险合同”。同时，在上海证券交易所、深圳证券交易所、全国中小企业股份转让系统买卖、继承、赠与优先股所书立的股权转让书据，均依书立时实际成交金额，由出让方按 1‰的税率计算缴纳证券（股票）交易印花税。

2. 定额税率

在印花税的 13 个税目中，“权利、许可证照”和“营业账簿”税目中的其他账簿，适用定额税率，均为按件贴花，税额为 5 元。这样规定，主要是考虑到上述应税凭证比较特殊，有的是无法计算金额的凭证，例如权利、许可证照；有的是虽记载有金额，但以其作为计税依据又明显不合理的凭证，如其他账簿。采用定额税率，便于纳税人缴纳，便于税务机关征管。印花税税目税率表见表 11-2。

表 11-2　印花税税目税率表

税目	范围	税率	纳税人	说明
1.购销合同	包括供应、预购、采购、购销结合及协作、调剂、补偿、易货等合同	按购销金额 0.3‰贴花	立合同人	
2.加工承揽合同	包括加工、定做、修缮、修理、印刷广告、测试、测绘等合同	按加工或承揽收入 0.5‰贴花	立合同人	
3.建筑工程勘察设计合同	包括勘察、设计合同	按收取费用 0.5‰贴花	立合同人	
4.建筑安装工程承包合同	包括建筑、安装工程承包合同	按承包金额 0.3‰贴花	立合同人	
5.财产租赁合同	包括租赁房屋、船舶、飞机、机动车辆、机械、器具、设备等合同	按租赁金额 1‰贴花。税额不足 1 元按 1 元贴花	立合同人	
6.货物运输合同	包括民用航空运输、铁路运输、内河运输、公路运输和联运合同	按运输收取费用 0.5‰贴花	立合同人	单据作为合同使用的，按合同贴花
7.仓储保管合同	包括仓储、保管合同	按仓储收取的保管费用的 1‰贴花	立合同人	仓单或栈单作为合同使用的，按合同贴花
8.借款合同	银行及其他金融组织和借款人（不包括银行同业拆借）所签订的借款合同	按借款金额 0.05‰贴花	立合同人	单据作为合同使用的，按合同贴花
9.财产保险合同	包括财产、责任、保证、信用等保险合同	按收取的保险费收入 1‰贴花	立合同人	单据作为合同使用的，按合同贴花
10.技术合同	包括技术开发、转让、咨询、服务等合同	按所载金额 0.3‰贴花	立合同人	
11.产权转移书据	包括财产所有权和版权、商标、专用权、专利权、专有技术使用权等转移书据	按所载金额 0.5‰贴花	立据人	
12.营业账簿	生产、经营用账册	记载资金的账簿，按实收资本和资本公积的实际金额 0.5‰贴花。其他账簿按件贴花 5 元	立账簿人	
13.权利、许可证照	包括政府部门发给的房屋产权证、工商营业执照、商标注册证、专利证、土地使用证	按件贴花 5 元	领受人	

（四）印花税的征收管理

1. 纳税方法

印花税的纳税办法，根据税额大小、贴花次数以及税收征收管理的需要，分别采用以下三种纳税办法。

（1）自行贴花办法。一般适用于应税凭证较少或者贴花次数较少的纳税人。纳税人书立、领受或者使用印花税法列举的应税凭证的同时，纳税义务即已产生，应当根据应纳税凭证的性质和适用的税目税率自行计算应纳税额，自行购买印花税票，自行一次贴足印花税票并加以注销或画销，纳税义务才算全部履行完毕。对已贴花的凭证，修改后所载金额增加的，其增加部分应当补贴印花税票。凡多贴印花税票者，不得申请退税或者抵用。

（2）汇贴或汇缴办法。一般适用于应纳税额较大或者贴花次数频繁的纳税人。一份凭证应纳税额超过 500 元的，应向当地税务机关申请填写缴款书或者完税证，将其中一联粘贴在凭证上，或者由税务机关在凭证上加注完税标记代替贴花。这就是通常所说的“汇贴”办法。同一种类应纳税凭证，需频繁贴花的，纳税人可以根据实际情况自行决定是否采用按期汇总缴纳印花税的方式，汇总缴纳的期限为 1 个月。采用按期汇总缴纳印花税方式的纳税人应事先告知主管税务机关。缴纳方式一经选定，1 年内不得改变。

（3）委托代征办法。这一办法主要是通过税务机关的委托，经由发放或者办理应纳税凭证的单位代为征收印花税税款。税务机关应与代征单位签订代征委托书。按照《印花税暂行条例》规定，工商行政管理机关核发各类营业执照和商标注册证的同时，负责代售印花税票，征收印花税税款，并监督领受单位或个人负责贴花。税务机关委托工商行政管理机关代售印花税票，按代售金额 5%的比例支付代售手续费。

2. 纳税环节

印花税应当在书立或领受时贴花，具体是指在合同签订时、账簿启用时和证照领受时贴花。如果合同是在国外签订，不便在国外贴花的，应在将合同带入境时办理贴花纳税手续。

3. 纳税地点

印花税一般实行就地纳税。对全国性商品物资订货会（包括展销会、交易会等）上所签订合同应纳的印花税，由纳税人回其所在地后及时办理贴花完税手续；对地方主办、不涉及省际关系的订货会和展销会上所签合同的印花税，其纳税地点由各省、自治区、直辖市人民政府自行确定。

二、印花税的税收优惠政策

（1）对已缴纳印花税凭证的副本或者抄本免税。

（2）对无息、贴息贷款合同免税。

（3）对房地产管理部门与个人签订的用于生活居住的租赁合同免税。

（4）对农牧业保险合同免税。

（5）对高校学生签订的高校学生租赁合同，免征印花税。

（6）对公租房经营管理单位建造管理公租房涉及的印花税予以免征。

（7）为贯彻落实《国务院关于加快棚户区改造工作意见》，对改造安置住房经营管理单位、开发商与改造安置住房相关的印花税以及购买安置住房的个人涉及的印花税自2013年7月4日起予以免征。

【例11-11】 甲企业将自己生产的100 000元产品赠给了扶养孤老伤残的社会福利单位，签订了赠与协议；乙企业属于国家指定的收购部门，与农民个人书立的收购农副产品20 000元的合同；丙房地产管理部门与个人签订的用于生活居住的租赁合同，月租赁费300元。那么，甲、乙、丙应缴纳多少印花税?

【解析】

按照印花税的税收优惠具体规定：甲企业将财产赠给社会福利单位所立的书据免税；乙收购部门与农民个人书立的农副产品收购合同免税；对丙房地产管理部门与个人签订的用于生活居住的租赁合同免税。

三、印花税计税依据与应纳税额的计算

（一）计税依据

印花税的计税依据为各种应税凭证上所记载的计税金额，具体规定如下。

（1）购销合同的计税依据为合同记载的购销金额。

（2）加工承揽合同的计税依据是加工或承揽收入的金额。

（3）建设工程勘察设计合同的计税依据为收取的费用。

（4）建筑安装工程承包合同的计税依据为承包金额。

（5）财产租赁合同的计税依据为租赁金额；经计算，税额不足1元的，按1元贴花。

（6）货物运输合同的计税依据为取得的运输费金额（即运费收入），不包括所运货物的金额、装卸费和保险费等。

（7）仓储保管合同的计税依据为收取的仓储保管费用。

（8）借款合同的计税依据为借款金额。

（9）财产保险合同的计税依据为支付（收取）的保险费，不包括所保财产的金额。

（10）技术合同的计税依据为合同所载的价款、报酬或使用费。为了鼓励技术研究开发，对技术开发合同，只就合同所载的报酬金额计税，研究开发经费不作为计税依据。单对合同约定按研究开发经费一定比例作为报酬的，应按一定比例的报酬金额贴花。

（11）产权转移书据的计税依据为所载金额。

（12）营业账簿税目中记载资金的账簿的计税依据为“实收资本”与“资本公积”两项的合计金额。其他账簿的计税依据为应税凭证件数。

（13）权利、许可证照的计税依据为应税凭证件数。

（二）应纳税额的计算

纳税人的应纳税额，根据应纳税凭证的性质，分别按比例税率或者定额税率计算，其计算公式如下。

（1）按比例税率计算应纳税额的方法：

应纳税额=应税凭证计税金额×适用税率

（2）按定额税率计算应纳税额的方法：

应纳税额=应税凭证件数×单位税额

【例 11-12】 某企业于2015年1月开业，当年发生以下有关业务事项：领受房屋产权证、工商营业执照、土地使用证各1件；与其他企业订立转移专用技术使用权书据1份，所载金额150万元；订立产品购销合同1份，所载金额为100万元；订立借款合同1份，所载金额为100万元；企业记载资金的账簿，“实收资本”与“资本公积”为500万元；其他营业账簿15本。该企业当年应缴纳的印花税税额是多少？

【解析】

企业领受权利、许可证照应纳税额=3×5=15（元）。

企业订立产权转移书据应纳税额=1 500 000×0.5‰=750（元）。

企业订立购销合同应纳税额=1 000 000×0.3‰=300（元）。

企业订立借款合同应纳税额=1 000 000×0.05‰=50（元）。

企业记载资金的账簿应纳税额=5 000 000×0.5‰=2 500（元）。

企业其他营业账簿应纳税额=15×5=75（元）。

当年企业应纳印花税税额=15+750+300+50+2 500+75=3 690（元）。

四、印花税的筹划方法

（一）利用分项核算进行筹划

一个合同如果涉及若干项经济业务，应当分别核算各项业务的金额，因为业务类型不同，适用印花税税率也不同，而税法明确规定同一凭证载有两个或两个以上经济事项而适用不同税目税率，如分别记载金额的，应分别计算应纳税额，相加后按合计税额贴花；如未分别记载金额的，按税率较高的计税贴花。

（二）利用模糊金额和保守金额进行筹划

税法规定对于在签订时无法确定计税金额的合同，可在签订时先按定额5元贴花，以后结算时再按实际金额计税，补贴印花。该项规定提供了利用不确定金额筹划的可能性。

纳税人在签订金额较大的合同时，可有意识地使合同中所载金额不能明确，从而在签订时先按定额5元贴花，以达到少缴印花税税款的目的。

或者双方在订立合同时，充分考虑以后经济交往中可能会遇到的种种情况，确定比较合理、保守的金额，防止所载金额大于合同履行后的实际结算金额。

（三）利用不同借款方式进行筹划

根据规定，银行及其他金融机构与借款人所签订的合同，以及只填开借据并作为合同使用，取得银行借款的借据应按照“借款合同”税目缴纳印花税。而企业之间的借款合同不需要贴花。因此，如果两者的借款利率是相同的，则向企业借款更能节税。

（四）通过减少书立使用凭证人数进行筹划

这种筹划方法的思路就是尽量减少书立使用各种凭证的人数，使更少的人缴纳印花税，使当事人总体税负下降，从而达到少缴税款的目的。根据印花税相关法规，对应税凭证，凡是由两方或两方以上当事人共同书立的，其当事人各方都是印花税的纳税人。如果几方当事人在书立合同时，能够不在合同上出现的当事人不以当事人身份出现在合同上，则效果就可达到。例如，甲、乙、丙、丁四人签订一份合同，乙、丙、丁三人基本利益一致，就可以任意选派一名代表，让其和甲签订合同，则合同的印花税纳税人便只有甲和代表人。这种筹划方法也可以应用到书立产权转移书据的立据人。因为一般来说，产权转移书据的纳税人只有立据人，不包括持据人，持据人只有在立据未贴或少贴印花税票时，才负责补贴印花税票。但是如果立据人和持据人双方当事人以合同形式签订产权转移书据，双方都应缴纳印花税。因而这时采取适当的方式，使尽量少的当事人成为纳税人，税款自然就会减少。

（五）利用压缩计税金额进行筹划

印花税是对在我国境内书立、领受应税凭证的单位和个人，就其书立、领受的凭证征收的一种税。种种经济合同的纳税人是订立合同的双方或多方当事人，其计税依据是合同记载的金额，因而出于共同利益，双方或多方当事人可以经过合理筹划，使各项费用及原材料等的金额通过非违法的途径从合同所载金额中得以减除，从而压缩合同的表面金额，达到少缴税款的目的。但是要注意限度，以免被税务机关调整价格，以防税负可能加重。

【例 11-13】 某铝合金门窗厂与某建筑安装企业签订了一份加工承揽合同。合同中规定：铝合金门窗厂受建筑安装公司委托，负责加工总价值 200 万元的铝合金门窗，加工所需原材料由铝合金门窗厂提供，铝合金门窗厂共收取加工费及原材料费共计 140 万元；同时，由铝合金门窗厂提供价值 20 万元的零配件。

该份合同由铝合金门窗厂交印花税：（140 万元+20 万元）×0.5‰=800（元）。

【解析】

由于合同签订形式不恰当，铝合金门窗厂多缴纳了税款。印花税税法对加工承揽合同的计税依据有如下规定：加工或承揽收入，如由委托方提供原材料金额的，可不并入计税依据，但受托方提供辅助材料的金额，则应并入计税金额。由受托方提供原材料的，若合同中分别记载加工费金额和原材料金额，应分别计税；加工费金额按加工承揽合同适用 0.5‰税率计税，原材料金额按购销合同适用 0.3‰税率计税，并按两项税额相加的金额贴花；若合同中未分别记载两项金额，而只有混合的总金额，则从高适用税率，应按全部金额依照加工承揽合同，适用 0.5‰税率计税贴花。

所以，在【例 11-13】中，如果合同将铝合金门窗厂所提供的加工费金额与原材料金额分别核算，则能达到税收筹划的目的。如加工费为 40 万元，原材料费为 100 万元，所需贴花的金额为 600 元（100 万元×0.3‰+40 万元×0.5‰+20 万元×0.5‰），相对少纳印花税 200 元。

【例 11-14】 某设备租赁公司欲与某生产企业签订一份租赁合同，由于租赁设备较多，而且设备本身比较昂贵，租金为每年 200 万元。

【解析】

如果在签订合同时明确规定年租金 200 万元，则两企业均应缴纳印花税，其计算如下：各自应纳税额=2 000 000×0.1%=2 000（元）。

如果两企业在签订合同时仅规定每天的租金数，而不具体确定租赁合同的执行时限，则根据上述规定，两企业只需各自先缴纳 5 元的印花税，余下部分等到最终结算时再缴纳，从而达到节省税款的目的。虽然该笔税金以后还要缴纳，但现在不用缴纳便获得了货币的时间价值，对企业来说有利无弊。

第六节 城市维护建设税筹划实务

城市维护建设税（简称城建税），是国家对从事工商经营，缴纳增值税、消费税、营业税（简称“三税”）的单位和个人就其实际缴纳的“三税”税额为计税依据而征收的一种附加税。“营改增”在全国范围内实施后，城市维护建设税演变成以实际缴纳的增值税、消费税税额（简称“两税”）为计税依据征收。城市维护建设税具有如下特点：①税款专款专用；②属于一种附加税；③实行差别比例税率。

我国现行城市维护建设税的基本法律规范是 1985 年实施的《中华人民共和国城市维护建设税暂行条例》（简称《城市维护建设税暂行条例》）。

一、城市维护建设税的基本法规规定

（一）城市维护建设税的纳税人

城市维护建设税的纳税人是指负有缴纳“两税”义务的单位和个人，包括国有企业、集体企业、私营企业、股份制企业、其他企业和行政单位、事业单位、军事单位、社会团体、其他单位，以及个体工商户及其他个人，包括外商投资企业、外国企业和外籍个人。

增值税、消费税的代扣代缴义务人，应在代扣“两税”的同时，代扣城市维护建设税。

（二）城市维护建设税的税率

城市维护建设税按纳税人所在地的不同，设置了三档地区差别比例税率（表 11-3）。

表 11-3　城市维护建设税税率表（单位：%）

档次	纳税人所在地	税率
1	市区	7
2	县城、镇	5
3	不在市区、县城、镇	1

（1）纳税人所在地在市区的税率为 7%。

（2）纳税人所在地在县城、镇的税率为 5%。《国家税务总局关于撤县建市城市维护建设税适用税率问题的批复》（税总函〔2015〕511 号）规定，撤县建市后，城市维护建设税适用税率为 7%。

（3）纳税人所在地不在市区、县城或者镇的税率为 1%；开采海洋石油资源的中外合作油（气）田所在地在海上，其城市维护建设税适用 1%的税率。

城市维护建设税的适用税率，应当按纳税人所在地的规定税率执行。但是，对下列两种情况，可按缴纳增值税、消费税所在地的规定税率就地缴纳城市维护建设税：①受托方代扣代缴、代收代缴“两税”的单位和个人，其代扣代缴、代收代缴的城市维护建设税按受托方所在地适用税率执行；②流动经营等无固定纳税地点的单位和个人，在经营地缴纳“两税”的，其城市维护建设税的缴纳按经营地适用税率执行。

（三）城市维护建设税的征收管理

1. 纳税环节

城市维护建设税的纳税环节，实际上就是纳税人缴纳“两税”的纳税环节。纳税人只要发生“两税”纳税义务，就要在同样的环节，分别计算缴纳城市维护建设税。

2. 纳税地点

城市维护建设税以纳税人实际缴纳的增值税、消费税税额为计税依据，分别与“两税”同时缴纳。所以，纳税人缴纳“两税”的地点，就是该纳税人缴纳城市维护建设税的地点。但是，以下情况是特殊的。

（1）代扣代缴、代收代缴“两税”的单位和个人，同时也是城市维护建设税的代扣代缴、代收代缴义务人，其城市维护建设税的纳税地点为代扣代收地。

（2）跨省开采的油田，下属生产单位和核算单位不在同一省内的，其生产的原油，在油井所在地缴纳增值税，其应纳税款由核算单位按照各油井的产量和规定税率，计算汇拨各油井缴纳。所以，各油井应纳的城市维护建设税，应由核算单位计算，随同增值税一并汇拨油井所在地，由油井在缴纳增值税的同时，一并缴纳城市维护建设税。

（3）对管道局输油部分的收入，由取得收入的各管道局于所在地缴纳增值税，其应纳城市维护建设税，也应由取得收入的各管道局于所在地缴纳增值税时一并缴纳。

（4）对流动经营等无固定纳税地点的单位和个人，应随同“两税”在经营地按适用的税率缴纳。

3. 纳税期限

由于城市维护建设税是由纳税人在缴纳“两税”时同时缴纳的，所以其纳税期限分别与“两税”的纳税期限一致。根据增值税法和消费税法的规定，增值税、消费税的纳税期限均为1日、3日、5日、10日、15日、1个月或者1个季度；增值税、消费税纳税人的具体纳税期限，由主管税务部门根据纳税人应纳税额的大小分别核定；不能按照固定期限纳税的，可以按次纳税。

二、城市维护建设税的税收优惠政策

城市维护建设税原则上不单独减免。但是由于城市维护建设税具有附加税的性质，它会随其主税（增值税、消费税）的减免而减免，具体有以下几种情况。

（1）城市维护建设税按减免后实际缴纳的“两税”税额计征，即随“两税”的减免而减免。

（2）对因减免税而需进行“两税”退库的，城市维护建设税也可同时退库；对出口产品退还增值税、消费税的，不退还已纳的城市维护建设税。

（3）海关对进口产品代征的增值税、消费税，不征收城市维护建设税。

（4）对“两税”实行先征后返、先征后退、即征即退办法的，除另有规定外，对随“两税”附征的城市维护建设税和教育费附加，一律不予退（返）还。

（5）为支持国家重大水利工程建设，对国家重大水利工程建设基金免征城市维护建设税。

三、城市维护建设税计税依据和应纳税额的计算

（一）计税依据的确定

城市维护建设税，以纳税人实际缴纳“两税”税额为计税依据。纳税人违反“两税”有关税法而被加收的滞纳金和罚款，是税务机关对纳税人违法行为的经济制裁，不作为城市维护建设税的计税依据，但纳税人在被查补“两税”和被处以罚款时，应同时对其偷漏的城市维护建设税进行补税、征收滞纳金和罚款。

城市维护建设税以“两税”税额为依据并同时征收，如果要免征或者减征“两税”，就要同时免征或减征城市维护建设税。

但对出口产品退还增值税、消费税的，不退还已缴纳的城市维护建设税。

（二）应纳税额的计算

城市维护建设税纳税人的应纳税额是由纳税人实际缴纳的“两税”税额决定的，其计算公式是

应纳税额=纳税人实际缴纳的增值税、消费税税额×税率

由于城市维护建设税实行纳税人所在地差别比例税率，所以在计算应纳税额时，应注意根据纳税人所在地来确定适用税率。

【例 11-15】 A 市区一外贸企业 2016 年 5 月实际缴纳增值税 6 万元，缴纳消费税 8 万元。当月出口一批货物，取得增值税退税额 1 万元，消费税退税额 1.5 万元。该市城市维护建设税适用税率为 7%，计算该外贸企业应纳的城市维护建设税税额。

【解析】

应纳城市维护建设税税额=（实际缴纳的增值税+实际缴纳的消费税）×适用税率=（6+8）×7%=14×7%=0.98（万元）。

四、城市维护建设税的筹划方法

（一）利用税率差异进行筹划

税法规定，城市维护建设税的功能是增加城市维护建设经费，不同地域适用税率有所差异，在城区的为 7%，在县城的为 5%，在农村的为 1%。因此，在选择厂址时，如果邻近农村，可以选择利用乡镇企业的名义建设子公司。将总公司建在主城区，这样，由于一部分销售是在农村实现的，可以在一定程度上减轻城市维护建设税（还有其他附加税费，如教育费附加、地方教育费附加等）的负担。

【例 11-16】 泰华白酒有限责任公司 2016 年白酒销售额为 1 600 万元，全年缴纳增值税、消费税 380 万元。该公司所处地区为县城，2016 年该县城被扩为邻近某市的市区。试比较行政区域变化对该公司的影响，并提出筹划建议。

【解析】

原来按照县城应缴纳城市维护建设税税额=380×5%=19（万元）。

现在按照城市市区应缴纳城市维护建设税税额=380×7%=26.6（万元）。

为了节税，该公司可以考虑将生产厂址搬迁至邻近的其他县城，或郊区农村。在郊区农村可以按照 1%的税率计税，应纳税额=380×1%=3.8（万元）。

（二）利用税收减免政策进行筹划

1. 扶持城镇退役士兵自谋职业抵减城市维护建设税的优惠政策

根据《国务院办公厅转发民政部等部门关于扶持城镇退役士兵自谋职业优惠政策意见的通知》（国办发〔2004〕10 号）第八、九、十项规定，自谋职业退伍士兵可以享受如下税收优惠政策。

（1）为安置自谋职业的城镇退役士兵就业而新办的服务型企业（除广告业、桑拿、按摩、网吧、氧吧外）当年新安置自谋职业的城镇退役士兵达到职工总数 30%以上，并与其签订 1 年以上期限劳动合同的，经县级以上民政部门认定、税务机关审核，3 年内免征营业税及其附征的城市维护建设税、教育费附加和企业所得税。

（2）为安置自谋职业的城镇退役士兵就业而新办的商贸企业（从事批发、批零兼营以及其他非零售业务的商贸企业除外），当年新安置自谋职业的城镇退役士兵达到职工总数30%以上，并与其签订1年以上期限劳动合同的，经县级以上民政部门认定、税务机关审核，3年内免征城市维护建设税、教育费附加和企业所得税。

（3）对自谋职业的城镇退役士兵从事个体经营（除建筑业、娱乐业以及广告业、桑拿、按摩、网吧、氧吧外）的，自领取税务登记证之日起，3年内免征营业税、城市维护建设税、教育费附加和个人所得税。

2. 下岗失业人员再就业有关抵减城市维护建设税的政策

（1）根据《劳动保障部、发展改革委、教育部、监察部、民政部、财政部、建设部、农业部、商务部、人民银行、国资委、国家税务总局、工商总局、统计局、中央编办、全国总工会、共青团中央、全国妇联关于贯彻落实〈国务院进一步加强就业再就业工作通知〉若干问题的意见》（劳社部发〔2006〕6号）规定：商贸企业、服务型企业（国家限制的行业除外）、劳动就业服务企业中的加工型企业和街道社区具有加工性质的小型企业实体招用持《再就业优惠证》人员，符合相关规定条件的，由劳动保障部门核定并出具《企业实体吸纳下岗失业人员认定证明》，经税务部门审核，可享受在相应期限内定额依次减免营业税、城市维护建设税、教育费附加和企业所得税政策。

（2）根据《财政部　国家税务总局关于下岗失业人员再就业有关税收政策问题的通知》（财税〔2005〕186号）规定：第一，对商贸企业、服务型企业（除广告业、房屋中介、典当、桑拿、按摩、氧吧外）、劳动就业服务企业中的加工型企业和街道社区具有加工性质的小型企业实体，在新增加的岗位中，当年新招用持《再就业优惠证》人员，与其签订1年以上期限劳动合同并依法缴纳社会保险费的，按实际招用人数予以定额依次扣减营业税、城市维护建设税、教育费附加和企业所得税优惠。第二，对持《再就业优惠证》人员从事个体经营的（除建筑业、娱乐业以及销售不动产、转让土地使用权、广告业、房屋中介、桑拿、按摩、网吧、氧吧外），按每户每年8 000元为限额依次扣减其当年实际应缴纳的营业税、城市维护建设税、教育费附加和个人所得税。

3. 高校毕业生自主创业抵减城市维护建设税的政策

根据《财政部 国家税务总局 人力资源社会保障部关于继续实施支持和促进重点群体创业就业有关税收政策的通知》（财税〔2014〕39号）第一条规定，对持《就业失业登记证》（注明“自主创业税收政策”或附着《高校毕业生自主创业证》）人员从事个体经营的，在3年内按每户每年8 000元为限额依次扣减其当年实际应缴纳的营业税、城市维护建设税、教育费附加、地方教育附加和个人所得税。限额标准最高可上浮20%，各省、自治区、直辖市人民政府可根据本地区实际情况在此幅度内确定具体限额标准，并报财政部和国家税务总局备案。对商贸企业、服务型企业、劳动就业服务企业中的加工型企业和街道社区具有加工性质的小型企业实体，在新增加的岗位中，当年新招用在人力资源社会保障部门公共就业服务机构登记失业一年以上且持《就业失业登记证》（注明“企业吸纳税收政策”）的人员，与其签订 1 年以上期限劳动合同并依法缴纳社会保险费的，在 3 年内按实际招用人数予以定额依次扣减营业税、城市维护建设税、教育费附加、地方教育附加和企业所得税优惠。定额标准为每人每年 4 000 元，最高可上浮 30%，各省、自治区、直辖市人民政府可根据本地区实际情况在此幅度内确定具体定额标准，并报财政部和国家税务总局备案。按上述标准计算的税收扣减额应在企业当年实际应缴纳的营业税、城市维护建设税、教育费附加、地方教育附加和企业所得税税额中扣减，当年扣减不足的，不得结转下年使用。

➢综合练习题

一、名词解释

房产税；契税；车船税；车辆购置税；印花税；城市维护建设税

二、简答题

1. 房产税的计税方法有哪些？
2. 契税的计税依据形式有哪几种？
3. 简述车船税的税收优惠政策。
4. 车辆购置税的计税方式有哪些？
5. 简述印花税的税收优惠政策。
6. 城市维护建设税的税率形式有哪几种？

三、综合分析题

某运输公司拥有 20 间临街门脸，每间 25 平方米，房产原值为 200 万元。以租赁形式租赁给职工，每年上交租金 40 万元，当地房产税计税扣除比例为房产原值的 30%。如果按照内部承包方式由职工进行承包，每年上交承包费 40 万元，请问这种筹划方式能使该公司节税多少？

➢本章拓展

房产税、契税等几种
常见税收的基本知识

第十二章

国际领域的税收筹划

【学习目标与要求】

本章主要介绍国际税收的基本知识。通过学习本章，理解国际税收的含义、税收管辖权的原则；了解国际税收的研究对象；掌握税收管辖权、消除国际双重征税的方法，以及国际领域的税收筹划。

第一节　国际税收概述

世界经济一体化的背景下，我国企业走出国门的比例大增，特别是我国提出“一带一路”战略规划以来，我国参与国际经济技术交流越来越频繁，那么，在国际经济交往中，如何利用各国税收政策和国际税收协定，在防范税收风险的情况下，做到节减税收支出，也是我国涉外纳税人关注的热点之一。2016 年 5 月 11 日，在自由贸易协定（Free Trade Agreement，FTA）成员大会上，国家税务总局局长王军代表中国政府与美国国内收入局局长签署了《中美税务合作备忘录》，5 月 12 日，又代表中国与加拿大、印度、以色列等多国签署了《转让定价国别报告多边主管当局间协议》，承诺将自动交换跨国企业集团按照各国国内法要求编制的转让定价国别报告，这就意味着，跨国纳税人，如果不按照规定提交报告，或恶意滥用转让定价手段进行税收筹划，就会发生很大的税收风险。

一、国际税收的概念

国际税收是指两个或两个以上国家政府，在对跨国纳税人行使各自征税权力的过程中而形成的征纳关系中，国家之间对税收的分配关系。

二、国际税收的研究对象

（一）国际税收协定

国际税收协定是国家间为了协调相互间在处理跨国纳税人征税方面的税收关系，按照对等原则，通过政府间谈判所签订的一种书面协议。至今世界上还没有一种超国家的国际税收法律制度，只能依靠双边或多边的税收协定来规范国家间的税收分配关系，消除税收问题引起的矛盾和冲突。国际税收协定属于国际法的范畴，对有关国家具有国际法的约束力，是国际税收的法律制度。

（二）税收管辖权问题

国际税收中的双重征税和其他许多问题，都与国家所行使的税收管辖权密切相关，所以研究国际税收，应当先研究税收管辖权，一国如何从本国的国情出发选择对本国最有利的税收管辖权，如何协调各国税收管辖权的行使范围，如何划分其征税权，以及国家间税收管辖权的重叠交叉及其解决的途径等，都是国际税收研究的内容。

（三）国际双重征税问题

国际双重征税是指两个或两个以上国家对同一跨国纳税人或不同跨国纳税人的同一笔所得和财产征收同样的税。国际重复征税产生的主要原因是各国所行使的税收管辖权存在重叠与交叉现象。因此，不仅要研究税收管辖权，而且要研究国际双重征税问题，研究国际双重征税的原因，减除国际间双重征税的方法，如何协调国家之间的财权利益、如何促进国际经济交往与技术合作。

（四）国际避税与逃税问题

国际避税与逃税是国际税收的一种普遍现象，国际避税与逃税的结果，将导致纳税人税负不公。研究国际避税与逃税，首先要掌握避税与逃税的区别；其次要研究各种避税与逃税的手段，以及合法与非法的界限；最后要针对各种避税手段制定相应的防范措施，如依法治税、完善税制、加强征管和稽查工作等。

（五）国际收入与费用的分配

跨国纳税人的国际收入与费用应该怎样在相关国家之间进行分配，是一个十分复杂和重要的问题。一般来说，一个跨国公司的总机构同其分支机构，母公司同子公司，以及同一跨国公司的一个分支机构或子公司同其他分支机构或子公司之间，都具有一定的关联性，一般称为关联企业。对国际关联企业来说，各国之间税制存在差异，跨国关联企业集团必然会从本身利益最大化出发，对其国际收入与费用进行全盘考虑，使其收入在最有利的地点和最有利的时间获得，使其费用在最有利的地点和最有利的时间发生，借以逃避一部分应缴纳的税收，取得更大的经济利益。其手段通常是利用各关联企业所在国所得税税率的差异，采用转让定价的方式来实现。由于关联企业的转让定价涉及有关国家的税收收入，所以关联企业间转让定价的调整和规范是国际税收研究的重要对象之一。

三、税收管辖权

（一）税收管辖权的概念

税收管辖权是国家主权在税收领域中的体现，表现为一国政府在税收方面所行使的立法权和征收管理权。

（二）税收管辖权的原则

1. 独立自主原则

国家的税收管辖权，既然根植于国家这一主体，就决定了它对外应表现为一种完全独立自主、不受任何外来意志干预的权力。一国政府有权根据自己的意志，决定对哪些人征税、征哪些税，以及征多少税。

2. 约束性原则

税收管辖权的独立自主原则，并不意味着一国政府在行使这种权力时绝对不受任何限制和约束。作为国际社会的一员，每个国家都必须尊重他国的主权，不得借口行使自己的税收管辖权而侵犯他国的税收管辖权。如果没有国家之间的条约安排，一国的税务机关不得在另一国内实施税务行政行为，包括不得向住在他国境内的本国纳税人传送纳税通知书、不得在他国境内收集税务情报、不得要求外国的居民和企业提供纳税资料等。

（三）税收管辖权的种类

1. 公民税收管辖权

公民税收管辖权是指一国政府按照属人主义原则中的国籍原则，对具有本国国籍的公民在世界范围内的全部所得和财产行使征税权。一个实行公民税收管辖权的国家，只对属于本国公民的一切所得或财产征税，即使这个公民的所得或财产是来源或存在于其他国家的领土范围。

2. 居民税收管辖权

居民税收管辖权是指一国政府按照属人主义原则中的居住国原则，对本国法律规定的居民（包括自然人居民和法人居民）在世界范围内的全部所得和财产行使征税权，而不考虑该项所得是否来源于境内。

3. 来源地税收管辖权

来源地税收管辖权也称地域税收管辖权，是指一国政府按照属地主义原则，对来源于本国境内的全部所得以及存在于本国领土范围内的财产行使征税权力，而不考虑其取得者是否为该国的居民或公民。

四、消除国际双重征税的方法

（一）国际重复（双重）征税的概念

国际重复（双重）征税，是指两个或两个以上的主权国家或地区，在同一时期内，对参与或被认为是参与国际经济活动的同一或不同纳税人的同一征税对象，征收相同或类似的税收。

（二）国际双重征税发生的原因

纳税人的所得或收益的国际化、各国所得税制的普遍化、各国行使税收管辖的交叉和重叠，是国际双重征税存在的原因，这三种原因的同时存在，使国际重复征税的发生成为现实。

（三）重复征税的一般方式

目前世界各国所采取的避免国际重复征税的方式主要有三种，即单边方式、双边方式和多边方式。

（四）避免国际重复征税的基本方法

1. 免税法

免税法又称豁免法，是指一国政府对本国居民（公民）来自国外的所得免予征税，以此彻底避免国际重复征税的一种方法。

2. 抵免法

抵免法是指一国政府对本国居民（公民）来自国内外的所得一并汇总征税，但允许在本国应缴税总额中扣除本国居民的外国所得在国外的已纳税金，以此避免国际重复征税的一种方法。它包括以下内容。

1）抵免限额的确定

一般来说，抵免限额是指居住国（国籍国）允许居民纳税人从本国应纳税总额中，扣除其来源于外国所得已纳税款的最高限额，即对跨国纳税人在外国已纳税款进行抵免的限度。这个限额以不超过其来源于外国的所得按照本国税率计算的应纳税额为限。

抵免限额的计算公式为抵免限额=（来自居住国和非居住国全部应税所得×居住国所得税率）×（来自非居住国应税所得÷来自居住国和非居住国全部应税所得）

2）分国限额与综合限额法

分国限额法是指在多国税收抵免条件下，跨国纳税人所在国政府对其外国来源所得，按其来源国别，分别计算抵免限额的方法。其计算公式为

分国抵免限额=（来自居住国和非居住国全部应税所得×居住国所得税率）×（来自某一非居住国应税所得÷来自居住国和非居住国全部应税所得）

综合限额法是在多国税收抵免条件下，跨国纳税人所在国政府对其全部外国来源所得，按国别汇总在一起，统一计算抵免限额的方法。其计算公式为

综合抵免限额=（来自居住国和非居住国全部应税所得×居住国所得税率）×（来自非居住国全部应税所得÷来自居住国和非居住国全部应税所得）

在居住国实行比例税率的情况下，上述两个公式分别可化简为

分国抵免限额=来自某一非居住国应税所得×居住国所得税税率

综合抵免限额=来自非居住国全部应税所得×居住国所得税税率

3）税收饶让

所谓税收饶让，又称饶让抵免，是指居住国政府对其居民在非居住国得到税收优惠的那部分所得税，特准给予饶让，视同已纳税额而给予抵免。严格地说，税收饶让不是一种独立避免国际重复征税的方法，它只是抵免法的附加，是采取抵免法计算本国居民应纳所得税额时，根据同有关国家预先缔结的税收协定，鼓励本国居民从事国际经济活动和维护非居住国利益而给予的特殊优惠。

第二节　国际领域税收筹划的基本方法

国际税收筹划的主要内容是减轻或消除有关国家的纳税义务。一国纳税义务的多少是由该国相应的税收制度确定的，跨国纳税人要避免一国的纳税义务，就应有效地避免一国的税收管辖。要避免一国税收管辖，需要从以下两方面进行筹划：一是避免一国人的税收管辖，即避免成为行使居民税收管辖权国家的居民或公民而达到消除或减轻税收的目的；二是避免一国物的税收管辖，即避免自己的所得成为行使地域税收管辖权国家的征税对象而达到消除或减轻税负的目的。

具体来说，跨国纳税人可以通过人的流动、人的非流动、物的流动、物的非流动以及流动与非流动的结合等办法达到规避税收管辖权、消除或减轻税收负担的目的。

一、人的流动

人的流动是指跨国纳税人通过居所的变化，改变自己的居民身份，从而避免一国

人的税收管辖。它包括以下三方面的含义：第一，这里所说的“人”是指自然人和法人；第二，这里所谓的“流动”，是指跨越“税境”的流动，不一定非得跨国境；第三，“人员流动”不仅限于自然人和法人的国际迁移，也包含居民身份的改变。

（一）利用个人住所变化进行税收筹划

大多数国家都同时行使两种税收管辖权，但仍有侧重。特别是发达国家，资本输出较多，本国居民或公民来源于国外的收入较多，因而强调居民或公民管辖权。其中更多的是强调居民管辖权，以达到对大批涌向这些国家而又不一定拥有该国国籍的人的全球范围所得课税的目的。而许多国家又都规定拥有住所并在该国居住一定时间以上的人确定为本国居民，即纳税义务人，但各国的规定存在很大的不同。因此，以各种方法改变自己成为某一国居民身份，便成为避免纳税义务的关键。利用个人住所的变化进行国际税收筹划，有三种具体的操作方法：一是利用个人住所的避免；二是利用个人住所的转移；三是利用个人临时纳税人地位。

1. 住所的避免

许多国家的税法都规定对居民纳税人的全球范围所得课税，对非居民则仅对其来源于本国的所得课税。居民的确定，又主要取决于住所的存在。因此，在实行居民税收管辖权的国家中，一个纳税人只要避免了住所，也就躲避了就其全球范围所得所应承担的纳税义务，而仅就其来源于该国的所得负有纳税义务。纳税人可以利用这项规定进行税收筹划。例如，纳税人可以在较长的时间内流动作业，在不同的国家从事不超过规定期限的活动，或利用对临时纳税人身份的规定，享受所在地给予的税收优惠。甚至住在船上或游船上，以避免住所地对他的纳税要求。在国际上，这些人被称为税务上的“税收难民”或“无国籍人”。

2. 住所的转移

住所的转移是指纳税人通过移居国外以改变其居民身份，躲避原来居住国政府行使居民税收管辖的行为，利用住所迁移进行国际避税通常有两种人：第一种是已退休的纳税人，这些人从原来的高税区住所迁移到低税区住所，以便在支付退休金税收和财产、遗产、赠与税方面获得好处；第二种是在某一国居住，但在另一国工作，以躲避高税负的压迫。

利用个人住所的转移进行税收筹划需要注意两个问题。

（1）在大多数国家，出于跨国税收筹划目的而迁移住所，首先要克服两个障碍，即支付现已查定的税款和就一定的资本利得缴纳所得税或资本利得税。例如，变卖某些营业资产，这类利得在移居之年就成了财务收入，需要缴纳税款。

（2）必须使自己成为至少在形式上的“真正”移民，避免给政府一种虚假移民或部分迁移的现象，否则会给纳税人带来麻烦。所谓虚假移民，是指纳税人出于获得国内税收的某些优惠的目的而进行的临时性移民。对这种旨在规避纳税义务的移民，许多国家有一些相应的限制措施。所谓部分迁移，是指个人并未实现完全迁移，仍保留着与原居住国某些社会或经济上的依附或联系。

3. 个人临时纳税人地位

个人取得临时纳税人地位有两种情况：一是被派往其他国家从事临时性工作。当个人被派往其他国家从事临时性工作时，常常可以享受所得优惠待遇，这就为高级行政主管等管理人员进行税收筹划提供了方便；二是“临时入境者”，这些人在被确定为“完全居民”之前，可以享受暂时的临时住所的好处。

例如，在美国未获得绿卡的人均为临时入境者，他们不承担任何纳税义务。所以，只要不是非法移民，都不必在此期间为缴税大伤脑筋。

（二）利用公司住所变化进行税收筹划

1. 住所的避免

与对个人居民身份的判定方式类似，大多数国家判断一个公司是居民公司还是非居民公司主要是看其在该国有无住所，也就是说，是否存在公司实施控制和管理的主要地点。例如，在英国注册的公司可以是他国的居民公司。也就是说，一个公司在母国和他国可同时被作为居民公司看待，只要它在两国均有住所。因此，对公司住所的避免，就是要虚化公司住所。

2. 住所的转移

与住所的避免不同，住所的转移必须三思而后行。因为一家公司若想实现整体搬家，到他国重新安营扎寨，是非常困难的。首先，公司带不走厂房、土地；其次，某些重型成套设备或固定设施的高额拆装成本也使其望而却步，而且变卖它们仍要交税。所以，一般不采用住所的转移。

3. 其他流动方式

在进行税收筹划时，法人还可以通过一些中介形式达到由人的流动所形成的效果。

1）信箱公司和其他公司的利用

信箱公司是指一个仅在某个国家中履行了必要的法律手续和登记注册手续的公司，而实际工商活动却是在别的国家中进行的。这类公司是典型的避税地公司，其表现形式主要是控股公司、金融公司、保险公司、贸易公司等。其他公司是指那些在提供税收优惠待遇或财政补贴的国家建立的公司，它可把盈利公司的利润转移走，达到隐藏利润，转移税负的目的。

2）中介业务的利用

利用中介业务与利用信箱公司不太一样，它是通过在所得来源所在地或利润来源所在地与最终所得人或受益人设置一个中心机构或积累中心。这一中心通常处于一个纯粹的避税地，或具有特殊税收优惠，或签订了对预提所得税有利的条款。当该中心机构收入和利润积累到一定程度和规模时，可用于再投资或其他方面。

二、人的非流动

人的非流动是指纳税人并不离开本国，也不需要使自己成为移民，而是通过别人在他国为自己建立相应的机构，将自己获得的收入或财产进行分割，从而达到规避税收管辖权，减轻税负的目的。

人的非流动主要是采用信托或其他信托协议来达到减轻税负的目的。纳税人通过采用信托的形式，将其一部分所得或财产转交给另一国（通常是国际避税地国家和地区）的信托公司代管，从而造成法律形式上所得或财产与原所有人的分离，消除人与物之间的某种联系，但又使分离出去的财产或所得仍受法律保护，并以此达到躲避所得税、遗产税和赠与税的目的。

【例 12-1】一个高税国乙国的跨国自然人，通过在避税港丙国设立一个持股信托公司，把其在乙国或远离避税港丙国以外的财产，虚设为避税港的信托财产，委托给丙国的一家个人公司经营管理，然后，把这部分财产及经营所得及在乙国或其他任何地方积累下来的财产，都挂在该个人公司名下，并逐步转移到避税港丙国，这样就可以首先躲避这部分财产的经营所得应承担的所得税税款。然后，该公司运用这部分转移来的信托资本，在当地进行股票买卖等，从事消极投资，又可以获得不缴资本利得税的好处。而且，当该跨国自然人死后，该公司可以按死者生前事先确定的办法，把这笔财产或信托基金分给他指定的受益人，这样，还可以再躲避掉原应承担的遗产税的大部分或全部。

【解析】

在实际税收筹划活动中，除了信托形式外，还有其他类似形式，如一国纳税义务人与一银行签订信托合约，该银行受托替该纳税人收取利息。当纳税人在该受托银行所在国支付利息，而所在国又签订有税收双边协议时，按此协议规定，利息扣缴税率享有优惠待遇，则该纳税人即可获得减免税好处。

上述案例是通过建立信托财产来减轻个人税收负担的。根据某些国家的法律，受托人有权自由支配受益人信托所得，可合法地将积累下来的所得变为信托资本，在将来分配这些积累下来的钱财时，可获得信托资本的待遇，即可不作为信托所得对待，从而受益人不必缴纳所得税。此外，受托人还有权自由处置信托资本，由于不存在销售、交换等活动，所以对所分配的款项也不做资本利得处理，即不必缴纳资本利得税，也不必缴纳遗产税。

三、物的流动

物的流动是指跨国纳税人利用物的流动，包括资金、货物或劳务的流动来达到减轻税负的目的。资金、货物或劳务的流动在某些国际税收筹划中，可能比人的流动产生的效益更大。因为资金、货物或劳务的流动比较隐蔽，不易被税务当局发现，所以这种方法越来越受到跨国纳税人的重视，成为国际税收筹划的主要方式之一。

（一）常设机构法

常设机构是指企业进行全部或部分经营活动的场所。一个企业在对外投资时，有许多组织形式供选择，它既可以设立子公司，也可以设立常设机构。从减轻税负的角度出发，设立常设机构具有更大的优势。因为许多国家的双边税收协定，仿效《经济合作与发展组织范本》，规定了大量免征税收的常设机构活动，为了躲避税收，纳税人就可以把需要储存或加工的货物转移到对常设机构有免税规定的国家中去。

1. 利用常设机构转移货物和劳务

1）转移货物

各国税法中有许多特殊规定，特别是在国家之间的税收条约或协议中有许多减免税条款，给企业进行国际税收筹划提供了机会。企业为了躲避税收可以把需要储存或加工的货物转移到对常设机构有免税的国家中去。因为企业有权在世界各地建立许多常设机构，其中一些常设机构就是专门从事免税经营活动的。

2）转移劳务

转移劳务的税收筹划主要是指通过总机构向常设机构或常设机构之间相互提供的属于按规定不予扣除的支出进行税收筹划。转移劳务支出由于不准许从被转入机构的所得内扣除，因此，可以被高税国的转出机构加以利用，进行税收筹划。

2. 利用常设机构转移利息、特许权使用费、利润和管理费用

1）转移利息、特许权使用费等

利息是为使用借贷资本而支付的款项；特许权使用费是对使用专有技术、知识等的报酬。除此之外，还有其他一些类似的支付，如使用非专利化的专有技术、知识、商业秘密、商誉等所支付的费用。所有这些费用，都可由一个法人的不同机构支付。

按照国际惯例，对总机构支付给驻外常设机构的利息、特许权使用费，或者驻外常设机构的利息、特许权使用费不允许作为成本扣除。因为总机构和常设机构之间十分容易通过相互之间的资金、技术援助转移成本和利润。禁止它们之间的这种类似独立法人之间的转让，是为了防止利息和特许权使用费的不合理支付。然而这种国际上的普遍做法并不十分有效，纳税人往往能够以利息、特许权使用费形式达到转移利息、躲避税收的目的。

2）转移利润

跨国纳税人在国外设置常设机构，会发生如何将利润在总机构和常设机构之间进行分配的问题。由于对常设机构的利润分配至少要受两个国家利益差异的影响，分配

方法往往有很大差异，这就为纳税人转移利润、减轻税负提供了机会。

3）转移管理费用

一个企业法人的总机构通常情况下总是设在其母国，起着管理中心的作用，对各驻外常设机构提供各种有用的管理服务，并向各常设机构直接分摊管理费用，这就给纳税人通过抬高或压低分配管理费用的办法达到转移利润、减少税负的目的创造了条件。

3. 利用常设机构转移财产

一个企业法人常常可以在许多国家设立常设机构，也可以将财产在总机构与常设机构或常设机构之间进行转移，这样跨国纳税人就可以利用转出机构与转入机构所在国的不同税负和对营业财产不同的评估和计算方法，进行财产转移，尽量减少现在或将来的纳税义务。

（二）转让定价法

转让定价法是指有关联各方在交易往来中，为达到转移利润、躲避税收的目的，按高于或低于正常市价确定的内部价格进行交易结算。这种方法也应用于国内税收筹划。但国际间转让定价优于国内转让定价，其条件如下：第一，国家间的税收差别比国内行业间的税收差别要大得多、显著得多。第二，母公司与子公司、总公司与分公司、总机构与驻外常设机构之间的相对独立形式，以及彼此之间业务、财务联系的广泛性，使它们更能从容地实现价格转让。跨国纳税人使用转让定价法，一般是为了减轻关税税负、公司所得税税负和规避预提所得税。

利用转让定价进行国际税收筹划的具体表示形式有以下几种。

（1）通过控制零售价和原材料的进出口价格来影响产品成本和税负水平。

（2）公司通过对专利、专有技术、商标、厂商名称等无形资产转让收取特许权使用费的高低，对子公司的成本和利润施加影响。

（3）利用产品销售，给予关联企业系统的销售机构比较高或比较低的佣金、回扣，来影响公司的销售收入。

（4）通过提供借款利息的高低来影响产品的成本费用。

（5）通过母公司对子公司出售固定资产价格的高低和规定固定资产使用年限的长短来影响公司的产品成本。

（6）利用公司控制的运输系统，通过向子公司收取较高或较低的运输装卸、保险费用来影响子公司的销售成本。

（7）通过技术、管理、广告、咨询等劳务费用来影响子公司的成本和利润。

（8）利用机器、设备的租赁影响税负水平。

【例 12-2】 康达公司为甲国的一家母公司，它的控股子公司为“康 A”公司。“康A”公司与卢裕公司同在某岛国，该岛国为一著名避税港（所得税税率极低），且与康达母公司所在国之间签有不重复征税协议。现在康达公司与卢裕公司之间有买卖关系，于是在卖出商品时，康达公司先与“康 A”公司以极其低廉的价格成交，以低于市场价 150 万美元的价格成交，减少可实现利润 150 万美元，“康 A”公司再卖给卢裕公司。在买入卢裕公司的产品时，借“康 A”公司之手，先与卢裕公司成交，以极其昂贵的价格购入，以高于市场价 150 万美元的价格成交，又减少可实现利润 150 万美元，一买一卖，共减少可实现利润 300 万美元。按公司所在国的税法，共减少所得税万美元[（150+150）×33%=99]。

【解析】

从母公司所在国税务机关角度看：一国税务部门如果发现本国企业利用转让定价向境外关联企业转移了利润，就可能根据本国转让定价调整的法规调整本国企业与国外关联企业之间的转让价格，使本国企业的应税利润增加到税务部门认可的程度。对调增的应税利润要补征公司所得税，有的国家甚至还要将调增的利润视为向国外公司隐蔽的利润分配，对其征收预提所得税。但如果一国调增了本国企业的应税利润，而这个企业的境外关联企业所在国税务部门不对该关联企业的应税利润相应调减并退还其多纳的税额，则转让定价的调整就会造成对调增利润部分的国际双重征税问题。调整国要对这部分调增利润补税，而在补税前，这部分利润已被关联企业所在国计入该关联企业的应税利润并对其征了税。所以，为了防止所得的双重征税，一国调整了本国企业的转让定价从而增加了其应税利润以后，该企业的境外关联企业所在国就应相应调减这个关联企业的应税利润，并在税额上进行相应的变动。这就需要有关国家在转让定价调整问题上意见一致，并相互协调。

本案例中，康达公司是利用了“转让定价”成功地借助“康 A”公司之手转移了与卢裕公司买卖中应产生的300万美元的利润,从而少缴公司所在国99万美元所得税，若多实现的利润在岛国多缴30万美元年所得税（假设岛国税率为10%），则这次转移利润共减轻税负69万美元，但这种转移要注意以下几点。

（1）母公司所在国税务机关有税收调整权，一旦发现你是在利用转让定价进行“高进低出”，就有可能进行调整。调整后，“康 A”公司利润不能相应调减，反而多缴 30 万美元。

（2）还存在按预提所得税缴税的问题，各国的做法不同，但预提所得税税率一般都为20%左右。

（3）关联公司之间应尽可能避开对可比产品的转让定价，因为这种可比产品极易被税务部门发现，并被调整。相反对不可比产品，如无形资产的转让、特许权使用费、信息费等产品使用进行转让定价，则容易避开可能的风险。

（4）在岛国，如果康达公司没有“康 A”公司这样的关联企业怎么办？作为集团公司，可在避税地区设立自己的“信箱公司”作为接应的桥梁，达到构造关联企业、减轻税负的目的。

（三）利用国际租赁

租赁或利用租赁是减轻税负的重要方法之一。它不但可以得到税负方面的优惠，还可以使租赁企业以支付租金的方法冲减企业利润，减少应纳税额。所以，跨国纳税人往往利用它进行国际税收筹划。

【例 12-3】 甲国母公司在乙国和避税港丙国设立子公司，现由甲国母公司用借来的钱按契约购买一批设备，然后以尽可能低的价格租赁给丙国子公司，丙国子公司以尽可能高的价格转租给乙国子公司。在此过程中，甲国母公司作为法律上的财产租赁所有者，可以对出租设备提取折旧，而避税港丙国子公司作为经济上的租赁财产所有者，也可以对租入设备提取折旧。除了租赁定价和设备折旧外，租赁公司还可以享受有关投资的好处，并把这些好处分给租赁者（丙国子公司）。这样就达到了避税的目的。

【解析】

租赁公司是指专门从事租用、租赁贸易和租购等项活动的机构，由于许多国家和地区为跨国纳税人提供特别优惠的税收待遇，如加速折旧、投资税收抵免，以鼓励实业家取得和拥有工业设备和财产。根据一般规定，这些税收好处将由那些保留财产所有权的纳税人获得，而那些很快就要出卖这些设备的人是不能获得这些好处的。因此，当一个纳税人利用信贷资金购进一批设备，并立即将此设备转让给另一个纳税人时，确认该项转让契约是销售还是租赁合同，就相当重要了。若是租赁合同而不是销售合同，则转让者可有权获得上述税收优惠。可见，将设备向国外出租比出售更会使纳税人获得税收上的好处。正因如此，跨国纳税人就可以利用这些规定，在避税港设立租赁公司，通过租用、租赁贸易和租购定价进行避税。

这里，跨国纳税人利用了租用、租赁贸易和租购定价及有利的国内和国际税收协定，在避税港建立租赁公司，实现其避税目的。但租用、租赁贸易和租购定价毕竟是一个比较复杂的领域，如何判定纳税人交易活动的性质，是一个相当麻烦的事情。

（四）滥用税收协定

纳税人通过滥用税收协定进行国际税收筹划的手法多种多样，归纳起来主要有以下三种类型。

1. 设置直接的传输公司

假设 A 国甲公司有来源于 C 国丙公司的股息收入，但 A、C 两国尚未建立税收协定关系，A、C 国与 B 国均有税收协定关系。A 国甲公司又在 B 国组建一家乙公司，C 国丙公司的股息可先支付给 B 国的乙公司，乙公司再转付给 A 国的甲公司。乙公司的组建不是出于生产经营的实际需要，而是为了利用 B、C 国之间与 A、B 国之间的两个税收协定，A 国甲公司绕开 B 国取得在 C 国本来得不到的税收利益。在这种情况下，B 国的乙公司便被看做一家滥用税收协定的传输公司。通过该传输公司，可以减少纳税人应纳预提税款。

2. 设置踏脚石式的传输公司

设置踏脚石式的传输公司与设置直接的传输公司的假设基本相同。

3. 设置外国低股权的控股公司

许多国家对外缔结双边税收协定都有明确规定，缔约国一方居民公司向缔约国另一方居民支付股息、利息或特许权使用费，可以享受税收协定优惠条件的必要条件是，该公司由外国投资者控制的股权不超过一定比例（如全部股权的 25%）。这样，非缔约国的居民公司可以精心组建低股权的控股公司（如占全部股权的 25%以下），以最大限度地减轻税负。

4. 精心选择在国外的经营方式

当某跨国纳税人决定在国外投资和从事经营活动时，有两种方式可供选择：一是建立常设机构；二是组建子公司。建立常设机构时经常采用建立分支机构的形式。如何在分支机构与子公司这两种经营形式之间做出抉择，以便减轻税负，取决于许多财政性和非财政性条件。可能的非财政性因素包括民法、公司法和行政法造成的障碍，这些因素均影响着企业的抉择。财政性因素也是多方面的，尤其是对整个企业利润或损失所做的预期，有关国家对新企业开创期承认其相应的优惠待遇、税基的大小、税率的高低、税收协定的影响等，对国际税收筹划实施的可能性至关重要。

【例 12-4】 西班牙某纺织品有限公司在荷兰鹿特丹建立了一个子公司，其作用是为该国公司搜集北欧国家纺织服装信息。根据西班牙政府与荷兰政府签署的双边税收协定，这种专门用于信息、情报搜集的办事机构不属于常设机构，因而不承担纳税义务。而该公司为西班牙某纺织品有限公司成交两笔生意，实现利润 1 000 万元，在荷兰不用缴纳任何税收。

【解析】

一个跨国公司进行跨国投资活动时，往往需要在若干地方建立常设机构，其中一部分常设机构是从事免税经营活动的，然而，一些常设机构所在国基于防止滥用免税项目的考虑，根本未列举关于常设机构免税经营活动的项目。在这种情况下，此跨国纳税人就可以利用常设机构所在国关于免税活动的其他规定，如将需要储存或加工的货物从无免税项目规定的国家转移到有免税项目规定的国家的常设机构中去，以达到减轻国际税负的目的。

当一个跨国公司决定到国外进行投资时，可以选择有利的企业组织形式，可以设常设机构，也可以建立子公司。从税收筹划角度出发，选择建立免税的常设机构，或建立不属于常设机构的子公司，而免于缴纳企业所得税，【例 12-4】在荷兰建立了一个不属于常设机构的子公司，搜集相关服装销售信息，在此过程中，尽管西班牙驻荷兰办事处承担了所有有关供货合同、订单数量的谈判和协议，但由于该办事机构最终没有在合同和订单上代表西班亚母公司签字，荷兰税务部门也毫无办法，为企业实现了利润所得，这样，西班牙某纺织品有限公司实现巨额利润而不缴所得税，使巨额利润变成了税后收益。

四、物的非流动

物的非流动是指跨国纳税人不必把物（包括资金、货物和劳务）转移出去，而是利用税法中的某些规定达到减轻税负的目的。其主要方法是利用有关延期纳税的规定和通过改变所得的性质等方法来达到减轻税负的目的。

（一）利用延期纳税的规定

根据各国税法中有关“延期纳税”的规定，通过在低税国和无税国（指所得税）的一个实体进行所得财产的积累。在实行居民（或公民）管辖权的国家，税务会计处理一般采取收付实现制原则，即国家对外国子公司取得的利润收入，在没有股息等形式汇给母公司以前，对母公司不就外国子公司的利润征税。这样跨国纳税人便可利用延期纳税的规定，达到减轻税负的目的。

【例 12-5】 甲国康乐公司从其丙国常设机构处取得利润 200 万美元，丙国对这笔利润征收了 35%的所得税，即 200×35%=70 万美元税款。假设甲国所得税税率为 40%，丙国对这笔所得已征了 70 万美元的所得税，回到甲国应补缴所得税额 10 万美元（200×40%−70）。如果甲国康乐公司从其丙国子公司取得股息 200 万美元，迟延汇回甲国，就可获得延缓纳税的好处。

【解析】

一个跨国公司对外投资时，除采用建立常设机构外，还可以选择建立子公司形式，由于一些低税国可能对具有独立法人资格的投资者的利润不征或只征较低的税收，并和其他国家广泛签订税收协定，对分配的税后利润（股息）不征或少征预提税。跨国公司可以在这些低税国建立子公司，用来转移利润，进行跨国税收筹划。低税国也往往为子公司提供免税或其他投资鼓励。这样，跨国公司既可以避免因在外国设常设机构而被居住国补征不足限额的税款，又可利用母公司所在国税法规定，暂不汇回股息，得到延缓纳税的好处。

常设机构一经取得利润，总机构在同一纳税年度内就要将此项利润由母国汇总纳税，这样，在外国税率低于母国税率的前提下，就不能获得延期纳税的好处。因为，母公司所在国税法一般规定，只对来自外国子公司的税后利润的股息暂不汇回国内，可延缓纳税，也就是说仅对汇回国内的股息征税，而且有间接抵免待遇。这样，假如甲国康乐公司的丙国子公司取得的 200 万美元股息暂不汇回甲国，则可获得延期纳税的好处。

（二）改变所得性质

物的非流动的另一个主要方法是改变所得的性质。这是由于在国际税收中，不同的所得项目和不同的企业性质，可以享受不同的税收待遇。

【例 12-6】 高税国 A 公司，在国际避税地建立一个分公司 B，并向这个分公司借了一笔以 A 公司所在国的货币结算债务。在 A 公司还没有归还 B 公司这笔债务之前，B 公司所在国货币升值了。试问如何通过税收筹划达到节税的目的。

【解析】

如果 A 公司把它在避税地的 B 公司改为子公司，那么这对 A 公司是有利的。因为作为总公司和分公司的关系存在，A 公司就需要就其全球范围内的所得合并计算征收所得税。而作为母公司与子公司的关系存在，则 A、B 公司就其各自所得分别计算征收所得税。高税国 A 公司通过把国际避税地分公司改变为子公司后，再向子公司偿还债务，就可以利用子公司所在国的货币升值，无形中把高税国 A 公司的更多利润转移到国际避税地的 B 公司，从而减轻了部分税负。

五、流动与非流动的结合

流动与非流动都是特指相对的一段时间而言的。以“人与物的同步流动、人的流动与物的非流动、人的非流动与物的流动、人与物的同步非流动”四种形式的相互组合构成流动与非流动组合的四种基本形式。在四种基本形式之上还有可能派生出其他的组合形式。因此，流动与非流动的不断交叉与组合，是实现国际税收筹划的重要途径和方式。

下面就四种基本组合形式进行介绍。

（一）人与物的同步流动

人与物的同步流动是指纳税人（自然人或法人）连同其全部或部分收入来源或其资产一同移居国外的行为，这是准备全部消除本国税收的一种税收筹划。但如果该国坚持公民（国籍）管辖权，除非纳税人改变国籍或达到了该国税法规定的某些限制，否则还是不能做到真正彻底免除本国税收。这种同步流动对税收的避免虽是一劳永逸的，但必须有一个前提条件：无论人或物都有充分的流动自由而不受任何限制。

（二）人的流动与物的非流动

当纳税人在不同国度之间迁移，而其所得源泉或财产却保留在某一国境内时，就构成了人的流动与物的非流动。其优点是纳税人可以将收入来源或资产安置在某一低税国，同时纳税人又可以将其活动安排在低消费或低费用区。在不同国家来去自由的先决条件下，纳税人可以移居国外而仍在移出国工作，以获得人的流动与物的非流动的双重好处。不过这种方法的适用范围比较小。因为纳税人必须有可能选择低税国，且其工作所得并不是其收入的唯一来源（否则随着工作，其收入已全部被带到自己活动的所在地了），只有这样才有可能实现人的流动和物的非流动。

（三）人的非流动与物的流动

人的非流动与物的流动是一种十分重要的跨国税收筹划方法。它可以分为两种类型，即转移收入或利润和建立“基地公司”。

首先，跨国纳税人可以通过在低税国（或避税地）以扩大经营规模为名建立公司或建立服务性公司，以向其支付服务费等形式，转移收入和费用，或通过一些管理上的技巧，给主管税务当局造成来自当地收入很少的印象，从而达到减轻税负的目的。其次，还可以采取在低税国建立基地公司的形式。基地公司是指在一个对国外收入不征或少征税的国家建立公司。该公司的主要业务并非发生在所在国，而是以公司分支机构或子公司的名义在国外进行活动，当其国外收入汇回该公司时，可以不履行或少履行纳税义务。所以基地公司通过公司内部的业务及财务往来很容易完成税收筹划的既定目标。

（四）人与物的同步非流动

人与物的同步非流动的存在，要以有前三种情况意义上的一次较早流动为前提。例如，跨国纳税人可能临时在国外取得收入，该纳税人不必返回居住国，或者直到财政年度终了，或者直到这个收入来源被确认已不存在，因而不再是居住国的课税对象为止，纳税人不再向其母国汇回收入，从而达到减轻或消除纳税义务的目的。因为这种结合具有隐藏性，所以利用它进行国际税收筹划很容易获得成功。

六、防范国际避税条款的滥用风险

随着国家“一带一路”战略的深入推进，企业跨国贸易日益增多，跨境资金流动日趋频繁，如果跨国纳税人不正确行使自身的权力，滥用国际税收协定的避税条款，不仅给税务机关的税源管理能力带来挑战，也为自己埋下隐患①。

【例 12-7】 近日，江苏省无锡市国税局三分局便遇到了这样的挑战。税务人员在分析某房地产开发企业的涉税风险时发现，该企业对外支付申报的代扣代缴非居民税收不同步，只有增值税入库，没有所得税入库。

【解析】

经初步了解得知，企业的申报项目为境外设计劳务，因劳务发生地在境外，无须申报预提所得税该劳务是否为纯设计务？发生地是否全在境外？税务人员带着疑问展开全面调查调查显示，该企业主要经营房地产开发和物业管理业务，所得税实行查账征收，近年来主要项目是位于市中心商务区的某商业广场，项目内冠名酒店涉及境外支付。企业与某国际技术服务公司（简称 B 公司）签订了技术服务合同，合同标的为“酒店筹划、建造、装备及装潢的方案，技术规格及设计方案的批准，合同期为一年，合同金额为 35 万美元”。企业将此合同以劳务项目名义备案，称劳务全部发生在境外，

① 张贤平，李涵，徐云翔. 无锡国税成功应对恶意税收筹划[N].中国税务报，2016-05-24.

并就该项目代扣代缴“营改增”税收 9.5 万元，未代扣代缴企业所得税。

无锡市国税局三分局根据对外支付增值税、所得税两税匹配性预警指标，对该企业实施风险应对流程。风险应对人员仔细分析上诉项目涉及合同，发现 3 个疑问：一是标的性质条款。合同规定，B 公司向该房企提供酒店使用的所有构思、方案、技术规格及设计的“标准”。该条款说明，该项目的标的是与冠名方有关的酒店标准。二是技术主导权规定。合同规定，B 公司提供的酒店的构思、方案、布局图、技术规格、图纸设计等标准若对方有任何更改或变更，均必须交由提供方批准。这说明该项目的设计方对雇主拥有主导权，与一般劳务特征不同。三是保密条款。B 公司提供的所有服务标准，在任何时候均属于独家知识产权，未经同意不得擅用。该条款说明这项标准为 B 公司的知识产权。

由此，风险应对人员判定该项目为让渡无形资产使用权的概率较大，进而准备以“双向反证策略”来进行取证，即企业如果坚持项目为劳务，则应举证劳务流程、工作量、往来记录和费用标准，其中应该有境内现场勘察、出差会议记录等项，可以根据商业实质就境内部分劳务进行指定扣缴。如果企业不能提供劳务资料，则该项目的商业实质应是让渡无形资产使用权。于是，风险应对人员从该房企提供的项目资料及实地调查着手，逐步梳理，发现 B 公司无现场勘察，无现场监理，无过程沟通，不符合劳务特征。通过大量依据佐证，该房企以设计劳务的形式掩盖让渡无形资产使用权的实质，逃避纳税义务的事实基本清楚。根据国税函〔2009〕507 号文第二条和经济合作与发展组织《关于对所得和财产避免双重征税的协定范本》（简称 OECD 税收协定范本）第十二条相关规定，该项目应按让渡无形资产使用权进行所得税源泉扣除。

经过约谈，该房企负责人承认企业存在恶意税收筹划行为，同意对 35 万美元合同金额以 10%的征收率补代扣代缴所得税 21 万元。

在当前企业对外支付形式日益多样化的情况下，以境外劳务形式掩盖让渡无形资产所有权实质，从而逃避代扣代缴义务的现象时有发生。税务机关应寓管理于服务之中，在日常风险分析中高度重视对外支付形式与实质是否一致，提前介入辅导，及时审核有关资料，宣传最新政策，帮助企业明确涉税事项的税收处理依据，减少此类对外支付的涉税风险。

➤综合练习题

一、名词解释

国际税收；税收管辖权；国际重叠课税；扣除法；抵免法；税收饶让

二、简答题

1. 如何利用个人住所的变动进行税收筹划？
2. 如何利用转让定价进行税收筹划？

三、综合分析题

甲国某公司有一项价值昂贵的专利技术，价值高达 5 600 万元，准备通过许可证贸易方式转让给乙国使用者，乙国税法规定，本国对支付给境内外国企业的特许权使用费不征收预提所得税或其他类似税收，试分析如何规避甲国税收。

➤本章拓展

《经济合作与发展组织关于对所得和财产避免双重征税的协定范本》

第十三章

税收筹划案例分析

第一节　税收筹划成功的案例

案例一：不同用途财政资金如何统筹安排[①]

（一）案例基本情况

甲公司为国有独资企业，从事公路客运经营业务，其下属有客运西站、东站、客运分公司和修理厂。2013 年 4 月，依据《A 市人民政府关于西部交通枢纽工程建设有关问题的专题会议纪要》，客运西站按城市规划布局为高端商业综合体项目，将整体搬迁至新西部交通枢纽。建设资金来源由甲公司向银行贷款 8 亿元，期限两年，年利率 7.2%，按季付息。本金偿还时间为 2015 年至 2016 年年末，每年还款 4 亿元。工程于 2013 年 7 月 1 日动工建设，2015 年 7 月 1 日交付使用。

2015 年 7 月 20 日，《A 市人民政府关于西站综合地块拆迁有关工作专题会议纪要》（第 48 期）对客运西站地块收益做了原则性安排由国土部门按商业出让用地价格进行评估后计算土地出让收益，扣除省以上规费后约 5 亿元，作为西部客运枢纽建设资金，预计 2015 年 12 月到位，缺口 3 亿元由市政府统筹解决。由于西区客运枢纽偏离市区，公交车班次少，影响了旅客出行。甲公司自 2015 年 7 月 1 日营运 1 个月以来，平均每天营运收入减少 8 万元，预计 2015 年收入较上年同期下降 1 400 万元。截至 2015 年 7 月 31 日，甲公司账务上反映客运西站房屋净值 3 179 万元。土地使用权净值 2 596 万元。长期待摊费用余额中反映装修费用 225 万元，合计 6 000 万元。甲公司通过向社会招标，对客运西站房屋、建筑物及附着物拆除，拆迁净收入 200 万元。处置资产净损

① 章怀平，朱恭平. 不同用途财政资金如何统筹安排[N]. 中国税务报，2016-02-05.

失=6 000–200=5 800（万元）。

（二）案例分析

对上述资料，甲公司委托税务师从税收风险和现金流量角度，分析客运西站搬迁和西部枢纽建设资金面临的问题，为决策提供依据。

税务师认为，因政策性搬迁给甲公司带来以下不利影响：营业收入下降、新增借款利息支出和固定资产折旧，以及处置资产净损失。这些因素将减少利润。2015 年，应偿还贷款本金和利息 45 760 万元，还款压力大。市政府 48 期会议纪要只对客运西站土地净收益用于西部客运枢纽工程做了规定，为什么没出台政策性搬出损失补偿条款？财务经理解释，企业正与政府相关部门磋商，反馈的意见如下：财政资金总量不会变化，至于用途可商量。税务师与财务经理讨论后，形成三种不同用途财政资金的税务筹划方案。

（三）案例选取方案及比较

方案一：全部作为政策性搬迁补偿收入。

《国家税务总局关于发布企业政策性搬迁所得税管理办法的公告》（国家税务总局公告 2012 年第 40 号）中规定，企业的搬迁收入，包括搬迁过程中从本企业以外（包括政府或其他单位）取得的搬迁补偿收入）及本企业搬迁资产处置收入等。企业的搬迁支出，包括搬迁费用支出以及由于搬迁所发生的企业资产处置支出和企业发生的购置资产支出，不得从搬迁收入中扣除。企业的搬迁收入，扣除搬迁支出后的余额，为企业的搬迁所得。甲公司取得政策性搬迁补偿收入 50 000 万元，固定资产处置收入 200 万元，账面资产净值 6 000 万元，搬迁费用忽略不计，政策性搬迁所得额=50 000+200–6 000= 44 200（万元）。应缴纳企业所得税=43 200×25%=11 050（万元）。甲公司实际可动用财政资金=50 000–11 050=38 950（万元）。以这种方式操作，税收无风险，但现金流量减少，不能满足企业偿还银行贷款本金和利息的需求。

方案二：全部由国资委以投资方式注入财政资金。

《国家税务总局关于企业所得税应纳税所得额若干问题的公告》（国家税务总周公告 2014 年第 29 号）规定，县级以上人民政府（包括政府有关部门）将国有资产明确以股权投资方式投入企业，企业应作为国家资本金（包括资本公积）处理。甲公司取得由政府投资的 5 亿元，不属于应税收入，无须缴纳企业所得税，增加了可偿还借款的资金来源。客运西站搬迁净损失 5 800 万元，无任何补偿，应向主管税务机关办理专项申报税前扣除。但在未来年度，税务机关通过信息系统比对分析后会发现，甲公司政策性搬迁过程中只有搬迁损失，没有搬迁补偿收入，不合常理，将对企业开展纳税评估、稽查，税收风险较大。

方案三：统筹安排具体用途。

具体操作思路如下：财政安排的客运西站土地上市净收益 5 亿元中，政府在文件中明确政策性搬迁补偿收入 0.6 亿元，国资委向甲公司投资 4.4 亿元。在这种方式下，发生的政策性搬迁损失能足额补偿搬迁所得=6 000–5 800=200（万元）。由政府投资4.4亿元，不存在缴纳企业所得税问题，既规避了税收风险，又在一定程度上增加了偿还贷款的现金流量。

（四）筹划结果

三种税务筹划方案中均遇到建设西部客运枢纽工程发生减少会计利润的各种因素。但都是客观存在的事实，是能够向主管税务部门陈述清楚的。最终，甲公司采纳了税务师提出的方案三。

案例二：福利补贴风险高，税务处理要合规①

（一）内容提要

在企业日常经营中，职工福利、补贴发生频率较高，而会计法、企业所得税法、个人所得税法中相关处理规定存在差异和模糊地带，很容易出现税务风险。因此，在企业所得税汇算清缴中，准确处理职工福利补贴的涉税问题很重要。

（二）主要风险或问题

大企业在福利、补贴税务处理中主要存在以下三类风险或问题。

第一，“实报实销”方式列支职工福利、补贴，可能存在漏缴个人所得税的风险。

企业为员工发放福利、补贴等，大多属于个人所得税应税所得范畴、应该计入工资、薪金所得项目征税。有些企业为了让员工得到更多实惠，将原本应通过工资、福利等科目发放的交通补贴、通信补贴以及住房补贴等项目，通过“实报实销”的方式处理，进而规避个人所得税。

第二，按规定标准包干列支的费用，税前列支未取得合法凭证。

实际经营中，一些企业发生的按照规定标准包干使用的费用，如差旅费、伙食补助费等，一般按员工出差自然（日历）天数计算，按规定标准包干使用并税前列支，报销时并不需要员工取得相应的发票。根据《国家税务总局关于企业所得税若干问题的公告》（国家税务总局公告2011年第34号）规定，企业年度实际发生的相关成本、费用，由于各种原因未能及时取得该成本、费用的有效凭证，企业在预缴季度所得税时，可暂按账面发生金额核算；但在汇算清缴时，应补充提供该成本、费用的有效凭证。这样就导致了所得税汇算清缴被纳税调整的风险。

第三，福利及补贴未区分个人消费与企业消费，容易造成税前列支混乱。

由于企业没有界定和区分福利、补贴的消费属性，进而产生了征管盲点和涉税风险。例如，某企业按月按标准给员工发放通信补贴每人300元，用于补偿员工的办公经营支出（如联系客户）和补助员工生活通信支出。这些按月按标准发放的通信补贴

---

① 林辉. 福利补贴风险高，税务处理要合规[N]. 中国税务报，2016-02-26.

中，有一部分用于办公经营或者联系客户使用，员工获取后并不能自由支配，要优先确保办公使用支出，实质上属于企业消费或者与企业生产经营有关的支出，如果不加区分全部作为个人所得，将导致人为扩大个人所得税计税基础。同时，导致正常企业消费支出并未获得合法有效凭证，引发税前列支风险。

（三）风险防控建议

为了有效防控福利、补贴方面的税务风险，应根据现行政策法规，有针对性地采取措施。

第一，不要采取实报实销等模式规避个人所得税的缴纳。一方面，企业会计准则及相关法规明确“实报实销”模式，应当是针对与企业生产经营有关的费用支出，员工在前期垫付资金并取得抬头为公司名称的发票后在规定限额内据实报销的情形。企业不得将发放给员工的与其任职和受雇有关的福利补贴，乔装成企业经营支出报销。另一方面，在个人所得税法及相关规定中进一步明确，企业发放给职工的与其任职和受雇有关的福利补贴，无论采取发放现金、实物或是实报实销的形式，均按照实质重于形式的原则，计入工资、薪金所得项目征税。

第二，规范管理包干列支的费用，获取合法税前列支凭证。

企业按照规定标准包干列支的福利、补贴，日常主要是一些差旅费或者误餐补助等。这类费用一般金额不大且获取发票比较烦琐，如果生硬执行《国家税务总局关于企业所得税若干问题的公告》（国家税务总局公告 2011 年第 34 号）规定，将会为企业会计核算和税务处理带来很大难度，导致其实际发生的、与取得收入有关的合理的支出不能全部列支。建议可以参照《中央和国家机关差旅费管理办法》（财行〔2013〕531 号）规定，包干使用的补贴费用按照出差自然（日历）天数计算，按照规定标准直接列支，可以凭借企业有关包干列支标准制度文件及申请、审批等原始单据作为税前列支的合法凭证。

第三，正确区分个人消费、集体福利与企业消费，确保税务处理规范清晰。

企业应当制定个人消费、集体福利与企业消费支出内容、标准及规范。其中，个人消费性质的福利、补贴，如生活交通补贴，应该通过工资或者职工福利费予以会计核算和税务处理，不能通过实报实销等形式，索取抬头为公司名称发票进行报销列支。

第二节　税收筹划失败的案例

案例一：1.2 亿元利息去哪儿了？——“合理”不合理，企业补缴税款近千万元①

一家企业向金融机构借来十几亿元资金却不用，又在财务费用中列支 1.2 亿元利

① 杜俊，栾方洺，邹英娇. 1.2 亿元利息去哪儿了[N]. 中国税务报，2016-05-31.

息，钱去哪里了？利息应由谁承担？经过多次调查和约谈，起初自恃“合理”筹划的企业最终依法补缴企业所得税近千万元。

2015 年 4 月，江苏省常州地税局从金融信息比对中发现疑点，查处一起关联企业通过无偿占用资金来转移利润，因其少缴、缓缴企业所得税的行为，依法补征企业所得税 953.53 万元。

（一）数据显疑——大额应收款去了哪里？

前不久，常州地税局检查人员通过银行数据发现，常州市 A 房产开发公司（本案例简称 A 公司）2013 年新增长期贷款 1.2 亿元，长短期贷款合计高达 18.2 亿元。通过进一步查询，检查人员发现，这家公司成立于 2010 年 12 月，只开发了某商业广场项目，而该项目在 2012 年年底已经竣工交付。既然无新项目投入，这家企业为何产生如此巨额的资金流动？这使检查人员 W 警惕起来。

查询 A 公司的报表数据，检查人员发现，A 公司 2013 年在财务费用中列支了 1.2 亿元利息支出，并一直存在大额应收款项挂账，其中对常州市 B 集团公司（本案例简称 B 公司）的其他应收款高达 6.05 亿元。B 公司为拟上市企业，主要经营房地产投资、开发、销售及投资业务，A 公司是 B 公司的全资子公司。

针对这一异常，A 公司的所得税年度申报表中，并未对该利息支出做出任何调整，存在涉税疑点。检查人员决定展开进一步调查。

（二）企业解释——这是在做合理筹划

在首次约谈中，A 公司财务人员直言，公司这样做，是出于商业目的所做的合理筹划。他解释称，虽然 B 公司作为母公司占用了 A 公司的资金，A 公司也承担了相应的利息费用， 但 A 公司和 B 公司的所得税税率都是 25%，根据国家税务总局制定的《特别纳税调整实施办法（试行）》（国税发〔2009〕2 号）第三十条规定，实际税负相同的境内关联方之间的交易，只要该交易没有直接或间接导致国家总体税收收入的减少，原则上不做转让定价调查、调整。按照这位财务人员的观点，此类运作模式在国内大型房地产开发集团中并不少见，不存在少缴企业所得税的情况，因此企业在纳税申报时并未就此做出调整。

（三）真相惊人——大型房企主营收入为零

听完解释，检查人员并未打消心中的疑问，接着对 B 公司的经营情况展开调查，结果让人大吃一惊。

调查资料显示，作为一家注册资本 10 亿元的大型房地产开发集团，B 公司在 2012~2014 年度的主营业务收入竟然为零!其主要利润来源于项目子公司的利润分配，属于符合法定免税条件的投资收益，扣除各类费用，其 3 年企业所得税经调整后的所得分别是–412 万元、–175 万元和–450 万元。

B 公司的框架结构和经营脉络很快呈现，即先设立项目子公司 A 公司，再以项目子公司名义对土地及开发项目进行融资，然后利用筹集的资金设立新的子公司，开发新的房产项目。其融资产生的利息，由项目子公司也即A公司承担并做税前扣除。

（四）权衡利弊——企业补申报近千万元税款

检查人员开始思考企业此举的动机。如果按照独立交易原则进行调整，B公司应承担子公司的融资利息费用并在税前扣除。但由于近几年B公司的税前所得一直为负数，调整后只能增大负数数值，并没有实际的收益。预计未来，除非B公司转让子公司股权，否则在5年之前形成的未弥补的亏损将无法弥补。

接下来，检查人员启动第二次约谈。约谈中，B公司财务主管道出了实情：如果进行调整，B公司将白白损失亏损的弥补机会。这证实了检查人员的判断。检查人员向B公司财务主管说明，虽然A、B两公司的所得税税率都为25%，但B公司未来很可能无法获得足够的所得来消化以前年度产生的未弥补的亏损，不按照独立交易原则进行纳税调整，将间接导致国家总体税收的减少，不符合国税发〔2009〕2号文件第三十条规定的不做转让定价调整的条件。如果A公司现在不做纳税调整，除了要负担因利率变化产生的加收利息外，还将面临较大的政策风险。

B公司目前正在筹划重组上市。权衡利弊后，最终同意A公司按平均融资成本率计算应由B公司承担的利息费用，据此补申报企业所得税953.53万元，并按照国税发〔2009〕2号文件第一百零七条规定，缴纳了补缴税款的加收利息89.97万元。

案例二：错把行规当税法，税务处理风险高[①]

（一）案例基本梗概

“据我所知，我们整个行业都是这样做税务处理的啊。”面对稽查人员，某大型汽车金融企业（本案例简称A公司）财务负责人满脸错愕，不明白为什么延续了几年的“行规”，在接受税务检查时突然就行不通了。2015年12月，北京市国税局第二稽查局查补A公司税款上亿元的事实说明：错把“行规”当税法，税务处理风险高。

（二）案例事件基本情形

按照“行规”，汽车金融企业往往根据与消费者签订的购车贷款协议分期确认收入，但是，汽车金融企业取得的贴息收入来源于汽车经销商（4S店），或承销商（汽车销售公司）并且是一次性取得的，应该按照企业所得税法一次性确认收入。

---

① 王晔，白杰. 错把行规当税法，税务处理风险高[N].中国税务报，2016-05-20.

据介绍，在接到检查任务后，第二稽查局迅速成立专项检查团队。在前期第三方信息分析小组的资料中，检查组发现了一个现象，那就是汽车4S店在销售高峰期常常有这样的广告出现——“低利率”或者“零利率”贷款购车。检查人员非常疑惑：为什么4S店甘愿低息甚至零息卖车？哪个机构为消费者提供的贷款？优惠部分的贷款利息账务上又是如何处理的？经过了解，广告中的贷款购车，其贷款来源只有二个，就是4S店的上游企业——A公司。消费者之所以能够享受低利率（零利基）优惠，是因为配合汽车促销活动，A公司会与经销商（4S店）或承销商（汽车销售公司）达成贴息协议，约定因促销活动造成的A公司少向贷款客户收取的利息，由经销商或承销商贴息。所以，按照补贴利息来源不同，贴息可分为两种形式，即经销商（4S店）贴息和承销商贴息。贴息使贷款客户得到实惠，拥有低息贷款。

检查组发现，A公司与经销商（或承销商）签订的贴息协议中约定，A公司根据贴息活动的开展情况，按当月发生购车贷款合同的全部贴息额给经销商（或承销商）开具贴息发票，发票内容为“某月贴息”。与此同时，在经销商（或承销商）收到A公司发来的贴息明细表和贴息发票后，经销商（或承销商）将当期购车贷款合同的全部贴息金额汇入A公司的指定账户。对一次性取得并已开具发票的贴息收入，A公司确认为递延收益，并在与消费者签订的贷款合同有效期内分期确认营业收入。

（三）案例适用法律条款及认定

《企业所得税法》第六条规定，企业以货币形式和非货币形式从各种来源取得的收入，为收入总额，其中就包括利息收入。《企业所得税法实施条例》第十八条规定，这里所称的利息收入，是指企业将资金提供他人使用但不构成权益性投资，或者因他人占用本企业资金取得的收入，包括存款利息、贷款利息、债券利息、欠款利息等。利息收入，按照合同约定的债务人应付利息的日期确认收入的实现。根据规定，A公司取得的贴息款，其实质应属于利息收入，那么，A公司就应该按照与承销商或经销商合同约定的付款时间确认利息收入，计入当年应纳税所得额，缴纳企业所得税。针对上述情况，A公司财务负责人对其交易流程与实质表示认可，但对检查组提出的补缴企业所得税问题提出了强烈的反对意见。A公司认为，其对贴息收入所采取的账务处理是当前汽车金融企业的“行规”，且没有任何税务机关对这一账务处理提出异议。

（四）案件处理经过及其结果

为了进一步夯实上述检查成果，检查组对与A公司签订贷款贴息协议的承销商（甲4S店）和经销商（乙汽车销售公司）分别做了调查。经调查，甲、乙两家公司分别将向A公司支付的贴息支出一次性计入了销售费用。这就证明，取得利息收入的A公司是一次性取得收入的，并不是分期取得收入，应依法按照一次性取得收入做出税务处理。在企业年度汇算清缴中，甲乙两家公司凭 A 公司开具的发票全部在当年税前到支，没有纳税调整。这样，甲、乙两家公司的税务处理成为支撑检查组初步结论的重要补充证据。在税法的详细规定和检查组对整个交易过程的细致剖析下，A 公司终于认可了检查组的结论，承认了其在贴息问题上的税务处理有悖现行《企业所得税法》。

最终，检查组认定，A 公司取得的贴息款为利息收入，应按照贴息贷款合同中约定的付款时间确认本企业的利息收入，计入当年应纳税所得额，缴纳企业所得税。A 公司应分别补缴近 4 年企业所得税 2.12 亿元。至此，A 公司与经销商（或承销商）及消费者三方因优惠贷款利率购车而产生的贴息问题尘埃落定。但是，检查人员并没有就此略过财务负责人口中的那句“行规”，决定对所谓“行规”一探究竟。经批准，检查组迅速对 B、C 两家汽车金融公司开展检查。检查组驾轻就熟，直奔主题，果然如 A 公司财务负责人所说的一样，那是一个“行规”。通过延伸检查，B、C 两家汽车金融公司存在与 A 公司同样的错误，分别补税 2.37 亿元和 4.26 亿元。

案例三：筹划专家的“完美筹划”[①]

（一）案例过程

本部分引用《中国税务报》“大世说法”专栏相关内容，以“大世”现身说法的方式，讲解了一个税收筹划失败的故事。故事情节如下。

有这么一个在企业管财务的副总，姑且叫他丁总，一直对税务筹划专家好奇得很，心想，这些专家凭啥一节课敢收上万元钱，难不成真有这么牛？这不，他正好有个机会，代表公司参加了一次由著名税务筹划专家讲授的税务筹划培训课。

要说这名专家上课，还真是有那么“一套套的”，上来就先放个狠话：“各位可能觉得我这一节课收费上万元钱有点儿贵对吧？不过没关系，等上完课，要是有谁觉着贵，这钱花得不值当，直接找我，我私人给你们退款!”这丁总本来没啥劲头，可听专家这狠话一撂，立马来了精神。丁总听着这筹划专家的讲演，越听越入神，越听越兴奋。

就听这专家说道：“前面给大家讲了不少，下面给大家举个例子，在座各位的公司，很多每年都需要支付数百万元的运货费用，我这例子呢，就是个运费的筹划。”

接下来，这专家就讲起了运费筹划的例子：正常情况下，假设公司每年要支付给运输公司 600 万元运费，如果运输公司是几个小规模纳税人，则企业可以取得 17.48 万元的专票进行抵扣，也就是说企业实际支出是 582.52 万元。但是，假如改为由公司提供汽油燃料，而不是运输公司自带油料则大不一样了。依据《增值税暂行条例》规定，用于非增值税应税项目、免征增值税项目、集体福利或者个人消费的购进货物或

① 何成实. 筹划专家的“完美筹划”[N]. 中国税务报，2016-04-20.

者应税劳务不得抵扣。

公司购进油料用于公司货物的运输，而货物运输又属于“营改增”范围，即属于增值税应税项目，所以自然能够抵扣。这时候，按照正常情况油耗占成本 35%计算，600 万元里有 210 万元是油料钱，其余为运输公司人工、车耗及利润。换为公司提供油料，则公司共计可以抵扣进项税 41.87 万元，所以，公司实际支付成本 558.13 万元，比筹划前节约 24.39 万元。这一年就能节约 20 多万元，这还是把公司运费少算的；要是公司运费多的，两三年节约百万元税款，完全有可能。

丁总一听这例子，心里一盘算，发现还真是这么个理啊，对这专家的敬仰之情油然而生，就这一万块钱的学费，那都算是便宜的了。

丁总回去就正式开始实施这个“完美筹划”了。

话说丁总的公司按着这个方法筹划，连干两年，果然节约了不少税款。可接下来就被税务局给稽查了。这回负责这公司检查的是稽查局的老张，老张一看这家公司的账，就纳了闷了，这公司车也就几辆，为什么购进的汽油燃料都够几十辆大卡车绕全中国跑几个来回了？再看看这油料去向，也没见做销售，就这么没了？难不成是压根没油料这货，买专票虚开？老张这么一怀疑，丁总可就急眼了，这要被定成个买票虚开还得了，那不得进监狱？于是赶紧把这实情给兜出来了。老张一核查相关情况，发现这公司还真没说谎，于是凭着经验，二话不说，认定这公司供油给运输公司是视同销售，要补税。

这下丁总可就傻眼了，当初专家筹划的时候，可是说合法合规的啊，咋现在成视同销售了？于是呢，又花了重金，把先前那位著名筹划专家给请了来。这专家还真是口若悬河，先是拿出几个省 12366 纳税服务热线的答复中，认为可以抵扣，不属于销售。接下来又举了个例子，如提供焊接服务的公司派人到企业参与维修，因为要抢进度减少停机时间，外来维修人员提供焊接机具和服务，必需的消耗材料焊条是企业提供的，这时候这些消耗材料肯定不是销售，所以这公司供油也是一个道理，即包工不包料的服务与转运服务是大同小异，只不过车和焊接机具从形态和作用有明显不同。这时候的原料也没听说要视同销售啊？而且《增值税暂行条例》视同销售就那几类情形，这压根也不符合视同销售的八种具体情形。

这专家三下两下一绕乎，把老张给弄晕菜了。老张心想难不成自个真弄错了？可根据经验，肯定有哪些地方不对。

于是，老张就找到了大世：“大世啊，这案子就是这么个情况了，虽然这企业好像说得挺在理，可从经验上说，总觉着不对。这是案卷资料，你看看给点儿意见指导啊。”老张说完案子情况，一脸期盼地盯着大世。

大世边翻看案卷里公司签的运输合同边笑着回应道：“张科长您的经验判断没错，这里面确实有不对。”

大世接着说道，“这案子关键点其实还是油料的所有权到底有没有转移到运输公司。我刚看了几个合同，发现这运输公司应该是长期为这个甲公司提供定点运输服务的，所以对油耗，双方是在合同里直接约定了具体油量的，也就是说甲公司和运输公司约定，一是运输公司把货运到指定地点，二是甲公司会把合同约定好的油料及运费支付给运输公司”。

“从所有权上来说，甲公把油料给了运输公司之后，我们假设，运输公司中途把这些油全卖了，或者是给弄丢了。而用自己的油把货运到指定地点，那也不违反合同约定，不属于违约。既然运输公司有权处理甲公司给的油料（如把油给卖了），而甲公司依照合同不能追究运输公司责任，那么油料的占有使用的权利实际上在甲公司把油料交给运输公司后，就属于运输公司了。自然是所有权转移了。”

“我就说呢，就是这么个理，当时让专家把我绕晕了。”老张听到这一拍大腿，大声赞同道。

大世说：“其实，我们再换个角度想一下就更简单了，什么是运输服务？一般来说起码要有车、有人、有燃料吧？你说这运输公司要是没油，那还能叫运输服务么？”

“再者说，咱把油料换成货车，假如甲公司提供货车，运输公司就光提供油料和司机，这时候‘光杆’司机提几桶油，能叫运输服务么？要是这也叫运输服务，那假如甲公司提供车和人，运输公司就提供几桶油呢？又或者甲公司提供车和油，运输公司就提供个‘光杆’司机呢？”

“也就是说，运输公司提供运输服务，起码要具备以下要素：运输公司要有人、有车、有油料，既然运输公司要有油料，也就是运输公司对油料有所有权，那甲公司自然没有所有权了。你若是对油料没有所有权，你能说自己有油料么？其实那个专家的维修例子，你用所有权一分析，就会发现，那些辅料的所有权并没有转移给来修理的人员，自然也就不存在销售了。”

大世缓了缓，接着说道，“不过啊，这里咱其实也有不对，这不叫视同销售，而是以货换服务才对。也就是说，甲公司以油料换取了运输公司部分的运输价值。说白了就是，假如运输费用是 600 万元，甲公司按正常情况应支付人家 600 万元，但结果是支付 390 万元，而另外 210 万元是以油料形式支付了。这么一算呢，也就清楚得很了，甲公司油料按销售，这里咱用词一定得准确了，就是销售，而不是视同销售，补缴增值税，同时调增收入。另一方面，运输公司应该再开运输发票（油料换运输服务这块）给甲公司”。

“果然是大世出马，一个顶俩！”老张听完，笑着称赞道。大世看着老张兴冲冲离开办公室的背影，心想，这年头，理论“专家”实在太多，真是应了那句话：“专家张张嘴，坑断企业几条腿啊。”

（二）案例结论

不含油料运输，看起来似乎是个完美筹划，但是如果以所有权是否转移来具体判定就会发现，其实质不过是公司以油料换取运输服务的部分而已。

相关法规：《增值税暂行条例》和《增值税暂行条例实施细则》。

第三节 税收筹划综合案例分析

案例一：企业经营农产品，公司农户架构巧[1]

（一）基本情况

春风菊花饮品有限责任公司（简称春风公司）是专门生产菊花饮品的涉农工业企业，2009 年直接收购农户生产的菊花，共计支付 600 万元，上门收购支付的运输费用为 50 万元，蒸制、杀青和干制成菊花饼耗用人工费等不得抵扣进项税额的费用为 95 万元，电费等支出为 29.40 万元，可抵扣进项税额为 5 万元，生产菊花饮品耗用电费、辅助材料等进项税额为 17 万元，销售菊花饮品取得收入 1 000 万元。

对春风公司而言，应当如何筹划涉税事项呢？

（二）筹划分析

为了在规避涉税风险的前提下，取得节税收益，该公司的董事长决定请税务专家为公司进行筹划。上海振信财务咨询有限公司的税务专家到企业现场进行了考察。菊花饮品的生产流程如图 13-1 所示。

图 13-1 菊花饮品的一般生产流程示意图

根据菊花饮品的生产情况，税务专家对增值税和企业所得税提出相应的操作思路。

（1）在增值税方面有以下两种方案可供选择。

方案一：直接收购农户生产的菊花（图 13-2）。

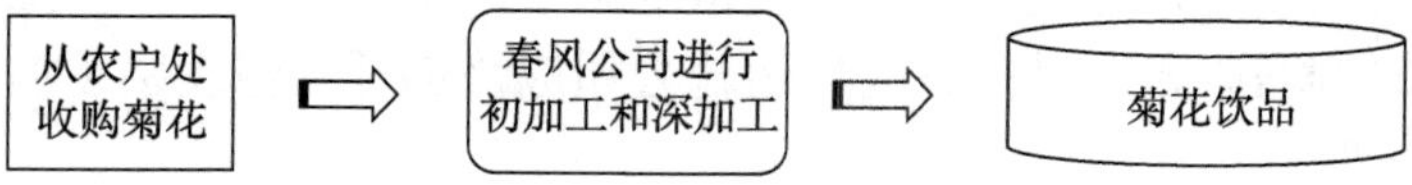

图 13-2 直接收购农户生产的菊花饮品流程示意图

以春风公司 2009 年的相关数据为例，其应纳增值税额及税收负担率计算如下。

增值税销项税额=1 000×17%=170（万元）。

允许抵扣的进项税额=600×13%+50×7%+5+17=103.50（万元）[2]。

应纳增值税税额=170−103.50=66.50（万元）。

增值税负担率=66.50÷1 000=6.65% 。

方案二：公司收购农户生产的菊花饼（图 13-3）。

① 庄粉荣. 所得税纳税筹划案例精选[M]. 北京：机械工业出版社，2012.

② “营改增”以前企业可以按照运费的 7%抵扣进项税额。

图 13-3 公司收购农户生产的菊花饼深加工个流程示意图

假设 2009 年，春风公司收购农户生产的菊花饼，共支付 724.40 万元，上门收购支付运输费用 50 万元，生产菊花饮品耗用电费、辅助材料等的进项税额为 17 万元，销售菊花饮品取得收入 1 000 万元。其应纳增值税额及税收负担率计算如下。

增值税销项税额=1 000×17%=170（万元）。

允许抵扣的进项税额=724.40×13%+50×7%+17=114.67（万元）。

应纳增值税税额=170−114.67=55.33（万元）。

增值税负担率=55.33÷1 000=5.53%。

（2）在企业所得税方面也有以下两种方案可供选择。

方案一：直接收购农户的菊花（图 13-4）。

图 13-4 直接收购农户的菊花加工成菊花饮品流程示意图

假设 2010 年春风公司直接向农户收购菊花，然后进行加工。2010 年 1 月至 12 月共取得利润 400 万元，根据《企业所得税法》的相关规定，公司全年缴纳企业所得税 100 万元（400×25%）。

方案二：委托农户按公司的要求种植菊花（图 13-5）。

图 13-5 委托农户按公司的要求种植菊花加工饮品流程示意图

春风公司委托农户按公司的要求种植菊花，也就是说，采取“公司+农户”的经营模式，2010 年 1 月至 12 月取得利润 400 万元，根据《企业所得税法》及其相关规定，公司全年应纳企业所得税 50 万元（400×25%×50%），比方案一减少税款 50 万元。

（三）筹划结论

通过比较增值税的两个方案，可以发现直接收购菊花比收购菊花饼生产菊花饮品的增值税负担率高，原因是当工序进入蒸制、杀青和干制成菊花饼的生产流程时，所耗用的人工费等无法抵扣进项税额，所以支付的费用相等，但税负增加 1.12 百分点。在公司的简单加工成本与支付给农户的加工成本相等的情况下，收购成本越低，税负将会越高。

对企业所得税，直接收购菊花加工比委托农户生产菊花再收购加工的企业所得税负担要重一些。如果该公司采用“公司+农户”经营模式，则可以减少企业所得税 50 万元。

（四）筹划点评

随着企业的发展，企业的经济链也相应发生了变化，从事加工业的企业在向种植、养殖业发展，从事种植、养殖业的企业也在向加工业延伸。企业此时应注意国家税收政策的有关规定，企业设立形式、核算方式不同，税收负担也会不一样。“公司+农户”是目前税收筹划中一个比较成熟的思路，关键在于公司如何将部分农产品的生产或简单加工业务前移给农户，通过饲养、种植，或手工进行生产、加工，制成农业初级产品，再将农业初级产品收购过来，达到抵扣增值税销项税额、享受企业所得税减免优惠的目的。

国家税务总局以公告形式发布了对企业采取“公司+农户”经营模式从事牲畜、家禽的饲养企业所得税优惠。针对公司与农户签订委托养殖合同，向农户提供畜禽苗、饲料、兽药及疫苗等（所有权仍属于公司），农户将畜禽养成成品后，交付公司回收的情况，鉴于采取“公司+农户”经营模式的企业，虽不直接从事畜禽的养殖，但系委托农户饲养，并承担诸如市场、管理、采购、销售等经营职责及绝大部分经营管理风险，公司和农户是劳务外包关系，因此该公告明确规定，对此类以“公司+农户”经营模式从事农、林、牧、渔业项目生产的企业，可以按照《企业所得税法实施条例》第八十六条的有关规定，享受减免企业所得税优惠政策。这从政策层面上解决了“公司+农户”经营模式的企业税收问题，为农产品深度加工提供了一定的筹划空间。

（五）筹划难点

这里引用一个实例来说明：张某是成都市某区村民，2009 年以来利用空置的住房改建鸡舍，接受甲公司的委托，采用“公司+农户”的形式，为甲公司饲养肉鸡。其合作方式是甲公司提供鸡苗、饲料、兽药，张某负责饲养，肉鸡长成后，由甲公司收回，甲公司按照 3 元/只的价格支付代养费用。2011 年，甲公司要求张某扩大养殖规模，于是张某在村里租了两块地，修建了养鸡场，聘请村民 38 人帮工。几个月后出笼肉鸡 20 万只，张某可以收到 60 万元代养费，但甲公司要求张某出具发票后，方能支付代养费用，张某没有办理税务登记证，没有领购发票，只好到税务机关代开发票，税务机关按照服务业征收 5.55%的营业税及附加，另外按收入额的 3%核定征收个人所得税后代开了发票。张某缴税后一算账：饲养这批肉鸡，支付了工人工资 40 万元、水电费 6 万元，同时还支付场地租金及养鸡场折旧摊销共计 10 万元，缴纳税款 5.13 万元[60×（5.55%+3%）]。结果辛苦几个月，反倒亏损 1.13 万元，还不如前两年的收入（前两年因为收入没有达到起征点，未缴税）。

为鼓励“公司+农户”经营模式的推广，国家税务总局 2010 年 7 月发布了《国家税务总局关于“公司+农户”经营模式企业所得税优惠问题的公告》，规定以“公司+农户”经营模式从事农、林、牧、渔业项目生产的企业，可以按照《企业所得税法实施条例》第八十六条的有关规定，享受减免企业所得税优惠政策。但此政策在实际执行中仍然存在一些问题，亟待完善。如果对上述案例进行分析，就可以发现其中的问题和困惑。

1. 从农户的角度分析

（1）张某是农户还是个体工商户？张某在建养殖场以前，属于农户。张某租赁土地、修建养鸡场、聘请村民帮工后，有资金、具备一定生产规模，应该属于个体工商户。根据《城乡个体工商户管理暂行条例》的规定，从事工商经营活动必须依法核准登记，同时，根据《个体工商户建账管理暂行办法》等相关法规的规定，张某应该建账管理。

（2）张某应缴纳营业税还是增值税？如果张某依法注册登记，领取营业执照，成为个体工商户，成立乙养殖场，继续从事上述"代养"业务，那么，根据国家税务总局《关于印发营业税税目注释（试行稿）的通知]（国税发〔1993〕149号文件）规定，乙养殖场应该按照服务业缴纳营业税及附加。如果乙养殖场自行买鸡苗、饲料、兽药等，肉鸡出笼后，销售给甲公司。那么，根据《增值税暂行条例》第十五条，农业生产者销售的自产农产品免征增值税。问题在于，同样是养殖业务，自己饲养则免征流转税，代他人养殖则应征流转税，差别很大。

（3）张某该缴纳多少个人所得税？如上所述，张某未建账，按照收入总额的3%核定征收，缴纳个人所得税1.80万元。如果张某建账，则当月亏损，不缴纳个人所得税。这样就出现了问题，规模小而盈利，不缴税规模大了亏损，因未建账就要缴税。

2. 从公司的角度分析

（1）"公司+农户"还是"公司+个体工商户"？在张某兴建养殖场以前，甲公司与张某签订委托养殖合同，无疑是"公司+农户"的经营模式。在张某兴建养殖场，注册成为个体工商户后，就成了"公司+个体工商户"。

（2）公司如何缴纳增值税？甲公司将这批肉鸡销售出去，在"公司+农户"的经营模式下，根据《四川省国家税务局关于印发增值税问题解答的通知》（川国税函〔2002〕242号文件）等相关文件的精神，"公司+农户"这类农业生产经营共同体自产并销售农产品，如果其生产资料所有权属于公司，则可按照从事农业生产的单位销售自产农产品免征增值税。在"公司+个体工商户"的经营模式下，暂无相关优惠规定，应按照增值税相关法规精神计提销项税，申报并缴纳增值税。问题在于，公司将肉鸡交给农户代养可以免征流转税，同样条件下，交给个体工商户或其他组织代养则需要征收流转税，政策差别大。

（3）公司如何缴纳企业所得税？甲公司将这批肉鸡销售出去，在"公司+农户"的经营模式下，甲公司享受免征企业所得税的优惠政策。在"公司+个体工商户"的模式下，暂无相关优惠政策。

（六）知识链接

《国家税务总局关于"公司+农户"经营模式企业所得税优惠问题的公告》（国家税

务总局公告〔2010〕2 号文件）就有关“公司+农户”模式企业所得税优惠问题公告如下。

目前，一些企业采取“公司+农户”经营模式从事牲畜、家禽的饲养，即公司与农户签订委托养殖合同，向农户提供畜禽苗、饲料、兽药及疫苗等[所有权（产权）仍属于公司]，农户将畜禽养大成为成品后交付公司回收。鉴于采取“公司+农户”经营模式的企业，虽不直接从事畜禽的养殖，但系委托农户饲养，并承担诸如市场、管理、采购、销售等经营职责及绝大部分经营管理风险，公司和农户是劳务外包关系。为此，对此类以“公司+农户”经营模式从事农、林、牧、渔业项目生产的企业，可以按照《企业所得税法实施条例》第八十六条的有关规定，享受减免企业所得税优惠政策。

案例二：货物运输企业“营改增”后的税收筹划

货物运输企业作为交通运输业实行“营改增”的重要组成部分，到底“营改增”后的税负程度如何，相关调研实证的论文还较为少见。为此，我们专门组成了课题调研组，深入河北省保定市、邢台市、沧州市等多地对 16 家规模以上企业进行了调研，获取第一手资料，对货运企业“营改增”后的税负变化进行了实证分析，并针对企业的具体情况，进行税收筹划研究。

（一）货物运输企业“营改增”后税负变化及其原因

1. 货物运输企业“营改增”后税负变化情况

自 2015 年 1 月 15 日至 22 日，我们对河北省保定市、邢台市、沧州市等多地 16 家规模以上企业进行了调研，获取了这些企业 2014 年度的营业收入、营业成本、营业税金及附加、期间费用、利润总额、税收利润等详细的财务数据，经过加工整理，发现在被调查的 16 家货运企业中，只有 4 家企业税负低于原营业税 3%的税负，12 家都高于原税负，大部分企业税负为 3.30%~3.62%，但也有个别企业税负明显偏高，如河北保强运输有限责任公司（简称保强公司），其税负高达 7.70%，高出原营业税税负的一倍还多（表 13-1）。

表 13-1 河北保强运输公司增值税税负调查表（单位：元）

2014 年 1 月 1 日至 2014 年 12 月 31 日

序号	项目		金额
1	（一）按适用税率计税营业额		7 114 250.00
2	其中：适用税率	11%	7 114 250.00
		6%	0.00
		17%	0.00
3	应税劳务销售额		0.00
4	（二）销项税额		782 567.50
5	（三）购进成本		5 935 133.00

续表

序号	项目			金额
6	其中	（1）燃油	采购金额	1 473 268.00
			不能取得抵扣票据金额	165 472.70
7		（2）修理费	支付金额	156 240.00
			保养车辆	12.00
8		（3）过路费过桥费	支付金额	2 109 912.00
			不能取得抵扣票据金额	2 109 912.00
9		（4）保险费		106 283.50
10		（5）配件费（轮胎损耗）	支付金额	820 512.80
11			不能取得抵扣发票金额	272 583.00
12		（6）其他购进事项		0.00
13	（四）进项税额			222 325.20
14	其中：适用 17%的进项税额			222 325.20
15	适用 11%的进项税额			0.00
16	适用 6%的进项税额			0.00
17	（五）货物与劳务实缴增值税额			547 642.30
18	（六）增值税税负率			7.70

在被调研的 16 家企业中，由于“营改增”导致 5 家企业出现亏损，占到被调查企业的 31.25%。按人们的通常认识，增值税作为价外税，税负高低不会影响企业利润。但实际上，增值税是导致企业亏损的一个重要因素，主要原因如下：其一，尽管增值税不会直接影响利润，但以增值税作为基数缴纳的城市维护建设税、教育费附加、地方教育费附加等属于损益类因素，这些因素占到应纳增值税税额的 12%左右，从而抵减了企业部分收益；其二，增值税的进项税额与增值税应纳税额成反比，在“营改增”初期，大量的进项因素得不到合法的扣税凭据，导致进项税额计入采购成本，增加了企业的总体成本，从而导致利润减少；其三，原营业税属于价内税，从销售利润率角度分析，只影响利润 3 百分点，而改成增值税，税率提高到 11%，价税换算比为 9.01%，这就意味着在不提高运输收费标准又没有抵扣因素的情况下，会使企业比原来减少 6 百分点的利润。

2. 货物运输企业税负增高的因素剖析

从目前的税收政策上看，非货物运输企业以及全部交通运输行业的小规模纳税人均适用 3%的简易征收办法，扣除含税因素，税负肯定比“营改增”前有所下降，税负增加的企业主要是从事货物运输的一般纳税人。而导致货运企业税负增加的因素，除了适用 11%的高税率外，另一个因素就是可抵扣因素较少，具体体现如下。

1）税率提高

交通运输业原营业税率 3%，“营改增”后税率提高到 11%，扣除含税因素为 9.01%，税负净增超过 6 百分点。如果所有可抵扣事项按照 15%的综合抵扣率推测，这就意味着可抵扣进项税额必须达到原销售收入的 50%，税负才能与原营业税税负持平，如果可抵扣事项达不到上述比例，货运企业的税负就会增高。

2）可抵扣进项税额较少

交通运输行业企业类型多样、结构复杂等因素导致该行业目前可抵扣的进项税额较少。主要情形如下。

（1）挂靠车辆支出费用不能取得进项发票。因为运输企业自有车辆较少，挂靠和租赁经营的个体车辆较多，在多种模式并存的经营方式下，车辆的支出费用等不能取得进项发票，运输企业抵扣项目较少，造成税负较高。

（2）分“营改增”行业的抵扣凭据难以取得。某些行业虽然实行了“营改增”，但由于试行初期这些行业不规范，一些抵扣项目仍无法取得抵扣凭据，如检测费、广告费、咨询费等。

（3）某些行业没纳入“营改增”范围导致暂时无法抵扣进项税额。在交通运输行业，每年各种保险费支出比重较高，一些企业存在筹资行为，利息支出较多，但金融保险行业还未实行“营改增”，造成保险费、利息支出等进项税额无法抵扣。例如，保强公司 2014 年有 10 余万元的保险费不能抵扣进项税额。

（4）购入车辆等固定资产较少导致可抵扣进项税额减少。很多企业原有车辆较多，“营改增”以来没有购进自有车辆，导致一方面抵扣税额占比少，另一方面市场业务量减少，车辆运转率低。

（5）异地抵扣发票难以索取。一是异地加油难以取得进项发票。采取现金加油方式的长途货运车辆，因加油站开具专票要求不一，往往因备案资料准备不全（中国石化加油站对现金加油一律不予开具专票）造成难以取得专用发票；二是修理费获取抵扣发票难度较大，长途运输车辆在途中发生的修理费，往往因修理单位不是一般纳税人而无法取得进项发票，即便是一般纳税人也存在备案资料准备不全而难以取得进项发票的问题。

3）进项税额抵扣延迟

货运增值税一般纳税人从成品油经销企业购入加油卡，只有卡内金额全部使用完毕才能开具增值税专用发票，直接影响到纳税人当月取得专用发票的抵扣。

（二）货运企业“营改增”后的税收筹划

1. 通过改变货运企业纳税人身份进行筹划

由以上分析得知，货物运输企业税负增加的原因是税率的提高和可抵扣因素的减少，因此，在上述外在因素短期内不能消除的条件下，通过改变纳税人身份，可以做到合理节税。根据一般纳税人和小规模纳税人应纳增值税税额的计算公式可以找到选择不同身份的纳税人的税负临界点。

货物运输企业适用税率为 11%，一般可抵扣项目适用税率为 17%。那么，如果选择一般纳税人，其应纳税额的计算公式为

应纳增值税税额=当期销项税额-当期进项税额

=应税销售额×11%-货物购进额×17%

=应税销售额×11%-应税销售额×抵扣率×17%

根据《财政部、国家税务总局关于简并增值税征收率政策的通知》(财税〔2014〕57号)和《关于简并增值税征收率有关问题的公告》(国家税务总局公告2014年第36号),将现行规定中凡涉及6%和4%的增值税征收率统一调整为3%。那么,如果选择小规模纳税人,其应纳税额的计算公式为

应纳增值税税额=应税销售额×3%

当一般纳税人与小规模纳税人税负一致时,税负临界点形成。根据这一特点,可以推导出抵扣率为47.06%。也就是说只有当可抵扣的进项税额达到销项税额的47.06%时,二者税负才相等,这与我们前面调研推测的数据50%基本一致,这就意味着,如果可抵扣的进项税额低于47.06%,选择一般纳税人税负肯定要高于小规模纳税人。基于此结论,我们以保强公司为例,验证其税收筹划的效果。

保强公司注册资本为32万元,职工人数为27人;2014年资产总额为2 921 750.64元,流动资产为1 874 235.44元,非流动资产为1 047 515.20元,总负债为955 124.92元,所有者权益为1 966 625.72元。全年销项税额为782 567.50元,进项税额为222 325.20元,进项税额占销项税额的比例为28.41%,折合抵扣率远远低于税负临界点,如果选择小规模纳税人,其应纳增值税税额仅为213 427.50元,比一般纳税人应缴纳的547 642.30元节省支出334 214.8元。因此,当增值税应纳税额变化时,必然引起附加税费及企业所得税的变化。

为了对比该公司税收筹划前后的节税效果,先将该公司相关税负指标进行分解和修正:①准备将一个企业分为两个公司保A和保B,其缴纳的增值税、城市维护建设税、教育费附加和地方教育费附加先分解为两个指标均等的项目;②分解前该企业的所得税负为34.75%(表13-2),高于25%的法定税率,显然是利润总额与按照税法调整后的应纳税所得额不一致造成的,为此,应假设筹划前后纳税调整因素一致,只考虑按法定税率影响的效果。调整后各项指标如表13-3所示。

表13-2 河北保强运输公司损益与相关税收支出调查表(单位:元)

2014年1月1日至2014年12月31日

序号	项目	金额
1	一、营业收入	7 114 250.00
2	其中:主营业务收入	7 114 250.00
3	其他业务收入	0.00
4	二、营业成本	5 935 133.00
5	其中:主营业务成本	5 935 133.00
6	其他业务成本	0.00
7	三、营业税金及附加	72 831.12
8	其中:营业税	0.00
9	城市维护建设税	38 334.96
10	教育费附加	16 429.32
11	地方教育费附加	10 952.88

续表

序号	项目	金额
12	四、期间费用合计	597 225.50
13	管理费用	597 105.50
14	其中：印花税	7 156.80
15	城镇土地使用税	450.00
16	房产税	5 979.00
17	车船税	16 430.00
18	五、营业利润	509 061.20
19	六、利润总额	515 661.20
20	七、缴纳所得税	179 194.32
21	八、净利润	336 466.92
22	九、所得税税负率（%）	34.75

表 13-3　保强公司筹划前税收指标分解修正表（单位：元）

项　目	筹划前总体指标	筹划前分解修正指标		
		保 A	保 B	合计
增值税	547 642.30	273 821.15	273 821.15	547 642.30
城市维护建设税	38 334.96	19 167.48	19 167.48	38 334.96
教育费附加	16 429.32	8 214.66	8 214.66	16 429.32
地方教育费附加	10 952.88	5 476.44	5 476.44	10 952.88
企业所得税 1)	128 915.30	64 457.65	64 457.65	128 915.30

1）企业所得税指标是根据企业税前利润 515 661.20×25%修正后得出的

根据财政部、国家税务总局近日出台《关于将铁路运输和邮政业纳入营业税改征增值税试点的通知》（财税〔2013〕106 号）及 4 个附件，明确财税〔2013〕37 号文件已经作废，但细分析两个文件，除了个别发生抵触的部分，其实两个文件大部分还是一致的。例如，将一般纳税人和小规模纳税人的划分标准由财政部出台具体政策，如果延续原有政策，在 2012 年上海进行营改增试点时，财政部曾界定的小规模纳税人标准是年销售额 500 万元以下，如果按照这一标准，保强公司销售额为 711 万元，则无法选择小规模纳税人，但如果分为各项指标均等的两个小公司保 A 和保 B，每个公司为 355 万元，就符合了税法规定的标准，在此情况下，保 A 和保 B 公司的各项税负会发生很大变化。

（1）保 A 各项税负计算过程如下。

应纳增值税税额=3 557 125×3%=106 713.75（元）。

应纳城市维护建设税税额=106 713. 75×7%=7 469.96（元）。

应纳教育费附加=106 713. 75×3%=3 201.41（元）。

应纳地方教育费附加=106 713. 75×2%=2 134.28（元）。

经过测算，由于附加税费计入“营业税金及附加”科目，所以因附加税费减少而使保 A 公司得到的利润 257 830.60（515 661.20÷2）增加 20 052.93 元，即 277 883.53 元。假设利润即为应纳税所得额，保 A 公司资产、人数以及所得各项指标均符合小型微利企业的标准，所以其应纳企业所得税税额为 55 576.71 元（277 883.53×20%）。

（2）保 B 公司计算结果同上，于是与保 A 公司合计，便可以与筹划前的保强公司税负进行比较，结果见表 13-4。

表 13-4　纳税人身份变化导致税负变化对比表（单位：元）

项目	筹划前	筹划后			节税效果
		保 A	保 B	合计	
增值税	547 642.30	106 713. 75	106 713. 75	213 427.50	334 214.80
城市维护建设税	38 334.96	7 469.96	7 469.96	14 939.92	23 395.04
教育费附加	16 429.32	3 201.41	3 201.41	6 402.82	10 026.50
地方教育费附加	10 952.88	2 134.28	2 134.28	4 268.56	6 684.32
企业所得税	128 915.30	55 576.71	55 576.71	111 153.42	17 761.88
合计	742 274.76	175 096.16	175 096.16	350 192.32	392 082.54

注：节税效果=筹划前–筹划后合计

通过表 13-4 可以看出，筹划后比筹划前各项税负共计 392 082.44 元，总体降低税负幅度为 53%。当然，在具体操作时，考虑到改变为小规模纳税人会影响到下游企业的税收利益，保强公司应从价格等方面给予一定的让步。

2. 通过改变公司经营形式进行筹划

根据财税〔2013〕37 号文件和财税〔2013〕106 号文件相关规定，交通运输业适用增值税税率为 11%，物流辅助服务适用增值税税率为 6%，并把原属于营业税交通运输业装卸搬运划到物流辅助服务业。而保强公司全年营业收入中，23%的业务属于装卸搬运，恰恰此部分大多属于纯劳务收入，劳务成本较高，利润较低，可抵扣进项税额较少。根据这一特点，如果将该企业划分为甲普通运输公司，继续按照一般纳税人管理，另一部分成立乙物流辅助公司，则该企业也会有较大的节税空间。

经过对企业各项指标深入研究，结合企业内部其他资料，如果分别成立普通运输公司和物流辅助公司，其指标分解见表 13-5。

表 13-5　保强公司改变经营形式筹划前税收指标分解修正表（单位：元）

项目	筹划前总体指标	筹划前分解修正指标	
		甲运输公司	乙物流公司
营业收入	7 114 250.00	5 446 483.00	1 667 767.00
利润总额	515 661.20	428 010.12	87 651.08
修正的企业所得税	128 915.30	105 502.53	23 412.77
增值税销项税额	782 567.50	—	—
增值税进项税额	222 325.20	169 500.85	52 824.35

在此情况下，甲运输公司和乙物流公司的各项税负会发生很大变化。

（1）甲运输公司各项税负计算过程如下。

应纳增值税税额=5 446 483×11%–169 500.85=429 612.28（元）。

应纳城市维护建设税税额=429 612.28×7%=30 072.86（元）。

应纳教育费附加=429 612.28×3%=12 888.37（元）。

应纳地方教育费附加=429 612.28×2%=8 592.25（元）。

应纳企业所得税税额=428 010.12×25%=107 002.53（元）。

在按照增值税应税销售额和筹划前适用的 11%税率计算的销项税额不受影响的前

提下，其附加税费也不受影响，因此企业所得税应纳税所得额不会发生变化，进而企业所得税也不会变化。

（2）乙物流公司各项税负计算过程如下。

应纳增值税税额=1 667 767.00×6%–52 824.35=47 241.67（元）。

应纳城市维护建设税税额=47 241.67×7%=3 306.92（元）。

应纳教育费附加=47 241.67×3%=1 417.25（元）。

应纳地方教育费附加=47 241.67×2%=944.83（元）。

经过测算，因附加税费减少而使保乙物流公司得到的利润 87 651.08 元增加 10 006.60 元，即 97 657.68 元。假设利润即为应纳税所得额，乙物流公司资产、人数以及所得各项指标均符合小型微利企业的标准，根据财政部、国家税务总局下发的《关于小型微利企业所得税优惠政策有关问题的通知》（财税〔2014〕34 号）明确规定：自 2014 年 1 月 1 日至 2016 年 12 月 31 日，对年应纳税所得额低于 10 万元（含 10 万元）的小型微利企业，其所得减按 50%计入应纳税所得额，按 20%的税率缴纳企业所得税。所以，其应纳企业所得税税额为 9 765.77 元（97 657.68×50%×20%）。

通过表 13-6 可以看出，筹划后比筹划前各项税负共计 91 430.03 元，总体降低税负幅度为 12.32%。尽管节税幅度比分解为小规模纳税人的筹划方式要小，但保留了一般纳税人的身份，下游企业基本不会因为税额抵扣问题受到影响，因此从税收筹划风险上看，此方案更加切合实际。

表 13-6 经营形式变化导致税负变化对比表（单位：元）

项目	筹划前	筹划后			节税效果
		甲运输公司	乙物流公司	合计	
增值税	547 642.30	429 612.28	47 241.67	476 853.95	70 788.35
城市维护建设税	38 334.96	30 072.86	3 306.92	33 379.78	4 955.18
教育费附加	16 429.32	12 888.37	1 417.25	14 305.62	2 123.70
地方教育费附加	10 952.88	8 592.25	944.83	9 537.08	1 415.80
企业所得税	128 915.30	107 002.53	9 765.77	116 768.30	12 147.00
合计	742 274.76	588 168.30	62 676.44	650 844.73	91 430.03

注：节税效果=筹划前–筹划后合计

➢本章拓展

《大企业税务风险管理指引（试行）【2009】》

参考文献

蔡昌. 2003. 税收筹划策略、技巧与运作[M]. 深圳：海天出版社.
丁会仁. 2013. 税务稽查与税务风险规避技巧[M]. 北京：中国法制出版社.
盖地. 2008. 税务会计与纳税筹划[M]. 大连：东北财经大学出版社.
谷彦芳. 2016. 税收理论与实务[M]. 北京：科学出版社.
计金标. 2004. 税收筹划[M]. 北京：中国人民大学出版社.
李克桥. 2007. 纳税筹划[M]. 北京：中国时代经济出版社.
宋凤轩. 2008. 税收理论与实务[M]. 北京：经济管理出版社.
宋凤轩. 2011. 税法与税收筹划[M]. 北京：人民邮电出版社.
苏春林. 2005. 纳税筹划实务[M]. 北京：中国人民大学出版社.
王素荣. 2008. 税务会计与税收筹划[M]. 北京：机械工业出版社.
夏琛舸. 2008. 新旧企业所得税法对照讲解[M]. 大连：东北财经大学出版社.
尹音频. 2008. 税收筹划 [M]. 第二版. 成都：西南财经大学出版社.
翟继光，张晓冬. 2008. 新税法下企业纳税筹划[M]. 北京：电子工业出版社.
张怡，何志明. 2008. 税法案例教程[M]. 北京：清华大学出版社.
中国注册会计师协会. 2016. 税法[M]. 北京：经济科学出版社.
庄粉荣. 2012. 所得税纳税筹划案例精选[M]. 北京：机械工业出版社.